Primary School Chinese
Teaching Research

小学语文教学研究

乔资萍　孙能利　◎编著

北京大学出版社
PEKING UNIVERSITY PRESS

图书在版编目(CIP)数据

小学语文教学研究 / 乔资萍，孙能利编著. --北京：北京大学出版社，2025.5.
-- ISBN 978-7-301-35869-6

Ⅰ. G623.202

中国国家版本馆 CIP 数据核字第 2024QY1859 号

书　　　名	小学语文教学研究	
	XIAOXUE YUWEN JIAOXUE YANJIU	
著作责任者	乔资萍　孙能利　编著	
策 划 编 辑	韩兆丹　王显超	
责 任 编 辑	耿　哲	
数 字 编 辑	金常伟	
标 准 书 号	ISBN 978-7-301-35869-6	
出 版 发 行	北京大学出版社	
地　　　址	北京市海淀区成府路 205 号　100871	
网　　　址	http://www.pup.cn　新浪微博:@北京大学出版社	
电 子 邮 箱	编辑部 pup6@pup.cn　总编室 zpup@pup.cn	
电　　　话	邮购部 010-62752015　发行部 010-62750672　编辑部 010-62750667	
印 刷 者	北京市科星印刷有限责任公司	
经 销 者	新华书店	
	787 毫米×1092 毫米　16 开本　20.75 印张　453 千字	
	2025 年 5 月第 1 版　2025 年 5 月第 1 次印刷	
定　　　价	69.00 元	

《小学语文教学研究》
编写委员会

前　　言

　　《小学语文教学研究》是为适应高等师范院校学生学习小学语文教学研究课程而编写的，同时也可以作为非全日制学生进行教师教育学习和参加教师资格考试的教材，还可以作为广大小学语文教师学习小学语文教学方法和策略的重要读物。本书旨在帮助读者认识与理解小学语文教学的基本原理，提高小学语文教师的教育教学实践能力、反思能力与研究能力，为小学语文教师专业能力的可持续发展奠定基础。

　　本书编写力图突出以下特点。

　　一是方向性。本书坚持以马克思主义为指导，以习近平新时代中国特色社会主义思想为引领，深入贯彻党的教育方针，全面落实立德树人的根本任务，深刻地反映党和国家对小学教育的基本期望与要求，确保小学语文教学内容和方法的科学性、规范性和先进性；紧密围绕中央关于教育改革的最新要求，特别是关于小学语文教学的政策文件，进行深入分析和解读，为小学语文教师在教学中全面理解和贯彻国家课程标准提供了有力的支持。

　　二是时代性。本书在研究中积极融入新时代教育理念，如核心素养、立德树人、全面发展等。本书通过具体案例分析，详细阐述了如何在语文教学中培养学生的文化自信、语言运用、思维能力、审美创造等核心素养，同时还强调了语文教学要对学生进行潜移默化的品德教育，培养其形成正确的世界观、人生观和价值观。

　　三是理论性。本书系统阐述了小学语文教学的基本原理，使广大读者对小学语文教学有一个系统且整体的认识，进而形成较完整的知识体系。

　　四是实践创新性。本书注重实践创新，在探讨小学语文教学时，尤为注重实践创新与理论探索的有机结合，不仅深入剖析了小学语文教学的理论基础，还在此基础上，提出了一系列富有创意且切实可行的教学策略与方法，旨在推动小学语文教学的实践创新。

　　五是可操作性。本书凸显"专业导向、能力导向、实践导向"，在不弱化理论性的前提下，以实用性为出发点和归宿，尽可能使读者明白"教什么""怎么教"和"为什么这么教"，使读者不仅知其然，而且知其所以然；针对语文教学实践中的难点和存在的问题，提供有关操作的策略、方法和步骤，同时结合案例进行具体说明，以便读者理解接受。

　　本书配备了在线学习平台，读者可通过电脑、平板或手机等终端，随时随地进行学习。读者可通过网址：https：//sdnusx.jijiaool.com 或者扫描右侧二维码访问学习平台。

在线学习平台

本书是在几位教师的共同努力和通力合作下完成的。具体分工如下：第一章、第十章和第十一章由李晓彤撰写；第二章、第八章和第九章由石冰撰写；第三章和第七章由张蕊蕊撰写；第四章和第六章由商文静撰写；第五章和第十二章由张慧撰写。书稿完成后由副主编和主编先后进行统稿，确保全书体例一致，表述规范。

本书在编写过程中，转引了大量政策性文件，其中包括《义务教育语文课程标准（2022 年版）》，还参考了近年来发表、出版的小学语文教学方面的论文和书籍，并且引用了部分一线教师的经典教学案例。这些成果使编写组受益匪浅，在此，谨向这些成果的作者表示深深的敬意和由衷的感谢。在书稿的审阅和编辑过程中，北京大学出版社的韩兆丹编辑给予我们大力支持，在此一并表示感谢。

自接受撰写任务至完成书稿，编写组仅有半年多的时间，加之团队里的每位成员都有教学与研究事务在身，因此本书难免存在值得推敲与商榷之处，敬请专家、学者，老师、学员，不吝赐教！

《小学语文教学研究》编写组

2024 年 11 月 6 日

目　　录

第一章

小学语文教学研究概述

学习目标

1. 理解小学语文教学研究的内涵、定位、价值；
2. 了解小学语文教学研究的历史与发展；
3. 了解小学语文教学研究的对象与内容；
4. 掌握小学语文教学研究的过程与方法。

第一节 小学语文教学研究的内涵、定位与价值

谈到教学研究，有人觉得它是专职研究部门或专职科研工作者的事情，对于一线教师可谓"难于上青天"，还有人觉得它神秘莫测、高不可攀。其实，小学语文教学研究是小学语文教师的重要任务之一，它并不神秘，关键在于参与、行动，在于如何把教育科研的理念、方法运用到小学语文教学实践中，探索和认识小学语文教学的内在规律与本质特点。

一、小学语文教学研究的内涵

我国基础教育课程改革正在不断深化，我们不能停留在教学经验的简单积累上，而是要有意识地将教学经验进行归纳，要对教学现象进行观察、分析，同时也要通过科学的研究，获取最佳的教学方法。因此，小学语文教学研究应运而生。

小学语文教学研究，是指运用科学的理论和方法，有目的、有意识地对小学语文教学领域内的现象进行研究，以探索和研究小学语文教学的规律。它不仅能够推进语文教学理论建设，指导语文教学实践，还能够提高小学语文教师的素养，培养小学语文教师的反思能力。研究型教师是当今社会对教师的专业发展要求，小学语文教师只有走进小学语文教学研究，才能在研究中发现问题并寻求解决问题的策略，实现可持续发展，成为有智慧的小学语文教师。

二、小学语文教学研究的定位

小学语文教学研究是教育研究的一个特定领域。它具有教育研究的一般特点，又与高等院校和教育科研机构的研究有所不同。

（一）小学语文教学研究以应用研究为主

应用研究的重点是如何将学科基础理论知识转化为切实有效的教学技能、策略与工具，确保这些理论知识能够紧密地融入小学语文教学的实际之中，从而达成具体且明确的教学目标。当前，小学语文教学研究主要聚焦于探讨课程改革实践中亟待解决且具有重大价值的问题，旨在为小学语文教学实践提供有力支撑。在实际教学中，语文教师可能面临一系列挑战，例如，如何在语文教学中切实贯彻《义务教育语文课程标准（2022年版）》提出的"语用"理念，以及如何将"形成性评价"这一方法有效地融入小学语文教学过程。应用研究正是针对这些问题，进行边学习、边实践、边研究的深入探索，强调研究的实用性、可操作性、效益性与灵活性。应用研究不但具备高度的可行性，而且直接服务于小学语文教学的改革与质量提升。总体而言，小学语文教学研究是以应用为主的研究活动，旨在推动小学语文教学实践的持续发展与创新。

（二）小学语文教学研究以行动研究为主

《国际教育百科全书》对行动研究的解释是：由社会情（教育情）的参与者，为提高对所从事的社会或教育实践的理性认识，为加深对实践活动及其依赖的背景的理解，所进行的反思研究。行动研究中的"行动"，主要是指实际工作者的实践活动；"研究"，是指在理论指导下的专业探索活动、反思活动。行动研究的显著特点是"行动"与"研究"相结合，教师既是教育实践者，又是教育研究者。与教育实践相比，行动研究不需要有理论的假设和严格的控制变量，不需要对测量工具进行严格的检验。它是从小学语文教学的实际工作中寻求课题，并在小学语文教学的实际工作过程中进行研究，由小学语文教学工作者和专业研究者共同参与，在行动中研究，使行动过程成为研究过程，使研究成果为小学语文教学工作者理解、掌握、实施，从而达到解决实际问题、改善实际行为的研究目标。

（三）小学语文教学研究是一种校本研究

随着小学语文教学研究的深入发展，校本研究已成为现实。校本研究是指"教师为了改进自己的教学，在自己的教室中发现某个教学问题，并在自己的教学过程中以'追踪'或'吸取'他人经验的方式解决问题"。可见，校本研究以学校为基点，紧密结合小学语文教学实践，聚焦教学问题的解决与实效提升，从而充分实现该学科的内在价值。校本研究是一种以学校、教师为研究主体的研究活动，是融学习、工作、研究于一体的学校活动和教师行为。比如，小学语文教师如何在备课、上课过程中准确把握预设与生成的关系？如何指导学生进行整本书阅读？这些研究的对象是具体的、生动的。校本研究十分关注应用性、创新性的价值取向，它是一种制度创新，是对教师角色的创新，也是对传统的教学研究模式的创新。它以教师为主体，以学校为主阵地，走"教师反思、同伴互助、专家引领"三位一体的新路径。这种研究的出发点是小学语文教学中存在的问题，归宿点是解决教学实际问题，总结提升教学经验，努力把学校建设成学习型组织。

校本研究的对象是小学语文教学工作者自身的教学实践。研究主体即广大的小学语文教学工作者，他们还可以把学生、家长和其他教师组织起来，围绕自己的课题开展研究。校本研究的方法是灵活多样的，如可运用观察、访谈、调查、总结、比较、预测、分析—综合、归纳—演绎等方法，还可运用行动研究法、实践反思法、个案研究法等。校本研究强调真实地描述研究对象，通过教学笔记、教学日记，如实记录研究对象，尤其是学生语文学习与发展状况。小学语文教学工作者要对自己的教学实践行为、自己与研究对象相互作用的过程进行描述，并在此基础上进行反思，即用研究者的眼光审视、反思、分析、研究在小学语文教学过程中所遇到的实际问题，总结行之有效的做法。

三、小学语文教学研究的价值

开展小学语文教学研究的意义重大，主要表现在以下几个方面。

（一）提高小学语文教学质量，推动小学语文教学改革

小学语文教学改革的目的之一在于促进学科本身的发展，而改革与发展必须以小学语文教学实践和教学研究为依据。教学研究是小学语文改革的基础，小学语文教学研究即用科学的方法去探索、研究小学语文教学的现状，去发现认识并掌握其内部规律，并用以指导教学。20世纪80年代以来的小学语文教学改革实践已充分证明了这一点。例如，在识字教学研究方面，截至目前已探索出近百种识字教学方法，包括集中识字、分散识字、字理识字、韵语识字、部件识字、字根识字、多媒体电脑辅助识字等，这些方法对提高识字教学质量，推动识字教学改革起到了重要的作用。

又如，在小学语文教学研究中，广大小学语文教学工作者努力探索高效的小学阅读教学之路，形成了多种阅读教学模式，如"引导自学模式""自主感悟模式""引导发现模式""球形模式"等，这些模式从不同侧面揭示了阅读教学的基本规律，各自形成了完整的模式理论，成为小学语文教学改革的亮点。

（二）形成科学的教育思想，丰富小学语文教学理论体系

小学语文教学理论的形成与发展，源于小学语文教学的实践与研究。通过小学语文教学研究，广大小学语文教学工作者探索小学语文教学目标、教学资源，以及教学方式、模式、方法、手段与教学评价等方面的改革，取得一批重大研究成果。我国著名教育家陶行知先生创立的"生活教育理论"指导着我们的教育教学实践，广大小学语文教学工作者在小学语文教育科研实践中又有新发现、新体验、新认识，反过来又使"生活教育理论"丰富、生成，融入了时代的内涵。[①] 上海师范大学第一附属小学等7所实验小学的"愉快教育研究"、丁有宽老师的"读写结合法"、李吉林老师的"情境教学实验与研究"、窦桂梅老师的"主题阅读"、王崧舟老师的"诗意语文"、孙双金老师的"情智语文"等都对丰富发展小学语文教学理论做出了贡献。实践证明，教学研究既是一个实践过程，又是总结经验、形成理论的过程；既是推动小学语文教学改革发展的措施，又是丰富教学理论的途径。

小学语文教学研究还具有将国际先进的教育理念转化为小学语文教学工作者的教学行为的作用。在新的教育理念指导下，广大小学语文教学工作者验证、反思、提升自己

---

① 申林静：《陶行知生活教育理论研究》，硕士学位论文，华中师范大学，2008。

的实践，进而丰富发展先进的教育理念，再进一步指导改进自己的实践。这一过程，是学习理念转化为行为的过程，同时也是推进改革发展的过程。例如，美国杜威的"儿童中心论"、瑞士心理学家皮亚杰的"发生认识论"、苏联教育家赞科夫的"实验教学论"、巴班斯基的"教学过程最优化"原理以及当代美国认知心理学家布鲁纳的"发现法"、布卢姆的"掌握学习"、加德纳的"多元智能"等素质教育课程改革方面的理论，在广大小学语文教学工作者的教学研究中与中国传统教育思想结合、碰撞，得到创新发展，这些理论与系统论、控制论、信息论等现代科学方法论相融合，推动了语文教学的改革与发展，使小学语文教学由封闭走向开放，由以知识传授为取向转向以知识与能力、过程与方法、情感态度与价值观多维目标发展为取向，再转向以义务教育语文课程培养的核心素养为取向。

（三）总结小学语文教育教学实践的最新经验，提高教师素质

小学语文教学的进步，其核心驱动力在于教师的成长。深化教学研究，是提升教师素质的重要基石。随着小学语文课程改革的深入，对教师素质的要求已不再局限于专业知识和教育教学知识的积累以及学历的提升，更在于教学经验的沉淀和教学研究能力的增强。在小学语文教学研究中，持续学习教育科学理论，深化理论素养，对于形成科学的教育观念至关重要。在这些科学教育观念的指导下，教师可以设计更为合理的改革方案，并勇于实践，不断总结经验。这一过程，是教师以先进的教育理念审视和反思教学实践的过程，也是教师从繁重的日常工作中解脱出来，寻求更高境界的过程，还是一个分析教学问题、解决教学难题的过程，更是教师由单纯的知识传授者，逐步成长为研究型、专家型、学者型小学语文教学工作者的必经之路。众多特级教师的成长轨迹和丰富经验都表明，教学研究是他们迈向教育专家的重要路径。正是在教学研究过程中，小学语文教学工作者的教育教学智慧和科研能力得到了真正的提升。

总而言之，小学语文教学研究能在实质上促进学校教育环境和语文教学实践的改善，促进师生发展。从某种意义上说，小学语文教学研究还有助于学校形成学术文化，提高办学品位，打造办学特色。

第二节　小学语文教学研究的历史与发展

一、小学语文教学研究的历史

近百年来，我国语文教学经历了从经学到单独设置国文科，从文言文教学到白话文教学，到革命语境中的语文，再到言语（语感）教学、多元化探索等种种变化①。语文教学研究的历史是一部伴随人类文明进步而不断演进与深化的学术著作。"固本然后创新"，探寻语文教学研究的历史是进行语文课程改革与创新的重要基础，是当前语文教学研究的重要任务之一，也是时代赋予我们的历史使命。

---

① 唐锋卢：《走向语文教学的历史——兼论百年语文教学目的的转变》，《濮阳教育学院学报》2003年第2期。

（一）从经学到单独设置国文科

中国古代文化的价值取向是崇古、拒变，形之于教育就是"尊孔读经"。自鸦片战争以后，部分文化分子提出应学习西方文化，所谓"师夷长技"。要"师夷长技"，就要学习"技"背后的"科学"，要学习其制度和思想，这就必然要引进为西方现代工业文明提供基础的教育。于是，中国近代教育中第一个巨大的变革产生，那就是"废科举、兴学校"，中国一体化的传统教育演变为分科教学。

在传统教育中，语文教育与历史、地理、哲学乃至生活常识糅合在一起，是经学的附庸，没有独立存在的理由和价值。所谓受教育，主要就是学习儒家经典，接受儒学义理，其目的是考取功名和进行教化。分科教学以后，语文教学独立设科，在现代教育分科体系中有了自己独特的任务和目的，从而也有了新的教学内容和教学方法。

1904年清政府颁布的《奏定学堂章程》（也称《癸卯学制》）规定，九年制小学教育分初等小学和高等小学，在8至9门必修课中，除"中国文字"外，与儒家经义教育相关的有两门："读经讲经"和"中国文学"。[①] 其中，"读经讲经"仍是学习儒家经典，其目的仍是接受儒家义理，以获得儒家的世界观、价值观、伦理道德观。有些教育研究者认为"读经讲经"是与语文教学有关系的课程，其实这是一种误解。"中国文学"（简称"国文"）标志着语文教学开始独立设科，语文教学有了新的教学内容和教学方法。

从经学到单独设置国文科，语文教学在某种程度上摆脱了传统经学的附庸地位，成为独立的一科，这对文化变迁和语文教学具有双重意义。就文化变迁来说，语文教学适应了文化变迁的需要并促进了文化变迁的进程。社会变革从圣化走向世俗化，"祖宗成法"不再可靠，"圣人之学"解决不了现实社会巨变所引起的种种问题，语言文字也不再是"圣人之教"的专利品，而是用以达成社会交际的实用工具。就语文教学来说，从儒家义理到语言表达能力，语文教学的重心向语言文字本身的运用转移。如何学习和运用语言文字逐渐成为语文教学研究所关注的重点，当然也将成为教学实践的重点，这意味着语文教学理论和实践有了现代化的可能。但是，这一时期毕竟只是语文学科的萌芽阶段，语文教学在很长的时间内主要还是传统的延续。

（二）从文言文教学到白话文教学

清末时期，语文虽单独设科为"中国文学"，但是其教育思想、教育组织、教材以及教学方法等各个方面仍是传统教育的因循，教学内容是以文言为载体的课文，学生学习的是儒家义理以及古人用文言把握世界的表达方式，教学方法以传统的记忆和背诵为主。在这一时期，有些人要求保存"固有文化"，在语文教学中提倡继续"尊孔读经"，有些人则提倡学习白话文，教授言文一致的国语、国文。于是，在文学界、思想界以及语文教育领域发生了著名的文言、白话之争。

文言、白话之争是中国文化在大变革时期两种应"变"方式之争。在其背后是对中华民族如何生存、发展的思考和焦虑，主张文言文教学的文化保守者希望用中国已

---

① 李杏保、顾黄初：《中国现代语文教育史（第2版）》，四川教育出版社，2000，第29页。

有的文化资源来应对社会的变革；主张白话文教学的文化激进者，强调通过接纳西方的文化资源来应对因为西方入侵而扩张开来的全球性现代化的变迁。以文言文教学为主导的儒家义理教育显然不能解决此前中国文化所未曾预料到的现代化问题，因而在很大程度上与中国文化现代化、世俗化变迁不相适应。现代化的一个重要内容就是从圣化到世俗化，这意味着文化价值取向要从"以古人为法"到面向现实，教育要从培养少部分统治精英到面向大众。在世俗化进程中社会政治、经济的变革需要具有迥异于过去的具有在一定专业知识、技能的人才，需要具有在一定程度上自主、有创新精神的人才。世俗化社会也意味着个人获得了圣化社会所没有的地位和权利。而语文教学中所采用的文言文教学，一方面与现实生活语言严重脱离，不能很便利地为学生的社会生活服务；另一方面，以儒家义理为主要内容的文言书面语学习，面对的是圣人"治世"之道及其表达方式，几千年来已经定型，学生学习时必须以古人是非为是非，而且除"治道"以外并不关心其他问题，这确实禁锢学生的思维，局限学生的视野。其教学方法也与尊重儿童天性的现代教育理论相违背。[①] 因此，以现代口语为基础的白话文教学，即国语教学受到重视和推崇。

那些被"钦定"为教材的文言文经典，承载着古人的思想情感，体现了往昔社会中文化精英理解世界、规范生活的方式。现在学习这些"经典"，在许多方面和不同程度上已难以适应现代社会的需求。而白话文与日常生活贴近，对现实的思考和对自身的认识是直接的。与白话文运动相适应的还有提倡在课堂教学中教授国语的"国语运动"。殷海光先生对白话文的意义做出了非常贴切的评价：

文学"革命"与用白话文的结果，不只使中国知识分子以各不同的程度逐渐超出古人的牢笼，它还有从基本上改造中国人士思想的具体作用……用白话文代替文言文，那也就是为中国知识分子以旧的思想方式换成新的思想方式。这也就是说，新的语言方式使他们从远离经验世界到接近经验世界。这一内在思想方式的转换，促致中国知识分子走出文字筑成的高楼，而落实到人世间。[②]

现代白话文这一相对较新的语言系统能够满足中国文化分子应变的需要，所以被引进中小学课堂，但是现代白话文进入课堂教学，其目的不是向年轻的文化分子灌输其中的价值取向、伦理道德、思想观念，而是使学生掌握这一套语言系统，培养其运用现代语言把握生活、进行交际的能力。而且，现代白话文被引进中小学课堂，并不是拒绝文言文经典进入中小学课堂的理由，只要是能对学生言语表达能力培养有用的学习材料，都可以以材料的形态进入课堂。从国文单独设科到国语、国文教学，是文化世俗化价值变迁的直接结果，从此现代语文教育向实用、普及以及民主教育方面发展。

（三）革命语境中的语文

中华人民共和国成立后，语文教学进行了相应变革，教育领域开展了"改造旧教育，建设新教育"的运动。在语文教学方面，对传统语文教学及20世纪前半叶的语文

---

① 郑国民：《从文言文教学到白话文教学——我国近现代语文教育的变革历程》，北京师范大学出版社，2000，第12—17页。

② 殷海光：《中国文化的展望》，商务印书馆，2017，第313页。

教学进行了重新审视与调整，强调剔除其中的封建性、买办性糟粕，吸收民主性、科学性精华，并将"革命思想教育"贯穿其中，使语文教学在一定程度上承担了思想教育的功能，形成了这一时期独特的语文教学形态。例如，语文教材的编写更加注重反映革命精神和社会主义建设的内容，课文选择倾向于那些能够激发学生爱国热情、培养革命意志的优秀作品。同时，教学方法也有所改变，更加注重引导学生理解课文中的思想内涵，培养学生的政治觉悟和道德品质。这一时期的语文教学为培养满足国家建设需要的人才发挥了重要作用。

（四）言语教学

改革开放后，关于学生语文能力低下、教学效率不高的言论开始引起人们对语文教学的关注，将人们的思考和研究引向深入。在这些思考和研究中，一个重要的方面就是语文教学目的问题，也就是通常所说的"语文教学到底要干什么"的问题。

虽然一直强调应在语文教学中培养学生的语文能力，但是实际上语文课程、教学理论以及课堂上进行的语文教学实践都更倾向于"思想教育"，而不是学生的语文能力。人们为了提高学生的语文能力，在理论和实践上进行了若干探索，如洪镇涛的"两变"（变"讲堂"为"学堂"，变"研究语言"为"学习语言"）和钱梦龙的"三主"（学生为主体，教师为主导，训练为主线）等，这些探索对于培养学生语文能力或许是可行的总结。

20 世纪 90 年代，语文教学理论界更多地借助西方语言学关于"语言"和"言语"的划分以及语用学、言语交际学、社会语言学等理论，把"语文"界定为"言语"，指出"语文教学"就是"言语教学"，就是培养学生语言运用能力的教学。主要的代表人物有王尚文、李维鼎、李海林等。李海林于 2000 年出版的《言语教学论》对百年语文教学从学理上进行了总结。将"语文"改为"言语"，似乎没有什么新意，但是它表明了培养语言运用能力成为语文教学的唯一目的，思想教育（包括人文教育）、语言知识教育、文章学知识教育、文艺学知识教育等在语文教学中就再也没有独立存在的价值，它们只是语文教学附带的功能或者必须凭借的手段。

（五）多元化探索

自 20 世纪中叶以来，人类社会经历了前所未有的变革，其中信息技术的革命与全球化的加速无疑是最为显著的两股力量。这些变革不仅重塑了经济结构和社会形态，也深刻地影响了教育领域，特别是语文教学研究的发展轨迹。21 世纪语文教学研究迈入了一个多元化探索的新纪元，其内涵与外延均得到了极大的丰富和拓展。

一方面，随着教育学、心理学、语言学等相关学科的不断进步，语文教学研究开始摒弃传统单一的视角，转而运用更加科学、系统的理论与方法来指导教学实践。例如，认知心理学在教育领域的广泛应用，使得研究者能够更深入地理解学生的学习机制，包括记忆、思维、问题解决等认知过程，从而设计出更加符合学生认知特点的教学策略。这种基于科学理论的实践探索，不仅提高了教学效率，也促进了学生个性化学习的发展。

另一方面，信息技术的迅猛发展，特别是互联网、多媒体等技术的普及，为语文教学带来了前所未有的机遇与挑战。这些技术不仅丰富了教学手段，如通过在线课堂、虚拟实验室等形式，打破了时间和空间的限制，实现了教育资源的共享与优化，还催生了混合式学习、翻转课堂等新型教学模式，这些模式强调学生的主体性和主动性，鼓励他们在课外通过自主学习获取知识，而在课堂上则更多地进行深度讨论和实践操作，从而有效提升学生的学习兴趣和参与度。

与此同时，随着国际文化交流的日益频繁，语文教学研究也更加注重跨文化理解能力的培养。这要求语文教学工作者不仅要给学生传授本国的语言文化知识，还要引导学生了解并尊重其他文化，培养他们的全球视野和跨文化交际能力。此外，面对快速变化的社会环境，语文教学研究也越来越重视对学生人文素养、批判性思维、创新能力的综合提升，旨在培养出既具备扎实语言基础，又具备良好综合素质的复合型人才。

二、小学语文教学研究的发展趋势

由于科学技术的飞速进步，人类生活的各个方面都发生了深刻变化，对高素质人才的需求向语文教学提出了新挑战，语文教学研究急需走在时代的前列。展望未来语文教学研究，其凸显出以下发展趋势。

（一）研究内容的深化与拓展

在当前的教育改革浪潮中，对语文核心素养的深度研究已成为推动语文学科发展的重要驱动力。这一研究不仅是对传统语文教学理念的深化与拓展，更是对新时代学生全面发展要求的积极响应。具体而言，对语文核心素养的深度研究聚焦于文化自信、语言运用、思维能力和审美创造四大维度，旨在通过系统化的课程设计与实践探索，使学生不仅掌握扎实的语言文字基础，还能在文化认同、批判性思维、创新表达及审美鉴赏等方面实现质的飞跃。在文化自信培养方面，强调在语文教学中融入中华优秀传统文化，增强学生的民族自豪感和文化认同感；在语言运用能力提升方面，则注重在真实语境中锻炼学生的听说读写能力，促进其有效沟通与表达能力；在思维能力发展方面，鼓励学生进行深度阅读、批判性思考，培养其逻辑思维与创造性解决问题的能力；在审美创造激发方面，则通过文学作品鉴赏、创作实践等活动，引导学生发现美、创造美，提升审美素养与人文情怀。

与此同时，跨学科融合研究成为语文教学创新的重要方向。随着知识体系的日益综合化，语文教学不再孤立存在，而是积极寻求与数学、科学、艺术等学科的交叉融合，通过项目式学习、主题探究等教学模式，打破学科壁垒，促进知识的整合与应用，从而培养学生的综合素养与创新能力。这种融合不仅丰富了语文教学的内容与形式，还为学生提供了更加广阔的学习视野和实践平台。

此外，教材与教学方法的创新研究也是当前语文教学研究的重要课题。面对快速变化的社会环境和学生需求，传统的教材内容和教学方法已难以满足时代发展的需要。因此，研究者致力于探索如何根据时代特征和学生特点，更新教材内容，使之更加贴近生活实际，反映时代精神；同时，优化教学方法，采用信息技术手段及情境教学、合作学习等多种教学策略，激发学生的学习兴趣，提高教学效果，确保语文教学能够与时俱进，为学生的终身发展奠定坚实基础。

（二）研究方法的创新与多元化

首先，在未来的语文教学研究中，实证研究方法的加强将成为推动学科进步的关键驱动力。这标志着语文教学研究正逐步向科学化、精确化迈进。研究者将更加注重从教学实践中提取数据，运用量化分析、质性研究等多样化的实证手段，对语文教学的各个环节进行深入剖析，以验证理论假设的合理性与有效性。这一过程不仅有助于揭示语文教学现象背后的本质规律，还能为教学策略的优化提供坚实的数据支持，进而提升教学效果和学习成效。

其次，数字化与智能化研究方法的引入为语文教学研究开辟了全新的路径。随着大数据、人工智能等前沿技术的迅猛发展，语文教学研究开始借助这些先进技术进行深度挖掘与智能分析。通过构建语文教学数据库，运用机器学习算法对海量教学数据进行高效处理，研究者能够迅速发现教学过程中的潜在问题与改进空间，为教学决策提供科学依据。此外，智能化教学平台的开发与应用，也使得个性化学习成为可能，进一步推动了语文教学向更加精准、高效的方向发展。

最后，比较研究方法的广泛运用促进了语文教学研究的国际交流与合作。在全球化的背景下，各国之间的教育交流与合作日益频繁。研究者通过比较不同国家、不同地区的语文教学实践和研究成果，从中汲取宝贵的经验与启示，发现共性规律与差异特征，为语文教学研究的创新与发展提供新的视角与思路。这种跨国界、跨文化的比较研究不仅有助于拓宽语文教学的国际视野，还能促进教育资源的共享与互补，推动全球语文教学质量的提升。

（三）研究成果的转化与应用

在深化语文教学研究的进程中，一个显著的趋势是日益强调研究成果对教学实践的直接指导作用。这一转变旨在将理论研究与教学实践紧密结合，确保研究成果能够迅速转化为一线教师可操作的教学策略与方法。通过系统分析教学现象、提炼有效教学模式，并结合实际教学情境进行验证与优化，语文教学研究为教师提供了丰富多样的教学指南，助力他们在课堂中更加高效、精准地实施教学活动，从而提升学生的学习效果与兴趣。

同时，语文教学研究的深入也为教育政策的制定与调整提供了坚实的科学依据。政策制定者能够依据研究成果，把握语文教学领域的最新动态与发展趋势，科学规划教育资源配置，优化课程设置与教学评价体系，确保语文教学改革方向正确、措施有力。这种基于研究的政策制定模式，不仅增强了政策的针对性和有效性，还促进了语文教学体系的不断完善与发展。

此外，语文教学研究还成为教师专业发展的重要支撑。通过搭建研究成果分享与交流平台，教师能够及时了解最新的教学理念、教学方法和研究成果，拓宽专业视野，提升专业素养。在这一过程中，教师之间的专业交流和合作得到了加强，形成了良好的学术氛围与互助机制。这种基于研究的教师专业发展模式，不仅促进了教师个人能力的成长与提升，也推动了整个教师队伍的专业化进程，为语文教学质量的持续提升奠定了坚实的人才基础。

第三节　小学语文教学研究的对象与内容

一、小学语文教学研究的对象

小学语文教学研究，旨在深入剖析与探讨小学阶段语文学科的教学实践及内在规律。其研究对象广泛而具体，涵盖小学语文课程标准与教材体系的解读与评估，小学生学习心理、认知特点及个性化需求的分析，以及教学方法、策略与手段的创新与应用实践。同时，小学语文研究还聚焦于教学过程中的师生互动模式、学习成效的多元评价体系，以及教学环境、资源对教学质量与效果的深远影响。基于系统、科学的研究方法，小学语文教学研究致力于揭示教学现象背后的本质，提出改进建议与策略，以促进学生语言能力的全面发展与综合素养的持续提升，为小学语文教学的改革与发展提供坚实的理论支撑与实践指导。

二、小学语文教学研究的内容

小学语文教学研究是教育研究的一个特定领域，其内容在很大程度上取决于对小学语文教学研究的定位。小学语文教学研究的目的是研究教学改革实践中亟待解决的、有价值的问题。因此，该研究体现出小学语文教学理论知识和教学实践紧密结合的特点。

（一）小学语文教学理论研究

小学语文教学理论研究是一个广泛而复杂的研究，它涉及语文、文学、教育学、心理学、艺术等多个学科。该研究的目的在于建立有效的教育模式，让学生掌握正确的语文思维方式，提高学习效率，实现学习目标。教师在教学过程中，要深刻理解语文教学理论，了解各学科知识，善于运用多种教学手段，创新教学方式，让学生感受到学习的乐趣，从而真正发挥教学理论研究的价值。

小学语文教学理论研究不仅有助于教师深入理解语文教学的本质和规律，还能够指导教学实践，提高教学效果。理论研究能够揭示语文教学的内在机制，帮助教师掌握科学的教学方法。通过教学理论研究，教师可以更加关注学生的个体差异和学习需求，设计符合学生特点的教学活动。教学理论研究还能够促进教师的专业成长，提升教师的专业素养和教学能力。

（二）小学语文教学实践研究

小学语文教学实践研究是小学语文教师的重要任务之一。该研究的核心在于如何把教育科研的理念、方法运用到小学语文教学实践中去，探索小学语文教学的内在规律与本质。

小学语文教学实践研究注重应用研究，注重研究的实用性、可操作性、效益性，能够直接为小学语文教学改革服务，为提高小学语文教学质量服务。小学语文教学实践研究还注重行动研究。教师既是教育实践者，又是教育研究者，从教学实践工作中寻找课题，在语文教学的实际工作过程中进行研究。教师要在行动中研究，使行动过程成为研究过程，使研究成果为小学语文教师掌握并实施，从而达到解决实际问题、改善实际行为的目的。

开展小学语文教学实践研究意义重大，不但推动了小学语文教学改革的发展，而且丰富了小学语文教学理论体系，如李吉林老师的"情境教学实验与研究"、丁有宽老师的"读写结合法"等，都对丰富小学语文教学理论做出了贡献。同时，开展小学语文教学实践研究还能够促进教师的专业化发展，提升语文教师的素质。

（三）小学语文教学评价研究

在教学过程中，学生是至关重要的因素，因为他们是学习的主体，语文教学要帮助学生实现核心素养的进阶式提升。教师在这一过程中发挥着主导作用，他们的职责是引导学生学习，教授他们学习的方法。然而，传统的小学语文教学评价往往过于偏重对教师"教"的评价，而忽略了对学生"学"的评价，这种片面性必须得到纠正。对小学语文教学评价进行改进时，应同时关注对教师"教"的评价和对学生"学"的评价，深入研究和构建一套科学、可行的评价机制，以确保素质教育的有效实施。只有这样，我们才能更全面地评估教学效果，为学生的全面发展提供有力保障。

（四）小学语文课程标准与教材研究

《义务教育语文课程标准（2022年版）》的发布对语文教学改革产生了重要影响，教师可结合小学语文主题教学实践研究，从教材出发，找准教材与课程标准的关联，提炼学习主题、确定学习目标、重组学习内容、安排学习活动、提供学习资源与支架、研制学习评价量规，处理好课程标准、教材、课堂三者之间的关系。[①]

继承以往用好小学语文教材的经验，将具有法规意义的课程标准落实到课堂上，创造新路径，发挥语文课程培根铸魂、启智增慧的育人功能，深入挖掘教材中的爱国主义、集体主义、社会主义核心价值观等思政内容，将其与语文知识有机结合，使学生在学习语文知识的同时，接受思想的洗礼，实现文化自信、语言运用、思维能力、审美创造等核心素养的提升，是语文教学改革的基本价值取向。广大小学语文教师要深入钻研教材，探寻课程标准落地的实践路径，处理好课程标准、教材、课堂三者之间的关系，完成高质量的三层转化。

（五）小学语文教学技术手段研究

在新课程改革背景下，信息技术已经成为重要的教学手段，成为教育改革和发展的助推器。小学阶段，语文这一承载着深厚文化底蕴与广泛知识面的综合性学科，更被赋予了"百科之母"的美誉，其教育改革之路，自然离不开信息技术的辅佐。[②] 学者们普遍认为，语文学科与信息技术的融合具有得天独厚的优势，二者之间仿佛存在着一种天然的契合。这种契合使得信息技术能够嵌入语文教学的每个环节，不仅丰富了教学手

---

① 窦桂梅：《用好统编小学语文教材，落实新课程标准——再谈学习主题引领下的教材单元任务设计》，《小学语文》2024年第1期。

② 符读娟：《信息技术辅助应用于小学语文教学的思考》，《计算机产品与流通》2019第12期。

段，还深刻改变了教学方式。通过在语文教学中巧妙地融入信息技术手段，教师可以实现教学效果的质的飞跃，为学生打造一个更加生动、高效、互动的学习环境。①

在此背景下，小学语文教师被赋予了新的使命与挑战。他们被要求成为信息技术的娴熟驾驭者，善于利用信息技术的强大功能来优化课堂教学形式，使原本单一的讲授式教学变得多姿多彩，充满吸引力。同时，借助信息技术的力量，教师可以进一步丰富课堂教学内容，将海量的网络资源转化为生动的教学素材，拓宽学生的知识视野。更值得一提的是，在面对教学中的重点与难点时，信息技术成为教师手中的一把利剑，帮助他们巧妙地突破障碍，使学生更好地理解和掌握所学知识。

（六）小学语文教师专业发展研究

在新时代背景下，教育领域的变革与发展对教师的角色与定位提出了新的要求，呼唤着"教育家型"的教师，引导教师做"有理想信念、有道德情操、有扎实学识、有仁爱之心"的"四有"好老师。教师专业发展研究在此背景下显得尤为重要。

建立一支高素质的教师队伍，无疑是推进素质教育深入实施的核心动力。在新时期，教师专业发展不仅关乎教师个人的职业成长，还成为整个教育改革进程中的关键议题。这一发展过程，基于对教师职业专业性的广泛认可，它要求教师不断超越传统角色定位，向集教育者、研究者、学习者等多重身份于一体的专业型教师转型。在此过程中，教师自我专业发展意识扮演着至关重要的角色，它是驱动教师主动探索、积极实践、持续反思的内在力量。与此同时，外在的专业发展背景，如政策支持、教育资源、学校氛围等，则为教师的专业发展提供了坚实的支撑和广阔的空间。这两者的有机结合，促进了教师专业结构的不断扩充与更新，使教师在专业知识、教学技能、教育理念等多个维度上实现全面升级。小学语文教师的专业发展不仅关乎学生语言文字能力的培养，还涉及学生情感态度、价值观念、文化素养等多方面的塑造。因此，从具体学科、具体学段出发，深入探讨小学语文教师的专业发展路径和策略，对于指导小学教育教学实践、提升整体教育质量具有不可估量的作用。

第四节　小学语文教学研究的过程与方法

一、小学语文教学研究的过程

随着课程改革的推进，小学语文教学研究正由盲目、随意式走向主题、规范式。主题教研、课题研究成为小学语文教师进行教学研究的主要选项及载体。关注研究过程，在研究过程中促进教师专业发展已成为一线教师的共识。

小学语文教学研究一般要经历"三阶段、五步骤"，如图1-1所示，三阶段即"准备阶段→实施阶段→总结评价阶段"，五步骤即"选择确定研究课题→进行研究构思设计→制订研究方案→收集分析材料→表述研究成果"。

① 张爱琴：《现代信息技术辅助小学语文阅读教学》，《课程教育研究》2019年第48期。

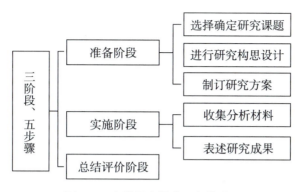

图1-1 小学语文教学研究的过程

（一）准备阶段

进行小学语文教学研究，离不开课题研究。进行一个课题研究，要有一个准备的过程。准备阶段是教学研究必不可少的阶段，这一阶段包括选择确定研究课题、进行研究构思设计、制订研究方案三个步骤。

1. 选择确定研究课题

课题始于问题，问题就是对矛盾的认知。选择课题（简称选题）是小学语文教学研究的起点，它对于研究任务的完成起着举足轻重的作用。选题，不仅决定了教学研究的方向，还反映了研究者水平。把握选题过程，掌握选题方法，是小学语文教学研究者的基本功之一。选择确定研究课题涉及寻找来源、选择类型、准确表述、严密论证四个方面。

（1）寻找来源。"问渠那得清如许，为有源头活水来。"课题的"源头活水"来自语文教育教学实践。小学语文教学改革发展与教育现实之间的矛盾，是小学语文教学研究的主要来源。小学语文教学研究的课题主要来自小学语文教学实践中的困惑、疑问和新发现，来自新的教育理念在小学语文教学实践中的主动运用，来自小学语文学科发展中由来已久的困难与缺点等。但并非所有问题都值得研究，研究者需要学会诊断问题，发现问题，提出问题，并在充分分析、比较的基础上，选择真正对本学科以及对教师、学生发展有价值的问题。研究者可以从各级教育科研部门或教研管理部门的课题研究指南或要求中选择课题来研究；可以从各级教育学会每年的教学研究年度课题或教学年度论文评比中选择课题，或自择课题来研究，可以从中选择并向上申报国家级、省、市（县）级课题；可以从任职学校的语文教育发展、语文教学特色、各个学段的语文教学特点来选择或自定课题；可以从个人兴趣、特长爱好中选择课题；还可以从社会需求中，从学术信息中，从科学理论中，从史料中选择课题。

总之，选择自己感兴趣、有能力展开研究的问题，进而围绕着如何解决这些问题而展开研究，是研究者走向成功的途径之一。

（2）选择类型。根据课题研究的深度与层次，小学语文教学研究课题可分为以下四种类型。

一是描述性研究课题。这类研究课题重在对研究对象的真实情况进行具体描述，主要解决"是什么""怎么样"的问题，多采用调查研究法进行研究。比如"我（语文教师）与新课程教学一起成长"课题，一般采用描述性研究。

二是因果性研究课题。这类研究课题的主要目的是揭示教育现象间的因果关系，解决"为什么"的问题，一般可以采用个案研究、对比研究或实验研究等方法，如"智力障碍儿童语言发展研究"等课题。

三是迁移性研究课题。这类研究课题是将新的教学理论在实践中加以应用或将在某一特定条件下获得的结论推广到不同环境条件下的可能性研究，主要解决"在不同环境条件下会发生同样现象吗"等问题，多采用对比调查或实验研究的方法。

四是理论性研究课题。这类研究课题旨在挖掘潜在的理论问题，解决"研究中有哪些潜在的带有普遍性的理论、原则"等问题。这里的理论性研究不同于基础理论研究，是应用性的理论研究，具有经验概括性的特点。比如，"小学语文学科性质的研究""小学语文教材编写的原则研究"等课题都是理论性研究课题。

（3）准确表述。课题选定后，如何进行完整而周密的课题表述就显得十分重要。课题表述主要是为了清楚说明本课题的范围和变量，为研究活动提供一个聚焦点，为研究计划提供起点。要表述的内容一般包括七部分：一是课题名称（明确界定研究范围、对象、问题）；二是主题词（对研究课题进行高度提炼和概括）；三是选题的背景、目的、意义（阐明研究的背景、目的与价值取向，具体指向研究者从事该研究的动机、原因和期望）；四是研究的内容、方法、重点（提示研究过程的目标与内容、方法，以及重心和主攻方向，反映研究的价值与可行性）；五是研究的步骤；六是预期的研究成果（对研究的成果及其表述呈现形式进行预设）；七是研究的可行性分析（研究的负责人、参与者及其分工，研究基础和准备情况，经费预算与来源等）。

（4）严密论证。课题选定后，研究者要进行文献检索，依据翔实的资料，对课题进行论证，力争以丰富的参考文献和严密的分析来支持自己的课题研究主张。论证主要应从以下几方面入手：第一，阐明课题的性质、类型，指明论题，说明来源，分析有关理论与实践的背景；第二，阐明选题具有的理论价值和实践意义；第三，分析相关研究现状，预计该课题研究将在哪些方面有所突破和创新；第四，进行课题研究的可行性分析与基本条件分析，如课题组主要成员构成、能力、研究专长、物资设备、经费预算等；第五，阐明课题研究的策略、步骤及成果形式以及完成计划等。

研究者在以上系统分析的基础上写出课题申请书和书面论证报告，之后递交专家组进行正式的开题论证。开题论证是对研究课题进行全面分析、评价和预测，一般由课题负责人（主持人）向专家组介绍课题，接受专家询问，征求专家意见。专家一般会对课题或论证报告的某些内容进行评价，提出修改意见。开题论证后，研究者要对专家的意见进行分析、梳理，抓住关键，修正初步研究计划，着手制订研究方案。

2. 进行研究构思设计

（1）提出研究假设。研究假设的形成要以科学观察和经验归纳为基础，以科学的思想方法为指导，以丰富的教育理论知识和实践经验为支撑。假设就是对所研究的问题预先赋予答案。例如，南京师范大学附属小学在"听读欣赏课"的实验中提出了以下假设："如果把听录音跟读文学材料结合起来，让'听'来激发学生'读'的兴趣，提高'读'的能力，同时让'读'巩固、提高'听'的能力，就可以全面提高学生的听、说、读、写能力。"

（2）选择研究方法。小学语文教学研究的具体方法很多。从研究的性质和手段来看，有行动研究法、历史研究法、个案研究法、文献法、观察法、调查法、教育实验法、经验总结法、教育测量法等。研究方法的选择要科学，要有针对性，因为这决定了研究的客观性和有效性。

（3）确定研究对象。要使研究有的放矢，就要根据课题的性质、任务，合理选择研究对象，使研究对象具有典型性和代表性。研究对象有时候是一个学校或一个班的全体学生，这类研究称总体研究。例如，要研究某小学学生的语文学习习惯，那么该校一至六年级全体学生都是研究对象。而要进行"某小学语文学习困难学生成因研究"，就要采用抽样研究。抽样研究即从总体中抽取一部分个体进行研究。抽取的过程叫取样，被抽取的个体的集合称为样本。在小学语文教学研究中，除个案研究外，一般都是用样本统计量对总体做出估计与推断。

（4）分析研究变量。课题的研究变量是指研究对象在性质、数量等方面所具有的可变化、可控制、可测量的特征，如学生的智力、动机、兴趣、学业成绩和教师的知识、能力、修养、教学方法、课程内容、教学效果等特征。一项研究往往受到多种变量的影响和制约，研究者在确定计划时应当详细列出涉及的所有变量，并加以确定和认真选择。

3. 制定研究方案

研究方案，是开展教学研究的具体设想。它规定了教学研究的意义、内容、方法、步骤等。研究方案对于整个研究工作的顺利开展起着至关重要的作用，一个好的研究方案，可以帮助我们避免在研究过程中手足无措，保证研究工作有条不紊地进行。完整的研究方案主要包括以下部分：课题名称、研究目的和意义、文献综述、研究内容、研究方法、研究进度、预期研究成果、参考文献等。

（1）课题名称。课题名称是对研究的选题的概括性表述。好的课题名称需要简洁明了地表述出研究的对象、内容、方法和研究变量及其之间的关系等。值得注意的是，不能把"选题"和"课题名称"混为一谈，研究的选题并不完全等同于课题名称。一般情况下，一个合适的选题在确定下来之后不宜再进行更改，而课题名称可以在研究的开展过程中和研究结束撰写论文、报告时再进行反复斟酌和修改，使之既能准确反映研究的核心问题和观点，又能别出心裁。课题名称在表述时，要做到以下三点：一是课题名称的字数不宜超过 20 个，如果题目过长可以考虑采用副标题；二是课题名称要呈现研究的核心变量；三是课题名称通常采用陈述式短语的方式，较少使用疑问句、感叹句等表达方式。

（2）研究目的和意义。在研究方案中，要对研究的目的和意义进行分析，说明为什么要开展这项课题研究。这部分内容一般包括选题的缘由或背景、研究的理论价值和实践意义。在对此进行阐释时，既可以从理论和实践两个层面指出问题的重要性和开展研究的必要性，也可以从前人研究的不足或错误方面入手，论述研究的重要价值。总之，在研究目的和意义这一部分就是要说明所选课题的重要性，和对它进行研究的必要性。

（3）文献综述。文献综述是指对已有的研究成果进行梳理、归纳、分析和评论的研究性工作。通常情况下，在确定了研究课题后，需要对相关领域的国内外文献进行全面检索和大量阅读，然后进行归类整理，对相关领域的研究发展历程、研究内容、取得的研究成果和存在的研究问题进行分析和评价，从而形成文献综述。综，即收集百家之言；述，即对文献进行归纳整理和综合分析。文献综述是文献综合述评的简称。概括而言，文献综述主要起到以下两个作用：一是系统地总结、梳理相关领域的研究进展；二是提供后续研究方向和思路。

（4）研究内容。研究内容是对所选课题"要研究什么"进行清晰的交代。通常来讲，研究内容的设计要考虑以下两个方面：一是研究内容的全面性，即各部分研究内容整合在一起时，要能够充分体现出课题所研究的问题；二是研究内容的逻辑性，即各部分研究内容之间要有明确且合理的逻辑规则。

（5）研究方法。研究问题的性质和内容决定了研究方法的选择，因此，对于研究问题来说，研究方法要有良好的适切性。在研究方案中对研究方法进行分析和说明，是为了阐释开展该项研究所具体采用的方法和运用过程。研究方法的说明主要应包括以下三个方面：一是介绍研究对象，包括如何抽样；二是列出研究采用的具体方法；三是对在研究过程中如何使用所列方法来收集信息和材料进行分析说明。

（6）研究进度。为了让研究按时进行和按期完成，需要对研究中的每项工作进行时间和节点规划，即确定研究进度。一般情况下，教育研究包括准备阶段、实施阶段和总结阶段，研究进度也可按这三个阶段进行规划，做出明确的时间和节点进度表。需要注意的是，研究进度的安排要考虑研究的重难点，要做到张弛有度。

（7）预期研究成果。研究成果是研究者采取适合的研究方法，围绕选题内容完成研究后，对研究过程中积累的相关资料进行归纳、整理、总结和提升，形成的具有学术意义和实践价值的创新性成果。要取得丰硕的研究成果，研究者需要在研究之前进行科学预测。预期研究成果的设计需要考虑以下三个方面。一是预期研究成果与研究内容相对应。研究内容主要体现在研究结果上，研究成果是研究内容结出的果实。二是预期研究结果的代表性与多样性之间的关系。从理论上讲，研究成果的类型多种多样，既可以有全面反映研究内容的成果研究报告，也可以有体现部分研究内容的特定成果，如调查报告等；既可以有理论性成果，如著作、论文等，也可以有实践性成果，如经验总结报告、案例集等。预期研究成果的设计要在符合课题要求，充分反映研究内容的同时，尽可能丰富多样。三是预期研究成果的可实现性。研究方案中的预期研究成果要充分考虑研究的主客观条件，确保可以达成目标。

（8）参考文献。在研究方案的最后要列出研究所参考的文献。列举参考文献时要注意以下三点。一是同类型文献要放在一起列出。文献一般可归类为中文图书、外文图书、中文期（报）刊、外文期（报）刊、学位论文等。二是参考文献要按一定的顺序排列，如按文献的重要性顺序、出版的时间顺序、研究者姓氏笔画或首字母顺序。三是文献格式要符合学术规范。

上述内容是研究方案的常见内容，有些研究方案还包括课题研究的可行性分析，主要交代课题研究人员结构、课题管理措施及研究保障，以及必要的研究经费预算（包括图书资料费、调查差旅费、会议费、成果打印费、设备购置费等）。

（二）实施阶段

实施阶段是研究者将研究计划付诸实际行动的重要阶段。

1. 收集分析材料

资料的收集、整理分析贯穿小学语文教学研究的全过程。这些工作不仅有助于研究者全面正确地把握课题情况，呈现已有研究信息，从而帮助研究者选定课题，确定研究方向，还能为课题提供科学的论证依据和研究方法，避免重复劳动，使研究者不再重蹈前人的覆辙，提高教学研究效益。

（1）收集资料。资料的收集是研究的基础。在小学语文教学研究中，文字资料的收集渠道主要有：通过图书馆、阅览室收集报纸杂志、书籍资料；通过个别交流或学术会议收集交流资料；通过网络搜寻信息资料。

（2）整理分析资料。经过广泛收集资料后，研究者要将资料分类整理分析，去伪存真。常用的分析方法有逻辑分析、数学分析、定性与定量分析的综合等。例如，若在研究设计中要对外来务工者子女课外阅读量进行调查，则在这一阶段就要先根据科学的抽样调查理论，确定样本抽取方法与样本容量，进而确定具体的调查对象；然后设计方法，进行实地调查，收集数据，整理数据，并对数据进行科学分析，以形成科学的结论，保证研究结果的真实性。

2. 表述研究成果

表述研究成果是小学语文教学研究过程中的一个重要环节，是对研究者所从事的教学研究的高度概括和科学总结，是教学研究的理论升华。具体来说，表述研究成果就是对整个小学语文教学研究的过程及结果进行分析、总结、概括，主要是用文字形式表述出来，形成课题研究的书面材料。表述小学语文教学研究成果的形式多种多样，主要有教学札记、教育教学叙事、研究报告、教学研究论文、专著等。

（三）总结评价阶段

这一阶段要求研究者对研究工作进行认真总结与评价。总结就是对研究工作进行全面反思，找出成功的原因、存在的问题，总结经验与教训，寻求改进的新思路。总结有助于推广研究成果并为新的课题研究提供经验与借鉴。评价是对研究的鉴定，对研究成果的确认。对于研究成果，通常要进行评价，以便更好地了解其研究质量。

二、小学语文教学研究的方法

小学语文教学研究的方法是为教学研究目的服务的。教学研究任务不同，所采用的方法也不同。小学语文教学研究常用的方法有以下几种。

（一）经验总结法

教育经验是指教学工作者在长期的教学实践中获得的有关教育活动的知识、技能及情感和情绪体验。

1. 经验总结法的含义

所谓经验总结法，就是在不受控制的自然状态下，依据教育实践所提供的事实，按照科学研究的程序，分析概括教育现象，揭示其内在联系和规律，使其上升到教育理论的高度，促使人们由感性认识转化为理性认识的一种教育科研方法，也就是将大量丰富而多彩的教育经验上升为教育理论的方法。

作为一线教学工作者，经过了长期的教学实践，总能或多或少地积累一定的教育经验，对教育问题有一些独到的认识和体会。如果有意识地总结教育经验，那么，每个教师都可以成为研究者。他们通过对自身教育经验进行分析、思考、总结概括，使自己的业务水平得到提高，进而取得良好的教学效果。

2. 经验总结法的一般步骤

（1）确定总结对象。研究者应根据经验总结的目的和任务，从实际出发，认真选择具有代表性的地区、学校或个人。一般来说，应以突出贡献为前提来确定总结对象，或者选择那些教育教学中急需解决的、有研究价值的、有典型性和代表性的课题，如素质教育问题、课程建设问题等。

（2）制订总结计划。总结计划是对经验总结过程的构想。它包括经验总结的目的、任务和基本要求，组织和人员安排，总结实施过程，对象的确定，经验的验证及经费支出等。尤其是针对不同的总结对象时，要选择最佳的研究方法。

（3）收集事实资料。经验总结是建立在大量全面、充分、可靠的教学事实资料基础之上的。

教学事实资料包括两大类：一是反映前后变化的资料，二是促成这些变化的资料。收集的材料可以是书面的材料，如教师的教案、学生的作业等；也可以是教育教学现场的观察材料，如听课记录、教学视频以及课后的教学反思与评价；还可以是研究者的调查材料。

在进行原始材料积累和记录的时候，要遵循客观性原则，力求做到真实、准确、实事求是，对经验所带来的效果不要随意夸大，对实施的方法和手段不要随意更改。

（4）整理分析资料。收集资料只是一种手段，在进行经验总结时，必须在充分占有大量资料的基础上，对资料进行整理和加工，使资料条理化、系统化，以形成能说明问题的材料。整理分析资料这一步骤具体包括核实资料、筛选资料和提炼升华资料。

根据经验总结的目的，首先需要对资料的可靠性进行核实，要做到去伪存真，删繁就简。所有与经验相关的事实，并不是都可以深刻地说明问题的。[1] 因此，需要对这些资料进行反复筛选，做到去粗存精，删掉无关紧要的资料；做到去伪存真，真正保留那些能够反映事实真相的材料；做到由此及彼，由表及里，把零散的事实资料有机地联系起来。经过筛选的资料，应当具有新颖性、必要性、充分性。对教育经验事实进行提炼时，应根据经验总结的目的，从教育经验事实出发，依据教育基本理论，对事物或现象做出科学的概括和界定，并揭示它们之间的本质联系，也就是从局部经验中发掘其普遍意义，使感性认识升华为理性认识。

（5）组织论证。经过之前的几个步骤，就可以初步写出经验总结的草稿。接着，就应以经验总结者为主体，邀请教育主管部门的领导、教育专家、教育理论工作者、教师

---

[1]　赵洪涛：《教育经验总结法探析》，《现代教育科学》2008 年第 4 期。

和学生代表共同参加经验总结论证会议。召开论证会议的目的是考察经验总结是否符合科学认识的逻辑性，是否反映了教育发展的客观规律，以及指出经验总结的局限性，以便进一步修正与完善。

（6）撰写经验总结报告。撰写经验总结报告是经验总结的最后一个环节，是对最后成果的呈现，经验总结者应该在经验总结的草稿的基础上，充分吸收论证过程中的意见与建议，再次对研究结果进行深入思考，并写出书面总结报告。经验总结报告可以呈报上级部门审核，也可以印发给有关单位或个人，还可以向专业报纸、杂志推荐发表，以获取教育教学经验总结的社会效益。

（二）观察法

1. 观察法的含义

观察法是指"利用感官的通道以及必要的辅助设备，对自然状态下的教育现象进行有目的、有计划的考察，以获得经验事实的一种科学研究方法"[①]。它是小学语文教学研究中的一种基本研究方法，同时也是一种科学实践。

2. 观察法的一般步骤

（1）明确观察目的。根据研究任务和观察对象明确观察目的。在明确观察目的前，应该先做大略的调查和试探性观察。这样做的目的不是进行资料的收集，而是了解和掌握观察对象的基本情况，以便正确地计划整个观察过程，避免研究者的主观随意性。

（2）确定观察对象。确定观察对象通常包括两个环节：一是确定观察的总体范围；二是采用抽样的方法确定观察的个案对象。

（3）选择观察方法。观察方法的种类很多，有效的观察方法能够保证研究的顺利进行，因此要根据研究课题的需要和研究的实际条件来选择观察的途径和方法。

（4）制订观察计划。对于观察怎样进行，观察的程序是什么，先观察什么，后观察什么，观察多长时间，间隔多长时间进行重复观察等问题，都要在观察之前做出周密的计划和安排。

（5）实施观察，进行观察记录。实施观察是观察法的核心环节。在观察中，要尽可能严格按照观察计划实施观察，不轻易更换观察重点和改变观察范围。如果在观察过程中发现原有计划不够妥当，或者观察对象有所变化，则应根据实际情况调整计划，以确保既定任务的顺利完成。在观察中还要注意辨别重要的与无关的因素，把精力放在重点内容与项目上，不为无关的、次要的因素浪费时间和精力，以提高观察的效率。

观察记录的方式主要包括描述记录和取样记录。一般而言，描述记录能够保持行为、事件的真实面貌，适用于对个别对象的观察研究。较之描述记录，取样记录更具客观性，又能够节约时间，提高观察的效率。

（6）结果统计与分析。观察结束以后，要对观察材料进行整理和分析。要仔细检查所有记录，看分类是否恰当，如有遗漏或错误要及时更正。如果所需材料尚不齐全，就要延长时间继续观察，直到获得足够的材料为止。

---

① 王铁军主编《中小学教育科学研究与应用》，南京师范大学出版社，2002，第47页。

（7）写出观察报告。观察报告中不仅要写清观察对象的自然情况，还要写清观察过程中出现的现象。观察报告应包括观察现象所发生的背景、观察材料的统计结果和分析，以及得出的结论。结论既可以是发现的规律，也可以是发现的问题。

（三）调查法

1. 调查法的含义

调查法是研究者在科学方法论和教育理论的指导下，运用问卷、访谈、测量等方式，有目的、有计划、系统地收集有关教育问题或教育现状的资料，从而获得关于教育现象的科学事实，探索教育规律的一种研究方法。

与其他研究方法相比，调查法具有自然性、间接性、灵活性和自主性等特点。调查法是在自然常态的教育过程中收集资料，调查对象处于自然的状态下。与直接观察不同，研究者主要通过问卷、访谈等手段获取信息，其活动不受调查研究影响，能够保证调查结果的客观性和可信度。

2. 调查法的一般步骤

（1）调查前的准备工作。准备工作的充分与否，会影响到调查工作的展开和最后的研究效果。调查前的准备工作包括确定调查课题、选择调查对象、明确调查内容、选择调查手段、准备调查工具和制订调查方案。

（2）开展调查，收集材料。按照预定方案开展实地调查，收集相关原始材料，是调查法的重要环节。这一环节包括发放和回收调查表、调查问卷、测验量表，召开座谈会，访问调查对象等内容。收集调查材料时应注意以下几点：一是尽量保证所收集到的材料的真实性，不能带有主观偏见和倾向性，应实事求是地收集材料，不能带着观点去找材料，也不能任意取舍材料；二是当有多个调查人员通过座谈会或谈话等手段收集材料时，必须采用统一的标准、统一的表格做调查记录，否则会影响材料的信度和效度；三是尽可能采用多种手段或途径，从不同角度和侧面、不同层次和环境广泛地收集材料。

（3）整理分析材料。在教育教学调查中，直接收集到的材料被称为原始材料。原始材料往往是分散、零乱的，因此，需要对这些材料进行整理和分析，可以分四步走，分别是检查、汇总、摘要和分析。在对材料进行统计分析之前，必须先对材料的完整性、一致性、可靠性进行认真仔细的检查；然后把这些分散、零乱的原始材料归类、综合或分组，进行汇总统计，同时要摘录那些内容丰富、生动具体的原始材料，使材料分析不局限于几个抽象的数据；最后从定性研究和定量研究入手，对调查材料进行分析研究。

（4）撰写调查报告。调查报告的撰写，是调查研究过程中最后也是最重要的一步。教育调查研究和作为其成果的调查报告的撰写，绝不是东拼西凑地罗列情况，而是一项实事求是的艰苦工作和创造性的劳动。调查报告一般由导言、正文和结论三部分组成。

（四）实验法

1. 实验法的含义

实验法是研究者运用科学实验的原理和方法，以一定的教育理论及其假设为指导，有目的地控制和操纵某些教育因素或教育条件，变革研究对象，以验证研究假设，探讨小学语文教学现象因果关系，揭示小学语文教学规律的一种研究方法。

2. 实验法的一般步骤

（1）实验的准备。准备内容主要包括选择课题，提出实验假设，确定变量，选择样本，确定实验的组织形式和具体方法等。[①] 实验假设是实验的核心与灵魂，是研究者对所要研究的变量之间关系的一种假定，是从理论框架和研究目的出发，对所要研究的变量进行分析以后提出来的，实验假设至少应包含两个变量。提出实验假设时，应说明变量之间的某种关系，并预计该假设会被实验所证实。实验变量包括自变量、因变量和无关变量三种类型。自变量的选择、因变量的测量和无关变量的控制是教育实验设计的核心内容。

（2）实验的实施。实验的实施是实验的实质性阶段。研究者和实验人员应按照实验设计，有条不紊地展开实验。实验实施阶段的主要任务是按照实验设计进行实验处理，采取有效办法消除无关变量的影响，收集实验数据和其他实验资料，随时观察和测量因改变自变量而产生的效应。

（3）实验的总结。实验总结阶段的主要任务是整理和分析数据，在统计分析的基础上对变量做因果分析，肯定或否定实验假设，得出科学的实验结论，评价实验结论并撰写实验报告。

（五）行动研究法

1. 行动研究法的含义

行动研究法是指由教育实践工作者和专业研究者相互配合，有计划、有步骤地将教育实践中产生的问题，发展成研究主题并进行系统的研究，边研究边行动，以解决实际问题和提高认识为目的的一种科学研究方法。

2. 行动研究法的一般步骤

（1）明确研究目标。在实施行动研究法之前，研究者需要明确研究目标。这个目标可以是提高学生的学习成绩，提高教师的教学水平，或提高学生的参与度等。明确研究目标将有助于明确方向和聚焦，使研究更具针对性。

（2）确定研究问题。在明确研究目标的基础上，研究者需要确定具体的研究问题。研究问题应该与研究目标一致，并能提供实质性的问题和答案。研究问题可以是："如何提高学生的参与度？""如何提高学生的学习兴趣？"等。在确定研究问题的过程中，研究者需要调研与问题相关的教学理论和实践经验。

（3）收集数据。收集数据是行动研究法的重要步骤。研究者可以通过观察、问卷调查、课堂记录等方式收集数据。收集的数据可以帮助研究者了解学生的学习情况、课堂互动情况等。在收集数据的过程中，研究者需要注意保护学生的隐私，并确保数据的真实性和有效性。

---

① 贾霞萍：《中小学教师怎样进行课题研究（四）——教育科研方法之教育实验研究法》，《教育理论与实践》2008 年第 11 期。

（4）分析数据。分析数据是行动研究法的核心步骤。研究者需要将收集到的数据进行整理和分析，以得出有效的结论。分析数据可以采用统计方法、图表分析等。通过数据分析，研究者可以对教学过程中的问题和挑战有深入的认识，为下一步的教学改进提供依据。

（5）制订行动计划。研究者需要根据数据分析的结果，制订具体的行动计划。行动计划应该明确指出需要采取的教学改进措施，以及改进措施的具体步骤和时间安排。行动计划还应该包括评估和调整的方法，以便教师能够监控改进措施的有效性。

（6）实施行动计划。实施行动计划是将教学改进措施转化为实际行动的过程。教师需要按照制订的时间安排和步骤，逐步实施改进措施。在实施行动计划的过程中，研究者需要不断反思和调整，以确保改进措施的有效性。

（7）评估效果。在行动研究的最后阶段，研究者需要评估改进措施的效果。评估可以采用学生反馈、考试成绩、课堂观察等方式。评估结果可以帮助研究者了解改进措施的效果，并有针对性地进行调整。

（六）案例分析法

1. 案例分析法的含义

案例分析法是指通过对小学语文教学中的具体、典型案例进行深入剖析，揭示其背后的教育规律、教学策略、学生表现等关键因素。这种方法强调对实际教学情境的全面了解和细致分析，旨在通过对具体案例的研究，提炼出具有普遍意义的教学经验和理论观点。

案例分析法在小学语文教学研究中的应用，有助于研究者深入理解学生的实际学习需求，把握教学过程中的关键环节，进而优化教学策略，提高教学效果。同时，案例的分享和交流，还能够促进相互学习和共同进步。

2. 案例分析法的一般步骤

（1）选择案例。研究者首先需要明确自己的研究目的，即希望通过案例研究解决什么问题或验证什么假设；然后根据研究目的，从教学实践、教学研究成果、学生作业、课堂观察等多种渠道中筛选出具有代表性、典型性和真实性的教学案例；最后对初步筛选出的案例进行评估，确保其符合研究要求，并具备深入分析的潜力。

（2）背景描述。对案例的背景信息进行详细描述，如教学时间、地点、人物、事件起因等。这有助于读者了解案例发生的具体情境和条件。

（3）情境再现。研究者应尽可能利用文字、图片、视频等多种形式，生动地再现案例的实际情况，这有助于读者或听众更加直观地理解案例中的教学场景和氛围；还应注重对细节的描述，如教学过程中的对话、学生的反应、教师的处理方式等，以展现案例的完整性和真实性。

（4）问题提出。从案例中提炼出问题，这些问题应紧密围绕研究目的展开，应具有针对性和可操作性。将问题进行分类整理，明确每个问题的性质、范围和重要性，以便后续进行深入分析。

（5）深入分析。对案例中的问题进行深入分析，探讨其产生的原因、影响因素以及可能的解决方案。这需要运用教育学、心理学等相关理论进行阐释和论证。

（6）策略提炼。研究者应从多个案例中提炼出具有普遍意义的教学规律和教学策略，这些规律和策略应能够指导实际教学工作。研究者还应通过对比不同案例中的教学策略和效果，进一步验证和完善提炼出的教学策略。

（7）总结反思。研究者应对整个案例研究过程进行总结和反思，评估研究方法的科学性和有效性，并提出改进建议，同时还需要将研究成果进行整理和归档，为后续研究提供参考和借鉴。

阅读与拓展

李广，2005. 小学语文教学论［M］. 长春：东北师范大学出版社.

田正平，2001. 中国教育史研究：近代分卷［M］. 上海：华东师范大学出版社.

周庆元，1993. 语文教学设计论［M］. 南宁：广西教育出版社.

思考与练习　　　　　本章小结

第二章

《义务教育语文课程标准（2022 年版）》解读

1. 了解语文课程标准的内涵、功能，以及语文课程标准修订的背景与原则；
2. 深入领会并正确把握现行语文课程标准的理念；
3. 理解现行语文课程标准的课程目标和内容；
4. 掌握学业质量的内涵、特征与作用。

第一节　语文课程标准概述

课程教材要发挥培根铸魂、启智增慧的作用，必须坚持马克思主义的指导地位，体现马克思主义中国化最新成果，体现中国和中华民族风格，体现党和国家对教育的基本要求，体现国家和民族基本价值观，体现人类文化知识积累和创新成果。义务教育课程标准规定了教育目标、教育内容和教学基本要求，体现国家意志，在立德树人中发挥着关键作用。2022 年，教育部发布《义务教育语文课程标准（2022 年版）》（以下简称 2022 年版课程标准）。相比于《义务教育语文课程标准（2011 年版）》（以下简称 2011 年版课程标准），2022 年版课程标准在课程的性质、理念、目标和内容等方面均有显著变化，展现出新时代语文教育的新理念与新特点，对当前中小学语文教育教学活动具有重要的影响。

一、语文课程标准的内涵

课程标准是国家教育行政部门依据国家的教育方针和教育目的制定的有关课程的指导性文件。[①] 课程标准在教材编写、教学实施、学习评估以及考试命题中发挥着核心指导作用，它是国家对于课程进行管理与评价的根本依据。课程标准明确界定了各门课程的本质属性、期望达到的教育目标，以及涵盖的内容体系，也为教学过程提供了建议，并指出了评估学生学习成果的有效方法。关于课程标准应该掌握以下基本认识。

第一，课程标准的核心在于描述学生在完成某一学段学习后应达到的行为表现，而

---

① 吴忠豪主编《小学语文课程与教学论》，北京师范大学出版社，2004，第 14 页。

非直接规定具体的教学内容。

第二，课程标准是国家针对某一学段所制定的普遍的、一致的基础要求，它并不是学生必须达到的最高标准。

第三，课程标准揭示了教师在教学过程中的角色转变，他们不再是教材的简单执行者，而是课程的积极开发者。这意味着教师应该将教材作为教学工具，而不是仅仅教授教材上的内容。

语文课程标准是规定语文学科的课程性质、课程目标、课程内容、实施及评价建议的教学指导性文件。[①] 我国的语文课程标准是典型的分科课程标准，它深入体现了国家对不同阶段学生在语文素质方面所设定的基本要求。这一标准不仅详细规定了学生在语文学习过程中应掌握的知识和技能，还强调了语文学科的育人价值，包括思维发展、文化传承、审美鉴赏等多方面的能力。通过明确的课程目标、教学内容和实施建议，语文课程标准为提升我国学生的语文素质提供了有力的指导。

二、语文课程标准的功能

语文课程标准是国家对语文课程教育的基本规范和质量要求，对语文教材、语文教学和学生的学业评价具有重要的指导意义。

（一）教材编写的直接依据

语文教材在语文教学中占据着核心地位，是实施语文课程不可或缺的资源。在编写语文教材时，必须深入理解并贯彻语文课程标准的基本理念，准确把握语文课程的总目标、分学段要求和主要教学任务，并在教材中予以全面而精准地体现。尽管语文教材可以采用多样化的编写体例、切入视角、呈现方式、内容选择及图像系统，但其编写思路、教学目标和教学内容都必须严格遵循课程标准的基本精神和要求，以确保语文教学的质量和效果。

（二）教学的基本依据

语文课堂教学是实施语文课程的关键环节，是落实课程标准所提出的课程理念和目标的主要途径。每位教师在知识结构、认知风格、个性等方面都独具特色，因此他们的教学风格必然呈现出多样性。然而，无论教学风格有何不同，语文教师在课堂教学中确定的教学目标、选用的教学方法以及设计的教学过程都必须受到规范的约束，接受标准的衡量。这个规范和标准，正是语文课程标准。因此，对于语文教师来说，在进行教学之前，深入研读语文课程标准显得尤为重要。通过研读，教师能够准确把握语文课程标准所倡导的教育理念、教学目标，领会其实施建议，从而确保教学不偏离正确的轨道，不盲目跟随他人。同时，教师的教学过程本身也是对课程标准合理性、可操作性和先进性的一种验证。通过教学实践，教师能够不断检验课程标准的适用性和效果，为课程标准的进一步完善提供有益的反馈和建议。

（三）对学生进行学业评价的基本依据

语文课程标准是指导语文教学的基础性文件，它不但明确了语文课程的学习内容，

---

① 吴忠豪主编《小学语文课程标准与教材研究》，中国人民大学出版社，2021，第 2 页。

而且规定了学习的水准和标准，为评价学生的语文学习提供了一个权威且公正的基本尺度。这份标准确保了语文教学的方向性和系统性，能够帮助教师制订教学计划，指导学生学习，同时它也为学生的学习提供了清晰的目标和评价依据。

第二节　语文课程标准修订的背景与原则

2001 年发布的《义务教育课程设置实验方案》和 2011 年发布的义务教育学科的课程标准，坚持了正确的改革方向，体现了先进的教育理念，为基础教育质量提高做出了积极贡献。随着义务教育的全面普及，教育需求从"有学上"转向"上好学"，因而必须进一步明确"培养什么人、怎样培养人、为谁培养人"，优化学校育人蓝图。当今世界科技进步日新月异，网络新媒体迅速普及，人们的生活、学习、工作方式不断改变，儿童青少年成长环境发生深刻变化，人才培养面临新挑战，义务教育课程必须与时俱进，进行修订完善。

一、语文课程标准修订的背景

2022 年版课程标准的修订，始终坚守立德树人的根本任务，致力于贯彻党和国家的教育方针政策，深入总结过去语文课程改革的宝贵经验，积极应对并解决实施过程中遇到的问题，同时借鉴国际课程改革的最新动态，确保整个修订过程稳步而有序地推进。

（一）落实党和国家的教育方针政策

自党的十八大以来，我国经济社会取得了举世瞩目的成就。党和国家高度重视教育工作，通过召开全国教育大会等一系列重要会议，全面加强了各级各类学校的思想政治工作，深入推进了教育领域的综合改革，深化了教育评价改革工作，并强化了教材建设的国家事权地位，全面推进了三科统编教材的使用。这些举措使得教育格局发生了显著变化。作为基础教育阶段的核心课程之一，语文课程应紧紧围绕立德树人的根本任务，认真贯彻落实党中央、国务院的教育政策精神。在新的时代背景下，语文课程应进一步强化并落实中华优秀传统文化、革命文化、社会主义先进文化的教育。这些文化是我国民族精神的瑰宝，是培育学生爱国情怀、民族精神和社会责任感的重要资源。同时，语文课程还应加强国家主权教育、国家安全教育和生态文明教育等方面的内容，以培养学生的国家意识、安全意识和环保意识，帮助他们树立正确的世界观、人生观和价值观。

（二）新时代我国社会发展对语文课程的要求

随着创新型社会经济的不断发展，培养中小学生的创新意识和能力变得日益重要。教育的核心任务之一就是挖掘和激发学生的潜能，尤其是他们的创新活力、潜力、能力和智慧。如何培养学生永远向前看的乐观精神、持续学习的能力以及勇敢拥抱未来的态度，已成为教育领域关注的焦点。面对未来社会的不确定性和多变性，学生需要学会直面应对这些挑战，通过发现潜在的多种可能性，进行多维度、多层面的探索。这就要求他们能够在充满不确定性的情境中创造性地解决问题，对潜在的、难以预测的各种可能性进行深入探究，始终保持开放的思维和态度。为了实现这一目标，语文教育应该提供和创设能够激发学生思考的内容和情境，使学生更多地认识到问题的答案可能不是唯一的，也不是确定的，而是有多种可能的结果。因而，从满足、服务学生的学习需求，向引领学生的学习需求，再向教师和学生一起创造学习需求转变，成为语文教育自身变革的诉求和目标。

（三）义务教育语文课程改革的成就与挑战

近年来，义务教育语文课程取得了突出进展。在教育理念方面，强调语文素养的整体发展，注重知识与能力、过程与方法、情感态度与价值观的三维目标，体现了对学生全面发展的关注。在教学内容方面，重视积累，诵读优秀诗文、阅读经典名著等活动，使学生接触到了更多优秀的文学作品，提升了学生的文学素养和审美能力。在教学方法方面，努力变革教与学方式，注重激发学生学习语文的积极性，重视小组合作等合作学习理念的深化和实践形态的多样化，使学生更加主动地参与到学习中来。与此同时，也存在以下问题。一是碎片化知识教学和技能训练。很多教师仍然习惯于传统的教学方式，注重知识的灌输和技能的训练，忽视了对学生思维能力和创新能力的培养。二是对单篇课文逐段逐句地进行分析讲解。这种教学方式使学生难以从整体上把握文本的意义和价值，限制了学生的阅读视野和深度。三是缺乏课程内容整合和问题探究设计。课程内容之间缺乏有机联系，难以形成系统的知识体系，同时，缺乏问题探究设计，学生难以主动思考和探索。四是自主、合作、探究学习方式不深入、不突出。合作学习等理念虽然得到了推广和实践，但在实际操作中往往流于形式，缺乏深度和实效性。五是考试内容和形式依然没有大的改变。传统的考试方式仍然占据主导地位，注重对学生知识的考查，而忽视了对学生能力和素质的考查。语文课程改革应在总结和反思中继承、创新，应坚持立德树人，着力培养德智体美劳全面发展的社会主义建设者和接班人。

（四）国外母语教育课程改革的启示

为了完善义务教育语文课程标准，语文课程标准修订组精心组织了一个专家团队，对美国、法国、德国等共计 15 个国家的语文课程标准进行了细致的翻译与对比研究。另外，专家团队还深入调研了这些国家中小学的语言文字教育实施情况。经过深入研究与分析，他们发现这些国家的课程标准呈现出以下几个显著特点：着重培养学生的沟通表达技巧、批判性思维能力和实践创新能力，强调学生的学科深度认知与高阶思维的培养；试图打破传统，将语文课程内容与现实生活紧密相连，以加强课程内容的整合性和实用性；积极探索跨学科的学习方法，推行以探究为核心的项目式学习；倡导以学习为导向的评价理念，注重基于学生实际学习过程来评估其学习成果。通过这次研究，语文课程标准修订组更加深刻地认识到阅读、写作能力与文化背景的紧密联系，以及课程标准与评价工具之间的相互影响，也更加清晰地认识到，评价在日常教学中的重要导向和反馈作用。

二、语文课程标准修订的原则

在修订课程标准的过程中，语文课程标准修订组紧密围绕中华优秀传统文化、革命文化以及社会主义先进文化在中小学教育中的重要地位，精心构建课程内容；秉承核心素养教育理念，制定了具有针对性的课程目标，并通过学习任务群的方式来展现课程内容，从而体现出语文课程在新时代下的创新与变革。

《义务教育语文课程标准》修订原则解读

（一）以文化人，培根铸魂

课程标准的修订，深入继承了语文课程"文以载道"和"以文化人"的传统教育理念。为了与党中央、国务院的相关政策文件精神保持高度一致，特别是严格遵循《中华优秀传统文化进中小学课程教材指南》和《革命传统进中小学课程教材指南》等重要文件的指导原则，在课程目标、课程内容和课程实施等方面提出了明确而具体的要求。这些要求旨在引导学生深入理解和体验中华优秀传统文化的博大精深，继承和弘扬革命文化的英勇精神和社会主义先进文化的时代价值，期望通过对课程标准的修订，增强学生的文化认同感和自豪感，进一步树立和坚定他们的文化自信。在课程目标上，强调培养学生的文化素养、道德情操和创新能力，使他们能够在学习和生活中自觉践行中华优秀传统文化的要求。在课程内容上，精选和编排了涵盖中华优秀传统文化、革命文化和社会主义先进文化等丰富内容的学习材料，确保学生能够在学习过程中全面而深入地了解这些文化的内涵和价值。在课程实施上，倡导采用灵活多样的教学方法和手段，如情境教学、项目式学习等，以激发学生的学习兴趣和主动性，提高他们的学习效果；鼓励学校和教师结合本地文化资源和特色，开发具有地方特色的课程内容，以丰富学生的学习体验。实施这些措施的目的是为学生提供一个全面、系统、深入的文化学习平台，帮助他们更好地继承和弘扬中华优秀传统文化、革命文化和社会主义先进文化，为培养具有全球视野、民族情怀和文化自信的新时代人才奠定坚实基础。

（二）素养为纲，任务导向

自《普通高中语文课程标准（2017年版）》发布以来，广大师生对核心素养的理解和认识逐渐深化。对于义务教育阶段的语文课程而言，其定位既需要与普通高中语文课程相衔接，确保学生在语文能力上的连贯性发展，也要凸显出义务教育阶段自身的基础价值和阶段特征。对核心素养内涵的阐释，应当充分考虑并体现这一双重要求。核心素养不仅应包含语言的理解与运用、思维的发展与提升、审美的鉴赏与创造等基本能力，还应涵盖对中华优秀传统文化的传承与理解、对革命文化和社会主义先进文化的认同与弘扬等价值观念。基于核心素养，需要构建明确的课程目标，这些目标应当能够全面反映学生在义务教育阶段需要达到的语文水平。同时，还需要研制体现核心素养特征的学业质量标准，这有助于评价学生的学习成果，确保教育质量。然而，更为艰巨的任务在于设计并构建结构化的课程内容。长期以来，义务教育语文课程存在内容缺失和内容零散的问题，导致学生难以形成系统的语文知识体系和能力结构。因此，需要对课程内容进行整体规划和设计，确保内容之间的逻辑性和连贯性；同时需要针对重点领域进行突破，如阅读、写作、口语交际等，以提升学生的综合语文能力。这样的改革不仅有助于解决长期以来义务教育语文课程内容缺失的问题，还能够为学生打下坚实的语文基础，为他们未来的发展奠定良好的基础。

（三）主题统整，强调情境

2022 年版课程标准在课程内容组织与呈现方式上进行了重要的革新，其以核心素养为核心，统领课程目标、课程内容和课程实施等重要环节。这一改革旨在追求知识、技能、思想情感和文化修养等多方面、多层次目标发展的综合效应，避免传统教育中知识点、能力点的简单线性排列和学科技能的逐项训练。2022 年版课程标准以语文实践为主线，强调以主题为引领，以学习任务为载体，整合了目标与内容、情境与活动、过程与评价、资源与技术支持等相关要素；通过设计语文学习任务群，加强了听说读写的有机联系，打通了语文实践活动与社会生活的联系，创设了符合学生认知水平的学习情境。这样的设计有助于学生通过完成富有挑战性的学习任务，逐渐积累分析问题、解决问题的学习经验。在学习任务群方面，2022 年版课程标准注重推动教与学方式的变革。它鼓励教师采用更加灵活多样的教学方法，引导学生主动参与、合作学习、探究学习，从而激发学生的学习兴趣和创造力。同时，它也关注学生的个体差异和多样性，尊重学生的学习选择和学习方式，注重促进学生的个性化发展。在评价方面，2022 年版课程标准体现了评价主体的多元化和评价方式的多样性。它关注学生在语文实践活动中的学习态度、参与程度和典型表现，采用过程性评价和终结性评价相结合的方式，全面评价学生的语文素养和综合能力。这样的评价方式有助于更准确地评价学生的学习成果和进步，为教师的教学提供有力的支持。

第三节　小学语文课程性质和理念

课程理念是指导教师设计整个课程体系的灵魂，它决定了课程的方向、内容和实施方式。语文课程的基本理念实际是对语文教育规律的一种理性诠释。2022 年版课程标准补充、拓展了 2011 年版课程标准，使得课程的基本理念更加全面。

一、小学语文课程性质

性质是一种事物区别于其他事物的根本属性。[1] 语文课程性质属于语文课程的本体论范畴，它回答了语文课程区别于其他课程的根本属性问题。探析语文课程性质是语文课程建设的逻辑起点，对语文课程性质的认知直接影响语文课程目标的制定、课程内容的选择以及课程的实施与评价等相关问题。

纵观我国语文课程的发展史，对语文课程性质的阐释大致经历了萌芽（1904—1977

---

[1] 中国社会科学院语言研究所词典编辑室编《现代汉语词典》（第 7 版），商务印书馆，2016，第 1470 页。

年)、发展(1978—1995 年)、变革(1996—2000 年)和融合(2001 年至今)四个阶段。在前三个阶段,对语文课程性质的阐述曾经出现过"工具性""基础性""思想性""工具性与人文性的统一"等诸多论点,但历次的语文教学大纲都没有使用"课程性质"这一术语,直到 2001 年,《全日制义务教育语文课程标准(实验稿)》(以下简称实验稿)在前言中首次使用"课程性质"一词。2011 年版课程标准在实验稿的基础上进一步明晰了语文课程的性质,指出语文课程是一门学习语言文字运用的综合性、实践性课程。

语文课程
性质解读

2022 年版课程标准对语文课程性质的界定为:"语文课程是一门学习国家通用语言文字运用的综合性、实践性课程。工具性与人文性的统一,是语文课程的基本特点。"由此可知,语文课程具有以下几个特点。

(一)国家通用性

2022 年版课程标准在课程性质方面的最大变化是在语言文字之前加上了"国家通用"。这一表达框定了语文课程学习语言文字的范围和类型。《中华人民共和国国家通用语言文字法》明确指出,国家通用语言文字是普通话和规范汉字。2022 年版课程标准强调的"国家通用语言文字",不但区分了语文课程中语言文字和外国语课程中语言文字的差别,明晰了在语文课程教育教学中,学生学习的是中华人民共和国的普通话和规范的汉字,而且把语文课程中学习的语言文字与我国各地区方言、各民族语言,以及网络流行用语进行了区分,明确了语文课程中"语言文字"的特性,为课程实施和评价提供了明确的指导和依据。这一表述还突出了语文课程标准研制中的国家站位,凸显语文课程铸牢中华民族共同体意识的价值意蕴。语言文字是思维的形式,是民族的标记,是历史的记忆,是文化的载体。语文课程肩负起国家通用语言文字的学习、运用、推广和交流的使命,有利于实现国家语言文字的统一性、规范性,提升交际交流和文化传承的便捷性,有利于增强民族凝聚力,发挥铸牢中华民族共同体意识的责任价值与功能,有利于促进中华文化认同和文化传承,有利于维护国家主权、国家统一,有利于巩固与促进民族团结。

这一课程性质界定对语文课程实施提出了要求:在语文课程教育与教学过程中,教师不但必须使用普通话,写规范的汉字,而且要引导学生认识到普通话和规范的汉字的意义,使学生能够熟练运用普通话和规范的汉字进行表达、交际,从而体会中华语言文字的博大精深,增强文化认同和文化自信。

(二)综合性和实践性

语文课程的综合性体现在语文课程目标、课程内容、课程资源等多个方面。从课程目标来看,语文课程致力于全体学生核心素养的形成与发展,而语文核心素养包括文化自信、语言运用、思维能力和审美创造四个方面,每个方面又有具体的内容。从课程内容来看,我国的语文课程是以阅读为中心,集听说读写活动于一体的、师生交流的凭借。语文教材是以选文为主体进行编写的,选文从体裁上既包括文学类的作品,也包括以资讯类为主的各种文章,不同体裁的课文能满足学生生活和成长的不同需求，其内容涉及哲学、科学、教育、经济、文化等不同领域，因此语文是一门包罗万象的学科。从课程资源来看，语文课程以母语作为学习的对象和工具，学生生活在母语环境中，时时处处都在学习语言和运用语言，可以说语文学习的外延与生活的外延相等。在语文课程实施过程中，课程资源是取之不尽用之不竭的，而且这些资源不限于语文教材、语文教师，不限于校园，而是与家庭、社会生活密切相连，能对学生产生综合的影响。

语文课程的综合性要求语文教师要树立语文综合性的意识，提升综合实施的素养，在课程实施的过程中应该全面考虑各种目标、任务，不能顾此失彼、厚此薄彼，或者以偏概全。语文教师不仅要会教书，还要成为学生利用课程资源的引导者，能够引导学生脱离教材，充分利用校内外的各种资源，创造性地开展各类活动，增强学生在各种场合学语文、用语文的意识，从而提高学生的语文核心素养。

2022 年版课程标准在语文课程性质的表述中沿用了 2011 年版课程标准中的语言文字运用，并明确指出，语言文字的运用，包括生活、工作和学习中的听说读写活动以及文学活动，存在于人类社会的各个领域。通过语文学习，学生不仅要掌握国家通用语言文字的语料，还要学会普通话和规范的汉字，提升语文核心素养。因此，在语文学习过程中，记忆一定量的语料和语言规则是必要的，但是要想实现活化、整合、内化并实现核心素养目标，那就离不开丰富情境下的语文实践。

（三）工具性与人文性

关于语文课程的特点，2022 年版课程标准继承了实验稿和 2011 年版课程标准的观点，重申"工具性与人文性的统一，是语文课程的基本特点"。语言文字和思想内容具有天然关联性，语言是承载，也是精神世界的表现形式之一，任何语言都包含着一定的精神意义，两者是一个事物的两个方面。在小学阶段，工具性的基本精神是使学生基本掌握语言文字工具，初步具备正确运用汉语言文字的能力，人文性的基本精神是使学生的精神世界不断丰富。教师在教学过程中要注意两者的统一性，在带领学生学习语言文字的同时，要开发和感悟、领会文本本身的精神内涵及价值，从而不断丰富学生的精神世界。

二、小学语文课程理念

（一）立足学生核心素养发展，充分发挥语文课程育人功能

党的二十大明确提出，要落实立德树人根本任务。各级各类课程是落实教育政策最主要、最便捷的途径，它们承载教育思想、教育目标和教育内容，把无形的价值观念、思想、国家精神等化为有形，并以一种合法的、权威的姿态呈现给学生，以便于学生信服、接受和内化。因此，各类课程都要回答培养什么人、怎样培养人、为谁培养人等关键性、导向性问题。

从课程目标来看，2022 年版课程标准强调的是立足于学生核心素养的发展，充分发挥语文课程的育人功能。语文课程的核心是围绕立德树人根本任务，这体现了语文在立德树人方面独特的育人功能和奠基作用。作为人类最重要的沟通工具和信息传递媒介，

语言文字还构成了人类文化的核心元素。语文课程正是指导学生掌握并熟练运用国家通用语言文字的学科。学生在语文学习过程中，不但能够逐步增强基础的生活、工作和学习能力，而且可以广泛汲取古今中外的文化精粹，进而提升思想文化素养，筑牢文化自信。这一过程对学生的全面发展，包括德、智、体、美、劳各方面，都起到了积极的推动作用，助力他们成长为新时代的全面人才。

为了适应当前社会对人才的需求，2022 年版课程标准明确提出了"核心素养"的理念，并倡导"综合构建素养型课程目标体系"。该理念的核心在于着重培育学生解决现实生活中复杂问题的能力，在语文课程中，这一能力主要体现在学生能够在真实环境下熟练运用语言文字。2022 年版课程标准强调，学生不应仅停留在抽象的知识学习上，尤其是应避免单纯记忆那些对日常听说读写技能提升帮助不大的"死知识"。语文学科的教学内容须涵盖优质的语言材料和丰富的语言经验，教师应辅助学生在知识的积累和探索中，构建起系统的学科知识框架。具备系统化、结构化的学科知识以及相应的技能、观念和方法，是学生深入理解任务背景、明确问题所在、提出假设并解决问题的重要基石。[①] 因此，在义务教育阶段的语文教学中，教师需要循序渐进地引导学生在识字写字、阅读鉴赏、表达交流以及梳理探究等实践活动中，不断提升核心素养。

（二）构建语文学习任务群，注重课程的阶段性和发展性

从课程结构来看，义务教育的阶段性、发展性尤为重要。与高中教育的三年制不同，义务教育涵盖了整整九年，这一长周期无疑给课程设计带来了巨大的挑战。在这九年的框架内，义务教育实际上被细分为四个学段，每个学段都有其独特的教育目标和要求。如何精准地展现这些学段的特性，同时又能凸显出各学段学生在核心素养上的发展需求，是一项极具挑战性的任务。在 2022 年版课程标准中，采用了构建学习任务群的方法，以体现对课程结构的整体规划与重视。

学习任务群，正如语文课程标准修订组王宁教授所阐释的，它立足于学生核心素养的发展，选取相关人文主题，整合多样化的学习资源、学习任务，创设真实性学习情境，让学生在阅读、表达、交流和探究等自主活动中获得个性品质的提升，思维能力的发展，形成理解、应用系统。[②] 学习任务群实际上是西方现代学习理论的多维融合与创新应用，它汲取了建构主义学习理论、认知结构学习理论以及任务驱动学习理论的精髓。这些学习理论共同塑造了学习任务群的核心特征：情境性、过程性、实践性与发展性。学习任务群的设计旨在为学生提供一种真实、动态的学习环境，让学生在参与过程中不断建构知识体系，发展能力，实现个性化和全面化的成长。

2022 年版课程标准明确指出，语文学习任务群是由一系列相互关联的学习任务所构成，这些任务共同聚焦于学生的核心素养发展，并显著体现了情境性、实践性和综合性的特点。这意味着学习任务群不但围绕明确的任务主题展开，而且充分融合了学习情

① 杨向东：《指向学科核心素养的考试命题》，《全球教育展望》2018 年第 10 期。
② 《基础教育课程》编辑部：《走进新时代的语文课程改革——访普通高中语文课程标准修订组负责人王宁》，《基础教育课程》2018 年第 Z1 期。

境、内容、方法、评价和资源等多个维度。在义务教育阶段，语文课程采用了"三层六群"的梯度递进形式来设置学习任务群，其中"基础层"是起始，逐步过渡到"发展层"，最终到达"拓展层"，这种结构化的设计旨在促进学生核心素养的持续发展，体现了课程的系统性和进阶性。

（三）突出课程内容的时代性和典范性，加强课程内容整合

从课程内容来看，2022 年版课程标准突出了时代性和典范性。时代性强调课程内容需要紧跟时代步伐，积极吸纳文学研究的前沿成果，融入数字时代语言发展的新趋势，从而扩展和丰富语文学习资源。之所以如此重视，是因为数字时代让语言生活发生了翻天覆地的变化，人们的阅读对象和阅读交流方式也在不断更新，比如图像阅读、超链接阅读等，已成为许多人日常生活中不可或缺的部分。电子文本、非连续性文本、混合文本、多文本、整本书等多种形态的读写文本已经无处不在，它们不仅出现在 PISA 阅读素养测试中，也是国内中小学语文学业水平考试的常见内容。

然而，在追求与时俱进的同时，也要注重语言材料的典范性。典范性要求课程内容在思想性和艺术性上都达到较高水准，通过精心挑选的优质典范作品，发挥其对学生精神世界的熏陶和教化作用。课程内容的选取不可避免地涉及价值取向问题。正如课程是学校教育的核心一样，价值取向则是课程设计的关键所在。[①]

加强课程内容整合，是近年来国际课程改革的主要趋势，也是我国 21 世纪语文教育改革的重要方向。这种整合与注重核心素养培养、按学习任务群建构内容、提倡单元教学以及加强与社会生活的联系等理念不谋而合，共同推动着语文教育的创新与发展。

（四）增强课程实施的情境性和实践性，促进学习方式变革

从课程实施的角度来看，2022 年版课程标准特别强调了情境性和实践性两大核心要素。情境性意味着在未来的教学中，教师应基于学生的语文生活实际，打造丰富多样的学习场景，在教学过程中融入挑战性强的学习任务，以此激发学生的主动性与创造力。在教学方法与策略上，教师应坚持并不断深化自主、合作、探究的学习模式，致力于引导学生在学习中展现创造性，鼓励他们勇于实践、勇于探索，并养成这样的良好习惯。同时，教师应尊重每位学生的独特性，鼓励他们进行自主阅读，自由表达个人观点。特别值得一提的是，2022 年版课程标准明确提出了"少做题、多读书、好读书、读好书、读整本书"的倡导。这不仅是对过去二十年来我们教育理念的延续，还是对当下教育环境的深刻反思与积极回应。所以，教师要注重阅读的引导，致力于培养学生的阅读兴趣，提高他们的阅读品位。而在课程实施上，可以通过一系列实际举措，如开展阅读活动、推广优秀读物、设立阅读角等，真正引导学生多读书、读好书、读整本书，从而培养他们的阅读兴趣，提升他们的阅读品位。

（五）倡导课程评价的过程性和整体性，重视评价的导向作用

相比于 2011 年版课程标准，2022 年版课程标准的一个显著变化是增设了学业质量

---

① 施良方：《课程理论：课程的基础、原理与问题》，教育科学出版社，1996，第 106-110 页。

标准，并特别强调了课程评价的过程性、整体性与导向性。过程性体现在课程评价不仅关注最终的学习成果，更将评价的诊断、激励和发展功能贯穿于整个学习过程。它着重考查学生的学习态度、参与程度以及核心素养的发展水平，持续追踪学生的语文学习过程和进步轨迹。正如钟启泉教授所言，课程评价应关注学习与思维的过程本身，而不仅仅是结果。[①] 整体性强调课程评价应面向全体学生，全面考虑不同学习阶段学生的特点，并注重听说读写等多层面内容的落实，以及语言、思维、审美和文化等多维度目标的达成。评价不应仅从知识、技能方面进行单向评价，还应体现课程评价系统内部的关联性和整体性，形成义务教育阶段全面、系统的语文课程评价标准与机制。导向性则要求课程评价应发挥积极的引导作用，促进教师的教学和学生的学习。评价应围绕素养型的课程目标体系展开，改变过去过于强调甄别、选拔的特点，积极发挥诊断、激励和发展的功能，以全面提升学生的核心素养为目标。

第四节　小学语文课程目标与内容

　　语文课程应围绕核心素养，体现课程性质，反映课程理念，确定课程目标。课程标准反映了国家对学生学习结果的统一的基本要求。这种结果性的要求集中体现在课程标准的"课程目标"部分。

一、语文核心素养内涵

　　核心素养是学生通过课程学习逐步形成的正确价值观、必备品格和关键能力，是课程育人价值的集中体现。义务教育语文课程培养的核心素养，是学生在积极的语文实践活动中积累、建构并在真实的语言运用情境中表现出来的，是文化自信和语言运用、思维能力、审美创造的综合体现。

（一）文化自信

　　文化自信是指学生认同中华文化，对中华文化的生命力有坚定信心。通过语文学习，热爱国家通用语言文字，热爱中华文化，继承和弘扬中华优秀传统文化、革命文化、社会主义先进文化，关注和参与当代文化生活，初步了解和借鉴人类文明优秀成果，具有比较开阔的文化视野和一定的文化底蕴。

（二）语言运用

　　语言运用是指学生在丰富的语言实践中，通过主动的积累、梳理和整合，初步具有良好语感；了解国家通用语言文字的特点和运用规律，形成个体语言经验；具有正确、规范运用语言文字的意识和能力，能在具体语言情境中有效交流沟通；感受语言文字的丰富内涵，对国家通用语言文字具有深厚感情。

---

① 钟启泉：《基于核心素养的课程发展：挑战与课题》，《全球教育展望》2016 年第 1 期。

（三）思维能力

思维能力是指学生在语文学习过程中的联想想象、分析比较、归纳判断等认知表现，主要包括直觉思维、形象思维、逻辑思维、辩证思维和创造思维；思维具有一定的敏捷性、灵活性、深刻性、独创性、批判性；有好奇心、求知欲，崇尚真知，勇于探索创新，养成积极思考的习惯。

（四）审美创造

审美创造是指学生通过感受、理解、欣赏、评价语言文字及作品，获得较为丰富的审美经验，具有初步的感受美、发现美和运用语言文字表现美、创造美的能力；涵养高雅情趣，具备健康的审美意识和正确的审美观念。

核心素养的四个方面是一个整体。语言是重要的交际工具和思维工具，语言发展的过程也是思维发展的过程，二者相互促进。语言文字及作品是重要的审美对象，语言学习与运用也是培养审美能力和提升审美品位的重要途径。语言文字既是文化的载体，又是文化的重要组成部分，学习语言文字的过程也是学生文化积淀与发展的过程。在语文课程中，学生的思维能力、审美创造、文化自信都以语言运用为基础，并在学生个体语言经验发展过程中得以实现。

二、语文课程总目标

（一）2022年版课程标准关于语文课程总目标的表述

（1）在语文学习过程中，培养爱国主义、集体主义、社会主义思想道德，逐步形成正确的世界观、人生观、价值观。

（2）热爱国家通用语言文字，感受语言文字及作品的独特价值，认识中华文化的丰厚博大，汲取智慧，弘扬中华优秀传统文化、革命文化、社会主义先进文化，建立文化自信。

新课程标准关于语文课程总目标的表述

（3）关心社会文化生活，积极参与和组织校园、社区等文化活动，发展交流、合作、探究等实践能力，增强社会责任意识。感受多样文化，吸收人类优秀文化的精华。

（4）认识和书写常用汉字，学会汉语拼音，能说普通话。主动积累、梳理基本的语言材料和语言经验，逐步形成良好的语感，初步领悟语言文字运用规律。学会使用常用的语文工具书，运用多种媒介学习语文，初步掌握基本的语文学习方法，养成良好的学习习惯。

（5）学会运用多种阅读方法，具有独立阅读能力。能阅读日常的书报杂志，初步鉴赏文学作品，能借助工具书阅读浅易文言文。学会倾听与表达，初步学会用口头语言文明地进行人际沟通和社会交往。能根据需要，用书面语言具体明确、文从字顺地表达自己的见闻、体验和想法。

（6）积极观察、感知生活，发展联想和想象，激发创造潜能，丰富语言经验，培养语言直觉，提高语言表现力和创造力，提高形象思维能力。

（7）乐于探索，勤于思考，初步掌握比较、分析、概括、推理等思维方法，辩证地思考问题，有理有据、负责任地表达自己的观点，养成实事求是、崇尚真知的态度。

（8）感受语言文字的美，感悟作品的思想内涵和艺术价值，能结合自己的经验，理解、欣赏和初步评价语言文字作品，丰富自己的情感体验和精神世界。

（9）能借助不同媒介表达自己的见闻和感受，学习发现美、表现美和创造美，形成健康的审美情趣。

（二）语文课程总目标与核心素养的关系

义务教育语文课程总目标，紧紧围绕语文课程核心素养制定，是对核心素养的具体化、类别化。2022 年版课程标准共确立了九条课程总目标，除第一条与课程性质有关以外，其余八条分别对应核心素养的四个方面。

1. 根据语文课程性质从情感态度与价值观层面提出的目标

在语文学习过程中，培养爱国主义、集体主义、社会主义思想道德，逐步形成正确的世界观、人生观、价值观。

第一条目标作为总领目标，承载着立德树人的根本使命，无疑是语文课程目标中的核心与关键。然而，该目标不能通过空洞的说教或强制性的灌输来实现，而是需要深深地植根于学生的语文学习过程中。这一目标的实现过程是持续的、贯穿于整个语文学习周期的，而不能仅仅在某一阶段对该目标进行突击性的强调。同时，该目标并非游离于语文学习之外，而是紧密结合语文学习的具体内容，通过实际的学习活动得到落实与深化的。

2. 对应核心素养中的文化自信

热爱国家通用语言文字，感受语言文字及作品的独特价值，认识中华文化的丰厚博大，汲取智慧，弘扬中华优秀传统文化、革命文化、社会主义先进文化，建立文化自信。

第二条目标着重强调了文化自信中的核心要素——"文化"，这里的"文化"指中华文化，特别是中华优秀传统文化、革命文化和社会主义先进文化。然而，从语文课程的本质出发，其最基础、最核心且最为重要的学习对象是国家通用语言文字及其作品。这些语言文字及其作品不仅承载着中华文化的精髓，还是语文课程中"文化"教育的根基。因此，课程目标明确提出，学生应在态度上热爱国家通用语言文字，在行为上深刻感受语言文字及其作品的独特价值，认识中华文化的深厚底蕴和博大精深，并汲取其中的智慧。最终，通过这些学习体验，学生能够积极弘扬中华优秀传统文化、革命文化和社会主义先进文化，从而坚定文化自信。

关心社会文化生活，积极参与和组织校园、社区等文化活动，发展交流、合作、探究等实践能力，增强社会责任意识。感受多样文化，吸收人类优秀文化的精华。

第三条目标强调文化参与和文化视野的拓展。弘扬中华优秀传统文化、革命文化和社会主义先进文化是语文课程的核心目标之一，而弘扬不仅仅是一种体认，更是一种实质性的参与。因此，2022 年版课程标准鼓励学生关注并积极参与社会文化生活，包括校园、社区等文化活动。学生不仅要积极参与这些活动，还可以自发组织，通过实践锻炼和提升交流、合作、探究的能力。同时，这些活动也旨在培养学生的品格，通过参与和组织活动，学生将增强对家乡和祖国的热爱，以及社会责任感。

从义务教育阶段开始，教师就应当引导学生树立拓宽文化视野的目标。目标中的"多样文化"是指中华文化之外的其他文化。人类历史长河中孕育了众多宝贵的人类文明成果，学生应当了解并学习这些多样文化，以吸收人类优秀文化的精华。拥有开阔的文化视野，能使学生更好地坚定文化自信，以史为鉴，开创未来。

3. 对应核心素养中的语言运用

认识和书写常用汉字，学会汉语拼音，能说普通话。主动积累、梳理基本的语言材料和语言经验，逐步形成良好的语感，初步领悟语言文字运用规律。学会使用常用的语文工具书，运用多种媒介学习语文，初步掌握基本的语文学习方法，养成良好的学习习惯。

第四条目标聚焦于语言文字的学习，可以从三个维度来深入理解。

首先，该目标明确了义务教育阶段语文学习的核心内容，即识字写字、汉语拼音、普通话和工具书的使用，以及更高层次的语言文字运用规律。这些内容是语文学习的基础，也是学生未来语言发展的基石。

其次，该目标着重强调了学习方法的掌握和学习习惯的养成。学生需要学会积累与梳理基本的语言材料和语言经验，这是语文学习的基础步骤。积累是数量的积累，是语文学习不可或缺的环节；而梳理则是使积累的内容条理化，为更好地运用和进一步积累打下基础。同时，学生还应掌握运用多种媒介学习语文的方法，尤其是在数字化时代背景下，这是语文学习的重要拓展方向。当积累、梳理、运用媒介等学习方法成为学生的自觉行为时，就意味着他们已经养成了良好的学习习惯。这种习惯不是机械性的行为，而是具备了积极主动的态度和自我调控能力。

最后，该目标还特别强调了某些可测性较弱的素养目标，如语感，并对部分目标做了特别限定，如"逐步形成""初步领悟""初步掌握"等，内容上也限定了"基本的语言材料和语言经验""常用的语文工具书""基本的语文学习方法"。这样的强调和限定旨在防止由于工具性特征过于突出而导致的机械训练，同时也避免了学习内容过深、要求过高的问题，确保学生在义务教育阶段能够扎实、有效地学习语言文字。

学会运用多种阅读方法，具有独立阅读能力。能阅读日常的书报杂志，初步鉴赏文学作品，能借助工具书阅读浅易文言文。学会倾听与表达，初步学会用口头语言文明地进行人际沟通和社会交往。能根据需要，用书面语言具体明确、文从字顺地表达自己的见闻、体验和想法。

第五条目标着重于阅读与表达能力的培养，其中阅读部分特别强调了"学会运用多种阅读方法"。这里的"多种阅读方法"既涵盖了方法论层面的指导，也包含了针对不同阅读材料所应采取的不同策略。阅读材料包括但不限于日常的书报杂志、文学作品和浅易文言文，每种材料都有其独特的阅读要求。2022 年版课程标准对于不同的阅读材料提出了差异化的阅读要求，意在引导学生超越对单一文本的细致分析，转而关注阅读方法的多样性和灵活性。这样的设计旨在培养学生的阅读策略意识，使他们能够根据不同的阅读材料，合理选择并有效运用多种阅读方法，从而提高阅读效率和理解深度。通过这样的学习，学生能够更好地适应复杂多变的阅读环境，为未来的学习和生活奠定坚实的阅读基础。

在表达方面有口头表达和书面表达两大块。口头表达进一步细分为"听"和"说"两个方面。"听"在语文学习中往往被忽视，部分原因是"听"通常不纳入考核范围，且似乎不需要专门学习。然而，倾听并非天生具备的技能，它要求学生能够全面、准确地接收信息，并能做出恰当的回应。这只有经过学习和实践才能培养出来。在人际沟通和社会交往中，"听"扮演着至关重要的角色，因为良好的倾听是有效沟通的基础。因此，该目标明确提出"学会倾听"的要求，以培养学生的倾听能力和沟通技巧。"说"，即表达，可以是单向的，如发言、朗诵、演讲等；也可以是双向甚至多向的，当表达涉及多人时，就进入了人际沟通和社会交往的领域。虽然该目标仅用"文明地"进行限定，但其内涵十分丰富，包括表达的清晰度、逻辑性、礼貌性等多个方面。教师应根据学生的具体情况和学段要求，引导他们逐步达成目标，培养他们的口头表达能力和人际交往能力。

对于书面表达，该目标首先强调的是"能根据需要"，这旨在将书面表达置于真实的语言运用场景中，使学生明确自己的表达对象和目标。然后，要求学生"能根据需要，用书面语言具体明确、文从字顺地表达自己的见闻、体验和想法"，这里的核心在于"自己的"，即鼓励学生在书面表达中展现自己的主体性和独立思考。在表达内容上，"见闻、体验和想法"呈现出一种递进关系。从描述所见所闻开始，学生逐渐深入到个人亲身体验，并最终形成自己的想法。在这一过程中，学生的角色由信息接收者逐渐转化为信息创造者，主体地位得以凸显。在文字表达上，提出了"具体明确、文从字顺"的要求。其中，"具体"意味着表达不能笼统，应避免使用泛泛而谈的套话；"明确"则要求学生使用准确的字、词、句来表达自己的意思，避免模棱两可；"文从字顺"则要求语句通顺，不出现错别字、用词不当或语法错误。这些目标看似简单，实则内涵丰富。它们符合义务教育阶段学生的表达水平，既要求学生能够清晰地表达自己的见闻、体验和想法，又蕴含了对学生独立思考和表达能力培养的深层次要求。通过这样的书面表达训练，学生不仅能够提升文字表达能力，还能培养独立思考的能力和批判性思维。

4. 对应核心素养的思维能力

积极观察、感知生活，发展联想和想象，激发创造潜能，丰富语言经验，培养语言直觉，提高语言表现力和创造力，提高形象思维能力。

第六条目标侧重形象思维，形象思维是语文学习中的一项重要能力，它以鲜活的物象作为依托。然而，在日常生活中学生有时会对身边的事物缺乏足够的关注。因此，该目标将提高形象思维能力分解为两个关键步骤。

一是积极观察、感知生活。常常有人误认为学生的生活仅限于学校和家庭之间，缺乏丰富性。然而，这种看法忽略了生活的本质——生活无处不在，每一刻都在发生。学生有自己的生活，而语文学习正是要引导他们积极观察、用心感知，使生活中的点滴成为他们心中的"第一手资料"。

二是发展联想和想象。通过联想和想象，学生可以将观察到的"象"激活，使其变得生动且富有动感。从一个"象"联想到另一个"象"，以眼中的"象"唤醒心中的"象"，这个过程不仅能够锻炼学生的思维能力，还能激发他们的创造潜能。小学生的想象力尤为丰富，我们应当珍视并呵护这一宝贵的能力。

值得注意的是，发展联想和想象的目的并不仅仅是为了让学生写出几句充满想象力的句子，更重要的是通过活跃思维，激发他们的创造潜能。在语言和思维的关系中，提高形象思维能力对于丰富语言直觉、提高语言表现力和创造力具有至关重要的作用。

乐于探索，勤于思考，初步掌握比较、分析、概括、推理等思维方法，辩证地思考问题，有理有据、负责任地表达自己的观点，养成实事求是、崇尚真知的态度。

第七条目标侧重抽象思维。该目标涵盖了三个层面的要求，深刻体现了对学生综合素质的期望。

首先，在态度层面，该目标强调了学生应持有乐于探索、勤于思考的学习态度，鼓励学生养成实事求是、崇尚真知的态度。这与核心素养思维能力中的"有好奇心、求知欲，崇尚真知，勇于探索创新，养成积极思考的习惯"相契合。学生应该具备不迷信、不盲从的品质，对所见所闻保持质疑和探究的精神，时刻以真理为准则。这种态度是塑造学生未来品格的重要基石。

其次，在思维方法层面，该目标要求学生初步掌握并运用逻辑思维方法，如比较、分析、概括、推理等，学会辩证地思考问题。这有助于他们形成清晰的逻辑思维框架，提高解决问题的能力。需要指出的是，尽管这里列举的是义务教育阶段较为基础的逻辑思维方法，但学生也应具备接触和学习其他思维方法的开放性和灵活性。

最后，在表达层面，该目标要求学生能够有理有据、负责任地表达自己的观点。这种表达能力不仅是语言能力的体现，还是思维能力的延伸。学生在表达时应该充分考虑事实依据和逻辑链条的完整性，确保自己的言论具有说服力和可信度。这种表达能力的培养从低学段就应开始重视，让学生深刻理解说话是要负责任的，不说无根据的话。

这三个层面相互关联、相辅相成，形成了完整的思维逻辑链。该目标的开头和结尾部分强调了学生的态度，体现了从意愿到行为的过程；中间部分则直接阐述了思维和表达的要求，体现了由内而外的转化过程。只有各部分紧密结合，才能培养出具有良好思维能力和表达能力的学生。

5. 对应核心素养的审美创造

感受语言文字的美，感悟作品的思想内涵和艺术价值，能结合自己的经验，理解、欣赏和初步评价语言文字作品，丰富自己的情感体验和精神世界。

第八条目标侧重审美体验。该目标侧重于在语言实践活动中促进审美鉴赏能力的发展，注重对语言文字的美的感受，强调对语言文字的美的感悟和鉴赏，其核心是丰富审美体验。该目标将提升审美体验分解为三个关键步骤。

首先，审美感受。审美体验是各类审美活动的基础。要使学生通过感官体会到语言的美感，就需要增强他们对语言的感知能力。由语言内容及形式直接激发的审美体验，构成了学生审美创造的基本要素。这是学生对语言文字感性形态的一种直观感受，能让他们在精神层面获得显著的满足和愉悦。

其次，审美理解。审美理解是学生在丰富想象的驱动下，深入品味并将语言之美转化为脑海中生动画面的过程，同时也是他们直观把握这些画面意义的关键步骤。在此过程中，学生运用个人的审美观念，与语言作品中蕴含的美学元素相互作用，激发出丰富的联想与对美的敏锐辨识，进而享受审美带来的愉悦。这一过程深化了学生对文字内涵的理解和把握。

最后，审美鉴赏。审美鉴赏是指学生依据自身独特的审美标准，对语言文字的内涵与特性进行价值评估的过程。在理解语言文字时，审美鉴赏侧重于评判文本的真实性、真理性、道德价值以及风格的创新性；而在运用语言文字时，审美鉴赏则体现在将个人的审美观念融入构思、选材、篇章结构、语言表达等各个环节，通过塑造人物、描绘环境、叙述情节、选择意象等方式加以展现。

能借助不同媒介表达自己的见闻和感受，学习发现美、表现美和创造美，形成健康的审美情趣。

第九条目标侧重审美创造。该目标侧重于在语言实践活动中促进审美创造能力的发展，注重多种形式的审美表达与表现，其核心是创造美感对象。该目标将提升审美创造分解为两个关键步骤。

一是审美欲望。审美欲望是在对语言文字进行理性评价与判断的过程中，即在美的认知过程中所激发的一种热爱之情。这种情感促使学生对语言文字作品中的语言、形象、情感及思想内容产生持久的回味、眷恋与向往。情感始终是审美的核心要素，审美欲望能将原本伴随审美感受而产生的短暂情感体验，提升为深刻且持久的审美心态，成为激励学生追求美、创造美，并为之不懈奋斗的精神源泉。

二是审美表现。审美表现是学生基于原文本的启发，运用个人主观想象，对文本中蕴含价值的信息进行设想、推断与再创造的过程。这一过程起始于审美感受，并在丰富的语言实践活动中不断深化和完善审美体验，其最终目的在于重塑语言形象与语言意境。

三、语文课程学段目标

2022 年版课程标准根据"六三"学制，为义务教育阶段语文课程制定了四个学段的具体要求，这些要求旨在进一步将课程总目标具体化、体系化。

（一）第一学段（1~2 年级）

1. 识字与写字

（1）喜欢学习汉字，有主动识字、写字的愿望。认识常用汉字 1600 个左右，其中 800 个左右会写。

（2）学会汉语拼音。能读准声母、韵母、声调和整体认读音节。能准确地拼读音节，正确书写声母、韵母和音节。认识大写字母，熟记《汉语拼音字母表》。

（3）掌握汉字的基本笔画和常用的偏旁部首，能按基本的笔顺规则用硬笔写字，注意间架结构，初步感受汉字的形体美。努力养成良好的写字习惯，写字姿势正确，书写规范、端正、整洁。

（4）学习独立识字。能借助汉语拼音认读汉字，学会用音序检字法和部首检字法查字典。

2. 阅读与鉴赏

（1）喜欢阅读，感受阅读的乐趣。学习用普通话正确、流利、有感情地朗读课文。学习默读。

（2）结合上下文和生活实际了解课文中词句的意思，在阅读中积累词语。认识课文中出现的常用标点符号，在阅读中体会句号、问号、感叹号所表达的不同语气。借助读物中的图画阅读。

（3）阅读浅近的童话、寓言、故事，向往美好的情境，关心自然和生命，对感兴趣的人物和事件有自己的感受和想法，并乐于与他人交流。诵读儿歌、儿童诗和浅近的古诗，展开想象，获得初步的情感体验，感受语言的优美。

（4）尝试阅读整本书，用自己喜欢的方式向他人介绍读过的书。养成爱护图书的习惯。

（5）积累自己喜欢的成语和格言警句。背诵优秀诗文 50 篇（段）。课外阅读总量不少于 5 万字。

3. 表达与交流

（1）学说普通话，逐步养成说普通话的习惯，有表达交流的自信心。

（2）能认真听他人讲话，努力了解讲话的主要内容。听故事、看影视作品，能复述大意和自己感兴趣的情节。能较完整地讲述小故事，能简要讲述自己感兴趣的见闻。与他人交谈，态度自然大方，有礼貌。积极参加讨论，敢于发表自己的意见。

（3）对写话有兴趣，留心周围事物，写自己想说的话，写想象中的事物。在写话中乐于运用阅读和生活中学到的词语。

（4）根据表达的需要，学习使用逗号、句号、问号、感叹号。

4. 梳理与探究

（1）观察字形，体会汉字部件之间的关系。梳理学过的字，感知汉字与生活的联系。

（2）观察大自然，热心参加校园、社区活动，积累活动体验。结合语文学习，用口头或图文等方式整理、表达自己在活动中的见闻和想法。

（3）对周围事物有好奇心，能就感兴趣的内容提出问题，结合其他学科的学习和生活经验交流讨论，尝试提出自己的看法。

在落实以上要求的过程中，注重引导学生关注中华优秀传统文化在日常生活中的表现，初步感受中华优秀传统文化的重要价值；初步懂得幸福生活是革命前辈浴血奋战、艰苦奋斗换来的，激发对革命领袖、革命家、英雄人物的崇敬之情。

(二) 第二学段（3～4 年级）

1. 识字与写字

（1）对学习汉字有浓厚的兴趣，养成主动识字的习惯。累计认识常用汉字 2500 个左右，其中 1600 个左右会写。有初步的独立识字能力。能用音序检字法和部首检字法查字典、词典。

（2）写字姿势正确，养成良好的书写习惯。能用硬笔熟练地书写正楷字，做到规范、端正、整洁。用毛笔临摹正楷字帖，感受汉字的书写特点和形体美。

（3）能感知常用汉字形、音、义之间的联系，初步建立汉字与生活中事物、行为的联系，初步感受汉字的文化内涵。

2. 阅读与鉴赏

（1）用普通话正确、流利、有感情地朗读课文。初步学会默读，做到不出声、不指读。学习略读，粗知文章大意。

（2）能联系上下文，理解词句的意思，体会课文中关键词句表达情意的作用。能借助字典、词典和生活积累，理解生词的意义。在理解语句的过程中，体会句号与逗号的不同用法，了解冒号、引号的一般用法。

（3）能初步把握文章的主要内容，体会文章表达的思想感情。学习圈点、批注等阅读方法。能对课文中不理解的地方提出疑问，乐于与他人讨论交流。

（4）能复述叙事性作品的大意，初步感受作品中生动的形象和优美的语言，关心作品中人物的命运和喜怒哀乐，与他人交流自己的阅读感受。诵读优秀诗文，注意在诵读过程中体验情感，展开想象，领悟诗文大意。

（5）阅读整本书，初步理解主要内容，主动和同学分享自己的阅读感受。

（6）积累课文中的优美词语、精彩句段，以及在课外阅读和生活中获得的语言材料。背诵优秀诗文 50 篇（段）。养成读书看报的习惯，收藏图书资料，乐于与同学交流。课外阅读总量不少于 40 万字。

3. 表达与交流

（1）乐于用口头、书面的方式与人交流沟通，愿意与他人分享，增强表达的自信心。

（2）能用普通话交谈，学会认真倾听，听人说话时能把握主要内容，并能简要转述。能就不理解的地方向人请教，就不同的意见与人商讨。

（3）能清楚明白地讲述见闻，说出自己的感受和想法。讲述故事力求具体生动。能主动参与日常生活中的文化活动，根据不同的场合，尝试运用合适的音量和语气与他人交流，有礼貌地请教、回应。

（4）观察周围世界，能不拘形式地写下自己的见闻、感受和想象，注意把自己觉得新奇有趣或印象最深、最受感动的内容写清楚。能用便条、简短的书信等进行交流。尝试在习作中运用自己平时积累的语言材料，特别是有新鲜感的词句。

（5）学习修改习作中有明显错误的词句。根据表达的需要，正确使用冒号、引号等标点符号。课内习作每学年 16 次左右。

4. 梳理与探究

（1）尝试分类整理学过的字词。尝试发现所学汉字形、音、义和书写的特点，帮助自己识字、写字。

（2）学习组织有趣味的语文实践活动，在活动中学习语文，学会合作。结合语文学习，观察大自然，观察社会，积极思考，运用书面或口头方式，并可尝试用表格、图像、音频等多种媒介，呈现自己的观察与探究所得。

（3）能提出学习和生活中的问题，有目的地搜集资料，共同讨论，尝试运用语文并结合其他学科知识解决问题。

在落实以上要求过程中，注重感悟国家通用语言文字的文化内涵，初步认识中华优秀传统文化蕴含的思想和智慧；感悟革命英雄、模范人物的爱国主义情怀和高尚品质，激发向英雄模范学习的意愿和行动，培养对中国共产党和中华人民共和国的朴素情感，增强民族自豪感。

（三）第三学段（5～6 年级）

1. 识字与写字

（1）有较强的独立识字能力。累计认识常用汉字 3000 个左右，其中 2500 个左右会写。感受汉字的构字组词特点，体会汉字蕴含的智慧。

（2）写字姿势正确，有良好的书写习惯。硬笔书写楷书，行款整齐，力求美观，有一定的速度。能用毛笔书写楷书，在书写中体会汉字的优美。

2. 阅读与鉴赏

（1）熟练地用普通话正确、流利、有感情地朗读课文。默读有一定的速度，默读一般读物每分钟不少于 300 字。学习浏览，扩大知识面，根据需要搜集信息。

（2）能联系上下文和自己的积累，推想课文中有关词句的意思，辨别词语的感情色彩，体会其表达效果。在理解课文的过程中体会顿号与逗号、分号与句号的不同用法。

（3）在阅读中了解文章的表达顺序，体会作者的思想感情，初步领悟文章的基本表达方法。在交流和讨论中，敢于提出看法，作出自己的判断。

（4）阅读叙事性作品，了解事件梗概，能简单描述印象最深的场景、人物、细节，说出自己的喜爱、憎恶、崇敬、向往、同情等感受；阅读诗歌，大体把握诗意，想象诗歌描述的情境，体会作品的情感。受到优秀作品的感染和激励，向往和追求美好的理想。

（5）阅读说明性文章，能抓住要点，了解文章的基本说明方法。阅读简单的非连续性文本，能从图文等组合材料中找出有价值的信息。尝试使用多种媒介阅读。

（6）阅读整本书，把握文本的主要内容，积极向同学推荐并说明理由。

（7）背诵优秀诗文 60 篇（段），注意通过语调、韵律、节奏等体味作品的内容和情感。扩展阅读面，课外阅读总量不少于 100 万字。

3. 表达与交流

（1）听人说话认真、耐心，能抓住要点，并能简要转述。乐于表达，与人交流能尊重和理解对方。注意语言美，抵制不文明的语言。

（2）表达有条理，语气、语调适当。参与讨论，敢于发表自己的意见，说清自己的观点。能根据对象和场合，稍作准备，作简单的发言。

（3）懂得写作是为了自我表达和与人交流。养成留心观察周围事物的习惯，有意识地丰富自己的见闻，珍视个人的独特感受，积累习作素材。

（4）能写简单的记实作文和想象作文，内容具体，感情真实。能根据内容表达的需要，分段表述。学写读书笔记，学写常见应用文。

（5）修改自己的习作，并主动与他人交换修改，做到语句通顺，行款正确，书写规范、整洁。根据表达需要，正确使用常用的标点符号。习作要有一定速度。课内习作每学年 16 次左右。

4. 梳理与探究

（1）分类整理学过的字词，发现所学汉字形、音、义和书写的特点，发展独立识字能力和写字能力。

（2）感受不同媒介的表达效果，学习跨媒介阅读与运用，初步运用多种方法整理和呈现信息。

（3）初步了解查找资料、运用资料的基本方法。利用图书馆、网络等渠道获取资料，解决与学习和生活相关的问题。尝试写简单的研究报告。

（4）策划简单的校园活动和社会活动，对所策划的主题进行讨论和分析，学写活动计划和活动总结。对自己身边的、大家共同关注的问题，或影视作品中的故事和形象，通过调查访问、讨论演讲等方式，开展专题探究活动，学习辨别是非、善恶、美丑。

在落实各学段要求过程中，注重了解中华优秀传统文化的源远流长、丰富多彩，提升自身中华优秀传统文化修养；感受先贤志士的人格魅力，感悟老一辈无产阶级革命家的英雄气概、优良作风和高尚品质，体会捍卫民族尊严、维护国家利益和世界和平的伟大精神。

"识字与写字""阅读与鉴赏""表达与交流""梳理与探究"四个目标任务在不同学段的要求差异如表 2-1 所示。

表 2-1　义务教育语文课程小学阶段学段要求简要说明表

	第一学段	第二学段	第三学段
识字与写字	1. 识字能力：学习独立识字	1. 识字能力：有初步的独立识字能力	1. 识字能力：有较强的独立识字能力
	2. 识字数量：识字 1600 个，会写字 800 个	2. 识字数量：累计识字 2500 个，累计会写字 1600 个	2. 识字数量：累计识字 3000 个，累计会写字 2500 个

续表

	第一学段	第二学段	第三学段
阅读与鉴赏	1. 朗读能力：学习用普通话正确、流利、有感情地朗读	1. 朗读能力：用普通话正确、流利、有感情地朗读	1. 朗读能力：熟练地用普通话正确、流利、有感情地朗读
	2. 默读能力：学习默读	2. 默读能力：初步学会默读	2. 默读能力：默读有一定的速度，默读一般读物每分钟不少于 300 字
	3. 整本书阅读：尝试阅读整本书	3. 整本书阅读：阅读整本书，初步理解主要内容	3. 整本书阅读：阅读整本书，把握主要内容
	4. 背诵积累：背诵优秀诗文 50 篇（段）	4. 背诵积累：背诵优秀诗文 50 篇（段）	4. 背诵积累：背诵优秀诗文 60 篇（段）
	5. 阅读总量：课外阅读总量不少于 5 万字	5. 阅读总量：课外阅读总量不少于 40 万字	5. 阅读总量：课外阅读总量不少于 100 万字
表达与交流	1. 口语交际：逐步养成说普通话的习惯，能认真听他人讲话	1. 口语交际：能用普通话交谈，学会认真倾听，听人说话时能把握主要内容并转述	1. 口语交际：注意语言美，听人说话认真、耐心，能抓住要点并转述
	2. 写话习作：写自己想说的话，乐于运用阅读和生活中学到的词语	2. 写话习作：能不拘形式地写下自己的见闻、感受和想象，注意把内容写清楚。课内习作每学年 16 次左右	2. 写话习作：能写简单的记实作文和想象作文，内容具体，感情真实。课内习作每学年 16 次左右
梳理与探究	1. 知识整理：观察字形，体会汉字部件之间的关系，梳理学过的字	1. 知识整理：尝试分类整理学过的字词	1. 知识整理：初步运用多种方法整理和呈现信息
	2. 活动体验：参加校园、社区活动，用口头或图文方式表达活动见闻和想法	2. 活动体验：学习组织语文实践活动，尝试用多种媒介呈现观察与探究所得	2. 活动体验：策划简单的校园、社会活动，学写活动计划和活动总结
	3. 问题解决：对周围事物有好奇心，能提出相关问题并参与交流讨论	3. 问题解决：能提出学习和生活中的问题，有目的地搜集资料，共同讨论	3. 问题解决：利用图书馆、网络等渠道获取资料，解决与学习和生活相关的问题，尝试写简单的研究报告

（四）义务教育语文课程的学段要求注意要点

要正确把握义务教育语文课程的学段要求，必须关注以下几个要点。

（1）学段要求是对总目标的具体化。2022 年版课程标准将义务教育阶段的语文课程目标细化为四个学段，每个学段进一步分解为四个核心板块。每个板块又被细分为一系列具体要素，这些板块与要素都直接对应并支撑课程的九大总体目标。

以"阅读与鉴赏"板块为例,其内容围绕着阅读学习进行组织,细分为六大学习任务群,包括"语言文字积累与梳理""实用性阅读与交流""文学阅读与创意表达""思辨性阅读与表达""整本书阅读"以及"跨学科学习"。这些任务群不但涵盖了广泛的阅读领域,而且其设置的学习要求也全面覆盖了义务教育语文课程的九大总体目标。例如,通过阅读革命文化教育文本,学生能够提高革命文化修养,从而达成第一条目标;学习中华优秀传统文化文本则有助于增强学生的文化底蕴,达成第二条目标;通过欣赏优秀的儿童文学和外国文学作品,学生能够体验文化的多元性和包容性,从而促进第三条目标的达成;在阅读的过程中,学生的语感将得到培养和锻炼,初步理解语言运用的规律,达成第四条目标;掌握多种阅读方法和策略,形成独立阅读能力将支持第五条目标的达成;文本的阅读与鉴赏还将激发学生的联想和想象力,释放其创造潜能,对第六条目标的达成有重要作用;通过文本解读,学生可以学习比较、分析、概括、推理等思维方法,进而提升思维品质,这符合第七条目标的要求;学生通过阅读与鉴赏感受语言文字之美,理解作品的思想内涵和艺术价值,从而促进第八条目标的达成;在阅读与鉴赏中,学生将学会欣赏作品的形象美、情感美、意蕴美,培养健康的审美情趣,从而达成第九条目标。在其他各个板块中,课程目标也同样被具体化、操作化,以确保学生在不同阶段的学习中都能有效地实现课程目标。

(2)学段要求在横向之间具有高度的关联性。因为学段要求是对总目标的具体化和细化,所以从横向的角度来看,学段要求的四个板块之间存在着紧密的逻辑关联性。在2022年版课程标准中,每个学段的要求都被精心划分为四个板块。其中,"识字与写字"是其他三个板块的基础。没有足够的识字量作为支撑,学生便难以进行流畅的阅读和有效的表达,同时,缺乏对汉字的观察和积累,学生也难以对汉字进行分类梳理,更无法深入探究汉字所蕴含的文化和智慧。"阅读与鉴赏"在巩固"识字与写字"的基础上,为学生提供了真实的阅读情境,使学生在不断复现的汉字阅读过程中,进一步扩大识字量,提升识字能力。同时,该板块也为"表达与交流"和"梳理与探究"提供了丰富的语言素材和相关经验,有助于学生梳理并发现语言文字运用的基本规律,提高文化素养,丰富精神世界。"表达与交流"则在口头语言和书面语言的实际运用和交际中,进一步巩固了"识字与写字"的成果,促进了"阅读与鉴赏"的深化。同时,该板块也为"梳理与探究"提供了语言运用经验的积累、语言文字知识的储备以及跨学科学习能力的支持。"梳理与探究"则是对前面三个板块知识的梳理、问题的探究和能力的拓展。这一板块帮助学生在反思和梳理语文学习的过程中,将所掌握的语文知识系统化、结构化,将习得的语文能力体系化,从而全面提升学生的语文核心素养。

(3)学段要求在纵向之间具有清晰的层次性。从纵向的角度来看,四个学段都被精心分为四大板块,每个板块在层次上的划分非常清晰。在第一学段,各个板块的要求处于奠基层次,着重于构建语文课程最基础的知识体系,培养学生最基本的能力,形成最需要的学习习惯,掌握最常用的学习方法,以及培养最根本的情感与态度。到了第二学段,每个板块的要求处于承接的层次,既是对第一学段学习成果的巩固与深化,也为第三学段的学习奠定了坚实的基础和有力的支撑。到了第三学段,每个板块的要求处于相对熟练和基本掌握的层次。部分板块更是在此基础上进行了深化与提高，以满足学生更高层次的学习需求。以"阅读与鉴赏"板块中的"默读能力"为例，其具体要求的梯度性非常显著。在第一学段，学生需要"学习默读"，这是默读能力的起步阶段，难度和要求相对较低。到了第二学段，要求提升为"初步学会默读"，这表明学生需要在实践中逐渐掌握默读的基本方法和技巧，难度和要求相应提高。而到了第三学段，要求则变为"默读有一定的速度"，这一要求不仅涉及默读方法和技巧的熟练程度，还涉及默读时的专注度、目的以及背景知识的积累，属于默读能力的高级阶段。这种层次性和梯度性的设定，有助于学生循序渐进地提升默读能力，为更高层次的语文学习打下坚实的基础。

四、语文课程内容

2001年的实验稿和2011年版课程标准，都没有独立设置课程内容，而是将其内隐于课程目标之中，导致语文课程内容显示度不够。因此，2022年版课程标准将课程内容的研制作为重点，确定了其主题和载体形式，并承接《普通高中语文课程标准（2017年版）》，提出了"语文学习任务群"。

（一）课程内容结构的变化

1. 课程内容的主题与载体形式

课程内容的主题与载体形式明确了语文课程内容的重点、重要的主题内容、内容的载体形式，这实际上是阐明了语文课程的文化构成与重点。语文课程内容的主题为中华优秀传统文化、革命文化、社会主义先进文化。

（1）中华优秀传统文化。2022年版课程标准围绕创造性转化和创新性发展要求，确定中华优秀传统文化内容主题，注重弘扬讲仁爱、重民本、守诚信、崇正义、尚和合、求大同等核心思想理念；弘扬有利于促进社会和谐、鼓励人们向上向善的中华人文精神；弘扬自强不息、敬业乐群、扶危济困、见义勇为、孝老爱亲等中华传统美德。中华优秀传统文化的主要载体为汉字、书法，成语、格言警句，神话传说、寓言故事、历史故事、民间故事、中华民族团结一家亲的故事，古代诗词、古代散文、古典小说，以及古代文化常识、传统节日、风俗习惯等。

（2）革命文化。2022年版课程标准围绕伟大建党精神，确定革命文化内容主题，注重反映理想信念、爱国情怀、艰苦奋斗、无私奉献、顽强斗争和英勇无畏等革命传统。革命文化的主要载体为老一辈无产阶级革命家和革命英雄人物的代表性作品及反映他们生平事迹的传记、故事等作品，反映党领导人民革命的伟大历程和重要事件的作品，有关革命传统人物、事件、节日、纪念日活动等方面的作品，阐发革命精神的作品，革命圣地、革命旧址和革命文物等。

（3）社会主义先进文化。2022年版课程标准围绕社会主义核心价值观，确定社会主义先进文化内容主题，突出爱党、爱国、爱社会主义相统一。社会主义先进文化的主要载体为反映社会主义建设事业中取得的重大成就、涌现出来的模范人物与先进事迹的作品；反映当代中国从站起来、富起来到强起来的奋斗历程和重大事件，以及体现中国式现代化新道路和人类文明新形态的相关作品；反映和谐互助、共同富裕、改革创新、劳动创造美好生活等方面的作品。

在突出上述主题的同时，还应选择反映世界文明优秀成果、科技进步、日常生活特别是儿童生活等方面的主题。世界多元文化的主要载体为外国文学名著、科普科幻作品、实用性文章、中外优秀儿童文学作品等。教师肩负着培养学生全面发展的重任，要引导学生深入探索和学习人类文明的杰出成果，汲取优秀外国作品中的智慧和营养，从而丰富他们的文化内涵，提升文化修养；在比较和借鉴中外文明的过程中，帮助学生拓宽视野，深刻理解并牢固树立人类命运共同体的意识。同时，教师应着重指导学生掌握日常生活中不可或缺的语言文字运用知识与方法，教会他们如何文明地进行交流与沟通。这不仅有助于学生更好地融入社会，还能逐步培养他们适应并积极参与社会生活的能力。在这个过程中，教师应注意引导学生关注人工智能、新能源、环境保护等当代社会生活的重要主题，增进他们对社会、自然和科学的认识，从而激发他们对生活的热爱之情。

各类主题的主要载体还应包括口头和书面交流与沟通、跨媒介阅读与表达等语文实践活动。对于各类主题的相关学习内容，应根据不同学段特点统筹安排。体现中华优秀传统文化、革命文化、社会主义先进文化的作品，应占 60%～70%；反映科技、自然、生活等方面的应用、说明、记叙类作品，以及外国优秀文化作品，占 30%～40%。

2. 课程内容组织与呈现

义务教育语文课程内容主要以学习任务群组织与呈现。设计语文学习任务，要围绕特定学习主题，确定具有内在逻辑关联的语文实践活动。语文学习任务群由相互关联的系列学习任务组成，共同指向学生的核心素养发展，具有情境性、实践性、综合性。语文课程按照内容整合程度，分三个层面设置学习任务群，其中第一层设"语言文字积累与梳理"一个基础型学习任务群，第二层设"实用性阅读与交流""文学阅读与创意表达""思辨性阅读与表达"三个发展型学习任务群，第三层设"整本书阅读""跨学科学习"两个拓展型学习任务群。

（1）基础型学习任务群。

"语言文字积累与梳理"旨在引导学生在语文实践活动中，积累语言材料和语言经验，形成良好的语感；通过观察、分析、整理，发现汉字的构字组词特点，掌握语言文字运用规范，感受汉字的文化内涵，奠定语文基础。

"语言文字积累与梳理"作为基础型学习任务群，在语文课程中占据着举足轻重的地位。该学习任务群的目的在于帮助学生构建扎实的语言文字基础，为他们后续的语文学习和其他学科的学习奠定坚实的基础。在整个语文课程中，"语言文字积累与梳理"这一学习任务群不仅是基石，还是其他学习任务群得以顺利进行和推进的前提。其他五个学习任务群的有效实施都依赖于学生良好的语言文字积累与梳理能力。同时，这些学习任务群也为"语言文字积累与梳理"的能力提升提供了丰富的实践机会和情境。比如通过"实用性阅读与交流"，学生能够在实际运用中巩固和拓展语言文字知识；通过"文学阅读与创意表达"，学生能够深入理解语言文字的魅力和内涵，进而提升运用语言文字进行创意表达的能力；通过"思辨性阅读与表达"，学生能够锻炼自己的逻辑思维和批判性思维，提高语言文字的准确性和深刻性；通过"整本书阅读"和"跨学科学习"，学生能够接触到更广泛的知识领域，丰富自己的语言文字储备，拓宽视野。

"语言文字积累与梳理"与其他学习任务群之间形成了相互促进、共同发展的关系。它既是基础，又是桥梁，连接着学生的现在和未来，引领着他们走向更广阔的语文世界。

（2）发展型学习任务群。

①"实用性阅读与交流"。该学习任务群旨在引导学生在语文实践活动中，通过倾听、阅读、观察，获取、整合有价值的信息，根据具体交际情境和交流对象，清楚得体表达，有效传递信息，满足家庭生活、学校生活、社会生活交流沟通需要。

从"实用性阅读与交流"的学习内容来看，这一学习任务群体现了在特定时间、特定情境下，针对特定人群和特定目的而展开语文学习活动的重要性。例如，在准备一次演讲的过程中，学生需要深入理解演讲的目的、面对的听众群体、演讲的时空背景以及可能遇到的挑战等要素。这些要素共同构成了演讲活动的情境脉络，使得语文学习不再局限于课本和课堂，而是与现实生活紧密相连。在演讲的准备和实施过程中，学生需要在真实或模拟的情境中应对各种挑战，如观点的分歧、听众的反应等。这种"做中学"和"行中悟"的学习方式，不仅让学生在实践中巩固和拓展了语言文字知识，还让他们在应对挑战和解决问题的过程中提升了语文能力。这种转变使得语文教学从静态的知识传授转向动态的问题解决，从抽象的纸面学习回归到鲜活的生活体验。学生不再是被动地接受知识，而是成为主动的学习者和探索者，通过实践活动来发现问题、解决问题，从而提升自己的语文素养和综合能力。

因此，"实用性阅读与交流"的学习内容不仅体现了语文学习的实用性和实践性，还为学生提供了更多展示自己才华和能力的机会，让语文学习变得更加生动、有趣和有意义。

②"文学阅读与创意表达"。该学习任务群旨在引导学生在语文实践活动中，通过整体感知、联想想象，感受文学语言和形象的独特魅力，获得个性化的审美体验；了解文学作品的基本特点，欣赏和评价语言文字作品，提高审美品位；观察、感受自然与社会，表达自己独特的体验与思考，尝试创作文学作品。

从上述表述中可以清晰地看到，"文学阅读与创意表达"致力于引导学生通过多样化的文学作品进行深入的阅读和鉴赏。该学习任务群鼓励学生从语言和形象等多元视角出发，去鉴赏和评价文本，以持续积累丰富的审美体验，从而不断提升个人的审美能力和审美品位。同时，该学习任务群也鼓励学生将所学的文学知识、鉴赏能力和审美体验转化为实际创作和交流的能力。学生被鼓励创造性地开展文学作品创作、交流、研讨等读写活动，通过这些活动，他们能够表达自己对自然、社会、生活的个性化思考和感悟。这种学习方式不仅有助于培养学生的文学素养和审美能力，还能激发他们的创造力和想象力，帮助他们更好地理解和欣赏文学作品，同时也能够锻炼他们的写作和表达能力，为他们未来的学习和生活打下坚实的基础。

③"思辨性阅读与表达"。该学习任务群旨在引导学生在语文实践活动中，通过阅

读、比较、推断、质疑、讨论等方式，梳理观点、事实与材料及其关系；辨析态度与立场，辨别是非、善恶、美丑，保持好奇心和求知欲，养成勤学好问的习惯；负责任、有中心、有条理、重证据地表达，培养理性思维和理性精神。

语言文字不仅是人们交流的重要工具，更是思维的载体和工具，对于个体的全面发展具有重要意义。2022年版课程标准将"思维能力"列为核心素养的重要方面，并特别设置了"思辨性阅读与表达"学习任务群，这充分体现了对学生思维能力培养的重视。思辨性思维是一种深度反思的能力，它要求学生具备批判性思维，能够基于证据和逻辑作出判断，而不是盲目接受或轻率表达。思辨性思维强调对观点进行质疑和反思，这有助于学生培养独立思考的习惯，不轻易被他人观点所左右，也不固执己见。它鼓励学生以开放和包容的态度对待不同观点，勇于担当，不回避问题，同时认识到所有命题的局限性和适用性，避免盲目崇拜或迷信。通过"思辨性阅读与表达"学习任务群的实施，学生将有机会在阅读和表达的过程中锻炼自己的思维能力，提升对文本的理解和分析能力，培养批判性思维和创造性思维。这将有助于学生在未来的学习和生活中更好地应对挑战，实现全面发展。

（3）拓展型学习任务群。

①"整本书阅读"。该学习任务群旨在引导学生在语文实践活动中，根据阅读目的和兴趣选择合适的图书，制订阅读计划，综合运用多种方法阅读整本书；借助多种方式分享阅读心得，交流研讨阅读中的问题，积累整本书阅读的经验，养成良好的阅读习惯，提高整体认知能力，丰富精神世界。

该学习任务群强调学生对全书主要环节的把握。整本书阅读的首要任务是让学生能够对书籍的主要内容和结构有一个整体把握。这要求学生有步骤、有规划地阅读一本书，包括了解书籍的背景信息、主题思想、主要人物、关键情节等。通过这种方法，学生能够建立起对书籍的宏观认识，为后续的阅读和理解打下坚实的基础。

该学习任务群倡导学生自主探索和总结阅读方法。在教师的引导下，学生应该积极探索和总结适合自己的阅读方法。每个人的阅读习惯和方式都是不同的，因此，找到适合自己的阅读方法对于提高阅读效率来说至关重要。学生可以通过尝试不同的阅读策略，如快速阅读、深入阅读、主题阅读等，找到最适合自己的阅读方式。同时，学生还应该养成良好的阅读习惯，如定时阅读、做笔记、分享阅读感受等，这些习惯有助于提高学生的阅读效率和理解能力。

该学习任务群重视阅读经验的积累和迁移。阅读不仅仅是获取知识和信息的过程，更是一个积累经验和提升能力的过程。因此，该学习任务群重视引导学生积累阅读经验，形成阅读习惯。学生可以通过阅读不同类型的书籍，如小说、散文、诗歌等，丰富自己的阅读体验。同时，学生还应该学会将一本书的阅读经验迁移运用到其他书的阅读过程中，通过不断实践和总结，提升自己的阅读能力和水平。

该学习任务群突出整本书阅读的精神建构和价值引领功能。"整本书阅读"的目的不仅仅是让学生获取知识，更重要的是通过阅读来培养学生的精神文化底蕴。书籍是人类智慧的结晶，蕴含着丰富的思想、情感和价值观。因此，"整本书阅读"应该突出其精神建构和价值引领功能，引导学生在阅读过程中感受书籍所传递的思想、情感和价值观，并在自己的生活中加以实践和体现。这样不仅能够提高学生的阅读能力和水平，还能够培养学生的品格和情操，为学生的全面发展打下坚实的基础。

② "跨学科学习"。该学习任务群旨在引导学生在语文实践活动中，联结课堂内外、学校内外，拓宽语文学习和运用领域；围绕学科学习、社会生活中有意义的话题，开展阅读、梳理、探究、交流等活动，在综合运用多学科知识发现问题、分析问题、解决问题的过程中，提高语言文字运用能力。

跨学科学习在当今教育领域具有举足轻重的地位，它不仅关注学科之间的融合，还强调课堂内外、语文学科与其他学科、语文学习与社会生活之间的紧密联系。这种学习方式为学生构建了一个广阔的语文实践活动空间，使学生在不同领域和情境中都能运用语文知识，从而全面提升其综合素养。"跨学科学习"的核心在于强调基于现实话题的探究式学习，这种方法鼓励学生从实际问题出发，通过自主学习、合作学习和探究学习等方式，运用多学科知识解决问题。这种学习方式不仅提高了学生解决问题的能力，还培养了他们的创新思维和批判性思维，使其在面对复杂问题时能够灵活应对。

在跨学科学习中，坚守语文学科本位是至关重要的。这意味着在融合其他学科知识和方法的同时，仍然要聚焦于提高学生的语言文字运用能力。语文学科作为基础教育的重要组成部分，其核心任务是培养学生的阅读、写作、口语和听力等语言能力，这些能力是学生未来学习和发展的基础。"跨学科学习"这一学习任务群在关注核心素养发展的同时，也兼具引导学生发展一般素养的价值。一般素养包括自我管理、时间管理、情绪管理等，这些素养虽然不属于特定学科范畴，但对于学生的全面发展同样至关重要。"跨学科学习"这一学习任务群通过多样化的实践活动和情景模拟，为学生提供了发展一般素养的机会和平台。

（二）课程内容结构的特征

1. 坚持以文化人，突出内容的时代性和典范性

义务教育语文课程在落实立德树人根本任务的过程中，凸显了时代性，并强化了其育人功能。语文课程不仅致力于传承和弘扬中华优秀传统文化、革命文化、社会主义先进文化，还将语言文字学习视为学习文化的过程，体现了其深厚的文化价值。正如2022年版课程标准所指出的，语文课程在推广普及国家通用语言文字、增强凝聚力、铸牢中华民族共同体意识、建立文化自信、培育时代新人以及实现中华民族伟大复兴等方面具有不可替代的优势。因此，将中华优秀传统文化作为语文课程的核心内容，是必要的，也是极其重要的。这不仅能够培根铸魂、启智增慧，还有助于学生更好地理解和欣赏中华文化的博大精深。同时，语文课程也积极吸收语言学、文学研究的新成果，关注数字时代语言生活的新发展，体现了学习资源的新变化。这种与时俱进的态度，使得语文课程能够保持活力和吸引力，为学生提供更加全面和深入的学习体验。在内容的选择上，语文课程强调典范性，精选文质兼美的作品，这些作品不仅具有较高的文学价值，也蕴含了丰富的思想情感。通过阅读和学习这些作品，学生不仅能够提升语文能力，还能够受到深刻的思想情感熏陶，形成积极向上的人生观和价值观。

2. 加强语文基础，促进学生全面健康发展

义务教育语文课程作为基础教育的重要组成部分，其面向全体学生的特性决定了其必须强调基础性。关于"语文基础"的理解，虽然可能因人而异，但核心目标是一致的，即培养学生良好的语文学习习惯，使其掌握适应社会生活和终身发展需要的语文知识和关键能力。首先，语文基础不仅包括对语言文字的基本认知和运用能力，还包括在阅读、写作、聆听、表达等过程中形成的综合语文素养。这种素养的培养需要在实践中进行，而非简单地通过死记硬背和机械训练。学生需要在真实的生活和学习情境中，运用所学的语文知识，不断地进行尝试、反思和调整，从而真正理解和掌握语文知识和技能。其次，在加强语文基础的过程中，必须关注学生的个体差异和不同的学习需求。每个学生都有自己的学习特点和兴趣爱好，语文教学应该因材施教，激发学生的学习兴趣和动力。同时，教师也应该关注学生的全面发展，通过多样化的教学手段和策略，培养学生的思维能力、创新能力等综合素养。最后，语文基础的形成是一个长期的过程，需要教师和学生共同努力。教师应该在教学过程中，不断地引导学生自主学习、合作学习、探究学习，让学生成为学习的主体。学生也应该积极参与到语文学习中来，通过阅读、写作、交流等实践活动，提高自己的语文素养和能力。

3. 加强内容整合，深化课程内容结构改革

在深化课程改革的大背景下，发展核心素养成为教育的核心目标，这要求我们必须改变过去以知识点为纲和线性安排内容结构的教学模式。2022年版课程标准承袭了《普通高中语文课程标准（2017年版）》的先进理念，特别强调了针对义务教育阶段学生的特点设计语文学习任务群的重要性。2022年版课程标准遵循学生身心发展的自然规律和语文学习的内在逻辑，以丰富多彩的社会生活为背景，不再仅仅局限于学科内容的逻辑框架，而是更加关注生活逻辑和学习逻辑，最终聚焦于学习任务这一核心要素。2022年版课程标准以识字与写字、阅读与鉴赏、表达与交流、梳理与探究等语文实践活动为主线，以学习主题为引领，以学习任务为载体，整合了学习内容、情境和资源等多元要素，精心设计了语文学习任务群。这种设计不仅注重课程内容与现实生活的紧密联系，还强调与其他学科的交叉融合，致力于实现听说读写的全面整合。这种设计，旨在促进学生在知识与能力、过程与方法、情感态度与价值观等方面的整体发展，进而推动语文课程育人方式的根本变革。

第五节　小学语文课程学业质量标准

2017年，我国普通高中语文课程标准首次设置了"学业质量"部分。为了与其相呼应，在2022年版课程标准中，学业质量与课程性质、课程理念、课程目标、课程内容、课程实施一起成为课程标准文件的重要组成部分。

一、学业质量内涵

2022年版课程标准指出："学业质量是学生在完成课程阶段性学习后的学业成就表

现，反映核心素养要求。语文课程学业质量标准是以核心素养为主要维度，结合课程内容，对学生语文学业成就具体表现特征的整体刻画。"学业质量又称成就标准、表现标准或表现水平，是对特定教育阶段学生所获得的知识、能力的精细化书面描述，是一种定义学业成就水平的方式。在一般情况下，学业质量通常用来描述某个学段可接受的最低水平。

2022年版课程标准中的学业质量是依据义务教育四个学段，按照日常生活、文学体验、跨学科学习三类语言文字运用情境，整合识字与写字、阅读与鉴赏、表达与交流、梳理与探究等语文实践活动，描述学生语文学业成就的关键表现，体现学段结束时学生核心素养应达到的水平。小学三个学段的语文课程学业质量标准之间相互衔接，体现了学生核心素养的发展，为核心素养评价提供基本依据。

二、学业质量描述

2022年版课程标准中关于学业质量的描述是以"六三"学制学业质量标准为准。其中，关于小学语文课程标准的描述如下。

（一）第一学段（1～2年级）

留心公共场所等真实社会场景中的文字，尝试认识标牌、图示、简单的说明性文字中的常用汉字；借助汉语拼音认读汉字，借助学过的偏旁部首推测字音字义，愿意向他人说出自己的猜想，遇到不认识的字，主动向他人请教。在学习与生活中，累计认识1600个左右常用汉字，能正确书写800个左右常用汉字。喜欢识字，有意识地梳理在日常生活中学习的汉字、词语，并尝试进行分类；愿意整理自己的学习成果，并向他人展示。

与人讨论交流，注意倾听，主动用礼貌用语回应；乐于表达自己的想法，遵守规则，主动合作，积极参与讨论，把自己的想法说清楚。看图说话，能描述一幅图画的主要内容，说出多幅图画之间的内容关联。留心观察周围事物，对写话有兴趣。

喜欢阅读图画书、儿歌、童话、寓言等，在阅读过程中能根据提示提取文本的显性信息，通过关键词句说出事物的特点，做简单推测；能借助关键词句复述自己读过的故事或其他内容，尝试对阅读内容提出问题；愿意向他人讲述读过的故事，乐于向他人展示自己的作品；喜欢积累优美的词句，并尝试在口头和书面表达中运用。

愿意为他人朗读自己喜欢的语段；朗读时能使用普通话，注意发音；注意用语气、语调和节奏表现对文本的理解和感受；愿意和同学交流朗读体验，能简单评价他人的朗读。喜欢读古诗，能熟读成诵；喜欢阅读故事，并与他人讨论。喜欢在学校、社区组织的朗诵会、故事会、课本剧表演等活动中展示。参加文学体验活动，能表达自己的体验、感受和发现，愿意用文字、图画等方式记录见闻、想法。

在跨学科学习和探究活动中有好奇心和求知欲，喜欢观察、提问，能用自己喜欢的方式呈现学习所得。

（二）第二学段（3～4年级）

能借助汉语拼音、工具书，在阅读中主动识字；能根据具体语境辨析多音多义字的读音和字义，辨识、纠正常见的错别字。在学习与生活中，累计认识 2500 个左右常用汉字。能使用硬笔规范、端正、整洁地书写 1600 个左右常用汉字。注意积累和梳理语言材料，能把具有相同或相似特征的汉字进行分类，愿意与他人交流分类的理由，感受汉字和汉语的魅力；能分类梳理日常生活中学到的词句，愿意用自己喜欢的方式整理学习成果，参加集体展示活动。

乐于在班级活动中交流展示，能根据需要用普通话交谈，认真倾听，把握对话的主要内容并简要转述；能按照一定的顺序讲述见闻，说出自己的感受和想法；能尝试根据语文学习经验和生活经验解决日常生活中的问题。能阅读常见的图文结合的材料，注意图文关联，初步把握材料的主要内容。能用表现事物特征的词语描摹形象，用积累的语言材料，特别是有新鲜感的词句描述想象的事物或画面；乐于书面表达，观察周围世界，能把自己觉得有趣或印象深刻、受到感动的内容写清楚；能根据表达需要，正确使用句号、感叹号、问号、冒号、引号等标点符号；能选择自己感兴趣的角度主动搜集信息，尝试用流程图和文字记录学习活动的主要过程，并向他人展示学习成果。

喜爱阅读童话、寓言、神话等，在阅读过程中能提取主要信息，借助阅读经验和生活经验预测情节发展；能结合关键词句解释作品中人物的行为，从某个角度分析和评价人物；能发现作品中的优美词语、精彩句段，并根据需要进行摘录；能借助上下文语境，说出关键语句、标点符号、图表在表达中的作用；能复述读过的故事，概括文本内容，根据自己的阅读理解提出问题并与他人交流；乐于和他人分享阅读所得，关注有新鲜感的词句，并有意识地在口头和书面表达中运用。

乐于参与读书交流活动，能诵读学过的优秀诗文，尝试用不同的语气、语调表达自己的理解与感受。主动阅读成语故事、寓言故事、神话故事、革命英雄故事等叙事性作品，能向他人讲述主要内容；能用自己喜欢的形式记录阅读感受与生活体验。参加文学体验活动，能记录活动过程，表达自己的感受；能按照童话、寓言等文体样式，运用联想、想象续讲或续写故事；能用日记等方式记录个人的见闻、感受和想法；能用便条、简短的书信等与他人交流。

参加跨学科学习活动，乐于观察、提问、交流，能参与简单的活动策划、组织工作；能根据不同学习活动主题搜集、整理信息和资料，提出自己感兴趣的问题；能用照片、图表、视频、文字等展示学习成果，并与他人分享。

（三）第三学段（5～6 年级）

能独立识字，能借助工具书准确理解不同语境中汉字的意思。能辨识同音字、形近字，纠正错别字。在学习与生活中，累计认识 3000 个左右常用汉字。能用硬笔规范、端正、整洁地书写 2500 个左右常用汉字。有自觉识字的意识，在社会生活中发现自己不认识的字，能根据字形推断字音字义，并借助语境和工具书验证自己的推断；在学习中，能发现富有表现力的词句和段落，自觉记录、整理，乐于与他人分享积累的经验，并尝试在自己的表达交流中运用。

乐于参与讨论，敢于发表自己的意见；能认真、耐心倾听，抓住要点，并做简要转述；能根据对象和场合，做简单的发言。能根据积累的知识和经验初步判断信息真伪，感知情感倾向，形成自己对社会热点问题的初步认识；能概括说明性文字的主要内容或简单的非连续性文本的关键信息，初步判断内容或信息的合理性；能用准确的语言清楚地介绍、说明事物或程序，运用文本主要信息解决现实生活中的简单问题。养成留心观察周围事物的习惯，有意识地丰富自己的见闻，乐于表达自己独特的感受；能用多种媒介方式表达交流。能根据表达需要，准确使用常用的标点符号；能积极参与活动的策划与组织工作，围绕学习活动搜集材料，提供简单的活动设计方案；能围绕学习活动展开调查，从多方面获取活动各阶段的材料，并用多种方式有条理地记录学习活动过程，表达参与活动的感受。

独立阅读散文、小说、诗歌等文学作品，在阅读过程中能获取主要内容，用朗读、复述等自己擅长的方式呈现对作品内容的理解；能用文字、结构图等方式梳理作品的行文思路；能品味作品中重要的语句和富有表现力的语言，注意词语的感情色彩，通过圈点、批注等多种方法记录自己的阅读感受和体验，并主动与他人分享；能通过诵读、改写、表演等方式，表达自己对感人情境和形象的理解与审美体验；能借助与文本相关的材料，结合作品关键语句评价文本中的主要事件和人物，提出自己的观点或看法；能发现不同类型文本的结构方式和语言特点，感受作品内容、表现形式上的不同，积极向他人推荐，并有条理地说明推荐理由。在文学体验活动中涵养健康向上的审美情趣。

能与他人分享阅读作品获得的有益启示，有意识地运用积累的语言进行口头或书面表达。重视朗读，借助语气语调、重音节奏等传递汉语声韵之美，在反复朗读中加深对文本内容的理解。能主动阅读体现中华优秀传统文化、革命文化、社会主义先进文化的作品，在阅读、参观、访问过程中，结合具体内容或时代背景丰富对作品内涵的理解；能用多种方式记录、分享阅读、参观、访问的经历、见闻和心得体会。参加文学体验活动，能够围绕发现的问题，搜集资料、整理相关的观点与看法，结合学习积累和经验，初步形成自己的理解和认识；能主动梳理、记录可供借鉴的语言运用实例，比较其异同，积极运用于不同类型的写作实践中；在活动中积累素材，写简单的记实作文，内容具体、感情真实，写想象作文，想象丰富、生动有趣，能写读书笔记、常见应用文。

积极参加跨学科学习活动，能利用多种信息渠道获取资料，在简单的调查、访谈等活动中记录真实生活；能根据活动需要，结合自己的知识积累和生活经验提出要探究、解决的主要问题；能借助跨学科知识和相关材料，与同学合作探索解决问题的具体方法，运用相关知识解释自己的想法，记录探究的过程及结论，写简单的研究报告；能组织讨论和专题演讲，发表自己的观点，在交流反思中辨别是非、善恶和美丑。能根据校园、社会活动的需要，自己或与同学合作撰写活动计划、实施方案或活动总结。

三、学业质量的特征

学业质量具有以下特征。

（一）标准一致性

标准一致性是指课程目标、课程内容、课程实施与学业质量保持一致。一致性是课程改革的重要概念。课程目标是用于确保学生有机会获得课程标准所要求的知识、能力和素养，课程内容描述的是学生通过什么内容获得知识、能力和素养，而学业质量描述的是国家期待学生学到的内容。

在 2022 年版课程标准中，学业质量对总体的、长期的教育目标进行了整体回应，对学生完成义务教育后应该具备什么样的知识、能力和素养进行了详细阐述。课程目标与学业质量前后呼应，为教师提供了相应的建议，学业质量重申了义务教育不同学段的课程理应达到的目标，为教师在不同学段的教育教学提供了指引。

例如，"课程目标"的总目标中提到，学生要"具有独立阅读能力"。那么，什么是独立阅读能力呢？在第三学段课程目标的"阅读与鉴赏"中，就围绕"叙事性作品"的阅读，具体提出了要"了解事件梗概"。在第三学段的学业质量中，提到了"在阅读过程中能获取主要内容，用朗读、复述等自己擅长的方式呈现对作品内容的理解；能用文字、结构图等方式梳理作品的行文思路"，可见标准逐渐具体化。

（二）学习进阶性

学习进阶性是指学业质量要体现学生在不同学段的学业水平的变化。学习进阶性是课程标准的重要特征。它要求学业质量列举出学生在特定阶段的特定发展水平，同时体现出清晰的学习顺序。随着教育教学活动的开展，学业质量可以确保不同学段之间知识、能力和素养的递进（垂直等值），以及学段内不同知识、能力和素养之间的逻辑性与连贯性（水平等值）。

在 2022 年版课程标准中，学业质量依据学段进行划分，涵盖不同学段学生应获得的知识、能力和素养等，同时有逻辑地呈现出不同学段的知识、能力和素养之间的关系。

比如在义务教育阶段的识字与写字领域，第一学段的学业质量要求"在学习与生活中，累计认识 1600 个左右常用汉字，能正确书写 800 个左右常用汉字"，第三学段的学业质量则要求"在学习与生活中，累计认识 3000 个左右常用汉字。能用硬笔规范、端正、整洁地书写 2500 个左右常用汉字"。这是学业质量在识字与写字方面的进阶性体现。

（三）领域独特性

领域独特性是指学业质量要体现学生在该学科不同领域的发展变化，要分领域、分类目地体现发展和进步，同时体现不同学段的学业水平的变化。学业质量都是针对特定的、具体的学科制定的，大部分国家的学业质量都采用本学科领域内默认的分类标准。

2022 年版课程标准依据语文课程目标来划分学业质量。不同的课程目标对应不同的学业质量，而且相互之间具有独立性，每个子维度针对各个课程目标进行精细划定。义务教育阶段各学段的学业质量描述主要分为语言运用、思维能力、审美创造、文化自信、跨学科学习五个层面。虽然不同学段对这五个层面的具体要求不同，但都体现了语文课程学业质量对语文核心素养的呼应，也彰显了语文核心素养区别于其他学科的独特性，归根结底回答了"语文到底学什么"以及"学了可以做什么"的问题。

以第三学段为例，"能辨识同音字、形近字，纠正错别字""能发现富有表现力的词句和段落，自觉记录、整理，乐于与他人分享积累的经验，并尝试在自己的表达交流中运用"等条目体现了语言运用的素养要求；"能根据积累的知识和经验初步判断信息真伪，感知情感倾向，形成自己对社会热点问题的初步认识""初步判断内容或信息的合理性"等条目体现了思维能力的素养要求；"能品味作品中重要的语句和富有表现力的语言""在文学体验活动中涵养健康向上的审美情趣"等条目体现了审美创造的素养要求；"能主动阅读体现社会主义先进文化、革命文化、中华优秀传统文化的作品，在阅读、参观、访问过程中，结合具体内容或时代背景丰富对作品内涵的理解"等条目体现了文化自信的素养要求。

此外，在学科领域独特性的基础上，每个学段的学业质量还特别强调了跨学科学习。这是期待学生能够综合运用语文核心素养解决跨学科学习情境中的问题，从而帮助学生培养和提高运用语文核心素养解决现实生活中真实问题的能力，进而帮助学生更好地适应真实的社会生活。

四、学业质量的作用

学业质量部分指明了语文教育和学习的标准、规范，主要具有以下几个方面的作用。

（1）有助于增强义务教育阶段教育系统的功能。课程标准为学校教育提供了重要的指针，并确定了不同学段的目标；学业质量通过精心排序，实现学习结果的序列化，有助于达成学校的教育目标，维持义务教育阶段教育系统的良好运转。

（2）有助于强化义务教育阶段课程标准实施的一致性。2022 年版课程标准包括课程性质、课程理念、课程目标、课程内容、学业质量和课程实施等多个部分，建立了一套从课程目标到课程实施的完整体系。为推动该体系的落实，在课程实施过程中，教师可将学生的实际学业水平与学业质量进行对比，并及时调整课程内容，使之不偏离课程目标。

（3）有助于监督和保障学校、区域义务教育阶段的教育质量。学业质量为命题人员提供参照，可用于描述每所学校的义务教育质量监测结果，判断学生在某个能力水平上的熟练程度与表现情况。将义务教育质量监测结果与学业质量进行对比，省级、市级、区级教育管理者就可以了解到学生在义务教育阶段的学习情况，并及时进行干预和补救。

（4）有助于提升语文教师教学实践的质量。学业质量描述了不同学段学生理应达到的、明确的、具体的学习结果。它为语文教师明确了教学目标，具体说明了学生能做什么、能做多少以及能做到什么程度，能够帮助语文教师基于学生水平对教学进行调整。

 阅读与拓展

瞿葆奎，1993. 教育学文集：第 9 卷　课程与教材：下册 [M]. 北京：人民教育出

版社.

汪潮，2020. 小学语文课程与教学论 ［M］. 3 版. 上海：华东师范大学出版社.

吴欣歆，管贤强，陈晓波，2022. 新版课程标准解析与教学指导 ［M］. 北京：北京师范大学出版社.

吴忠豪，丁炜，2023. 小学语文课程与教学 ［M］. 4 版. 北京：中国人民大学出版社.

郑国民，2003. 新世纪语文课程改革研究 ［M］. 北京：北京师范大学出版社.

思考与练习　　　　本章小结

第三章

小学语文教师专业素养

学习目标

1. 明确新时代背景下小学语文教师专业素养的基本要求；
2. 掌握小学语文教师专业素养的基本要求；
3. 掌握提升小学语文教师专业素养的途径。

第一节　小学语文教师专业素养概述

近年来，我国十分重视教师队伍建设，出台了《中共中央 国务院关于全面深化新时代教师队伍建设改革的意见》《教师教育振兴行动计划（2018—2022年）》《新时代基础教育强师计划》等一系列政策。各省（区、市）也陆续发布了相关政策，为中国式教师教育现代化提供了政策指引。小学语文教师，作为承担小学语文教育教学工作的专业性人员，其专业素养的发展直接影响着小学生语文综合素养的提升和精神实质的发展。因此，小学语文教师不应该只是单纯教授知识、答疑解惑的教书匠，更应该在其他领域持续深耕，不断提升自己的专业素养。

一、小学语文教师专业素养的内涵

素养，顾名思义就是在日积月累中逐渐修习起来的品质和修养。素养与素质不同，"素质"一词最早来源于心理学，是用来泛指一个人在先天条件下所具有的某些身体解剖及其生理特征，而"素养"是在后天环境中通过社会训练和自我培养而获得的。所以"素养"更强调后天性、养成性。经济合作与发展组织认为，素养不只是知识与技能，它是在特定情境中，通过利用和调动心理社会资源（包括技能和态度）以满足复杂需要的能力。例如，有效交往的能力是一种素养，它可能会利用一个人的语言知识、实用性信息技术技能以及对其交往的对象的态度。叶澜认为，素养是建筑在先天遗传基础上，由后天的养育、个体所受的各级各类教育、人生经历、个人已有生命实践积淀而成。[1]由此可见，专业素养是指在某个专业领域积淀而成的素质和修养。

每个行业都有专属于该领域的专业素养，教师专业素养则是教师从事教育教学工作

---

[1] 叶澜：《"新基础教育"论——关于当代中国学校变革的探究与认识》，教育科学出版社，2006，第360页。

所必需的素质和修养，具体是指经过系统的师范教育，并在长期的教育实践中逐渐发展而成的具有专门性、指向性和不可替代性的素养，强调的是教师职业的特殊性、标志性。对于教师而言，良好的教师专业素养是教师站稳讲台的先决条件，不仅体现在头脑中保存的间接知识，还体现在教师在具体的教育实践活动中所表现出来的教育智慧。这是教师专业发展被时代催化而生的产物。

小学语文教师专业素养就是基于小学阶段教师在长期的语文教育教学实践过程中逐渐积累起来的具有专业性、指向性和不可替代性的素养，是小学语文教师从事教育教学活动的心理品质的综合体现，它直接影响教育教学活动的质量和效果。

二、小学语文教师专业素养的特征

小学语文教师专业素养极大地融合了小学语文教师良好的内在秉性与外在的行为，结合了小学语文教师的素质和修养，与小学语文教师的专业发展一脉相承，既反映了小学语文教师专业发展的时代特色，又体现了小学语文教师专业发展的基本要求，直接影响着小学语文教师的发展高度、广度和深度。小学语文教师专业素养的特性主要体现在以下三个方面。

（一）专业性

小学语文教师专业素养的首要特性就是专业性，它是小学语文教师专业本质的重要体现。这是因为小学语文教师专业素养首先是基于小学语文教师职业的专业性，具有较强的职业烙印，体现了小学语文教师职业的特殊性。在小学阶段，语文教师的专业素养应贯穿于全部的教学和实践活动中，这是小学语文教师职业特殊性的显著体现，也是小学语文教师不可缺少的独特的专业素养，这直接影响着教学的质量。

（二）综合性

小学语文教师专业素养是教育教学活动中必需的各种心理品质和外在行为的综合体，既包含内在的认知理念，又包含外在的教学行为；既具有大部分教师具备的基础素养，也有专属于小学语文教师的独特品质。小学语文教师所具备的这些品质具有很强的综合性，是其在日常的教育教学实践活动中不断内化吸收和进一步融合的产物。它指引着小学语文教师教育教学理念的转变和深化，指导着小学语文教师在教育实践活动中的外在行为，引领着小学语文教师专业能力的提升，还会平衡小学语文教师专业素养的核心因素和非核心因素的发展，对小学语文教师的专业发展具有重要的意义。由此可见，综合性是小学语文教师专业素养的重要特征。

（三）发展性

小学语文教师专业素养是小学语文教师基于先天条件，在后期的社会实践中逐步积累起来的，具有一定的稳定性。但是，随着社会的发展和时代的变革，小学语文教师的专业素养也应该与时俱进，不断发展，从而不断适应教育的需求和时代发展的新要求。这是小学语文教师专业素养不断发展的源头，也是小学语文教师专业素养不断提升的着力点。

小学语文教师专业素养是社会发展的现实诉求，也是小学语文教师专业化演进的理想追求。小学语文教师专业素养构成了一个与时俱进、动态发展的系统，小学语文教师应明确其专业素养的含义和特性，明晰小学语文教师应该具备的专业素养，制定恰当的专业成长规划，规范教育实践活动中的行为，培养高雅的教育情怀，不断完善自身的专业素质，提升自身的专业素养。

三、小学语文教师专业素养发展的意义

2022 年版课程标准的公布以及语文核心素养的提出，对小学语文教师的专业素养提出了更高的要求，对小学语文教师的职业生涯规划和专业发展产生了重要的影响。基于此，明确小学语文教师专业素养对教师队伍的建设、教师的职业塑造以及学生的素养发展具有重要的引领推动作用。

（一）推进中国式教师教育现代化的要求

党的二十大报告强调："坚持以人民为中心发展教育，加快建设高质量教育体系，发展素质教育，促进教育公平。"新时代小学语文教师专业素养的发展既是对国家建设高素质专业化教师队伍的积极响应，也是基于新时代教师专业素养的要求。中国式教师教育现代化的推进离不开教师专业素养的提升，小学语文教师承担着义务教育的基础性工作，承担着促进学生发展的奠基性任务。因此，小学语文教师专业素养的提升对于实现义务教育课程立德树人的根本任务和促进学生核心素养的发展具有重要意义。小学语文教师应具备国际视野和家国情怀，自觉承担起发展学生核心素养的任务，引导学生在语文学习中逐步形成正确的价值观、必备品格和关键能力，充分发挥语文课程的育人价值，培养中国特色社会主义的建设者和接班人，塑造中华民族伟大复兴的时代新人，使学生成为面向世界和未来的人类命运共同体的推动者。

（二）培养新时代教育家型教师的价值追求

新时代背景下，教育领域的变革与发展对教师的角色与定位提出了新的要求，呼唤着教育家型教师的诞生，引导教师做"有理想信念、有道德情操、有扎实学识、有仁爱之心"的"四有"好老师。而这一切的实现，都离不开教师专业素养的全面提升。

对于小学语文教师而言，这一目标的设定具有特别重要的意义。作为基础教育的重要组成部分，语文教育不仅关乎语言文字的学习和运用，还承载着文化传承、思想启迪和价值观塑造的重要使命。因此，小学语文教师在职业塑造的过程中，应该积极响应这一号召，精准把握教育家精神的内涵，必须坚持对扎实学识和厚重素养的不懈追求，必须坚持对深厚情怀与大我人格的持续精进，必须对高贵灵魂和人类美德具有共相的认知，[①] 朝着教育家型教师的目标不断迈进。

（三）促进学生核心素养发展的重要任务

2022 年版课程标准明确了对新时期小学生语文素养的基本要求，即增强文化自信，加强语言运用，发展思维能力，丰富审美创造，从而塑造学生在学习过程中的正确价值

---

① 游旭群：《教育家精神的阐释与培养》，《国家教育行政学院学报》2023 年第 8 期。

观、必备品格和关键能力。这些能力和素质的发展与教师的专业素养息息相关。小学语文教师作为义务教育过程中奠基性的教育工作者，提升自身的专业素养不仅有利于学生核心素养的发展，还有利于学生培养适应终身发展和社会发展需要的必备品格和关键能力，为学生学习其他学科打下坚实的基础，为学生的全面发展提供精神滋养。

第二节　小学语文教师专业素养的基本要求

　　小学语文教师专业素养是小学语文教师有效实施教学所需具备的、需要特别重视的素养。作为从事小学语文教育教学工作的专业人员，小学语文教师必须具备高尚的职业道德素养，掌握学科专业知识和广泛的科学文化知识，精进自己的专业技能，从而促进自身的专业素养不断发展。正如叶澜强调的一样，教师应具备相应的教育理念、知识及能力结构[1]；教育部师范教育司则将教师专业素养归纳为专业知识、技能与态度等方面[2]；我国出台的《小学教师专业标准》也从专业理念与师德、专业知识、专业能力三个维度细化了教师专业标准。格兰特综合多方观点认为，教师专业素养应涵盖：①知识：学科、教学、课程及教学法等多领域知识，以及教育基础、政策、学生发展等；②教学技能：规划、组织教学，运用材料技术，管理学生及小组，监控评价学习，多方合作；③品质：信念、态度、价值观及责任感。综合考虑各种观点，可以认为小学语文教师专业素养主要由职业道德素养、专业知识素养、专业能力素养三个部分组成。

一、职业道德素养

　　教师职业道德简称"师德"，是教师和一切教育工作者在从事教育活动时必须遵守的道德规范和行为准则，以及与之相适应的道德观念、情操和品质。这个定义有两层含义：一是教师职业道德是一种行为准则，二是教师职业道德是教师群体自身的德性反应。教师的职业道德素养是教师在教育教学活动中遵循行为规范而需要具备的道德素养，是一般社会道德规范的角色化和行业化，是教师职业区别于其他职业的显著特征。教师的职业道德素养主要由职业理想、职业态度和职业良心等构成。教师的职业道德素养作为教师专业素养的重要组成部分，在教育教学活动与教师职业发展中具有重要作用，它是时代发展的价值追求，是落实立德树人任务的必然要求，是专业化教师队伍建设的关键，是防范师德失范的现实需要。因此，需要提升教师的职业道德，充分发挥教师的职业道德素养在教师与教师、教师与学生、教师与学校领导以及教师与其他社会关系间的调节作用。

　　小学教育位于教育体系的初级阶段，在思想道德教育中承载着启蒙任务。学生有

---

① 叶澜等：《教师角色与教师发展新探》，教育科学出版社，2001，第23页。
② 教育部师范教育司组织编写《教师专业化的理论与实践》（修订版），人民教育出版社，2003，第57页。

很强的向师性，教师应该以自身健全的人格品质与优良的道德品质，在教育教学中不断塑造学生的人格与个性，培养学生思想道德意识，并在无形中影响着学生的言行。合格的小学语文教师要理解小学教育工作的意义，以小学教师身份为荣，树立远大的职业理想，践行育人的初心，增强对小学教师职业的认同感、幸福感和成就感。小学语文教师在深刻理解现代教育的性质、地位和功能的基础上，要忠于职守、诲人不倦、一丝不苟；要树立正确的世界观、人生观和价值观，要具有人文底蕴和科学精神，要富有爱心、责任心和耐心，关怀学生的生存与发展，关怀中华民族、人类的现实境遇和未来发展，自觉运用中华优秀传统文化、革命文化、社会主义先进文化培根铸魂、启智润心。

（一）优秀的政治素养

教师的职业道德在教育教学活动中起着导向性作用。教育的根本要素与首要任务是"立德树人"。立德先立师，树人先正己。教师立学生之德就要先立自身之德，教育学生就要先自己受教育。我国教师发挥着特殊作用，承担着构建人格、塑造灵魂的时代重任，肩负着传播思想、传承文化的历史使命，是学生道德品行与未来人生之路的引领者。新时代教育要求教师拥有正确的政治立场与态度，具备高尚的职业道德，能够培养承担中华民族伟大复兴重任的时代新人。这一方面有利于落实立德树人的根本任务，另一方面有利于凸显教师教育的时代新任务。

作为义务教育阶段的小学语文教师，要认真学习党的教育方针和政策，关心国家大事，与时俱进，熟知祖国的灿烂文化和光辉历史，关心祖国的前途和命运；坚决捍卫国家尊严，维护国家统一，在工作中任劳任怨。同时，小学语文教师要对学生进行爱国主义教育，培养学生的爱国情操，在日常教学活动中进行爱国主义思想主题教育，具体要做到以下几点。

（1）增强民族认同感。引导学生认识到爱国主义是对国家历史、文化的深刻认同，这是爱国主义情感的基础。

（2）树立对国家的责任感。教育学生时刻牢记自己是中国人，使他们懂得"国家兴亡，匹夫有责"的道理，将个人命运与国家命运紧密相连。

（3）关心国家发展。教育学生关心国家大事，了解国家大政方针，关心国家的前途和命运；帮助学生树立正确的人生观、价值观，立志投身于我国的社会主义现代化建设；鼓励学生积极参加家乡活动，了解家乡风貌，增强对家乡的责任感；教育学生刻苦学习现代科学文化知识，将来竭尽全力地去建设中国特色社会主义，做中国特色社会主义事业的建设者和接班人。

（4）促进民族团结。要对学生进行民族团结教育，使学生懂得中华民族的灿烂文化是各民族共同创造的；教育学生尊重各民族的风俗习惯和语言文字，尤其是尊重各民族的宗教信仰；教育学生不得参与任何形式的民族分裂行为。

（5）理解爱国主义是与国际主义的联系。使学生明白爱国主义并不是孤立的，它与国际主义紧密相连，培养学生在国际视野下坚持和发扬爱国主义精神的能力。

总之，小学语文教师要忠于教育事业，将爱国主义教育融入课堂教学，将爱国主义教育贯穿于学生的学习和生活，教育学生懂得爱国要从小事做起、从现在做起、从身边做起，在学生幼小的心灵中播撒下一颗爱国的种子；不断增强学生的自尊心、自信心、自豪感，使其树立爱国报国的远大理想，引导学生为实现祖国的繁荣昌盛贡献自己的力量。

（二）爱岗敬业的奉献精神

爱岗敬业是教师职业道德的重要内容。教师的爱岗，就是热爱教育事业，具体表现为热爱工作和热爱学生；教师的敬业，就是对国家教育发展和学生成长的强烈使命感和责任感，具体表现为对教育教学工作的认真负责、一丝不苟和精益求精，对学生的热情关怀、尽心尽力和无微不至。[①] 爱岗敬业是成为一名合格教师的前提条件，爱岗是敬业的基础，敬业是爱岗的深化。教师工作是一个良心活。小学语文教师承担着基础教育的奠基性作用，在国家基础教育工作中发挥着中流砥柱的作用。要想充分发挥爱岗敬业的奉献精神，教师需要从以下几点做起。

1. 教师要有敬业意识

朱熹认为："主一无适便是敬。"意思是说，凡做一件事，便忠于一件事，将全部精力集中在这件事上，心无旁骛，便是敬。教师的敬业，首先体现在"忠诚党的教育事业"上，这需要教师怀着敬业之心，遵循教育教学规律，认真开展教育教学工作，对教学内容和方法进行创新性探索和研究，同时还要安于本职工作，在教学实践活动中坚守岗位，尽心竭力。无论遇到什么困难，都要锲而不舍，出色地完成本职工作，坚决抵制"在岗不爱岗"的心态。

2. 教师要有乐业意识

教师具备乐业意识是教育工作中不可或缺的重要品质，它直接关系到教师的职业满意度、教学质量以及学生的成长与发展。乐业意识，简而言之，就是教师对自己所从事的教育事业充满热爱，以正确的态度对待本职工作，以积极、乐观的态度面对工作中的挑战，享受教育过程带来的成就感、荣誉感和幸福感。

乐业意识的核心在于对学生的热爱。教师应关注每位学生的成长，尊重他们的个性差异，用心去理解、帮助和引导他们。当学生取得进步时，教师应由衷地感到欣慰和自豪，这种情感反馈会进一步增强教师的乐业意识。

良好的工作环境和人际关系是教师乐业的重要保障。"独学而无友，则孤陋而寡闻"。教师劳动既具有个体性，又具有集体性。小学语文教师要具有团结协作的精神，积极开展协作交流，彼此分享经验，讨论教学方法，合作设计课程，提供帮助，步调一致地教育学生，最大限度地发挥集体的教育力量，培养学生的集体荣誉感。

3. 教师要有勤业意识

勤业，是爱岗敬业的关键外化。首先要勤于学习。古人云："非学无以广才，非志无以成学。"要教书，先读书。教师要充分利用业余时间充实自我，学习先进的教育理念和其他优秀教师的经验，丰富自身的教育思想，提高自身的业务能力。其次要勤于思考。要在教育教学实践中，结合自身实际的教育教学情况及时进行反思，总结

---

① 王海：《教师爱岗敬业之我见》，《当代教育科学》2006 年第 16 期。

经验教训，找到不足和改进的方法，促进自身发展。再次要勤于发问。遇到问题要虚心向其他经验丰富的教师请教，要善于进行反思和规划，以实现自身业务水平的全面提升。最后要勤于总结。作为爱岗敬业的教育工作者，教师应该要求自己在实践中总结、提高。

总之，作为一名合格的教师，就要尽心尽力、尽职尽责，在教育教学工作中严于律己、以身作则。学生具有较强的向师性，因此教师要严格要求自己，以身作则，衣着整洁得体、语言规范文明、举止文明礼貌，不断加强道德修养，明辨是非曲直，做学生为学、为事、为人的示范者。教师应以激情感染学生，促进学生的成长；以智慧感化学生，促进学生的发展；以责任心感动学生，促进学生的完善；[1] 实现"爱岗敬业，依法执教；热爱学生，教学相长；严谨治学，博学多才；严于律己，宽以待人；虚怀若谷，功成不居"的目标。

（三）关爱学生的责任精神

关爱学生是教师职业道德素养的灵魂。教师只有深爱自己的学生，才能赢得学生的尊敬、信任和爱戴，从而达到教书育人的目的。[2] 关爱学生要求教师具有呵护学生、诲人不倦的情感和爱心。教师对学生的爱，是一种真正意义上无私、圣洁的爱。夏丏尊认为，爱对于教育，犹如水之于池塘，没有水，便不能成为池塘；没有爱，便不能称其为教育。师爱不仅是教师职业道德中最为核心的部分，也是人性化教育的内在精神。教育的灵魂、教育的本质是爱，教育中的爱主要借助教师对学生的爱得以实现。[3] 苏霍姆林斯基曾说过："没有爱就没有教育。"教师要爱学生，关心爱护每位学生，以真情去教育和影响学生，努力成为学生的良师益友，成为学生成长道路上的引路人。关爱学生主要体现在以下几个方面。

1. 关爱学生就要尊重学生

教育以人为本，关爱学生就意味着要有对学生作为"人"的一种尊重，它意味着对学生生命的唤醒与欣赏，意味着人格对等基础上的灵魂交融、"教学相长"中的技艺切磋、相互依赖中的心智启迪；它意味着用心灵感动心灵，用生命点燃生命，用灵魂塑造灵魂。这种尊重换来的是师生关系的和谐，为教师更好地实施对学生的教育，顺利完成教育教学任务提供了基本条件。

学生的世界和成年人的世界是有所不同的，他们总会有一些奇思妙想。小学语文教师要主动了解和满足有益于学生身心发展的不同需求，一视同仁地关心热爱每位学生，要真诚平等地对待每位学生。小学语文教师还要具备解决矛盾的能力，学会处理与学生之间的矛盾，让他们与教师站在统一战线上，使师生之间建立民主、平等的情谊。

"尊重学生"绝不等同于无原则地迁就、溺爱，甚至放纵。教师对于学生要以爱为本，而这一切必须服从和服务于"育人"的终极目标。因此，对学生的尊重，必须坚持尊重与约束、爱护与矫正相结合的原则，对其正确的方面进行积极引导，对其错误的方

① 王海：《教师爱岗敬业之我见》，《当代教育科学》2006 年第 16 期。

② 王秀霞：《关爱学生——高职院校思政课教师必备的职业素养》，《中国成人教育》2012 年第 10 期。

③ 刘洋：《教师对学生关爱的偏差及提升》，《河北师范大学学报（教育科学版）》2008 年第 11 期。

面助其改正。

2. 关爱学生就要因材施教

要真正地关爱学生，就应该做到有教无类。有教无类必然要求教师对所有的学生进行了解，并分析其个性，针对其个性进行因材施教。2000多年前的孔子在因材施教方面做了很好的示范。在《论语》里，弟子就"仁"的问题，一共问了13次，但孔子的回答，每次都不同，他是因材施教的。孔子之所以问同而答异，是因为他了解自己每位弟子的个性，他不仅会根据不同弟子的个性给予不同的答案，还会根据同一位弟子的不同发展时期给予其不同的答案。

在教育教学实践中，作为教育者应该尽可能地做到了解每位学生的特点，只要他们的个性不是扭曲的，兴趣不是低俗的，教师就应该给他们创造条件，搭建平台，提供机会，并力所能及地给予指导和帮助。从多元智力理论来看，每位学生都有巨大的潜力。关键是教师要有一双慧眼，善于发现学生身上的"亮点"，并将其放大。因此，教师要明白，每位学生都可以成才，只是成才的目标不同而已。教师应该针对学生的不同个性进行因材施教，让每位学生都能够成才，这才是对学生最好的关爱。

提高教师职业道德水平与思想政治素质，做到以德立身、用德施教，既是落实立德树人根本任务的要求，也是时代赋予教师的新任务。要想培养"有理想、有本领、有担当"的时代新人，小学语文教师必须具备良好的职业道德素养，肩负起培育学生的重任，坚定政治立场不动摇，拥护党的教育纲领，贯彻落实党的教育方针，积极践行社会主义核心价值观，将坚定的政治立场、正确的价值观念和道德理念传递给学生，实现对学生思想政治、道德品德的多方面的正向引领，做好塑造生命、塑造灵魂、塑造人的伟大教育工作，给学生的心灵埋下真善美的种子，引导学生扣好人生的第一粒扣子。

二、专业知识素养

（一）深厚的专业基础知识

通晓所教学科的专业知识，是教师教好功课的前提。因此，对于小学语文教师而言，具备所教学科的专业知识是确保教学质量的关键前提。这就要求小学语文教师必须对语文学科的知识体系有深入且系统的理解，这种理解必须扎实且全面。语文学科的专业知识范畴广泛，涵盖了语言文字的运用、文章的读写技巧、文学作品的鉴赏与评论、文学创作的基本原理，以及中外母语及其教学发展的基础知识。只有当小学语文教师对这些知识有了精准且熟练的掌握，他们才能将更多的精力投入教学设计，进而在课堂上更细致地关注学生的心智发展和学习动态。

（二）广博的文化科学知识

美国教育家科勒涅斯曾说："语文学习的外延和生活的外延相等。"[1] 叶圣陶先生也曾说："语文的外延是生活。"语文是生活的百科全书，学好语文才会生活。这说明语文

---

① 潘新和：《语文：表现与存在》（上卷），福建人民出版社，2005，第6页。

的内容绝不仅仅是一本语文教材而已，它深深植根于社会生活的各个层面。无论是我们日常生活中遇到的问题、获取的资讯，还是接触的信息，都与语文紧密相连，互为映照。小学语文教师在课堂中的教学虽然以教材为基础，但教材所涵盖的内容实则如同点点繁星，遍及文化的各个角落。小学语文教师要让自己的课堂生动有趣，视野开阔，就应该以广博的文化科学知识充实课堂。于漪老师曾说："眼睛如果只盯着一本教科书加一本教参，思路打不开，教起来就会捉襟见肘，学起来就会索然无味。"因此，作为小学语文教师，我们不应局限于狭隘的专业知识，而应广泛涉猎各类文化科学知识，积累深厚的底蕴。这样，我们才能在语文课堂上旁征博引、谈古论今，既吸引学生的注意，又感染学生的心灵，进而开阔他们的视野，丰富他们的内心世界。

（三）坚实的教育理论知识

小学语文教师在职业生涯中扮演着多重角色。他们不仅需要拥有扎实的专业基础知识和广博的文化科学知识，还需要具备将这些知识有效传授给学生的能力。因此，掌握教育学和心理学知识显得尤为重要。

当小学语文教师深入了解并熟练运用教育学和心理学知识时，应洞察小学生身心发展的普遍规律，并把握每位学生的个性特点和品德形成过程。基于这些深刻的理解，小学语文教师应更有针对性地设计教学策略，引导学生主动学习，激发他们的学习兴趣和潜能。同时，通过运用教育学和心理学知识，小学语文教师不仅能够提高教学质量，还能够为学生营造一个积极、健康的学习环境。在这样的环境中，学生的学习效果将得到显著提升，他们的个性将得到更好的发展，品德也将更加完善。

三、专业能力素养

教师的专业能力素养是教师从事教育教学工作必须具备的最基本的专业素养，是教师上好课的必备条件。教师专业能力素养主要包含基础能力素养和常规能力素养两个方面。

（一）基础能力素养

基础能力素养是指从事教师职业所需具备的最基本的知识和能力。语文课程是一门学习语言文字运用的综合性、实践性课程，语言文字是沟通语文学科和其他学科的桥梁，由媒介工具记载、传播，是发展思维的工具。作为审美创造的客体，语文课程蕴藏着符合个人和社会发展的精神和品格，是传播中华文化和国外文化的重要载体。小学语文教师的语言素养是在对语言文字的理解、感受、思索、探究中实现的，因此小学语文教师要不断学习，增强自己的文字感知能力和文本解读能力，娴于书法，工于遣词造句，培养较强的口头表达能力和笔头表达能力，能够写一手好文章。小学语文教师必须具备从事小学语文教学最基本的知识和能力，包括听、说、读、写和书写五个方面的能力。

1. 听的能力

（1）能分辨学生发出的语音形式并迅速感知学生所要表达的语意内容。

（2）能听懂学生所提出的各种问题，并能根据教材内容准确、迅速回答。

（3）能全面理解学生话语的含义，根据一定的标准对学生的有声语言作品进行评论或判别。

2. 说的能力

（1）语言准确简明，富有示范性，通俗易懂，具有生动性、形象性，条理清晰，层次分明，启发性强，节奏适中。

（2）说话中心明确，用词恰当，课堂上叙述、说明、议论、抒情等综合表现手法运用自如。

（3）进行语言表达时表情自然，仪态大方端正，手势恰当。

3. 读的能力

（1）认读能力：能正确感知小学语文教材中的语言符号。能读出语言文字的魅力，读出文章的味儿，使学生在"润物细无声"中受到陶冶、得到提高，促进学生语文综合素质的提高。

（2）理解能力：能把感知的材料与自己原有的知识、经验联系起来，经过联想与想象、分析与综合等思维活动，来了解教材的本质含义，包括对教材词义、句意、段意、写法及文章整体的理解。

（3）速读能力：能在短时间内阅读大量读物，速读每分钟 300 字以上，大脑可储存 70%～80% 的信息。

4. 写的能力

（1）能熟练掌握各种常见文体，如说明文、应用文、记叙文的写作知识，在课堂上运用自如。

（2）能正确指导学生写作，命题紧扣作文要求，贴近学生生活实际，指导有针对性，点拨能抓住关键，点评以提高能力为核心，充分体现学生主体地位。

5. 书写的能力

（1）熟练掌握汉字的基本笔顺、笔画、间架结构。

（2）书写正确、规范、整洁、美观。

语文教育本质上是一种感性教育，小学语文教师固然要具有感性的气质，充满激情和活力，善于体验与想象，还应该冷静审视，发现文本的独特价值。尤其是小学语文教师要不断提升自己的基础能力素养，以自身的"语文味"激发学生语文学习的热情，为学生的语文学习奠定坚实的基础。

（二）常规能力素养

常规能力素养是指小学语文教师在日常教学实践中必须具备的教学基本能力素养，主要包括语言表达能力、教育教学能力、知识融合能力、教育科研能力和创新能力。

1. 语言表达能力

合格的小学语文教师要具有良好的语言表达能力，语言准确简练，具有科学性；清晰流畅，具有逻辑性；生动形象，具有启发性。语言和肢体语言要巧妙结合。同时，小学语文教师还要锻炼自己的朗读能力，让学生有身临其境之感，感受语言文字的曼妙，品悟字里行间流露出的感情。

2. 教育教学能力

小学语文教师要善于制订教育教学工作计划，编写教案，组织教材，增强教育教学工作的计划性和预见性；要善于组织课堂教学，以机智敏锐的眼光洞察随机的教育现象，以保证教学过程的顺利进行和教学任务的完成，增强教育机智和敏感性；还要善于组织学校、家庭以及社会各方面的教育力量，使各方面相互配合，进行教育资源的整合。

3. 知识融合能力

小学语文教师不仅要术业有专攻，还要以海纳百川的胸怀容纳符合学生身心发展需求的知识，培养学生融会贯通的能力。首先，应以语文学科内容为核心，整合多种言语表达方式，建构语文学科的整体图式。其次，要融合其他学科的教学内容、教学方法、学习经验及生活世界的丰富经验，具备跨媒介的语文实践能力。最后，强调保持开放包容、兼收并蓄的态度，不但要坚守并弘扬中华优秀传统文化，而且要理解、尊重文化的多元性、冲突性和融合性，借鉴不同区域、不同国家的文化精华，还原世界整体图式。

4. 教育科研能力

教育科研能力是教师从事语文教学研究和教改实验的基本能力素养，包括听评课的能力、进行教改实验的能力以及撰写语文教研论文的能力等。[①] 小学语文教师必须认真研究学生的心理特点，解决小学教育教学中不断出现的新问题，由"教书匠"转向研究者。小学语文教师要不断学习、了解最新的语文学科研究动态，不断提升研究能力，注意研究小学语文学科教育教学过程中的真问题，避免研究伪问题。

波斯纳曾提出了教师成长公式"经验+反思＝成长"。小学科研型教师只有具备了自主反思意识，才能善于发现日常教学中存在的问题并有针对性地进行思考研究。小学语文教师主要面向 6 ~ 12 岁的儿童，在教学实践中要做到细致认真，关注课堂，聚焦教学，及时反思自己的教学行为和决策，寻找能够提高教育质量的方法，成为由经验型向科研型、复合型方向发展的新时代教师。

5. 创新能力

创新是素质教育的核心，对于社会进步和国家综合实力的提升具有重要的作用。小学语文教师要想提高教育教学成效，就必须具备较强的教育教学方面的创新意识和创新能力，通过创新课堂设计、创新教学模式、创新教学形式、创新测试方式、创新答疑模式等提高学科教育成效。另外，小学语文教师还要紧跟时代潮流，主动与时代进行"对话"，多了解小学语文教学研究的前沿问题，扩展视野；在教学中善于引导学生独立思考，保护学生的好奇心和求知欲，不断学习创新、尝试创新，并将创新应用于教育实践活动中，最终提升自己的创新能力；不断丰富学生的头脑，为学生创造良好的求知环境。

---

① 袁晓芳、金丽萍、黄继斌主编《小学语文课程与教学》，华中科技大学出版社，2022，第 23 页。

第三节　小学语文教师专业素养的提升路径

国将兴，必贵师而重傅，国家兴衰在教育，教育成败在教师。小学语文教师作为基础教育建设的中坚力量，在新时代人才培养的过程中扮演着重要的角色。深化课改与教师专业成长均要求提升小学语文教师的素养。随着 2022 年版课程标准的发布，探索其专业素养提升路径更显迫切。

专业素养的提升需要教师主体意识觉醒与环境支持并重。基于勒温的场动力理论，教师专业素养发展需内外因素合力作用。教师的主体动力是关键，教师内部各系统的相互作用促进了专业素养的提升。教师应自我反思，终身学习，拓宽视野，进行定位转型，通过实践不断成长，实现自主、自觉、自律与自信的专业发展。具体的主体动力包括以下几点。

一、坚定提升专业素养的信念

"师者，所以传道受业解惑也。"《师说》在开篇就诠释了教师丰富的角色内涵，他们不仅是授予学生知识与技能的"匠人"，更是传道解惑、为学生指引方向的"人师"。在工具理性支配的现代社会里，随着"教师专业化"观点的提出，教师工作被定义为一种技术性职务，这在很大程度上消解了教师作为独立个体的自主性与责任感，使其成为机械的、缺乏独立思考与意志的服从者与执行者，他们对教育的信仰是功利主义的，[①] 这使他们不自觉地将自己和工作对象物化、弱化，甚至丧失了自己的体验和对教育的敏感，成为只见专业不见人的"教书匠"。作为小学语文教师，要想提升自身的专业素养，就要重塑自己的教师观，强化教师的职业认同，唤醒教师的生命自觉。

（一）强化教师的职业认同

所谓职业认同，也称专业认同，是指一个人对所从事的职业专业性的认同程度。认同感高的教师在内心认为教师职业有价值、有意义，并能够从中找到乐趣。教师专业认同是教师发展的动力和内在激励因素，可以从根本上改变教师对职业的态度，从而促进教师专业发展。

从教师专业发展的角度来看，教师拥有自主发展的愿望是提升其专业素养的关键。教师的职业认同在这一过程中起到了决定性的作用，因为它不仅决定了教师的基本工作态度，还深刻影响着教师对自我的认识和对职业的感受。当教师建立了内在的职业认同时，他们会对自己的工作充满热情，愿意投入更多的时间和精力去学习和成长，从而不断提高自己的专业素养。具体来看，教师职业认同的作用体现在以下三个方面。

---

① 曹永国：《解决问题抑或追寻意义——对教师专业化的一种思考》，《华东师范大学学报（教育科学版）》2013 年第 1 期。

（1）教师职业认同的建立有助于教师形成积极的工作态度。当教师从内心深处认同自己的职业时，他们就会对自己的工作充满热情和责任感，愿意为学生的成长和发展付出努力。这种积极的工作态度是提升其专业素养的重要前提。

（2）教师职业认同的建立有助于教师形成正确的自我认识。教师通过对自己职业的认同，能够更清晰地认识到自己在职业发展中的优势和不足，从而更有针对性地进行自我提升和发展。这种自我认识是教师专业素养提升的基础。

（3）教师职业认同的建立有助于教师感受到职业带来的幸福和生命价值。当教师从内心深处认同自己的职业时，他们就会感受到由职业带来的成就感和幸福感，这种感受会激励他们更加努力地工作，不断追求更高的专业素养。

弗瑞德于 2004 年提出了教师改变的洋葱头模型。他指出，在这个洋葱头模型里，内层和外层之间可以相互影响，外层比较容易改变，而内层的改变相对较为困难，但是根本性的教师改变依赖于内层的信念、认同和使命层面的改变。[1] 如果教师认同教师职业育人发展的生命价值，就会在教育中实现自我，深刻感受到教育本身的价值和意义，从而更愿意全心投入教育，自然也会让自己的教师生涯充满热情与动力。

小学生正处于人生发展的重要阶段，小学教师的发展不仅关系自身，还对小学生一生发展有长远的影响，而且不可逆，因此小学教师尤其需要建立坚实的专业认同。毋庸置疑，如果能够把真正适合当小学教师、愿意从事小学教师职业并具备从事小学教师职业优势的人挑选进小学教师队伍，那么无论是对小学教师个人的发展还是对学生的发展都将大有价值。早在 1953 年，联合国教科文组织国际教育大会在以小学教师培训为主题的建议书中，就曾明确指出："无论在何种情况下，选择小学教师培训对象时绝不应仅仅考虑智力和知识，应同样注意如下标准：性格特征、心理和身体健康，对孩子的爱、敬业精神和社会品质。"[2]

（二）唤醒教师的生命自觉

教育是直面人的生命、通过人的生命、为了人生命质量的提高而进行的社会活动，是以人为本的社会中最体现生命关怀的一项事业，教育以生命的不断发展和不断完善为价值取向。叶澜曾提出，人的生命是教育的基石，生命是教育学思考的原点。教师应该是具有生命自觉的"人师"，是能够意识到自己所肩负的使命并努力去践行基础教育核心价值观的"人师"。

1. 教师应该建立思考生命的自觉

教师不应该仅将反思停留在实践层面，而是要触及教育教学活动中的主要困惑、学生成长过程中的迫切问题、知识与生命的关系、知识对完善学生生命的价值等根本性问题。总而言之，我们不缺教学技巧上的"能师"，缺少的是具有生命自觉的"人师"。

① Fred A. J. Korthagen, "In Search of The Essence of a Good Teacher: Towards a More Holistic Approach in Teacher Education," *Teaching and Teacher Education* 20, no. 1 (2004): 77-97.

② 《全球教育发展的历史轨迹——联合国教科文组织国际教育大会建议书专集》（第二版），赵中建主译，教育科学出版社，2005，第 114 页。

2. 教师应该拥有尊重生命的自觉

在教育教学活动中，教师不应从自身立场或是教材立场来看待教育问题，而要更多地基于学生的生命立场，关注其生命的独特性，将开发其生命潜能作为教育教学活动的起点和终点，能够在教育实践中关注到生命的差异、独特与丰富，能够充满生命意识地对待生命的发展、倾听生命的呼声与表达。

3. 教师应该坚持成长生命的自觉

这里讨论两类教师的发展——新手教师和特级教师。于新手教师而言，虽然其成长方式很简单，但每个人对于成长规律的认同与坚守却不同，因此他们在成长速度和成长效果上表现出很大的差异性；于特级教师而言，他们在获得荣誉后的发展很值得关注，但是一部分教师往往会出现"躺平"或是受"教而优则仕"观念的影响而"跑偏"，他们或是缺少主动发展的意识，或是缺少不断发展、不断超越自我的动力。教师成长生命的自觉很重要的一个方面就是体现在其自觉地重建自我的精神，因此主动发展、坚持成长生命的自觉是提升教师专业素养的关键。

二、不断丰富语文专业知识和技能

知识和技能是教师专业发展动力生成的重要载体之一，教师只有具备了扎实的知识和技能，才能在教育实践中不断卸去阻力，消解失衡，达到新的"稳态"，生成教师专业发展的动力。教师的知识主要有四种：一是"教什么"的本体性知识，二是"如何教"的条件性知识，三是"经验累积"的实践性知识，四是"全方面育人"的文化知识。教师的本体性知识、条件性知识和文化知识基本来自求学时代的学习以及平时的积累，属于外显知识；实践性知识则是教师教育教学经验的累积，具有情境性、高度个人化以及不易言说与传递的特征，属于"个人知识"。实践性知识包括显性知识与缄默知识两种类型，但是以缄默知识为主。一线教师的成长多来自实践经验，获得的知识大都是缄默知识，这些缄默知识蕴含了教师丰富的价值体验与实践机智，是教师教学艺术与教育智慧增长的基石。但如果这些一线教师一直停留在缄默知识层面，就很难实现知识的传递与创生，当然可以认为这样的教师是优秀的教师，但他们离教育家型教师还有一定的距离，这是因为教育家型教师是要在教师专业发展共同体中起到示范引领和辐射影响他人的作用，所以缄默知识的显性化、理论化是教育家型教师经验智慧得以推广的关键。

叶圣陶先生曾说过，唯有教师善于读书，深有所得，才能教好书。小学语文教师的专业发展要求其读书，唯有读书，方能掌握精深的专业知识和广博的学问，方能在教学中游刃有余。以书为伴，与书对话，是每位小学语文教师专业发展的必需品。因此，教师要根据教育及自身专业发展所需，加强对 2022 年版课程标准、教材和教法、班级管理、教科研的学习，尝试把握课堂中的生成性资源。另外，要选择恰当的补充性书籍和专业性书籍，采取有效的读书方法，从中汲取精华，夯实文化底蕴，丰富教育理念，拓宽教育方式方法，不断提高自身专业素养和综合素质。

三、提高语文教学反思的质量

教学反思就是教师在教学实践中以一种研究者的角度审视、分析教学问题，将日常教学与教学研究紧密结合在一起，时时反思、处处反思自己的教学过程和教学结果。这是影响教师专业发展的重要因素，唯有进行教学反思，教师才能有效解决教学过程中暴露出来的问题，深化教学理念，明确教学的真谛，促进自身教学思想的提升。

教师在其职业生涯中，要有意识地从教学到职业等各个方面进行系统的、持续的反思评价，并在此基础上进行调整和改进。教师处于纷繁复杂的日常教学活动中，往往为日常琐事迷失方向，导致教育的意义乃至生命的意义受到遮蔽。因此，教师要加强反思，不仅要反思自己的教育教学得失，还要反思日常教学实践中的各种行为；不仅要反思原因所在，还要反思教学行为背后的价值观和意义。要通过教师主体活动的建构，促进教师专业发展动力的生成。教师如果养成日常阅读习惯，及时了解、吸收最新的教育教学理念，夯实理论基础，便会有更广阔的视野和更深邃的思想内涵。

作为一名小学语文教师，要成为一个常"思"的人，不应该让教育教学工作成为机械的、重复的、技能性的活动，而应该让教育成为常思常新、可创造的境遇。教师之思是教育的经验，是教师教育实践（感性）与教育思想（理性）的融合。小学语文教师应该养成自我反思的习惯，及时总结，在自我反思和集体反思中，不断提升自己的专业技能，拓宽自己的专业视野，向着富有创新精神和创造能力的反思型教师目标阔步前行。

四、积极参与教育科研

斯滕豪斯在 20 世纪 60 年代就提出了"教师成为研究者的设想"，他认为无论从何种角度解释教育研究都不得不承认教师有丰富的研究机会和研究热情，没有教师参与教育研究，就很难使研究成果在教育实践中得以应用。参与教育研究为提高教师教育理论素养提供了现实途径，为增长教师实践智慧提供了平台，为教师专业发展开辟了新的路径。教育科研有多种方法，其中教育叙事研究和教育行动研究最适用于一线小学教师。

（一）教育叙事研究

教育叙事研究是以叙事的方式开展的研究。它是指研究者（主要是教师）通过对有意义的校园生活、事件、经验和行为背后的教育思想、教育理论和教育信念进行研究，从而发现教育的本质规律和价值意义。[①] 教育叙事研究与教师及其生活的天然联系使它很容易成为教师在课程改革中驾轻就熟的方法或工具，同时，它发挥着传统实证方法难以起到的深层次作用和价值。教育叙事研究并不是教育事件的实况录制，而是根据教育叙事研究的特征，有选择、有取舍地进行。[②] 教育叙事研究要注意以下几点。①教师一般应亲历所叙之事。②教师应关注所叙之事的情境性，通过对故事进行整体性的、情境化的、动态的深入描写，用具体、鲜活的人与事，向学生展示故事发

---

① 詹捷慧：《教育叙事研究的本质追求》，《教育科学论坛》2006 年第 10 期。
② 彭晶：《教育叙事研究——教师专业发展的新路径》，《教师教育研究》2021 年第 3 期。

生发展的场景与情节，再现教育情境中生动的细节和信息，而不是直接定义教育是什么，也不直接规定教育应该如何做。③教师应关注所叙之事的问题性。教师在教育教学实践中，每天都经历着许多事情，但教育叙事研究并不是把一件件事情简单罗列出来，这样做既没有意义，也没有必要。教育叙事研究所叙之事应具有问题性，这些具有问题性的事情常常是那些让人从心理上感到振奋、激动、惊诧、感慨的事情或忧虑、悔恨、彷徨、困惑的事情。④教师应该关注所叙之事的意义。由于故事总是具体的、情境性的，因此教育叙事研究不主张追求绝对真理、理性解放等宏大的理论建树，而是定格于揭示日常事件中所蕴含的深刻哲理和独特意义，借此机会对自己的教育教学理念与行为进行再理解和再探索。

（二）教育行动研究

教育行动研究的实质就是广大教师在实践中通过行动与研究的结合，创造性地运用教育理论研究方法来解决不断变化的教育实践情境中的具体问题，从而不断提高专业实践水平的一种研究类型和活动。[①]

教师在开展教育行动研究时，应该注意以下几点。①教育行动研究肯定教师在教育研究中的主体地位，将行动者与研究者统一。教育行动研究理论坚信，教师是研究者，教育的问题只有在具体的学校和教室里才能够得到思考和解决。②教育行动研究不仅能帮助教师获得"是什么"的知识，还能使教师获得"如何做"和"为什么做"的知识。在行动研究的过程中，教师的视野不能只局限在教学内容和教学方法上，更重要的是要有对教育内容的价值与意义、自身教育实践、学生身心发展的影响等问题的思考，以及对自己的专业发展意义和职业价值的追寻。③教育行动研究强调批判性反思，倡导教师对自己的实践进行批判性思考。在不断进行的批判性反思中，教师要意识到自己过去的专业发展状态、现在的专业发展状态，更重要的是要形成未来专业发展的规划意识，并在行动中将过去的发展过程、现在的发展状态与今后可能达到的专业发展水平结合起来，不断达到更高的专业发展阶段。

一个人走得很快，一群人会走得很远。小学语文教师的专业成长离不开团队合作。不同的教师在教学风格、教学理念、教学方式、教学设计等方面存在显性差异，这些差异就是宝贵的资源。因此，教师之间要加强沟通合作，相互交流、相互启发，碰撞出思维的火花，使原有的教学设计和教学思路更加完善和科学。基于此，学习共同体应运而生。学习共同体使教师的专业发展从封闭走向开放，从被动接受走向互动分享、彼此信任、密切合作、追求共同的目标。[②]

小学语文教师的专业成长要经过由新手到熟练，由熟练到优秀，由优秀到专业的过程，在这一过程中既有内部因素的影响，也有外部因素的影响。因此，我们在努力创造良好的教师专业成长外部环境的同时，也要不断提升自身的素质，努力成为一名新时代的"四有"好老师。

---

① 宋秋前：《行动研究——教育理论与实践相结合的实践性中介》，《教育研究》2000 年第 7 期。
② 王京华、李玲玲：《教师学习共同体——教师专业发展的有效路径》，《河北师范大学学报（教育科学版）》2013 年第 2 期。

阅读与拓展

胡谊，2008. 成长的阶梯：成为专家教师之路［M］. 上海：华东师范大学出版社.

克拉斯沃尔，布卢姆，1989. 教育目标分类学：第二分册：情感领域［M］. 施良方，张云高，译. 上海：华东师范大学出版社.

林崇德，申继亮，辛涛，2000. 教师素质论纲［M］. 北京：华艺出版社.

林润之，2007. 构建教师专业发展共同体　提高教师专业化发展水平［J］. 教育理论与实践（10）：29-30.

刘本武，2013. 小学语文课程与教学［M］. 北京：北京师范大学出版社.

 思考与练习　　 本章小结

第四章

小学语文学习理论及学习过程

 学习目标

1. 理解语文学习的内涵；
2. 掌握小学生语文学习的特点与方式；
3. 理解小学生语文学习的状态；
4. 理解小学语文学习理论；
5. 掌握小学生语文学习过程。

第一节　小学语文学习概述

语文教学是一个教师教学与学生学习相互融合、相互促进的有机统一体。在语文教学过程中，教师的教学是引导，学生的学习是主体，两者缺一不可，共同构成了语文教学的完整体系。作为语文教学的重要组成部分，教师的教学不仅关乎学生语言能力的提升，还关乎学生人文素养、思维能力和审美能力的培养。通过语文学习，学生可以更好地理解和传承中华优秀传统文化，增强民族自豪感和文化自信，同时，也可以培养自己的创新能力和适应社会的能力，为未来的发展奠定坚实的基础。

一、语文学习的内涵

（一）语文的含义

1949 年，华北人民政府教育部教科书编审委员会主任叶圣陶先生主持了课程标准的起草工作，并引入了"语文"这一名称来指代一门特定的学科。[①] 这个决定在很大程度上影响了中国的基础教育体系，使得"语文"成为中小学教育中的核心课程之一。然而，由于"语文"这个词本身的含义较为宽泛，涵盖了语言、文字、文学等多个方面，因此在实际的教学和学术讨论中，人们对"语文"的理解并不完全一致。这导致人们对于"语文"学科的性质、目标和内容等有不同的解释。

（1）"语言文字"说。有些学者认为"语文"应该主要关注语言文字的基本知识和

---

① 汪潮主编《小学语文课程与教学论》（第三版），华东师范大学出版社，2021，第 3 页。

技能，包括听、说、读、写等方面。

（2）"语言文章"说。有学者认为"语文"应该更加注重文学素养的培养，包括对文学作品的理解、鉴赏和创作等方面。

第一种解释将"语文"视为语言和文字的结合，涵盖了口头语言和书面语言两个方面。这种解释强调了语文作为交流工具的基本功能，包括听、说、读、写等方面。在这种理解下，语文教学可能更加注重学生语言文字的基本训练和应用能力的提升。第二种解释则将"语文"理解为语言和文学的结合。这种解释更强调对文学作品的欣赏、理解和创作能力。在这种理解下，语文教学可能更加注重在文学作品的理解、鉴赏和创作等方面给予学生指导，以培养学生的人文素养和审美能力。这两种解释并不是相互排斥的，而是可以相互补充的。在实际教学中，语文教学往往既包含对学生语言文字基本技能的训练和应用能力的提升，也包含对文学作品的欣赏、理解和创作的指导。通过这两个方面的结合，语文教学可以更加全面地培养学生的语言能力和文学素养。

总的来说，"语文"作为一个学科名称确实存在着多种解释，这反映了人们对于语言、文字、文学等方面认识的多样性和复杂性。其中"语言文字"说在学术界和教育界具有较高的权威性。这种解释将"语文"的核心聚焦于语言和文字，认为语文课的主要任务是让学生学习语言，包括口头语言和书面语言。这种理解强调了语文作为交流工具的基础性和重要性。

综合以上解释，语文作为一门综合性学科，是一个以语言文字为核心的综合体，它不仅关注语言的基本技能，还涉及文章的写作、文学作品的欣赏，以及语言与文化的关系等方面。[①] 这种综合性的特点使得语文教学在培养学生的语言能力、文学素养和文化意识等方面发挥着重要作用。

（二）学习的含义

在我国，"学习"一词最早见于《礼记》中的"鹰乃学习"一句，这里所指的"学习"是小鸟反复学飞、习得行为的过程。在古代文献中，对于获取知识和经验的行为，常常使用"学""知"或"智"等字来表达。而关于行为活动和运用知识经验的部分，则更倾向于使用"习""行"或"用"等字。例如，荀子的观点"知之不若行之"强调了知识与实践相结合的重要性，认为知道并不如实际去做来得有价值。朱熹则主张学习要"当体之于身"，即要亲身体验、实践学到的知识。清初的思想家颜元更进一步提出"不从身上习过，皆无用也"的观点，强调了实践对于知识学习的决定性作用。当"学"和"习"合用时，多数情况下是强调"习"的部分，即对于知识或技能的应用和实践。这种用法体现了古人对于学习与行动、理论与实践之间紧密关系的认识，也为我们今天的教育和学习方式提供了宝贵的启示。

从广义的角度来看，学习是一个广泛的概念，它涵盖了人和动物在日常生活中通过经验积累发生行为变化的过程。这种学习可以是无意识的，也可以是有意识的，它涉及对环境的适应、对技能的提升以及对行为习惯的养成等多个方面。在这个过程中，个体通过与环境的互动，不断获取新的信息和经验，从而调整自身的行为以适应外界的变化。

---

① 江平、朱松生主编《小学语文教学论》，生活·读书·新知三联书店，2001，第11—12页。

从狭义的角度来看，学习主要是指人的学习过程，这一过程发生在社会实践中，是人类所独有的。它以语言和文字为媒介工具，使得人类能够将经验和知识传承给下一代，并在此基础上不断创新和发展。狭义的学习强调人的自觉性、积极主动性以及对社会历史经验的掌握。通过学习，个体不仅能够积累知识和技能，还能够构建自己的经验结构，形成独特的认知体系和价值观念。

此处我们所讲的学习是狭义的学习。换言之，学习是人的行为或按某种方式表现出某种行为的能力的持久变化。① 它来自人的实践或其他形式的经历，主要包含以下三层意思。

（1）学习是个体在行为和能力层面上的深刻转变。虽然我们无法直接窥见学生大脑内部的微妙变化，但通过观察他们在操作行为上的显著进步，我们可以清晰地感知到这种转变。然而，需要明确的是，操作行为的进步并不能完全揭示学习的全部内涵，尤其是涉及态度和价值观等的内在、隐性的变化，往往难以通过可量化的行为来直接体现。

（2）学习所带来的变化并非转瞬即逝的，而是具有持久性和稳定性的特征，这不仅体现在行为的转变上，更深入到思维的层面。学习的这一本质特性表明，它不是一时的冲动或偶然的现象，而是经过时间积累、经验沉淀后形成的稳定状态。

（3）学习产生于经验，这些经验可以来源于个人的实践活动，也可以来源于对他人的观察和模仿。重要的是，学习是一个需要亲身体验的过程，只有通过亲身参与和体验，个体才能真正实现学习的目标。例如，就人类的语言能力来说，虽然言语器官成熟是语言产生的基础，但真正有意义的言语交流却是基于人与人之间的交往和实践而产生的。

（三）语文学习的含义

根据前面对语文和学习的界定，我们认为，语文学习是学习者运用语言规律与特定语言词汇所形成的书面的或口语的言语行为及相应能力的持久变化。

2022年版课程标准强调，"语文课程致力于全体学生核心素养的形成与发展，为学生学好其他课程打下基础；为学生形成正确的世界观、人生观、价值观，形成良好个性和健全人格打下基础；为培养学生求真创新的精神、实践能力和合作交流能力，促进德智体美劳全面发展及学生的终身发展打下基础。"教育的根本任务是立德树人，语文教育在培养学生语文核心素养的过程中，肩负着启迪思想、陶冶情操、温润心灵的重要职责，承担着以文化人、以文育人、固本培元的神圣使命，要在"培根铸魂"上下功夫，要让学生通过学习语文，热爱并学好、用好祖国的语言文字。语文教育要为提高国民语文素质而努力，激发学生学习语文的兴趣，使其满怀激情地学习语文，得心应手地运用语文，充满乐趣地享受语文，进而热爱中华优秀传统文化，传承民族文化基因，坚定文化自信。学生进行语文学习的目的是学会运用祖国语言文字进行交流沟通，吸收古今中外优秀文化，提高思想文化修养，促进自身精神成长。这一过程实质上是一种深度的语言实践活动，学生通过积极参与和体验，培养了实际生活中所需的识字写字、阅读、写作以及口语交际等多方面的能力。这些能力的培养，为学生未来的全面发展奠定了坚实的基础。

---

① 董蓓菲编著《语文学习心理学》，北京大学出版社，2015，第12页。

二、小学生语文学习的特点

语文学习是每个小学生教育旅程中的重要组成部分，小学生的语文学习不仅是语言文字的学习过程，还是学生基础思维能力、情感态度和文化素养的培养过程。其特点主要体现在实践性、反复性、渐变性、整体性和文化性上，这些特点要求小学生在语文学习中不断实践、积累与提升。

（一）实践性

小学语文课程的基本目标是培养小学生运用语文的实践能力，而实现这一目标的核心途径是语文实践。这一特点可以从以下多个维度进行解读。

从工具性的角度来看，语文作为一种交流工具，实践性是其本质属性。与数学、物理等学科不同，语文学习的目的不仅仅是获取知识，更重要的是培养实际运用能力。这就要求小学生必须通过大量的听、说、读、写等实践活动，来锻炼和提升语文技能。

从心理学的角度来看，语感是语言能力的重要组成部分，它体现了直觉性和自动化的特点。语感好的小学生，往往能够更快速、更准确地理解和运用语言。而语感的形成和提升，离不开大量的语言实践。通过朗读、背诵等语文实践活动，小学生可以更加熟悉语言材料，从而逐渐形成自动化的语言处理能力。

语文知识的学习也不能脱离实践。单纯的记忆和背诵并不能使小学生真正掌握语文知识，小学生只有通过实践，将知识运用到实际中，才能真正将语文知识内化为其自身的能力。例如，在阅读中理解并运用新词汇，在写作中锤炼语言表达等，都是将语文知识转化为实践能力的有效途径。语文实践对于培养小学生的语文创造素质也至关重要。在实践过程中，小学生需要不断思考、探索和创新，这不仅能够激发他们的创造潜能，还能够培养他们的创新思维和解决问题的能力。

（二）反复性

反复性强调的是对部分语言材料深入、持续地关注和处理，而非浅尝辄止或一蹴而就。通过反复阅读、玩味语言材料，学习者可以加深对其内在含义和结构的理解，从而强化记忆，并逐渐积淀语感，为日后的语言运用打下坚实基础。这种反复不同于一般意义上的精读。精读往往侧重于对语篇语段的细致分析和解读，而反复则更加注重对语言材料的直觉感知。它要求学习者在接触语言材料时，能够迅速捕捉到其中的核心信息和语言魅力，而非仅仅停留在文字表面。

在实际操作中，反复的形式是多种多样的。学习者可以通过重读来加深对语言材料的理解和记忆；通过摘抄来提炼和整理重要信息；通过诵读来培养语感和语调；通过背诵来巩固记忆和积累语言材料。这些形式各有特点，但共同服务于一个目标：提高学习者的语言素养和表达能力。值得一提的是，我国传统的语文教学在反复性方面有着丰富的经验和值得借鉴的做法。例如，古人读书时强调诵读涵泳和熟读成诵。这种学习方式不仅有助于小学生增强语感、加深对文章的理解，还会在潜移默化中影响小学生的文风和人格。通过反复诵读和背诵，小学生可以积累大量的语言材料和文化底蕴，为日后的文学创作和语言表达打下坚实基础。

（三）渐变性

语文作为中华文化的载体，表情达意的丰富性是其独特魅力之一。在语文学习过程中，小学生不仅学习语言知识，更在潜移默化中汲取文化的精髓，形成自己的情感态度和价值观。语文学习的渐变性体现在小学生语文素养的积累与提高呈现螺旋上升的变化趋势，这种变化不是直线上升的，而是在循环往复中逐步提升的。

语文学习的过程是一个由浅入深、由低到高的渐进过程。小学生从最初的识字、造句开始，逐步学习篇章结构、文学鉴赏等更深层次的知识。这一过程中，小学生的语文能力不断提升，从能够进行简单的听说读写逐步发展到能够深入理解和运用语言。

在语文学习过程中，小学生的情感、态度和价值观也是被逐渐浸润，从而形成的。小学生在阅读文学作品、了解历史文化的过程中，逐渐产生对中华文化的认同感和自豪感，形成积极向上的情感态度和正确的价值观。

语文学习还具有循环往复的特点。小学生在学习过程中会不断回顾和巩固已学知识，同时，新知识也会与旧知识产生联系和融合。这种循环往复的学习方式有助于巩固小学生的语文基础，提高他们的语文素养。

（四）整体性

系统科学的核心思想之一是强调整体大于其组成部分的总和，这意味着整体并不是各部分的简单相加，而是各部分在相互作用和整合中产生的全新整体。这种思想在语文学习领域同样具有深远的意义。语文学习的整体性体现在多个方面。

语文学科本身就是一个基础性与广泛性相结合的学科，它不仅是交流的工具，还承载着深厚的人文内涵。它涵盖了语言、文字、文学、文化等多个方面的基础知识，这些基础知识之间相互联系、相互支撑，共同构成了语文学科的基础框架。语文学习不仅仅局限于课本内容，还涉及日常生活中的语言运用、文化传承、社会交往等多个方面。因此，语文学习具有广泛的整体性，需要学生在多个领域进行学习和实践。

语文学科的知识性和技能性、语言和思维、语言和文学等方面都是紧密相连的，它们共同构成了语文学习的多维面貌。语文学习注重培养学生的听、说、读、写能力，这四个方面是相互联系、相互促进的。通过听和读，学生可以积累语言素材和语感；通过说和写，学生可以运用所学知识进行表达和交流。当然，语文学习不仅是对语言的学习，还是对思维的培养。学生在学习过程中，需要通过语言来理解和表达思想，从而实现思维与语言的融合。

语文学科的科学性和艺术性也体现了语文学习的整体性。通过学习经典文学作品、了解历史文化知识等，学生可以深入理解中华文化的精髓和价值观念，从而增强民族自豪感和文化自信。同时，语文学习还可以培养学生的审美情趣和审美能力。通过阅读优秀的文学作品、欣赏艺术作品等，学生可以感受美的魅力、提升审美水平，从而丰富自己的精神世界。

具体到汉语言的学习，无论是学习汉字、词语还是学习一篇文章，其整体性都表现得非常突出。以一篇文章为例，从结构布局到章法的起承转合、前后照应，再到文章所表达的内容，每个环节都与整体紧密相连，共同构成了一个浑然一体的作品。这种整体性不仅体现在文章的形式上，还体现在文章所传达的思想和情感上。

（五）文化性

语文作为文化的载体，承载着丰富的历史信息和深厚的民族传统。语文学习不仅是对语言文字的学习，还是对文化、历史、价值观的传承和弘扬。可以说，语文学习肩负着弘扬中华优秀传统文化的重任。从小学阶段开始，学生就应该逐步接触和了解中华优秀传统文化，包括经典文学作品、历史典故、哲学思想等。通过语文学习，小学生可以深入理解我国文化的内涵和精髓，增强文化自信和民族自豪感。同时，在小学生进行语文学习时，教师也应该引导他们批判性地继承传统文化，去粗取精、去伪存真，使传统文化在现代社会中焕发新的生机和活力。

三、小学生语文学习的状态

小学生的学习过程，尤其是语文学习过程，是复杂而多元的。学习状态、学习过程、学习方式和学习指导，都是小学生语文学习不可或缺的构成部分。其中，学习状态是指小学生在语文学习中表现出来的一种态度和样式，它是小学生语文学习积极性的衡量指标。[①] 积极的学习状态能够激发小学生的学习兴趣和动力，使他们更加主动地投入语文学习。在这种状态下，小学生不但信心满满，而且能够持续保持好奇心和探索欲，这对于提升学习效果和培养小学生的综合素质至关重要。相反，消极的学习状态则可能导致小学生对学习产生厌倦和抵触情绪，影响他们的学习效果和身心健康。

（一）小学生常见语文学习状态及其特点

小学生语文学习状态是复杂且多维度的，它受到多种因素的影响，如小学生的学习动力、学习兴趣、学习环境以及教师的教学方法等。以下是小学生常见语文学习状态及其特点。

（1）积极投入状态。在这种状态下，小学生对语文学习充满热情，积极参与课堂活动，主动发言、提问，对学习内容保持好奇心和探索欲。他们乐于完成作业，愿意花更多的时间和精力在语文学习上。在这种状态下，小学生的学习效果通常较好，能够取得较好的成绩。

（2）被动应付状态。在这种状态下，小学生对语文学习缺乏兴趣，常常在课堂上表现出注意力不集中、心不在焉的情况。他们可能只是为了完成任务而学习，缺乏主动性和创造性。在这种状态下，小学生的学习效果往往不尽如人意，难以取得理想的成绩。

（3）焦虑困惑状态。有些小学生可能对语文学习感到焦虑或困惑，担心自己的表现不如他人，或者无法理解某些知识点。在这种状态下，小学生可能会产生挫败感和自卑情绪，从而影响他们的学习动力和积极性。教师需要关注这些小学生的情况，给予他们更多的鼓励和支持，帮助他们克服困难和建立自信。

（二）小学生语文学习状态的外在表现

小学生语文学习状态是语文教育过程中至关重要的一环，它不仅直接影响到小学生

---

① 汪潮主编《小学语文课程与教学论》（第三版），华东师范大学出版社，2021，第129页。

的学习效果，还是教师评估教学进度和调整教学策略的重要依据。在日常的课堂教学中，小学生的学习状态通常通过他们的言论和行为表现出来。学习状态的表现形式多种多样，涵盖了以下多个方面。

（1）目光状态。小学生的目光状态可以反映出他们的学习投入程度，有神的目光通常表示小学生对课堂内容感兴趣并正在积极思考，而呆滞的目光则可能意味着小学生感到困惑、疲倦或无法理解课堂内容。因此，教师需要时刻关注小学生的目光变化，以便及时调整教学方法和节奏。

（2）行动状态。小学生的行动状态也是评估其学习状态的重要指标。积极参与课堂讨论、主动举手发言等行为表明小学生对学习充满热情，而消极怠慢、逃避课堂活动等行为则可能暗示着小学生缺乏学习动力或对学习内容不感兴趣。对于后者，教师需要深入了解原因，并采取有效措施激发小学生的学习兴趣和积极性。

（3）言语表达。小学生的言语表达也是反映其学习状态的重要途径。讲话响亮有力通常表示小学生自信且对课堂内容有深入的理解，而吞吞吐吐则可能意味着小学生对某些概念感到模糊或不确定，或者不知道如何组织语言进行表达。教师可以通过观察小学生的言语表达，了解他们对课堂内容的掌握程度，并在必要时提供额外的解释和指导。

（4）注意力集中程度和课堂气氛。小学生的注意力集中程度和课堂气氛是评估其学习状态的重要因素。注意力集中的小学生更容易吸收课堂知识，而活跃的课堂气氛则有助于激发小学生的创造力和参与度。为了维持小学生的注意力并营造良好的课堂气氛，教师需要采用多样化的教学方法和手段，如使用生动的案例、组织有趣的课堂活动等。

总之，了解小学生的学习状态对于教师来说至关重要。教师需要时刻保持敏锐的观察力和洞察力，通过小学生的言论和行为来准确判断他们的学习状态，并据此调整教学策略和方法，从而最大限度地提高小学生的学习效果和质量。同时，教师还需要关注小学生的个体差异和需求，为他们提供个性化的指导和支持，促进他们的全面发展和成长。

四、小学生语文学习的方式

小学生语文学习的方式是指其在语文学习过程中采用的方法和策略。这些方式对于培养他们的语文学习兴趣、提高他们的语文能力至关重要。2001 年，教育部发布的纲领性文件《基础教育课程改革纲要（试行）》强调"过程与方法"目标，明确倡导"自主、合作、探究"的学习方式，这些理念在一线教师中得到广泛认同，教师在实践中也积累了许多宝贵经验。2022 年版课程标准明确指出要以深化教学改革为突破，强化学科实践，推进育人方式变革，进一步倡导"自主、合作、探究"理念，以推动课堂教学转型，打破过去"一言堂""满堂灌"的课堂形态，凸显学生的主体地位，鼓励学生积极参与、自主探究。

（一）自主学习

1. 自主学习的概念

自主学习是与被动学习相对立的一个概念，它是指学生在明确学习任务的基础上自觉主动地进行学习，主动地完成学习任务的学习方式。① 它强调学生的自我调控和自我主导，要求学生在学习过程中充分发挥自身的主体性，对自己的学习负责，并主动寻求学习的机会和资源。在自主学习的模式下，小学生不再是被动接受知识的对象，而是积极寻求知识、主动建构知识体系的学习者。

2. 自主学习的特征

自主学习具有以下三个特征。

（1）自我导向。在学习过程中，学生是学习的主体，教师要充分尊重学生，关心爱护学生，真正把学生当作学习的主人，让学生参与学习目标的制定，自己制定学习进度，参与设计评价指标。只有让学生真正积极主动地参与并设计学习目标、学习进度以及评价指标等工作，才能发挥学生的"自我导向"作用，让学生主动地进行学习。

（2）自我激励。教师引导学生积极提出问题，并去思考和寻找解决问题的策略，在不断解决问题的过程中学习。这样可以极大地培育和保持其主动学习的兴趣，让学生在解决问题的过程中获得积极、真实、愉悦的情感体验，得到精神上的极大满足和快乐，不断地巩固学生的学习积极性和加固学生的内在动力，从而达到自我激励的目的。

（3）自我调控。学生在不断解决问题的过程中，对自己解决的问题及时地做出评价，得到适当的反馈，对解决问题的策略不断地做出调整，在主动学习中，使自己的学习方式得到调适和丰富。

3. 自主学习的意义

自主学习对学生全面发展的重要性不言而喻。在自主学习中，学生能够真正地参与到学习过程中去，真正感觉到问题成功解决后的喜悦。也就是说，为学生创设自主学习的情境和氛围，能够促进学生的自主发展。

（1）自主学习激发了学生的学习兴趣和内在动力。传统教育模式在一定程度上抑制了学生的学习主动性，学生常常缺乏对知识的深入探索欲望。而自主学习鼓励学生参与决策，并在教学过程中关注学生的兴趣和需求。自主学习充满了挑战和探索的机会，激发了学生的求知欲望，使学生更加主动地去扩展知识面和深入学习。

（2）自主学习培养了学生的自主学习能力和自主思考能力。自主学习注重学生的主体地位，在自主学习的过程中，学生需要自己制订学习目标和计划，并选择适合的学习方法和资源。这样的实践锻炼了学生自主学习和自主思考的能力，使他们能够灵活运用知识解决实际问题。

（3）自主学习培养了学生的合作与交流能力。在自主学习的环境中，学生往往需要与他人合作，分享和交流学习心得与经验。这样不仅可以培养学生的合作精神和团队意识，还可以拓宽学生的视野，培养他们的沟通和表达能力。自主学习能使学生走出学习的孤岛，建立起与他人合作的互动平台，全方位地提升了学生的综合素质。

（4）自主学习对培养学生的自律性和责任感也起到了关键作用。自主学习要求学生

---

① 孙凤岐主编《小学语文课程与教学论》，北京师范大学出版社，2016，第12页。

在教师的指导下自主安排学习时间和学习任务。学生需要对自己的学习进行细致的计划和管理，掌握自己的学习进度和目标，通过自我评估和调整来不断提升学习效果。自主学习培养了学生的自律性，教会了他们如何自我约束和掌控学习过程。同时，自主学习也在一定程度上培养了学生的责任感，让他们认识到学习对个人未来发展的重要性，激发了他们尽力而为的积极态度。

（5）自主学习能够帮助学生实现终身学习。在学习过程中，学生需要对自己的学习进度、学习方法和学习效果进行自我监控和评估，以便及时发现问题并进行调整。这种自我调控的能力不仅有助于学生提高学习效率，还有助于培养学生的自主学习能力和终身学习意识。自主学习能够让学生主动掌握所需的知识，让其终身受益，在未来的工作、生活等方面不断学习和成长。

（二）合作学习

1. 合作学习的概念

合作学习是指在小组或团队中学生以完成共同任务为目标，有明确责任分工的互助性学习方式。在合作学习中，学生不再是单独的学习个体，而是要在小组中与他人合作，共同完成学习任务。这种学习方式不仅有助于提高学生的学习效果，还能够培养学生的团队合作精神和社交技能。

2. 合作学习的特点

合作学习的特点主要包括互助性、互补性、自主性、互动性和评价性。这些特点共同构成了合作学习模式的核心要素。合作学习旨在通过学生之间的合作与互动，促进学习效果的提升和个人能力的全面发展。

（1）互助性。合作学习强调学生之间的互助关系，每个成员都为小组的学习目标而共同努力，形成一种同舟共济、荣辱与共的关系。

（2）互补性。通过合作，不同水平和具有不同特点的学生在合作中相互促进，都能获得充分发展。

（3）自主性。合作学习建立在自主学习的基础上，完成团队任务，需要学生先独立思考，形成自己的观点、认识或看法，然后表达出来，主动与其他成员分享自己的观点，共同探讨，解决问题。

（4）互动性。合作学习中的互动突破了传统教学模式中师生互动的界限，倡导多元互动，特别强调生生互动，使课堂成为一个富有生机和活力的地方。

（5）评价性。合作学习强调在小组内合作，小组间竞争，竞争结果需要通过评价来体现。这突出了竞争性评价与鼓励性评价的作用，把组内自我评价与组间竞争性评价很好地结合起来。

3. 合作学习的作用

（1）合作学习能够增强课堂互动的有效性。传统的课堂教学往往采用教师讲授、学生听讲的模式，课堂互动的机会有限。而在合作学习中，学生需要在小组内进行讨论、交流、合作，这增加了学生之间的互动机会，使课堂变得更加活跃和生动。同时，学生之间的互动也能够激发彼此的思维，促进对知识的深入理解和应用。

（2）合作学习有助于培养学生的团队合作精神和社交技能。在小组活动中，每个学生都有自己的任务，需要与他人协作完成。这要求学生学会倾听他人的意见、表达自己的观点、协调不同意见，解决合作中出现的问题。通过不断地合作实践，学生能够逐渐培养出良好的团队合作精神和社交技能，为未来的学习和工作打下基础。

（3）合作学习还能够促进学生的个性化发展。在小组活动中，每个学生都有机会展示自己的特长和优势，同时也能够学习和借鉴他人的优点。这种个性化的学习体验有助于激发学生的学习兴趣和动力，促进学生的全面发展。

4. 合作学习的具体方式

当前，国内外普遍采用了以下几种合作学习的方式。

（1）问题式合作学习。问题式合作学习是指教师和学生、学生和学生之间互相提问、互相解答、互为教师、既能答疑解难又能激发学生学习兴趣的一种合作学习方式。这种合作学习方式可分为生问生答、生问师答、师问生答等形式。在实施教学时，应根据学生的学习心理特征设置问题。

（2）表演式合作学习。表演式合作学习即通过表演的形式，激发学生的学习兴趣，培养学生自主探究的学习品质，也可作为课堂的小结形式，检验学生对所学知识的理解。

（3）讨论式合作学习。讨论式合作学习即让学生对某一内容进行讨论，在讨论的过程中实施自我教育，从而达到完成教学任务的目的。

（4）论文式合作学习。论文式合作学习是指教师带领学生开展社会调查实践，并指导学生以论文的形式汇报社会实践的结果。此类活动一般每学期举行两至三次，重点放在寒暑假。

（5）学科式合作学习。学科式合作学习是指将几门学科联合起来开展合作学习。比如，语文课学了与春天有关的文章，就可让各学习小组围绕春天这一主题去画春天、唱春天、颂春天、找与春天相关的各种数据、观察与春天相关的各种事物等，最后写成活动总结。

总之，合作学习是一种重要的学习方式，能够增强课堂互动的有效性，培养学生的团队合作精神和社交技能，促进学生的个性化发展。

（三）探究学习

1. 探究学习的概念

探究是一种心理倾向和行为方式，即人们对未知事物探寻研究。探究是人的一种潜能。而探究学习，是指学生在教师的指导下，适时选择和确定研究主题，通过自主地尝试、体验、实践，主动发现问题和解决问题，获得知识技能，发展情感与态度，特别是发展探索精神和创新能力的学习方式和学习过程。

具体而言，探究学习包括以下几个方面的含义。

（1）探究学习以问题为载体。这些问题可以是语文学科中的，也可以是现实社会中的，还可以是学生生活中的，这些问题帮助学生确定探究主题。探究学习要求学生始终围绕问题进行观察、思考、操作、调查、实验、信息处理、交流表达等探究活动，为锻炼学生的观察能力、分析能力、动手能力、信息能力、评价能力、表达能力、创新能力等创造了条件。

（2）探究学习模拟科学研究的情境和途径。从本质上说，探究也是一种研究。当然，探究学习不完全等同于研究学习，探究学习是研究学习的上位概念，研究学习一定是探究学习，但并不是所有的探究学习都要经历研究学习，研究学习一般为长周期的作业。

（3）探究学习体现学生的主体意识和学习过程意识。探究学习改变了单向的师"授"生"受"的教学方式，体现了"以生为本"的教学新理念，突出了学生在学习活动中的主体地位。教师可以引导学生自主地经历探究过程，在探究过程中学会发现问题、分析问题和解决问题。

（4）探究学习以培养学生的探究能力和科学素养为目的。从探究过程来看，探究学习大多不具备严格意义上的科学研究的严谨性；从探究结果来看，探究学习一般也是对已有科学研究成果的"再发现"。因此，探究学习的实质是学生对科学研究的思维方式和研究方式的学习和运用，目的在于培养学生的探究能力和科学素养。探究学习既有助于学生形成探究意识，掌握探究方法，提高探究能力，也有助于培养学生尊重事实、坚持真理、敢于怀疑等科学素养。例如，在学习《狐假虎威》这篇课文之后，教师可以引导学生探究一个问题："你认为狐狸的做法是否可取？"学生既可以从狐狸不诚实的角度进行否定，也可以从狐狸机智的角度对它表示赞同。

（5）探究学习还强调学生的感受和体验。在探究学习模式下，学生不再被动地接受知识，而是要通过自己的实践和体验来建构知识。这种学习方式使学生更加深入地理解知识，更加牢固地掌握知识。而且，通过实践和体验，学生还能发现学习中的乐趣，增强对学习的兴趣和热情。

2. 探究学习的特点

探究学习是相对于接受学习而言的。接受学习是把学习内容直接呈现给学生，而探究学习则是把学习内容以问题的形式呈现出来。跟接受学习相比，探究学习更能培养学生的问题意识、实践能力，更能开放视野。

（1）问题意识。在探究学习的过程中，问题是学习的核心。教师会根据教学内容和学生的学习情况，提出具有挑战性和探究性的问题。这些问题能够激发学生的学习兴趣和好奇心，引导他们主动地去探索和研究。同时，问题也是学生学习的方向和目标，能使他们的学习更加有针对性和有效性。为了解决问题，学生需要进行大量的信息收集、分析和处理工作。他们会利用各种资源，如图书、网络、实验等，来寻找问题的答案。有了问题意识，能提出自己的见解和疑问，能解决问题，学生才会由被动变成主动，真正地成为学习的主人。

（2）实践能力。接受学习需要学生抄写课文中的语句，聆听教师的讲解，背诵固定的答案。探究学习则强调在教学实践中培养学生的语文实践能力，学生直接从阅读课文的过程中发现问题、分析问题，进而解决问题；直接从阅读课文的过程中获取感受、理解、欣赏以及评价等能力；直接从阅读课文的过程中体会情感和思想态度等。探究学习鼓励学生自己去查工具书，或以其他方式寻找自己需要的感兴趣的材料和信息，自己制订学习计划，选择适合自己阅读的著作，在实践中学习语文。

（3）开放视野。接受学习往往强调标准答案，造成的直接结果是学生思维趋同，缺少创造性。探究学习则是以自由为基础的思维活动，它的思维是宽广的，它的视野是开放的。它要依靠所有的思维去寻求更多的问题，去寻找更多的答案。

3. 探究学习需要的三种精神

（1）质疑精神。孟子说："尽信书不如无书"，这是在提倡质疑精神。质疑是创造的开始。质疑精神是实践探究的第一要义，应在质疑中发现问题，在质疑中解决问题。质疑是发现问题和解决问题的前提。

（2）探索精神。要发现问题，就要多方积极探索，寻找答案。探索时间是由问题的难易程度决定的，对于简单的问题，只要方向正确，不需要花费太多或太长的时间去探究，但如果面对的问题是复杂而艰难的，那么此时探索精神就会发挥极大的助力作用，推动着学生去完成探索任务。"路漫漫其修远兮，吾将上下而求索"，探索精神从实质上说，就是探索事物本质的毅力和韧性。

（3）求真精神。求真就是追求真理，求真就是实事求是，求真意味着反对迷信权威。迷信权威不是实事求是，随意打破权威也不是实事求是。实事求是，就是凡事按照事物固有的规律去行事。探究学习，就是在接受事物的过程中，以实事求是的态度去寻求事物的客观规律。寻求客观规律是一个复杂而又曲折的过程，在这个过程中，一定要由此及彼、由表及里地深入钻研，才能最终获取事物的规律。

质疑、探索、求真是真正的科学精神，只有三者都具有才能探究到客观真理。

4. 探究学习的步骤

（1）形成问题意识。问题是探究学习的先导，它既是探究学习的资源，也是探究学习的推动力。问题就是学生原有的知识、经验不能解释的现象。哈佛大学有一句名言，教育的真正目的就是让人不断提出问题、思考问题。语文探究学习过程中遇到的问题可以来自社会、学校、家庭，但更重要也更多的是来自语文学习本身。

（2）形成假说。假说是行动的先导。在明确问题并开始行动之前，必须形成解决问题的假说。教师应引导学生对所要解决的问题有一个整体的认识和深入的理解，并从多角度、多层面提出解决问题的方案。教师对学生提出的各种方案可暂不做评价，以保证每个学生充分发表自己的观点。此时，应以学生观点的数量而非质量为评价指标。

（3）收集和处理资料。假说需要有证据支持和论证，因此必须收集资料并进行处理。教师应鼓励学生采用多种方式收集资料，如查阅文献资料、实地调查、实践操作、利用网络查询等。教师应引导学生对资料进行整理和分析，以获得有价值的信息。值得注意的是，利用网络查询是收集资料的现代化手段，但不是语文探究学习的唯一手段，不能时时处处依赖网络，而放弃收集资料的传统方式。

（4）获得结论并交流。学生可以通过逻辑分析、实验、实践等途径获得解决问题的结论。教师应引导学生以客观的、科学的态度去检验结论，防止"先入为主""暗示效应""从众心理"等的影响。教师要创造条件，将结论在小组或全班进行交流分享或张贴展示。

探究学习是一种以学生为中心，以问题为导向的学习方式。它强调学生在学习过程中通过类似科学研究的情境或途径，自主收集、分析、处理信息，感受和体验知识的产生过程。这种学习方式不仅有助于学生深入理解知识，还能培养学生的探究能力和科学素养，为其未来的学习和生活打下坚实的基础。

自主学习是基础，合作学习是过程，探究学习是手段。实施自主、合作、探究的学习方式，还需要教师进一步解放教育教学观念，构建民主、平等、和谐的师生关系。

第二节　小学语文学习理论

在小学语文学习中，多种学习理论被广泛应用，以促进学生语文素养的全面发展。本节将对行为主义学习理论、认知主义学习理论、建构主义学习理论、人本主义学习理论、多元智能理论以及社会学习理论在小学语文学习中的应用进行详细阐述。

一、行为主义学习理论与语文学习

（一）基本观点

20 世纪上半叶，行为主义学习理论（Behaviorism Learning Theory）占主导地位，其基本观点是：学习研究只要观察行为就可以，无须涉及心理过程。

行为主义学习理论把学习视为在刺激与反应之间建立联系的过程，强调通过学习引起行为的变化，认为学生通过模仿能学会语言和动作技能。它所关注的焦点是通过重复学习使学习内容变成一种自动的行为。该理论提出学习四要素：内驱力、线索、反应和奖赏（强化）。该理论的研究结论比较适用于人类的联想学习、机械学习，如识记生词、掌握文学常识。行为主义学习理论的代表人物有桑代克、华生、巴甫洛夫和斯金纳。

（二）行为主义学习理论在语文学习中的应用

1. 桑代克的三大学习定律

桑代克的三大学习定律，即准备律、练习律和效果律，为语文学习提供了重要的框架。桑代克的三大学习定律在小学语文《草船借箭》教学中的应用如下。

（1）准备律的应用：预习与背景介绍。在学习《草船借箭》之前，教师布置了以下预习任务：阅读三国时期的相关历史资料，了解故事发生的背景；预习课文，尝试概括故事的主要情节；思考为什么诸葛亮能够成功"借"到箭，并准备在课堂上分享自己的观点。

应用解析：准备律强调学习者在学习开始时的预备定势。通过预习任务，学生对《草船借箭》的故事背景有了初步的了解，对即将学习的内容产生了兴趣和期待。这种预习活动为学生的课堂学习打下了良好的基础，使他们更容易进入学习状态。

（2）练习律的应用：课堂活动。在课堂上，教师设计了以下练习活动：①分组讨论，学生分组讨论诸葛亮"借"箭的计策，并分析其成功的原因；②角色扮演，学生选取课文中的片段进行角色扮演，如诸葛亮、鲁肃、曹操等，通过表演深入理解人物性格和故事情节；③创意写作，学生想象自己是诸葛亮，写一篇日记，记录"借"箭前后的心情和思考。

应用解析：练习律指出，学会的反应通过重复练习会得到加强。分组讨论、角色扮演和创意写作等多样化的练习活动，不仅加深了学生对课文内容的理解，提升了学生对知识点的掌握和应用水平，还提高了学生的语言表达能力和团队协作能力。

（3）效果律的应用：反馈与评价。在课堂活动结束后，教师给予及时的反馈和评价：对于分组讨论中表现积极、观点新颖的学生，给予口头表扬，并鼓励他们在全班同学面前分享观点；在角色扮演环节中，选出表现最出色的学生，颁发"最佳小演员"证书；在创意写作环节中，挑选几篇优秀的作品进行全班朗读，并给予具体的评价和建议。

应用解析：效果律表明，满意的结果会增强行为重复的可能性。教师通过及时反馈和评价，让学生感受到学习的成就感和乐趣。这种正面的强化作用不仅提升了学生的学习效果，还培养了他们的自信心和积极的学习态度。同时，具体的评价和建议也为学生提供了改进的方向和动力。

2. 重视学生的生活实践对学习的刺激作用

行为主义学习理论认为人的行为并非先天固有的，而是后天通过与环境的不断互动和信息交流逐步习得的。该理论揭示了环境刺激与行为反应之间的相互作用规律，使得我们可以通过观察环境刺激来预测行为反应，反之亦然。因此，行为主义学习理论特别强调了外界强化刺激对学习过程的积极推动作用，对教育实践具有深远的指导意义。

鉴于小学生正在经历身心快速发展的关键阶段，2022 年版课程标准提倡在教学中注重培养学生的情感、态度和价值观。小学语文课程内容与现实紧密相连，所选篇章均为中外不同时期的杰出作品，它们承载着作者在特定时代背景下的深刻体验与感悟。在学习过程中，学生的语言表达能力、人文素养等都会得到潜移默化的提升。行为主义学习理论中的部分理念与语文教学的理念相契合，将两者结合能鼓励学生关注生活体验，从而培养学生的创新思维和人文素养。在行为主义学习理论的指引下，教师应注重发挥学生的主观能动性，构建富有生活气息的学习环境。例如，在进行《记金华的双龙洞》一课的教学时，教师可以采用情境导入法，首先询问学生是否有过游览自然景观的经历（特别是游览金华的双龙洞的经历），引导学生分享自己的所见所感。通过让学生分享亲身经历，激发学生对自然景观的兴趣和好奇心。然后利用多媒体展示金华双龙洞的图片和视频资料，让学生直观感受双龙洞的奇特与美丽，为接下来深入文本做铺垫。如此，学生将教材内容与生活实际相联系，既加深了学生对课文的理解和记忆，又增添了学习的趣味性。

行为主义学习理论首次提出，用科学实证的方法研究学习行为，可以解释不少动物或人类的行为，对教师的教学以及学生的学习都有一定的教育启示，但是行为主义学习理论对学习的研究，仅限于简单学习，缺乏对人的高级活动的探索，他们用动物学习规律、人类机械学习的规律解释所有学习，强调外显行为，拒绝研究意识，忽视对个体内心状态的研究，从这方面看，该理论具有一定的局限性。

二、认知主义学习理论与语文学习

（一）基本观点

20 世纪六七十年代，认知主义学习理论（Cognitivism Learning Theory）逐渐取代行为主义学习理论，成为研究学习的主流。

认知主义学习理论把学习视为将环境中的信息转化为头脑中所存储的知识。它以隐藏在行为后面的、学习者头脑内发生的思维过程为研究对象，认为行为变化是可观察的，但这只是学习者头脑中正在进行着的一切的指示剂。学者们运用信息处理的观点研究人的认知活动，即把人的认知活动同计算机的信息加工模式进行对比，把学习看作大脑对信息进行加工的过程，认为学习由接收、短期存储、编码、长期存储以及提取信息等部分构成。认知主义学习理论的代表人物有布鲁纳、奥苏贝尔和加涅。

（二）认知主义学习理论在语文学习中的应用

1. 发现法

发现法又称探索法、研究法、问题教学法。发现法作为一种严格意义的教学法由美国认知主义心理学家布鲁纳在《教育过程》一书中正式提出。多年的实践证明这是一种能启发学生创造性思维的好方法。发现法的指导思想就是在教学中要以学生为主导，是在教师的启发诱导下，学生通过对某一问题的探索与研究，自觉、主动地发现问题并掌握相应原理和结论的一种学习方式。学生是学习的主导者，教师只起到一个引领性的作用。

例如，在《麻雀》一课的教学中，首先，教师引导学生默读课文第 4～6 自然段，并让学生想一想课文是怎样把"老麻雀的无畏"写清楚的？让学生在读的过程中用横线勾画关键句，用圆圈圈出关键词。然后，教师把大家圈画出来的关键句整理到一张表格（表 4-1）中，请同学们横着读一读，竖着读一读，然后小组展开讨论，把发现写在最上面的一行和最右边的一列中。让学生通过自己去对比、分析和思考，自觉、主动地发现"如何把一件事情写清楚"的方法。这样一来学生的逻辑思维能力和创造性思维能力可以得到不同程度的提升。

表 4-1　"发现法"在《麻雀》一课教学中的应用

老麻雀的无畏			
（1. 写法上的发现）			
突然，一只老麻雀从一棵树上飞下来		像一块石头似的落在猎狗面前	（2. 人物形象上的发现）
它扎煞起全身的羽毛	绝望地尖叫着		
老麻雀用自己的身躯掩护着小麻雀		想拯救自己的幼儿	
可是因为紧张，它浑身发抖	发出嘶哑的声音	它呆立着不动，准备着一场搏斗	

2. 先行组织者策略

接受学习是美国心理学家奥苏贝尔所强调的。他认为："在绝大多数学术性学科中，学生主要是通过对呈现的概念、原理及事实信息的意义的接受学习来获得教材的。教师应把严密组织好的、有顺序的、或多或少带有结论性的材料提供给学生，从而让学生接受最有用的材料。"即教学的目的在于帮助学生理解传递给他的信息的意义，以使他们能恰当地将新材料与已有的知识相结合。同时，奥苏贝尔还认为"这种学习在掌握教材中占主导地位"。

所谓"先行组织者"，就是在教新的学习材料之前，先给学生呈现一种引导性材料，以促进新知识与旧知识发生联系，使新知识易于被同化，帮助学生把新知识纳入已有的认知结构，从而促进学生认知结构的发展。其教学策略有一定的程序：在呈现教材时必须先呈现一个先行组织者，然后把下面的内容逐一呈现出来。先行组织者是对包容范围大、足以容纳后继信息的高位概念的指导性陈述。其形式有三种：概念的定义、材料与某些熟悉例子之间的类比、概括性结论。

先行组织者策略在《赠汪伦》教学中的应用如下。

（1）教师播放歌曲《送别》，让学生说说从中体会到了什么。（学生说说自己与朋友或者亲人告别时的情景）

原理：此为创设情景，是先行组织者。学生回忆自己已有经验，知道送别是对深厚情谊的一种表达，为之后从诗句中领会诗人所表达的感情建立起一个"先行组织者"。

（2）教师引导学生回忆学习古诗的方法，归纳后板书：①知诗人，明背景；②解字词，知句意；③连句意，明诗意；④想诗景，悟诗情；⑤诵诗文，入意境。给学生提供学习方法：反复诵读，联想比较。

原理：通过回忆以前所学的古诗，帮助学生厘清原有的知识经验，提供"先行组织者"，并为学生新知识的学习构建一个新旧知识的结合点。

（3）知诗人，明背景。释题，简单介绍李白与汪伦的关系及写作背景。

原理：通过对时代背景的介绍，进一步为学生新课学习、理解作者表达的诗情搭建学习平台。

尽管认知主义学习理论强调心理过程的重要性，但对哪些过程起到重要作用却持有不同的看法。该理论未能揭示学习过程的心理结构，对非智力因素的研究也不够重视。依据认知主义学习理论，教师是教育活动中的信息分配者，学生是信息接收者，教学方法以教师讲授教材为主。

三、建构主义学习理论与语文学习

（一）基本观点

20 世纪 80 年代后期，美国出现的建构主义学习理论（Constructivism Learning Theory）对信息加工心理学提出了挑战，并逐渐从认知主义流派中独立出来，自成一体。建构主义学习理论是针对传统教学的诸多弊端提出的，被喻为"教育心理学的一场革命"。

建构主义学习理论认为世界是客观存在的，但是对世界的理解和赋予的意义却是由每个人依据自己的经验与图式（Schema）建构的。不同的人由于原有经验的差异，对同种事物会产生不同的理解。建构主义学习理论提出，学习不是由教师向学生的知识传递过程，而是学生建构自己的知识的过程。学习者不是被动的信息接收者，相反，他要主动地建构信息的意义，这种建构不可能由他人代替。不同人之间的交流可以影响学习者，使其形成不同的建构。该理论更关注学习者如何以原有的经验、心理结构和信念为基础建构知识，更强调学习的主观性、社会性和情境性。建构主义学习理论的代表人物有皮亚杰和维果茨基。

（二）建构主义学习理论在语文学习中的应用

建构主义学习理论启示我们，语文学习是学生个体主动建构自己的语文知识的过程。该理论突出学习的主观性、社会性和情境性。

1. 最近发展区

在运用"最近发展区"理论进行教学设计时，应根据学生的具体情况，用感性材料做多角度设问，让学生在熟悉旧知识的前提下，于有梯度的层次设问中逐步过渡到新问题，即进入"最近发展区"。

（1）基于真实学情，设立教学目标。"学情分析是上好语文课的逻辑起点，其不是对学生的抽象研究，而是将学生置于课程语境下的具体问题具体分析。"[1] 教师应扮演好"促进者"和"帮助者"的角色，帮助学生完成从知之不多到知之较多，从新手到熟手的转变，最终达到学生能自主学习、自主判断、自主选择的目标。例如，五年级的统编教材要求学生对课文进行创新性的复述，而三年级的学生已经理解了复述的概念，并掌握了一些复述的方法，那么在五年级的教学中，重点应放在创新性上，让学生添加细节，以不同角色的口吻讲述故事。从学生真实学情出发的教学才能更好地促进学生的发展。

（2）教学适时适度，不过分拔高。语文阅读教学的目标应是基于学生的"最近发展区"，依据学生的身心发展规律，适时适度地对学生进行教学。例如，在教学三年级预测策略单元时，《总也倒不了的老屋》是该单元的第一篇课文，教师应利用课文中的旁批帮助学生理解预测的意义、方法和内容，如果一开始就让学生进行预测，那么会拔高教学目标，因为学生刚开始接触"预测"这个词，对"预测"的定义可能还不清楚。当学生理解了"预测"的含义后，教师可以让学生根据故事的叙述规律进行预测，然后分享阅读经验，归纳预测，再提供类似的故事情境，进行预测，这样可以逐步提升学生的思维能力。

2. 支架式教学

支架式教学（Scaffolding Instruction）主张向学生布置具有挑战性的学习任务，在学生自主完成任务的过程中，教师适时、适量、适当地给予帮助和支持（如示范、提示、反馈、指点等）。随着学生自身能力的增长，教师逐渐减少支持，直到学生完全独立，

---

① 王崧舟：《美其所美——王崧舟讲语文课怎么上》，上海教育出版社，2019，第6页。

让学生承担学习的责任，对自己的学习进行自我调节。

支架式教学的根本目的在于促进学生自主学习能力的发展，因此，小学语文教师在支架式教学过程中，要逐步地从架构脚手架到拆除脚手架，尝试让学生自主开展学习活动，为学生创造学习体验的机会，逐步实现由扶到放的渐进式提升。

例如，在教学《秋天的雨》一课时，教师可在文本整体感知阶段设计这样的环节：选择自己喜欢的方式朗读课文，完成下列填空。

秋天的雨像一把（　　　），打开了（　　　），把（　　　）颜色给（　　　），藏（　　　），传（　　　），带给大地（　　　），带给小朋友（　　　）。

这样的学习基于文本结构，为学生搭建支架，又逐步拆卸支架，给学生创造了自主学习的机会，让学生在教师的引导下逐步完成对文本的整体感知。

3. 情境性教学

情境性教学（Situated Instruction）倡导教学要以解决学生在现实生活中遇到的问题为目标，主张学习的内容要真实，要设置与现实问题情境相似的教学情境，在课堂上展示与现实问题解决过程相类似的探索过程，提供解决问题的原型并给予指导，在学习过程中评价学生的学习效果。情境性教学可分为问题情境教学、故事情境教学、直观情境教学、多维互动情境教学等。

例如，在对《卖火柴的小女孩》一课中的人物形象进行分析时，教师可以巧妙地以"这个小女孩有何特点？"为问题，通过形象深入的解读，引领学生步入故事情境。然后让学生自读课文，勾画并进行提炼概括，每当学生以饱含情感的语句概括出"小女孩"的特点时，教师就可以进行有针对性的内容补充，这种补充贯穿始终，或是简洁的提示，或是详尽的描述性引导，旨在使学生从童话的细腻描绘中，自然而然地融入安徒生所构建的特定情境，从而深切感受小女孩的形象魅力。

在细致探究小女孩形象塑造的具体手法时，教师可引导学生关注小女孩五次划燃火柴的细节处理，并据此设置层次分明的问题。比如，提出一个引人深思的问题："为何安徒生选择在小女孩划燃第五根火柴时才让她见到奶奶，而非第一根？"这一问题可以引发学生的思考，引导他们辨别写实与幻想的界限，深入小女孩的幻想世界。通过一次次火柴的划燃，学生逐渐理解到文章在情节上的铺垫和递进，以及"反复描写"和"幻觉描写"这两种手法的巧妙运用，从不同角度体会到文章深厚的悲剧色彩。[1]

4. 抛锚式教学

抛锚式教学（Anchored Instruction）主张为学生提供一个真实的、界定了知识应用范围的问题情境，促使学生从不同的角度考察所学主题，理解知识的使用情境，从而使学生能灵活地应用知识，并能将其迁移到其他问题情境之中。

例如，抛锚式教学在《观潮》教学中的应用如下。

师：我们今天要学《观潮》这篇课文，给大家一些时间看看作者在写大潮的时候是

---

① 唐玉洁：《情境教学法在三年级童话教学中的应用研究》，硕士学位论文，山东师范大学，2020。

按照什么时间顺序写的。【提出"锚"】

生1：是按照潮来前、潮来中、潮来后的时间顺序写的。

师：非常好，那么接下来，我们就根据这个写作的时间顺序来进行一项分组任务。

师：大家看PPT。[PPT内容：前后4人为一小组，小组内要有明确的分工，每个小组任意选择一个时间点（潮来前、潮来中、潮来后）。需要讨论完成的任务有：①这个时间段内的潮水是什么样的状态？②段落中描写的潮水是通过哪些方面来表现的？③与同学分享你们喜欢的句子。]【抛出"锚"】

师：每个小组都必须明确组内的分工，各司其职，贡献智慧；小组讨论结束后请各小组派代表上台分享讨论成果。

每个学生都认真研读课本，画出自己喜欢的句子，针对老师提出的问题，在脑海中形成初步的解答。

小组分工后开始一起讨论，进行组内成员间的讨论互动，共同对问题进行解决。在此期间教师通过课堂观察量表记录学生的活动情况，为学生提供解题的思路。[①]【问题解决，即"收锚"】

建构主义学习理论过于强调知识学习的情境性，忽视知识的逻辑性、系统性，并且过于强调知识的个体性。该理论会在很长的一段时期内作为语文教育理论与实践的指导理论，但是，用发展的眼光来看，建构主义学习理论尚未形成一个清晰的理论框架，比如以对微观学习过程的关注来建构宏观学习的。

四、人本主义学习理论与语文学习

（一）基本观点

20世纪50年代末，人本主义以人为本的思想成为心理学发展的新动向。人本主义重视人的"自我实现、情感、接受、对他人的关心和尊重、价值、社会活动、人际和人类关系"。人本主义学习理论首次提出学校教育的目标是发展学生的潜能，强调教育过程是不断实现人的潜能的过程。罗杰斯认为，学生具有学习潜能，并具备"自我实现"的学习动机。在教学中，教师只是顾问，而非指导者，更非操纵者。他将心理治疗方法迁移到教育中，提出了"以学生为中心"的教育原则，即学生自己决定学习内容，学生自己激发学习动机，学生自己掌握学习方法，学生自己评价，并倡导"非指导性教学"。人本主义学习理论的主要代表人物是罗杰斯。

（二）人本主义学习理论在语文学习中的应用

人本主义学习理论启示我们，语文教师应真诚地接受、理解所有的学生，这有利于学生发挥自身的潜能；教学的重心应从教师转向学生，珍视学生的阅读体验、思想情感，从而提高语文教学效果。

1. 针对学生实际情况，确定分层教学目标

人本主义学习理论强调，教育并非一成不变的模式，不应追求统一的课程程序和成

---

① 李晓瑾：《抛锚式教学在小学语文阅读教学中的应用研究——以石嘴山市A小学为例》，硕士学位论文，宁夏大学，2020。

就标准。在学习过程中，学生应按照自己的步调逐步前进，教师在追求学生进步的同时，更应关注每个学生的成长轨迹，追求与其学习速度相匹配的最佳效果。例如，在教学"比喻"修辞手法的过程中，教师可针对不同层次的学生设计不同难度的学习任务。对于基础水平较低的学生，教师可以针对"比喻"修辞手法的应用设计专项练习，帮助学生更好地理解"比喻"的基本含义，激发他们的学习兴趣。对于中等水平的学生，教师可以设计有挑战性的任务，让学生自己创作一些比喻句，或者让学生根据课文内容进行归纳总结，以深化学生对"比喻"的理解，提升他们的思维能力和表达能力。而对于高水平的学生，教师可以设计更深入和更综合的学习任务，让学生根据课文内容进行对比，或者让学生比较分析其他类似的文本，从而帮助学生更好地理解"比喻"的多种表现形式，进一步提升他们的阅读理解能力和创造力。

2. 确立学生主体地位，改变传统教学模式

人本主义学习理论倡导学生在学习过程中的主动性，教师的主要任务不是传授知识，而是帮助学生明确知识的价值，鼓励学生自己去探究。

（1）坚持激发和维持学生的学习动机。在小学语文教学中，教师应关注学生的需要和兴趣，并以此作为教学的出发点。例如，在教授《秋天的雨》一课时，教师可以先让学生分享自己关于秋天的感受和见闻，从而激发学生的学习兴趣和情感共鸣，使他们更加主动地参与到课堂学习中来。除此之外，教师还应注重培养和爱护学生的好奇心，激发他们对新知识的好奇心与探求之心。例如，在教授《草船借箭》一课时，教师可以先讲述故事背景，然后设置悬念，引导学生思考：为什么诸葛亮能够成功地"借"到箭？他使用了什么策略？这样的问题能够激发学生的好奇心，促使他们主动探究课文内容，寻找答案。

（2）坚持创设真实的问题情境。创设真实的问题情境是基于人本主义学习理论的教学设计的首要任务。罗杰斯认为，如果要使学生全身心地投入学习活动，那就必须让学生接触对他们个人有意义的或与他们有关的问题。例如，《一个粗瓷大碗》是一篇革命题材的课文，如何在 2022 年版课程标准精神的引领下，激发学生阅读这类红色经典作品的兴趣，使其习得语文要素、掌握学习方法呢？基于课文题材的特点，教师可以创设"向学校红领巾广播台《寻宝》节目推荐具有历史价值和教育意义的革命文物"的真实情境，以"寻宝革命文物活动"为学习路径，通过制作"文物故事卡"和"革命文物推荐卡"，联合读、写、思、绘，在任务情境下探索革命题材课文的趣味教学。[①]

（3）坚持协作学习。人本主义学习理论的教学设计十分强调协作学习，它不仅包括学生之间的协作，也包括师生之间的协作。在《落花生》一课的教学中，教师可以引导学生以小组为单位开展一场精彩的"课堂辩论会"，主题为"你愿意做花生一样的人，还是桃子一样的人"。先将学生分成两个小组，一组为"花生队"，另一组为"桃子队"。每个小组成员需积极参与讨论，为自己的观点提供充分的论据。在辩论的过程中，教师要设定一定的规则，如轮流发言、尊重他人观点等。学生可以通过互相反驳、提出

---

① 张利：《学习任务群视角下情境创设策略在小学语文读写教学中的应用》，《安徽教育科研》2024 年第 16 期。

问题和给予支持来展开辩论。教师要把握好时机，提出问题，让学生进行更深层次的思考，如："做花生一样的人可能面临哪些挑战？""做桃子一样的人如何保持自我独特性？"通过这样的辩论活动，学生既锻炼了表达能力和辩论技巧，又加深了对文本中人物角色和主题的理解。[①]

3. 实施自我评价，促进学生学习

人本主义学习理论主张课程评价不应仅围绕教学目标和常规标准，而应基于学生个体的起点和基础。只要学生在个人原有的基础上取得进步，这样的学习就应视作有效。人本主义学习理论倡导一种自我评价式的课程评价观，其中促进性内部评价法是关键。这种方法鼓励学生通过对比自己学习前后的不同情况，来表达对自己学习成果的态度，从而反映出对自身能力、价值以及成功可能性的认识。在自我评价的过程中，学生积极参与学习，并在教师的引导下自我评估学习成果，自主发现并解决学习难题。这一过程不仅有助于培养学生的自我评价习惯，还能增强他们的自主学习能力。例如，在教授《麻雀》一课时，教师引导学生进行课堂练笔活动，为了更全面地了解学生的学习情况，除组织常规的小组互评和教师评价外，教师还可以设计一份学生的自我评价表（见表4-2），让学生客观评价自己本节课的学习情况。通过自我评价，学生不仅能够对自己的学习情况有一个全面的认识，还能学会如何自我反思和规划未来的学习。同时，教师也可以根据学生的自我评价结果，提供更有针对性的指导和支持，从而促进学生的个性化发展。

表4-2　自我评价表

评价项目	自我评价
1. 我能交代清楚事情发展的起因、经过和结果	☆ ☆ ☆
2. 我能把看到的写下来	☆ ☆ ☆
3. 我能把听到的写下来	☆ ☆ ☆
4. 我能把想到的写下来	☆ ☆ ☆
5. 我能做到描写细致生动、文笔优美	☆ ☆ ☆
自我反思：	综合评价：

4. 注重学生的情感体验，构筑亲密融洽的师生关系

语文教学的传统实践往往局限于教师的单向传递，过分注重认知层面，情感因素往往被忽视。然而，人本主义学习理论对此提出了深刻的批判，它强调情感和认知是人类心理活动的两个紧密相连的部分，彼此相辅相成。该理论强调了情感在教学中的重要地位，认为它不仅能够促进学生的认知发展，还深远地影响着一个人的价值观和生活方式。

---

① 许凡：《谈合作学习在小学语文阅读教学中的应用策略》，《中华活页文选（教师版）》2024年第2期。

　　从这个角度来看，课堂教学并不仅是知识信息的传递，更是一次师生之间的情感交流与互动。只有建立起亲密和谐的师生关系，营造出民主愉悦的教学氛围，学生才能感受到安全和愉悦，从而敢于真实地展现自我，表达自己的想法和感受。这样的教学环境不仅有助于学生的认知发展，还能充分发挥学生的主观能动性。[①]

　　人本主义学习理论提倡"以学生为中心"的教育原则，这是对传统的"以教师为中心"的教育原则的批判。但人本主义学习理论片面强调学生的天赋潜能，无视人的社会性，过分强调学生个人自发的兴趣和爱好，忽视教学内容的系统性和教师的主导作用，会影响教育的效能。在教育实践中，一些主张（如"开放学校""开放课堂"）不易实施，也从未真正实现过。

五、多元智能理论与语文学习

（一）基本观点

　　1983 年美国心理学家、哈佛大学教授加德纳在《智能的结构》（*Frames of Mind*）一书中提出多元智能理论（Theory of Multiple Intelligences，MI）。1999 年他又出版了《重构多元智能》（*Intelligence Reframed*），对多元智能理论做了进一步的补充。他认为：所谓的智能就是在真实生活中解决问题的能力，提出新问题的能力，在自属文化领域中生产有价值的成果或提供有价值的服务的能力。

　　加德纳认为，学生的智能差异是每个学生智能强项不同的表现，每个学生多元智能组合不同，因此表现出智能差异。每个学生都大致拥有八种不同的智能。

　　（1）言语智能（Verbal/Linguistic Intelligence）。言语智能是人对语言文字的掌握和灵活运用的能力，表现为能顺利而有效利用语言描述事件、表达思想并与他人交流。言语智能占优势的人通常喜欢玩语言游戏，可以连续数小时阅读，擅长听、说、读、写。代表人物有莎士比亚。

　　（2）数理逻辑智能（Logical/Mathematical Intelligence）。数理逻辑智能是对逻辑结构关系的理解、推理、思维表达能力，主要表现为个人对事物间各种关系，如类比、对比、因果和逻辑等关系较为敏感，以及擅长通过数理进行运算和逻辑推理等。数理逻辑智能占优势的人，通常以概念和问题为中心进行思考，并且喜欢把观点付诸实践。代表人物有爱因斯坦。

　　（3）视觉空间智能（Visual/Spatial Intelligence）。视觉空间智能是指能够在脑中形成一个外部空间世界的模式并能够运用和操作这一模式的能力，即一种很强的观察、创造、再现图片和影像的能力。视觉空间智能占优势的人，常常以图、表、影像的形式呈现自己的观点，也常常将文字、感想转换为心理图像。他们擅长形象思维，有敏锐的定位感和方向感。代表人物有毕加索。

　　（4）音乐智能（Musical/Rhythmic Intelligence）。音乐智能指个人对音乐感知、欣赏、表达的能力，表现为个人对节奏、音调、音色和旋律较为敏感，以及擅长通过作曲、演奏、歌唱等形式来表达自己的思想或情感。音乐智能占优势的人对各种非语言的

---

① 瞿萍：《人本主义学习理论在语文课堂教学中的应用研究》，《四川职业技术学院学报》2008 年第 1 期。

声音、日常噪声的节奏很敏感。代表人物有贝多芬。

（5）肢体动觉智能（Bodily/Kinesthetic Intelligence）。肢体动觉智能指的是人身体的协调、平衡能力和运动的力量、速度、灵活性等，表现为用身体表达思想、情感的能力和动手的能力。肢体动觉智能占优势的人常常能通过做、运动和表演达到最好的学习效果。代表人物有姚明。

（6）人际智能（Interpersonal Intelligence）。人际智能指的是理解他人的能力，即对他人的表情、话语、手势动作较为敏感，以及能对此做出有效反应的能力。人际智能占优势的人知道如何体会他人的情绪并做出相应的反应，擅长与人合作。代表人物有马丁·路德·金。

（7）内省智能（Intrapersonal Intelligence）。内省智能指的是个体认识、洞察和反省自身的能力，表现为个人能较好地意识到和评价自己的动机、情绪、个性等，并且能有意识地运用这些信息去调适自己生活的能力。内省智能占优势的人注重内在感受，能形成现实的目标和自我概念。代表人物有孔子。

（8）自然智能（Naturalist Intelligence）。自然智能指的是观察自然界各种形态，对各种物体进行辨认和分类的能力，即人们辨别生物（植物和动物）以及对自然世界（云朵、石头等）的特征较为敏感的能力。自然智能占优势的人喜欢户外活动并关注生态环境中的规律、特征或反常现象，能据此对自然界生物进行分类和归纳。代表人物有达尔文。

（二）多元智能理论在语文学习中的应用

在语文教学世界中，八种智能很少单独使用，常常是整合起来一起运用的。多元智能理论视野下的语文教学，要十分重视课程的统整，使单学科、多学科或跨学科统合起来。根据语文教学的特点，可总结出七种主要的统整思路。[①]

1. 为学生创设丰富的语言环境

言语智能的关键是用语言思维表达以及领会语言的深层内涵。在课堂教学中，教师要为学生创设丰富的语言环境，通过谈论、演讲、讲故事、写日记、出作品等形式锻炼学生的言语智能，在频繁的表达、讨论和解释中，激发出他们的好奇心。

2. 为学生创设轻松、愉悦的音乐课堂教学氛围

音乐智能的关键在于对声音的节奏、音色、旋律、音质等较为敏感。在课堂教学中，为了有效融入音乐元素，教师可采取以下四种策略。

（1）通过节奏、歌曲、击节和吟唱，将关键知识点转化为歌曲、诗歌或快板等，以增强学生对学习内容的记忆与理解。

（2）采用背景音乐辅助记忆法，即在讲授过程中播放有节奏的背景音乐，使学生在轻松的氛围中学习，促进知识的记忆与巩固。

（3）实施音乐概念映射法，运用音乐曲调或节拍来表达学科概念、规律或知识框架，激发学生的想象力与创造力，丰富他们的表达方式。

---

① 汪潮：《语文学理——语文学习的心理学原理》，浙江大学出版社，2013，第59-62页。

（4）情感共鸣音乐法，即根据课程内容或单元主题，选取相应的背景音乐。例如，在《观潮》一课的教学中，教师通过播放潮水的音效，可以迅速在课堂上营造出一种紧张、震撼的氛围，使学生仿佛置身于钱塘江畔，目睹大潮涌来的壮观景象。音效能够直接作用于学生的听觉，使他们更加直观地感受到潮水由远及近、由弱到强的变化过程。这种方法能激发学生的学习兴趣，加深学生对文本的理解和感受，也可以提高课堂教学的效果。

3. 为学生创设多元的视听教学条件

视觉空间智能的关键是用三维空间的方式进行思维，人们不仅对外部世界做出反应，也在头脑内部进行想象。为了在教学中有效培养学生的视觉空间智能，教师可以采用以下五种方法。

（1）实施"形象化法"。教师可以鼓励学生闭上双眼，在脑海中构建所学习内容的视觉模型，形成个人的"内在视窗"。当需要回顾特定信息时，学生仅需回溯至这一"视窗"，以视觉化的方式检索数据。

（2）运用"彩色标注法"。教师与学生可以借助不同颜色的笔在黑板或学习资料上进行标记，利用色彩的视觉冲击力来突出重要的规律、规则或分类。例如，使用红色标记核心思想，绿色标记辅助信息，黄色标记待解疑问。

（3）采用"图形隐喻法"。教师可以引导学生将关键知识点或核心观点与具体的视觉形象相结合，通过形象化的方式促进学生对知识的深入理解和记忆。

（4）实施"思维可视化法"。教师可以鼓励学生将知识的要点、主题、中心思想或核心概念以图形化的方式呈现，形成"知识图谱"，从而更直观地展现知识间的联系与结构。

（5）运用"图解符号法"。教师可以通过绘制图表和符号来描述和解释概念，以图形化的方式帮助学生更好地理解和记忆教学内容，提高课堂的教学效果。

例如，一位教师在教授丰子恺先生的《白鹅》时，将白鹅高傲的姿态用简单几笔勾勒出来，学生赞不绝口。这种方法在加深学生对白鹅高傲印象的同时，也发展了学生的视觉空间智能。

4. 把师生的肢体动作用于课堂教学之中

肢体动觉智能的关键是灵活地控制身体、操纵物体。通过身体的神经-肌肉编码，唤醒肌肉记忆，用身体体验所学习的内容，能起到视觉和听觉起不到的作用。教师在课堂教学中要做到以下几点。

（1）让学生用肢体语言回答问题，如用肢体表达想法。

（2）让学生运用表演的方式学习知识，如话剧、木偶戏等。

（3）让学生运用表情动作来学习、理解知识，如猜谜活动等。

（4）让学生运用动作思维来理解知识，如制作实物等，为学生提供动手操作的机会。

例如，在《称象》一课的教学中，课文第四自然段讲了曹冲称象的办法。教师可运用演示法，引导学生初步认识浮力的原理。教师在课前准备好玻璃器皿、小木船、玩具泥象、小石子、秤等。演示时，要求学生按顺序进行实验：泥象上小船，船下沉，沿船吃水处画线→泥象下船，船浮起，往船上装小石子，船下沉到画线为止→称小石子的质量→把几次称的小石子质量加起来。通过演示过程，抽象的知识具体化了，学生对曹冲称象的办法留下了深刻的印象。在此基础上，教师相机引导："你还有什么办法称出大象的质量？"在语文教学中进行具体的操作演示，可以化难为易，使学生乐于接受、容易接受相关知识。

5. 课堂应成为师生交流的空间

人际智能的核心在于善于捕捉他人的情感意愿，以及能高效和谐地处理人际关系。在教学过程中，教师应特别关注师生间、学生间的互动与影响。合作学习模式作为一种多元智能教学策略，其精髓在于通过小组协作达成教学目标。每组人数以三至八人为宜，学生可根据各自智能特长在小组中扮演不同角色，如人际智能突出的学生担任组织者，言语智能优秀的学生负责撰写，视觉空间智能出众的学生则负责绘图，而肢体动觉智能强的学生则负责创作道具或表演等。这种合作学习模式为学生提供了模拟真实社会活动的平台。

例如，在《守株待兔》一课的教学中，教师先运用现代信息技术手段，展示一段有关"勤劳与收获"的动画，旨在激发学生的学习兴趣。接着，教师组织学生分组进行角色扮演活动。在这一过程中，学生被分配了不同角色：农夫、过路人、兔子等，每个角色都有自己的独特视角和故事情节。通过角色扮演，学生不仅能更深刻地理解故事内容，还能在表达自己理解的同时，尊重并听取他人的见解。在活动的最后阶段，教师引导学生围绕"如果我是故事中的农夫，我会怎么做"这一问题进行小组讨论。每个小组需要共同构思并呈现自己的故事结局，这鼓励学生在不改变寓言故事主旨的前提下，自由发挥创意。这一过程不仅锻炼了学生的想象力和创造力，也促进了小组成员间的沟通与合作。

6. 为学生提供反思自省的时间

内省智能，即个体自我洞察与反思的能力，其核心在于对自我的深刻认识。在课堂教学中，教师可以通过以下五种策略来培养学生的内省智能。

（1）给予学生反思时间。在讲授、讨论或活动中，应设置适当的"缓冲期"，让学生有时间消化新知识，反思个人体验，从而集中精力为接下来的活动做好准备。

（2）结合个人经历。教师应巧妙地将学生的个人感受和生活经历融入教学内容，使知识与学生生活紧密相连。

（3）扩大选择范围。给予学生选择的机会，无论是与课程内容直接相关还是间接相关，都应尽可能拓宽他们的选择空间，为校本和选修课程提供丰富多样的选择。

（4）激发情感共鸣。教师在授课时应融入不同的情感元素，同时创造机会让学生表达情感，促进师生之间的情感交流。

（5）设定明确的发展目标。这些目标应与学生的学习成果和生活规划紧密相连，旨在为他们的长期发展奠定坚实基础。

在处理如《妈妈的账单》《触摸春天》《永生的眼睛》《生命 生命》等富含哲理

的课文时，教师应特别关注对学生内省智能的挖掘。教师可以通过组织交流会、辩论会等活动，引导学生深入思考，辨别是非，进而提升他们的评价能力和认知水平。

7. 教学应满足学生探索自然奥秘的好奇心

自然智能的关键是对客观事物进行观察与分类的能力。这里的客观事物不仅包括自然界，还包括人类社会中的事物。教师可组织学生开展以下活动：形象地描述一个人的外貌，写自然观察日记，叙述一次旅游的经历，组织户外活动等，也可以用录像等模拟环境进行讨论。

在教授《最大的"书"》《蟋蟀的住宅》《爬山虎的脚》等课文时，教师要充分发挥学生的自然智能，培养学生探索自然、探索科学奥秘的兴趣。

多元智能理论突破了传统智力理论，强调了个体差异性和智能的多元性，在教育领域产生了深远影响。然而，多元智能理论也存在一定的局限性，主要体现在以下几个方面：低估了一般智能的重要性；缺乏实用的测量工具；智能类型列表一直存在争议。因此在实际应用中，教师需要根据具体情况综合考虑其优缺点，并结合其他教育理论和方法来促进学生的全面发展。

六、社会学习理论与语文学习

（一）基本观点

社会学习理论是班杜拉最重要的也是流传最广的理论，亦称模型模仿论，该理论试图阐明人应该如何在社会环境中学习，从而形成和发展他的个性。社会学习理论主要包括观察学习理论、三元交互决定论、自我调节理论及自我效能理论。

1. 观察学习理论

观察学习理论是指人们在不同的条件刺激下会进行不同的数据筛选，产生不同的反应，最终形成自己独有的思想与习惯。它是社会学习理论的主要理论。观察学习理论将学习分为两种，即直接学习与观察学习（间接学习）。直接学习就是通过刺激直接强化人的思维与意识，以此来达到学习的目的。但每个人都有自身的主体意识，这就导致直接强化效果是有限的，人们更多的是通过观察社会生活中的行为并对其进行模仿来学习，而社会生活中的榜样就是大多数人观察与模仿的对象。观察学习理论将学习过程划分为注意过程、保持过程、重复过程与动机过程。

2. 三元交互决定论

三元交互决定论认为，人既不是单向地受内在因素的驱使，也不是单向地受外部环境的控制；人的内部因素、行为和外部环境三者之间是相互影响、相互决定的。人的行为会在一定程度上改变或创造外部环境，而改变或创造的外部环境又在一定程度上影响人的行为。这就是所谓的三元交互决定论。该理论探讨的是外部环境、行为以及表现为思维、认知、自我评价等的人的内部因素之间的交互决定关系。

3. 自我调节理论

自我调节理论认为人具有符号表征及自我反应能力，除了外部的奖励或惩罚，人还能依照自我确立的内部标准和自我激励来调节自己的行为，有一个内在强化的过程。

自我调节包括三个基本过程，即自我观察、自我判断和自我反应。自我观察是指人们根据不同的活动中存在的不同衡量标准，对行为表现进行观察的过程。自我判断是指人们为自己的行为确立某个目标，以此来判断自己的行为与标准间的差距并进行肯定的或否定的自我评价的过程。自我反应是指个人评价自我行为后产生的自我满足、自豪、自怨和自我批评等内心体验。

4. 自我效能理论

自我效能理论是社会学习理论中关于学习动机的理论，自我效能感是指人们为了完成某件事情所形成的预期期望或者主观评估，这是一种主观认知，但是对客观行为也具有调节作用。简单来说，自我效能感高的人会在活动过程中充满自信，活动结果也会更加符合预期；自我效能感低的人在活动过程中的行为会较差，活动结果会与预期相差较远，甚至会对其造成打击，进一步降低其自我效能感。因此，自我效能感需要人们进行适当的调节。

（二）社会学习理论在语文学习中的应用

社会学习理论在语文学习中的应用可以通过以下具体例子来展示。

1. 观察学习理论在《题西林壁》教学中的应用

（1）引导学生有效观察，提取有用的信息。在学习的过程中，学生通过观察活动获取知识的效果取决于其注意过程。如果学生能从熟悉的事物中观察到新的细节，他们便会思考为何之前未注意到这些关键信息。以《题西林壁》的教学为例，教师可以创新教学方式，先去除古诗中的文字，仅呈现画面，引导学生自行观察。随后，教师再进行引导，并呈现古诗文字。此方法有助于学生更深入地观察画面，将古诗与画面相结合，从而提升观察学习的效果。教师的有效指导与学生的有意观察相结合，对学生理解古诗词具有显著益处。

（2）符号转化与认知复述，有效保持观察的信息。制约观察学习的一个关键因素是学生对所观察到信息的表达与保持能力。因此，在指导学生通过观察活动获取信息后，教师应设计环节以巩固这些信息。例如，在学生观察图片和内容演示后，可以引导他们通过绘画和思考来巩固所学内容，从而帮助他们理解和保持所观察到的信息和知识。这种方法既能增强学生的学习效果，又能让他们获得观察学习的感悟，进一步掌握观察学习的方法。

（3）深化补充与方法指导，帮助学生掌握观察的技巧。观察学习的一个重要环节是将观察到的信息转换成适当的行为。学生能否通过行为表现观察学习的内容，一定程度取决于他们是否具备再现演示或示范行为所必需的条件。在《题西林壁》的教学中，教师应引导学生通过想象、背诵等方式展现所学知识。通过想象观察到的图像，学生可以获取信息、表述信息，并通过想象、感悟进一步提升运用信息解决问题的方法与技能。

（4）激发动机，促进观察学习的迁移应用。学生若发现或感悟到所学知识的价值，其学习兴趣会极大提升。教师可以通过《题西林壁》的观察与体验活动，让学生尝试自己观察写景的方法。在完成观察信息的提取、保持和学习观察方法后，当学生产生想要表达所学知识的愿望时，教师应及时呈现能够进行迁移应用的观察素材，以激发学生的学习兴趣，促使学生积极努力地去完成这些任务。这样，观察学习效果会事半功倍。

2. 自我效能理论的应用——以小学语文写作教学为例

如何帮助学生提高写作的"自我效能感"？大量文献表明：效能信念通过四种主要过程调节人类活动，即认知、动机、感情和选择过程。[①] 教师可以从以下几个方面提高学生写作的"自我效能感"。

（1）下潜教材——通过树立"生活自信"，强化主体效能。将写作教学与学生的日常生活紧密联系起来，引导他们从生活中寻找写作素材。通过分享生活中的小成就和感受，帮助他们树立"我能写、我会写"的自信，从而强化其作为写作主体的效能感。在教授"记一次游戏"的写作课时，教师可以先组织学生进行一次有趣的课间游戏，如"丢手绢"。游戏结束后，引导学生回忆游戏过程，讨论游戏中最有趣的部分，然后让他们尝试将游戏过程和感受写下来。这样，学生就能从自己的生活中找到写作素材，感受到写作的乐趣，从而增强写作自信。

（2）组织合作——通过推动"对话自信"，提升个体智能。在小组合作学习中，教师应创建安全、积极的讨论环境，确保每位学生都有发言的机会，鼓励正向反馈和建设性批评，促进相互学习和成长。在"我做了一项小实验"的写作教学中，教师可以将学生分成小组，让学生各自进行一个小实验，并记录实验过程。然后，小组内成员互相交流实验过程和结果，讨论实验中遇到的问题和解决方法。通过小组讨论，学生可以借鉴他人的写作思路，丰富自己的写作内容，同时在交流中提升自信。

（3）深化评价——通过维护"治愈自信"，彰显写作功能。教师应采用正面激励的评价语言，强调个性化进步而非单一标准，鼓励学生反思写作过程，使其将写作与自我成长相联系。在批改学生的日记或作文时，教师可以注重发现学生写作中的亮点和进步，并给予具体的肯定和鼓励。例如，对于一位平时写作较困难的学生，如果他在某次作文中能够生动地描述一个场景或表达一种情感，教师可以在评语中特别指出这一点，并表扬他的努力和进步。这样，学生就能感受到写作带来的成就感和满足感，从而更加积极地投入写作。

社会学习理论在小学语文学习中有着广泛的应用。通过对观察学习等理论的应用，教师可以帮助学生更好地掌握语文知识、提高语文能力，使其养成良好的学习习惯和态度。当然，社会学习理论也有其明显的不足和局限性，这主要表现在以下几点：第一，社会学习理论缺乏内在统一的理论框架，该理论的各个部分较分散，如何将彼此关联起来，构成一个有内在逻辑的体系，是一个亟待解决的问题；第二，社会学习理论是以儿童为研究对象建立起来的，但忽视了儿童自身的发展阶段会对观察学习效果产生影响。

---

① 班杜拉：《自我效能：控制的实施》（上册），缪小春、李凌、井世洁等译，华东师范大学出版社，2003，第166页。

第三节　小学生语文学习过程

小学生语文素养的提升确实需要经历一个系统的学习过程。这个过程涉及多个方面，它是一个由激发学习兴趣、产生学习动机，到养成良好学习习惯，并伴随学习情感的培育和学习意志的锻炼，逐步掌握学习策略、提升自学能力和全面发展语文素养的循环过程。在这一过程中，小学生可以逐步提高自身的语文素养，为未来的学习和生活奠定坚实的基础。

一、学习兴趣的激发

学习兴趣是小学生在学习过程中展现出的对知识的热爱、追求和探索的内在动力。它不仅是一种情感倾向，更是小学生学习行为的重要推动力量。当小学生对某一学科或领域产生浓厚的兴趣时，他们会更加主动地投入学习，追求知识，展现出高度的专注和热情。

从对学习效果的促进作用来看，学习兴趣可以作为学习的起始点和持续动力。它激发着小学生的好奇心，促使他们去探索未知的领域，寻找答案。同时，学习兴趣也是学习的结果，因为在学习过程中，小学生通过不断地探索和发现，逐渐培养出对某一领域的热爱和兴趣。

求知欲是小学生学习兴趣的另一种表现形式。它是小学生对知识的渴望和追求，是推动小学生主动学习的关键。在语文学习活动中，培养小学生的学习兴趣至关重要，因为它能够激发小学生的内驱力，使他们更加自主地投入学习。

在语文教学中，教师可以参考以下教育策略激发小学生的语文学习兴趣。

1. 创造生动有趣的课堂环境

（1）使用多媒体教学资源，如视频和图片，使教学内容更加生动。

（2）布置色彩丰富、有趣的教室环境，如用小学生的作品装饰墙壁。

（3）安排互动性强的小组活动，鼓励小学生积极参与。

2. 采用多样化的教学方法

（1）结合故事、游戏和角色扮演等形式，让小学生在轻松愉快的氛围中学习。

（2）引入竞赛机制，如语文知识竞赛、朗读比赛等，激发小学生的竞争意识和参与热情。

（3）使用项目式学习方式，让小学生围绕一个主题进行深入研究，培养他们的探究精神和合作能力。

3. 关注个体差异，因材施教

（1）了解每个小学生的兴趣爱好和学习特点，为他们提供个性化的学习资源和建议。

（2）鼓励小学生在课堂上表达自己的观点和想法，培养他们的自信心和表达能力。

（3）为不同水平的小学生设置不同难度的学习任务，确保每个小学生都能获得成就感。

4. 引入实际生活案例

（1）将语文知识与现实生活相结合，让小学生感受到语文的实用性和价值。

（2）引导小学生观察、思考和讨论身边的语文现象，如广告词、标语等。

（3）鼓励小学生参与社会实践活动，如采访、调查等，培养他们的实践能力和社会责任感。

5. 持续更新教学内容和方式

（1）密切关注教育动态和最新研究成果，不断更新教学内容和方式。

（2）尝试引入新的教育理念和技术手段，如"互联网+"教育、智慧课堂等。

（3）鼓励小学生提出自己的意见和建议，共同完善教学过程。

6. 积极地评价与反馈

（1）对小学生的学习成果进行及时、客观的评价，并给予积极的反馈。

（2）鼓励小学生互相评价，培养他们的批判性思维和合作能力。

（3）设立奖励机制，对表现优秀的小学生进行表彰和奖励，激发他们的学习动力。

7. 加强家校合作

（1）与家长保持密切联系，共同关注小学生的学习进展和兴趣变化。

（2）鼓励家长参与小学生的学习过程，如与小学生一起阅读、讨论等。

（3）举办家长会和亲子活动，加强家校之间的沟通和合作。

二、学习动机的产生

学习动机是让小学生主动学习的关键内部因素，它在小学生的学习过程中起着至关重要的作用。心理学将其定义为推动人进行学习的内部力量，也称内驱力。学习动机不仅决定了小学生是否愿意学习，还影响着他们的学习方向、专注度和努力程度。

1. 学习动机的三大核心功能

（1）学习动机为小学生提供了明确的方向指引。当小学生受到激励时，他们会根据动机所指引的方向努力前行，从而更有可能取得学习上的成功。

（2）学习动机帮助小学生集中注意力。在面对学习中的干扰和困难时，有动机的小学生能够更好地排除外界干扰，专注于学习任务。

（3）学习动机还能增加小学生的学习活力。受到激励的小学生会更加积极主动地学习，为实现自己的愿望和目标付出更多努力。学习动机越强，小学生学习的积极性就越高，他们更愿意主动学习、深入探索，并在学习过程中保持持久的热情和动力。在学习语文这一学科时，学习动机同样是小学生主动学习的内驱力。只有当小学生真正对学习语文产生内在的需求和愿望时，他们才能更加高效地掌握知识、提升能力。

2. 学习动机产生的影响因素

小学生语文学习动机的产生是一个多因素相互作用的结果，主要包括以下几个方面。

（1）学校教育的引导。学校是小学生语文学习的主要场所，其教育方式和内容对小学生语文学习动机的形成起到至关重要的作用。学校可以通过设计有趣且富有挑战性的语文教学内容，以及语文竞赛、评比等形式，激发学生的学习兴趣，让他们体验到语文的魅力。例如，通过组织讲故事比赛、角色扮演比赛和写作比赛等活动，可以让小学生在参与中感受到语文学习的乐趣，从而增强学习动机。

（2）家庭环境的影响。家庭环境对小学生语文学习动机也有着不可忽视的影响。家长对语文学习的重视程度、家庭氛围以及家长与小学生的互动等都会直接或间接地影响到小学生的学习动机。在家庭中，如果家长能够给予小学生鼓励和支持，为他们提供良好的学习环境和资源，小学生会更容易对语文学习产生兴趣，并形成积极向上的学习动力。

（3）内在学习动机的来源。小学生在学习语文的过程中，会逐渐认识到语文学习的价值，从而产生内在学习动机。这种动机主要来自两个方面。

①获得自我认同感。当小学生在语文学习中取得好成绩、赢得夸奖时，会获得自我认同感，这有助于他们对自己能力的肯定和自信心的提升，进而激发他们对语文的内在学习动机。

②培养审美情趣。语文学习不仅是对知识的学习，更是对文学作品的欣赏和理解。通过学习文学作品，小学生可以培养自己的审美情趣，感受文字之美，体验阅读的乐趣，从而推动自身的进步。

（4）课外资源的影响。

①多样化的阅读材料。小学生通过阅读各种各样的书籍、报刊等，能够拓宽自己的视野，开阔思维，培养对语文学习的兴趣。在课外阅读的过程中，他们会遇到各种有趣的故事和有启发性的知识，进而产生学习语文的内在动机。

②多媒体与科技的应用。随着科技的发展，多媒体资源在小学生的语文学习中发挥着越来越重要的作用。小学生通过观看电视节目、网络课程等方式，能够更加直观、生动地学习语文知识，提高学习效果。

三、学习习惯的养成

学习习惯是小学生在长期学习过程中通过反复练习而形成的一种自觉、稳定的学习行为倾向。对于语文学习而言，良好的语文学习习惯是衡量小学生语文素养高低的重要指标。著名语言学家吕叔湘曾说过："在语文教学上主要的任务应该是培养学生的良好习惯，不能过分依赖教师的分析和讲解。因为运用语言是一种习惯，习惯的养成要通过反复地练习和实践。"可见，养成良好的语文学习习惯是语文学科重要的教学目的之一。这些习惯包括好读、善听、会记、常写、注重积累等，以及自觉参与语文相关的各种活动。良好的语文学习习惯能够帮助小学生更加高效地获取知识，提高学习效率。例如，好读的习惯可以使小学生广泛涉猎各类文学作品，拓宽知识面；善听的习惯则有助于小学生在课堂上集中注意力，抓住教师的讲解要点；会记的习惯则帮助小学生更好地记忆和理解知识；常写的习惯可以提升小学生的写作水平，培养其表达能力；注重积累的习惯则使小学生能够在日常学习中不断积淀，为将来的学习打下坚实的基础。这些学习习惯不仅有助于小学生在语文学习中取得好成绩，还能够培养他们的自主学习能力、创新能力、合作能力等综合素质，为他们的未来发展奠定坚实的基础。

值得注意的是，学习习惯本身并不是知识或能力，但它是获取知识并将知识转化为能力的重要桥梁。良好的学习习惯可以形成一种持久的推动力，使小学生在学习过程中保持积极的学习态度和行为，从而实现自我提升和不断进步。

小学生良好的语文学习习惯的养成是一个长期且需要持续努力的过程。教师可以通过以下策略帮助小学生养成良好的语文学习习惯。

1. 设定明确的学习目标

与小学生一起设定清晰、具体的语文学习目标，确保他们明白为什么要学习这些内容，以及学习这些内容能带来什么好处。

2. 设定规律的学习时间

（1）为小学生设定固定的语文学习时间，如每天晚上的某个时间段，并鼓励他们坚持执行。

（2）对于低年级的小学生，由于其自律性相对较弱，家长可以陪伴他们一起学习，帮助他们形成自律的学习习惯。

3. 培养预习和复习的习惯

（1）鼓励小学生在学习新课前进行预习，了解将要学习的内容，提出问题。

（2）鼓励小学生在学习结束后进行复习，巩固所学知识，查漏补缺。

4. 培养写作习惯

（1）鼓励小学生多写多练，如写日记、写小故事等，提高他们的写作能力和表达能力。

（2）给予小学生正面的反馈和建议，帮助他们不断改进和提高。

5. 注重课堂参与

（1）鼓励小学生在课堂上积极发言，参与讨论，与教师和同学进行互动。

（2）教会小学生如何倾听他人的发言，尊重不同的观点，学会合作与分享。

6. 学会记录和整理

（1）鼓励小学生使用笔记本或学习卡片等工具，随时记录重要的知识点和心得体会。

（2）教会小学生如何整理自己的学习资料，形成系统的知识体系。

7. 定期检查和反馈

（1）定期检查小学生的语文学习进度和作业完成情况，了解他们的语文学习状况。

（2）给予小学生正面的反馈和建议，帮助他们认识自己的优点和不足，并鼓励他们继续努力。

8. 学会利用科技手段

（1）利用互联网和多媒体资源，为小学生提供丰富多样的语文学习材料。

（2）鼓励小学生使用电子词典、在线学习平台等工具，提高学习效率。

四、学习情感的培育

学习情感是指小学生在学习过程中所体验到的情感状态，包括积极的学习情感和消极的学习情感。积极的学习情感如兴趣、好奇心、喜悦等，可以提升学习效果和学习动力；而消极的学习情感如焦虑、厌烦、沮丧等则可能阻碍学习进度。学习情感与学习成绩、学习动机等密切相关，对小学生的学习过程和结果具有重要影响。

1. 学习情感的调控作用

在小学生的语文学习活动中，学习情感起着重要的调控作用。具体表现在以下几个方面。

（1）小学生的学习情感直接影响着他们对学习的态度和积极性。正如古人所言，"忧者见之则忧，喜者见之则喜"。积极的学习情感能使小学生充满动力，对语文学习保持持久的兴趣，即使在面对困难时也能保持乐观的态度。相反，焦虑、抑郁等消极的学习情感则可能使小学生感到沮丧，失去学习的热情和动力，导致学习效果下降。

（2）学习情感对小学生语文学习的影响还表现在注意力方面。积极的学习情感使小学生的注意力更加集中，思维更加敏捷，学习效果更好。相反，消极的学习情感可能使小学生分心，难以专注于学习。

（3）学习情感与小学生的创造力、决策能力等方面密切相关。积极的学习情感有助于激发小学生的创造力和想象力，从而促使他们在学习过程中发现新的问题、提出新的观点。

（4）学习情感还影响着小学生的决策过程，积极的学习情感使他们更加自信、果断，能够做出更加明智的决策。所以，学习情感是小学生学习语文的重要调控动力，只有当小学生充满热情和兴趣时，他们才能真正投入学习，取得更好的学习效果。

2. 学习情感的形成阶段

小学生语文学习情感的形成是一个动态的、交互的过程，它涉及小学生对学习任务的认知、对学习环境的感知以及对自身情感状态的调节等多个方面。具体来说，小学生学习情感的形成可以分为以下几个阶段。

（1）初始阶段：小学生对学习任务产生初步的认知和兴趣，对学习环境进行感知和评价。在这个阶段，小学生对学习任务的难度、趣味性以及学习环境的好坏产生初步的情感体验。

（2）发展阶段：小学生在学习过程中不断积累经验和知识，逐渐认识到学习任务的重要性和价值。同时，小学生与教师、同学之间的互动和交流也会对学习情感产生影响。在这个阶段，小学生的学习情感逐渐稳定并发展出积极或消极的学习情感倾向。

（3）深化阶段：小学生对学习任务有了更深入的理解和体验，对学习环境也更加适应和熟悉。在这个阶段，小学生的学习情感进一步深化并可能形成持久的学习动力和兴趣。

五、学习意志的锻炼

学习意志在人们的学习活动中起着至关重要的作用。它是人们自觉调节自己的行为，克服困难，以达到预定目标的心理过程。通过行动，意志得以展现，它反映了人的意识的能动性。学习意志力是指学习者为完成学习任务而持续地克服困难的能力，通常以学习者每次学习活动所持续的时间长短来衡量。在学习过程中，学习意志的作用不可忽视，它能够使学生坚定地朝着预定目标前进，排除一切干扰和困难。

意志与学习的关系紧密相连。学习不仅需要高度的智力活动，还需要坚强的学习意志作为支撑。只有具备顽强学习意志的小学生，才能在面对学习中的种种困难时不退缩、不放弃。正如我国古代教育家荀子所说："锲而舍之，朽木不折；锲而不舍，金石可镂。"这深刻地表达了学习意志在学习中的重要作用。学习意志还体现在小学生对学习目标的坚定追求上。一个有志向的学生，会明确自己的学习目标，并为之付出持续的努力。他们不会被外界的干扰所动摇，也不会因为自身的困难而放弃。这种坚定的意志，使得他们能够在学习过程中不断克服困难，取得进步。此外，学习意志还与情感紧密相关。在学习过程中，学生可能会遇到各种挫折和困难，这时，健全的情感支持就显得尤为重要。只有具备健全的情感支持，学生才能在面对困难时保持积极的心态，继续坚持下去。

学生语文学习意志的锻炼是一个长期且持续的过程，需要教师和家长的共同关注和指导。

1. 设定明确的学习目标和制订详细的学习计划

（1）设定明确的学习目标：教师应与小学生共同设定具体、可衡量的语文学习目标，如每周完成一定数量的阅读任务。

（2）制订详细的学习计划：教师应根据学生的年龄特点和学习需求帮助学生制订详细的学习计划，包括每天的学习时间和内容安排，确保学习目标的逐步实现。

2. 培养坚持不懈的学习态度

（1）严格要求：教师应鼓励学生严格要求自己，做到"言必信、行必果"，不轻易放弃学习任务。

（2）榜样作用：教师应以名人为榜样，激发学生的学习动力，培养他们的意志力。教师可以推荐学生阅读有关坚强意志、励志成长等主题的课外读物，如越王勾践卧薪尝胆的故事等，通过故事中主人公的经历，激发学生的意志力。

3. 加强课堂教学中的意志锻炼

（1）设计课前五分钟：教师应设计一个有关意志培养的题目，利用每天课前的五分钟，让学生上台演讲，既锻炼其口才，又培养其意志。

（2）小组讨论与合作学习：教师应组织学生进行小组讨论和合作学习，让他们在合作中学会坚持和克服困难。

4. 引导学生自我教育

（1）面对挫折：教师应教育学生，在遇到困难时要勇敢面对并寻求解决办法，不轻易放弃。

（2）自我激励：教师应鼓励学生设定小目标，并在实现后给予自己奖励，以增强学习的持续动力。

（3）自我检查：教师应引导学生经常进行自我检查和自我评价，找出自己的不足并努力改进。

5. 教师和家长的持续关注和指导

（1）监督与鼓励：教师和家长要密切关注学生的学习情况，及时发现问题并给予指导。同时，要对学生的努力和进步给予充分的鼓励和肯定。

（2）家校合作：教师要加强与家长的沟通与合作，共同关注学生的语文学习意志锻炼情况，形成教育合力。

六、学习策略的掌握

所谓学习策略，就是学习者为了提高学习的效果和效率，有目的、有意识地制定的有关学习过程的复杂方案。学习策略是学习者在学习过程中的重要工具，它涵盖了程序、规则、方法、技巧以及调控方式等多个方面。学习策略可以是内隐的规则系统，也可以是外显的操作程序与步骤。全面理解学习策略的基本含义，我们需要把握以下三个关键点。

（1）任何有助于提高学习质量和学习效率的程序、规则、方法、技巧及调控方式都可以被视为学习策略。这意味着学习策略并不局限于某种特定的方法或技巧，而是包括了广泛的学习方式和手段。例如，学习者可以采用不同的记忆方法（如联想记忆法、重复记忆法等）来提高记忆效率，或者采用时间管理技巧来做学习计划。

（2）学习策略既有内隐、外显之分，又有水平、层次之别。内隐的学习策略通常表现为学习者的思维方式或认知过程，而外显的学习策略则可以通过学习者的行为或操作来观察。此外，学习策略的水平和层次也有所不同，有些策略可能较为简单和基础，而有些策略则可能更加复杂和高级。例如，简单的复述策略可能只是按照一定的次序重复信息，而更高级的策略则可能涉及对信息的深度加工和理解。

（3）学习策略是衡量个体学习能力的重要尺度，也是制约学习效果的重要因素。一个善于运用学习策略的学习者往往能够更高效地学习新知识、掌握新技能。通过全面理解学习策略的基本含义并灵活运用各种策略，学习者可以更加有效地提高学习质量和效率。

根据学习策略所起的作用，丹瑟路把学习策略分为基本策略和支持策略两类。基本策略是指直接操作材料的各种学习策略，主要包括信息的获得、贮存、检索和应用的策略。支持策略主要是指帮助学习者维持适当的学习心理状态，以保证基础策略有效操作的策略，如集中注意策略等。根据学习策略覆盖的成分，迈克卡等人将学习策略分为认知策略、元认知策略、资源管理策略。下面将根据迈克卡的分类，对小学生典型的语文学习策略进行分析。

（一）认知策略

认知策略是加工信息的一些方法和技术，有助于学生有效地从记忆中提取信息。

1. 复述策略

复述策略是为了保持信息，运用内部语言在大脑中重现学习材料或刺激，以便将注意力维持在学习材料上的方法。几种常用的复述策略如下。

（1）无意识记和有意识记。无意识记是指没有预定目标、不需要经过努力的识记。有意识记是指有预定目标、需要有意识地努力识记。

（2）排除相互干扰。在安排复习时，要尽量考虑预防前摄抑制和倒摄抑制的影响，要尽量错开学习两种容易混淆的内容的时间。当学完一系列词语后，马上进行测验，开始和结尾的几个词一般要比中间的词记得牢。这就是所谓的首位效应和近位效应。因此，要把最重要的新概念放在复习的开头，最后对它们进行总结。

（3）整体识记和分段识记。篇幅短小或者内在联系密切的语文学习材料，适合采用整体识记方法，即整篇阅读，直到记牢为止。篇幅较长，或者较难，或者内在联系不强的语文学习材料，适合采用分段识记方法，即将整篇材料分成若干段，先一段一段地记牢，然后合成整篇识记。

（4）多种感官参与。在进行识记时，要学会同时运用多种感官，多种感官同时参与能有效地增强记忆。

（5）复习形式多样化。采用多种形式进行复习有利于理解和记忆。在实践中应用所学知识是对知识的最好复习形式。

（6）画线和圈点标注。画线是阅读时常用的一种复述策略。教师在教学生画线时，首先，解释在一个段落中什么是重要的；其次，教学生谨慎地画线，也许只画一到两个句子；最后，教学生复习和用自己的话解释这些画线部分。

圈点批注的方法有：圈出不知道的词；标明定义和例子；列出观点原因或事件序号；在重要的段落前面加上星号；在混乱的章节前面上问号；给自己做注释；标出可能的测验项目；画箭头表明关系；注上评论，记下不同点和相似点；标出总结性的陈述。

2. 精细加工策略

精细加工策略是一种将新学材料与头脑中已有知识联系起来，从而增加新信息的意义的深层加工策略。常用的精细加工策略有以下几个。

（1）记忆术。记忆术大体可分为以下几种。

①位置记忆法。位置记忆法是一种传统的记忆术。所谓位置记忆法，就是学习者先在头脑中创建一幅熟悉的场景，在这个场景中确定一条明确的路线，在这条路线上确定一些特定的点。然后将所要记的项目全都视觉化，并按顺序与这条路线上的各个点联系起来。回忆时，按这条路线上的各个点提取所记的项目。

②缩简和编歌诀。缩简就是将识记材料的每条内容简化成一个关键性的字或词，然后变成自己所熟悉的事物，从而将材料与过去经验联系起来。也可以将材料缩简成歌诀。在缩简材料将其编成歌诀时，最好是自己动脑筋，因为自己创造的东西印象更深刻。歌诀力求精练准确，富有韵律。

③谐音联想法。学习一种新材料时运用联想，假借意义，对记忆也很有帮助，这种方法被称为谐音联想法。

④关键词法。关键词法就是将新词或概念与相似的声音线索词，通过视觉表象联系起来。

⑤视觉联想法。视觉联想法就是通过心理想象来帮助人们记忆。

⑥语义联想法。语义联想法是通过联想，将新材料与头脑中的旧知识联系在一起，赋予新材料以更多的意义。运用这种方法的关键是设法找出新旧材料之间的内在逻辑联系。

（2）做笔记。做笔记是阅读和听讲时常用的一种精细加工策略。为了让学生做好笔记，教师应做到：讲演慢一点；重复复杂的主题材料；呈现做笔记的线索；在黑板上写出重要的信息；给小学生提供一套完整的笔记，让他们观看；给小学生提供结构式的辅助手段。同时，小学生应做到：笔记本上不要写得密密麻麻，要留出一定的空白；同时记录正文、关键词和自己的疑问、感想；复习、思考笔记中的观点。

（3）提问。提问是指学生在学习活动中问自己问题，彼此之间相互问问题，或请教教师。

（4）生成性学习。生成性学习是指训练学生，使其对所阅读的东西产生一个类比或表象，以加强其深层理解。这种方法最重要的一点是需要学生积极地加工产生课文中没有的句子，与课文中某几个重要信息相关的句子，用自己的话组成的句子。

（5）利用背景知识。背景知识对学习是很重要的。教师一定要把新的知识和学生已有的背景知识联系起来，即联系实际生活，教师不仅要帮助他们理解这些信息的意义，还要帮助他们感觉到这些信息有用。

3. 组织策略

组织策略是指整合所学新知识之间、新旧知识之间的内在联系，形成新的知识结构。组织策略对知识结构的改变主要体现在对知识的简化、系统化和概括化上。小学生常用的组织策略有以下几个。

（1）列提纲。列提纲时先对材料进行系统的分析、归纳和总结；然后，用简要的语词，按材料中的逻辑关系，写下主要和次要观点。具体教学方法有两种：一是让学生每读完一段后用一句话概括；二是让学生准备一个提要来帮助别人学习材料。

（2）利用图形。

①系统结构图。系统结构图指学完一科知识后对学习材料进行归类整理，将主要信息归于不同水平或不同部分所形成的系统结构图。在金字塔结构图中，较具体的概念要放在较抽象概念之下。

②流程图。流程图可用来表现步骤、事件和阶段的顺序。流程图一般从左向右展开，用箭头连接。

③模式图或模型示意图。模式图就是利用图解的方式来说明在某个过程中各要素之间是如何相互联系的。模型示意图是用简图表示事物的位置（静态关系），以及各部分的操作过程（动态关系）。

④网络关系图，又称概念图。利用网络关系图可以说明各种观点是如何相互联系的。做网络关系图时，首先找出课中的主要观点；然后找出次要观点或支持性观点；最后标出这些部分，并将次要观点和主要观点联系起来。在网络关系图中，主要观点位于

正中，次要观点位于主要观点的周围。

（3）利用表格。

①一览表。首先对材料进行全面的综合分析，然后抽取主要信息，最后从某一角度出发，将这些信息全部陈列出来，力求反映材料的整体面貌。

②双向表。双向表从纵横两个维度罗列材料中的主要信息。系统结构图和流程图都可以演变成双向表。

（二）元认知策略

所谓元认知，就是对认知的认知，具体来说，是关于个人自己认知过程的知识和调节这些过程的能力。元认知策略是学生对自己认知过程的认知策略，包括对自己认知过程的了解和控制策略，该策略有助于学生有效地安排和调节学习过程。元认知具有两个独立但又相互联系的成分：对认知过程的知识和观念与对认知行为的调节和控制。元认知知识主要包括三方面的内容：①对个人作为学习者的认识；②对任务的认识；③对有关学习策略及其使用方面的认识。元认知控制是运用自我监视机制确保任务能成功完成，知道何时做、如何做，是对认知行为的管理和控制，是主体在进行认知活动的全过程中，将自己正在进行的认知活动作为意识对象，不断地对其进行积极、自觉的监视、控制和调节。元认知控制过程包括制订认知计划、监视计划的执行以及对认知过程的调整和修改。

1. 元认知在学习中的作用

元认知在学习中的作用有起止作用、变通作用和增效作用。

（1）起止作用。在学习过程开始时，元认知帮助学习者明确学习目标，规划学习路径。它使学习者能够审视自己的知识基础、学习需求以及最终想要取得的学习成果，从而制订出合理的学习计划。这种起始作用确保了学习者学习活动的方向性和针对性，为其有效学习打下了坚实的基础。在学习过程结束时，元认知促使学习者进行自我评估和反思。学习者会回顾自己的学习历程，评估学习目标的达成情况，识别学习中的成功与不足。这种终止作用不仅有助于巩固学习成果，还为后续的学习提供了宝贵的经验和教训。

（2）变通作用。元认知在学习中的变通作用体现在其能够帮助学习者灵活调整学习策略和方法。在学习过程中，学习者可能会遇到各种预料之外的困难和挑战。这时，元认知使学习者能够意识到问题的存在，并主动寻找解决策略。通过评估当前学习策略的有效性，学习者可以及时调整方法，采用更适合当前情境的学习策略，从而确保学习活动的持续性和有效性。

（3）增效作用。元认知的增效作用在于它能够提高学习者的学习效率和学习质量。通过元认知的监控和调节功能，学习者可以更加专注于学习任务，减少无效学习时间，避免精力的浪费。同时，元认知还能够增强学习者的自我激励和自我管理能力，使学习者更加主动地投入学习。这种积极的学习态度和高效的学习策略的结合，必然会导致学习效果的显著提升。

元认知在学习中的起止作用、变通作用和增效作用共同构成了其促进有效学习的核心机制。通过培养和发展元认知能力，学习者可以更加高效、灵活地应对各种学习挑战，不断提升自己的学习能力和综合素质。

2. 常用的元认知策略

常用的元认知策略有以下几个。

（1）元认知计划策略。元认知计划策略是指根据认知活动的特定目标，在一项认知活动之前计划各种活动，预测结果，选择策略，想出各种解决问题的方法，并预估其有效性。元认知计划策略包括设置学习目标，浏览阅读材料，产生待回答的问题以及分析如何完成学习任务。

在制订计划时应注意：① 必须对学习目标做严密的审视；② 将确定的总体目标分解为一个个小目标，并保持计划的伸缩性；③ 配以一定的奖惩措施。

（2）元认知监视策略。元认知监视策略是指在认知活动进行的实际过程中，根据认知目标及时评价、反馈认知活动的结果与不足，正确估计自己达到认知目标的程度、水平，并且根据有效性标准评价各种认知行动、策略的效果。元认知监视策略包括阅读时对注意力加以跟踪，对材料进行自我提问，考试时监视自己的答题速度和时间。

（3）元认知调节策略。元认知调节策略是指根据对认识活动结果的检查，帮助学习者矫正他们的学习行为，使他们弥补理解上的不足。元认知调节策略包括但不限于：在理解困难时重新阅读或放慢阅读速度；复习不懂的课程或资料；根据学习效果调整学习计划和策略；先易后难；等等。

这三个元认知策略是相互联系、共同工作的。学习时学习者一般先认识自己的当前任务，然后使用一些标准来评价自己的理解、预测学习时间、选择有效的计划来学习或解决问题，然后，监视自己的进展情况，并根据监视的结果采取补救措施。

（三）资源管理策略

资源管理策略是辅助学生管理可用环境和资源的策略，有助于学生适应环境并调节环境以适应自己的需要。

1. 学习时间的管理

（1）统筹安排学习时间。每个人都应当根据自己的总体目标，对时间做出总体安排，并通过阶段性的时间表来落实。

（2）高效利用最佳时间。首先，要根据自己的生物钟安排学习活动。其次，要根据一周内学习效率的变化安排学习活动。再次，要根据一天内学习效率的变化来安排学习活动。最后，要根据自己的工作曲线安排学习活动。工作曲线一般有三类：先高后低；中间高两头低；先低后高。

（3）灵活利用零碎时间。首先，可以利用零碎时间处理学习上的杂事。其次，可以利用零碎时间读短篇或看报刊，拓宽自己的知识面，或者背诵诗词和外文单词。最后，可以利用零碎时间进行讨论，这有助于创造性思维的开发。

2. 学习环境的设置

学习环境是影响学生学习的外部条件之一。学习环境分为物理环境和心理环境。我们这里所说的主要是物理环境。一方面，要注意调节自然条件，如流通的空气、适宜的温度、明亮的光线以及和谐的色彩等。另一方面，要设计好学习的空间，如空间范围、室内布置、用具摆放等。

3. 心境的管理

学生主要应做到：激发内在的学习动力；树立为了掌握知识而学习的信念；选择有挑战性的学习任务；调整成败的标准；正确认识成败的原因；自我奖励。

4. 学习工具的利用方法

在高度发达的信息社会，学生要善于利用参考资料、工具书、图书馆、广播电视以及计算机与网络等学习工具。

5. 社会性人力资源的利用

学生要善于利用教师的帮助以及同学间的合作与讨论。

七、自学能力的提升

自学能力是小学生独立而有效地进行学习的重要能力，它体现了小学生积极主动的学习态度。自学能力不仅是学习指导的实质，还是提升学习效果的关键因素。这种能力涉及多种心理机能，虽然属于一般学习能力的范畴，但在学习不同学科时会有特殊的表现形式。

（一）小学生自学能力的构成要素

对于小学生来说，自学能力尤为重要，因为它为小学生未来的学习奠定了坚实的基础。在小学语文学习中，小学生的自学能力由多个因素组成。

（1）使用工具书的能力是自学的基础，例如，学会查字典，能够帮助小学生迅速而准确地获取生字词的含义，这对于理解课文内容至关重要。

（2）理解题目的能力也是自学的重要一环。小学生需要学会将题目与课文内容建立实质性的联系，从而更好地把握文章的主旨和意图。

（3）分段、概括段意或编拟段落提纲的能力也是自学必不可少的环节，这有助于小学生更好地理解和记忆课文内容。

（4）在理解文章的过程中，小学生还需要掌握根据文章主要内容理清作者思路的能力，以及捕捉中心句或概括课文中心思想的能力。这些能力不仅有助于小学生更好地理解文章，还能够提高他们的阅读速度和阅读效率。

（5）小学生还需要具备读懂并找出课文中的重点词语、重点句子、重点段落的能力。这有助于他们更好地理解课文内容，把握文章的重点和难点。

（6）从运用语言的角度，学生还应对照自己的写作实践，从课文中找出写作方法，提高自己的仿写能力。这不仅可以帮助小学生提高写作水平，还能够培养他们的创新思维和创造力。

（7）在自学过程中，小学生还需要具备发现问题、分析问题并试着解决问题的能力。这有助于他们更好地掌握课文内容，同时也能够培养他们的批判性思维和解决问题的能力。

（8）画思维导图、整理知识、做读书笔记的能力也是自学的重要一环。这有助于小学生更好地整理和归纳所学知识，形成自己的知识体系。

（二）小学生提高语文自学能力的方法

培养小学生的自学能力不仅有助于提高他们的学习效果，还能够为他们的未来发展奠定坚实的基础。教师可以有针对性地选择和使用以下方法帮助小学生提高语文自学能力。

1. 设定明确的自学目标

（1）帮助学生设定清晰、具体的自学目标，如每天学习一定数量的生字词、每周读完一本适合其年龄段的书籍等。

（2）目标要具有可衡量性，以便于学生自我评估和教师监督。

2. 教授自学方法

（1）教授学生有效的自学方法，如怎么查找资料，如何记笔记，如何制订学习计划等。

（2）引导学生学会使用工具书，如字典、词典、百科全书等，帮助他们解决自学过程中的疑问。

3. 鼓励自主阅读

（1）鼓励学生选择自己感兴趣的书籍进行阅读，并分享阅读心得和感受。

（2）定期组织阅读分享会或读书会，让学生互相交流阅读体验，提升阅读能力和表达能力。

4. 培养独立思考能力

（1）鼓励学生在阅读过程中提出问题，并尝试自己解答。

（1）引导学生对所学内容进行深入思考，形成自己的观点和见解。

5. 制订学习计划

（1）帮助学生制订合理的学习计划，包括每天的学习时间、学习内容等。

（2）定期检查学生的学习进度，并提供必要的指导和帮助。

6. 培养自我管理能力

（1）教授学生如何管理自己的学习时间和资源，如合理安排作息时间、有效利用碎片时间等。

（2）鼓励学生设定自己的学习计划和目标，并学会自我激励和约束。

7. 提供自学资源和材料

（1）为学生提供丰富的自学资源和材料，如书籍、网络资源、学习软件等。

（2）鼓励学生利用这些资源自主学习，并学会筛选和整合信息。

8. 建立自我评价体系

（1）引导学生建立自我评价体系，对自己的学习过程和成果进行反思和总结。

（2）鼓励学生进行自我评价和相互评价，以促进自我提升和互相学习。

八、语文素养的全面发展

(一) 语文素养的内涵

语文素养是小学生在语文学习过程中，通过内化汉语言的优秀文化成果而养成的一种综合性涵养。这种涵养不仅是纯粹的知识或能力，还是一种深入骨髓的基本修养，对于小学生的全面发展具有不可或缺的作用。语文素养的内涵十分丰富，它涉及多个方面，如热爱祖国语言文字、理解和运用祖国语言文字的正确态度、丰富的语文知识、不断发展的语文能力、语感、思维水平、良好的个性和健全的人格等。

（1）热爱祖国语言文字是语文素养的重要内容。小学生应该对自己国家通用语言文字有着深厚的感情，尊重并传承汉语言的文化传统。这种对祖国语言文字的热爱会激发他们学习的积极性，促使他们更加深入地学习和理解语文。

（2）理解和运用祖国语言文字的正确态度也是语文素养的重要组成部分。小学生需要掌握正确的语文学习方法，积极运用所学知识，不断提高自己的语文能力。

（3）丰富的语文知识和不断发展的语文能力也是语文素养的关键。小学生需要不断积累语文知识，提高自己的听说读写能力，从而更好地理解和运用语文。

（4）语感和思维水平也是语文素养的重要方面。语感是对语言的敏锐感知和理解，它有助于小学生更好地领悟语言的内涵和韵味。而思维水平则关系到小学生的逻辑思维、创新思维等多方面能力的发展。

（5）良好的个性和健全的人格也是语文素养的体现。语文学习不仅是知识的学习，还是人格的培养。通过语文学习，小学生可以陶冶情操，磨砺品性，形成良好的个性和健全的人格。

(二) 语文素养的提升

语文素养的提升过程是一个动态发展的综合性过程。因此，教师在语文教学过程中应该注重培养小学生的语文素养，帮助他们全面发展，成为具有深厚文化内涵和良好人文素养的优秀人才。具体可通过以下几个方面实现语文素养的提升。

1. 基础知识的积累

（1）字词掌握：学生需要掌握基本的字词意义、用法和拼音，这是语文素养的基础。

（2）语法规则：学生应熟悉常用的语法规则和句型结构，能够准确运用语言进行表达。

2. 语言能力的提升

（1）听说读写：教师应通过多样化的教学方式，如情境模拟、角色扮演等，提高学生的听说读写能力。

（2）表达与理解：教师应培养学生的语言表达能力和语言理解能力，使学生能够准确、流利地运用语言表达自己的思想和观点，同时也能准确理解他人的语言表达。

3. 文学素养的培养

（1）文学作品欣赏：教师应通过阅读名著、传统诗词等，培养学生对文学作品的欣赏和理解能力，提高其文学素养。

（2）文化理解：教学应注重培养学生对中华文化的理解和欣赏能力，通过选读经典作品，让学生深入了解中华文化的博大精深。

4. 思维品质的培养

（1）批判性思维：教师应通过提问、讨论等方式激发学生思考，培养学生的批判性思维，使其能够独立思考、分析问题。

（2）创造性思维：教师应鼓励学生发挥想象和创造力，通过写作、绘画等方式表达自己的思想和感受，培养他们的创造性思维。

5. 信息素养的提升

（1）信息获取：教师应引导学生利用互联网资源进行文献检索、信息筛选和整理，提高信息获取能力。

（2）信息处理：教师应教授学生如何有效地处理信息，如如何整理笔记、制作思维导图等，提高其信息处理效果。

6. 实践活动的参与

（1）课外阅读：教师应鼓励学生进行课外阅读，扩大阅读量，提高阅读速度和阅读理解能力。

（2）写作实践：教师应通过写作训练、作文比赛等活动，提高学生的写作能力和表达能力。

 阅读与拓展

陈隆升，2012. 语文课堂"学情视角"重构［M］. 上海：上海教育出版社.

谷生华，林健，2002. 小学语文学习心理［M］. 北京：语文出版社.

陆云，2004. 新课程小学语文学习论［M］. 南宁：广西教育出版社.

王希华，2003. 现代学习理论评析［M］. 北京：开明出版社.

许书阁，2005. 小学语文学习指南［M］. 北京：金盾出版社.

钟祖荣，2001. 学习指导的理论与实践［M］. 北京：教育科学出版社.

 思考与练习

 本章小结

第五章

小学语文教学基本原理

学习目标

1. 理解小学语文教学的内涵和基本理念；
2. 掌握小学语文教学的基本要求和主要任务；
3. 理解小学语文教学过程的内涵、基本要素和基本环节；
4. 理解小学语文教学原则；
5. 掌握常用的小学语文教学方法；
6. 掌握小学语文教学模式；
7. 了解小学语文教学改革热点。

第一节　小学语文教学概述

一、小学语文教学的内涵

（一）教学

"教学"一词有广义和狭义之分。广义的"教学"是指任何时间、任何地点、任何场合下进行的传授经验的活动。这里的"教"涵盖了所有的教导、指导、启示和引导行为，"学"包含了接受、理解、掌握和应用所传授经验的过程。这种教学活动可以发生在家庭、社区、工作场所、社会机构等各种环境中，不局限于学校。

狭义的"教学"是指在学校中传授经验的活动，即在学校教育活动中，以教师传授知识、技能等和学生获得知识、技能等为基础，教师的"教"和学生的"学"是相互联系、相互作用的统一活动。进一步说，就是"教"与"学"相结合或相统一的活动，是"教"与"学"的双边活动。这种教学活动有明确的教学目标、教学内容、教学方法和评价体系，旨在培养学生的认知、情感、技能和社会适应能力，为学生未来的发展奠定坚实的基础。狭义的教学包含三层含义。

第一，强调了教师和学生的结合或统一。教学活动是一个双边过程，涉及教师和学生的紧密互动。在这个过程中，"教"与"学"是相互依存、相互促进的。教师传授知识、技能，引导学生思考，而学生则通过学习活动来吸收和掌握知识。这种

"教"与"学"的互动关系构成了教学活动的核心，二者缺一不可。没有学生的"学"，教师的"教"就失去了意义；同样，没有教师的"教"，学生的"学"也会变得盲目和无序。因此，教学活动永远是教师和学生共同参与的，二者在教学活动中是辩证统一的。

第二，明确了教师的主导作用和学生的主体地位。在教学活动中，教师扮演着引导者和组织者的角色，他们主导着教学活动的方向和进程。然而，这并不意味着学生是被动接受的。相反，学生是学习活动的主体，他们通过主动思考和实践来构建自己的知识体系。教师的"教"是为了更好地促进学生的"学"，但不能替代学生的学习过程。这种教师主导和学生主体的关系，确保了教学活动的有效性和学生的全面发展。只有充分尊重和发挥教师和学生的双重积极性，教学活动才能顺利进行并取得良好效果。

第三，教学活动是学校教育活动的有机组成。教学活动是学校教育活动的重要组成部分，它与学校的教育目标、课程设置、评价体系等紧密相连。教学活动不仅具有传授知识、技能的功能，还承载着培养学生综合素质、促进学生全面发展的重任。因此，教学活动必须遵循学校教育活动的基本特点和目的，为学生的全面发展提供有力支持。同时，教学活动也是学校实现教育目标、完成教育任务的重要途径和手段。通过丰富多彩的教学活动，学校可以更有效地促进学生的知识积累、能力提升和素质拓展。

（二）语文教学

语文教学是指针对语言文字方面的知识和技能，通过教学活动和教学方法，培养学生的语言文字能力、表达能力、文化素养以及思维能力等方面的综合素质的过程。

具体来说，语文教学包括以下几个方面的内容。

（1）语言文字知识的教学。语文教学首先涉及语言文字的基础知识，如字音、字形、字义、词汇、语法、修辞等。教师需要通过系统的教学，帮助学生掌握这些基础知识，为学生后续的语文学习打下坚实的基础。

（2）语言技能的培养。语文教学还包括对学生听、说、读、写等语言技能的培养。通过训练，学生应该能够听懂别人的讲话，流畅地表达自己的思想，阅读并理解各种文本，以及写出通顺、连贯、有逻辑的文章。

（3）语言运用的训练。语文教学不仅要让学生掌握语言知识和技能，还要教会学生在实际生活中运用这些知识和技能，教师应安排包括写作、演讲、辩论、讨论等多种形式的实践活动，让学生在实践中提高语言运用的能力。

（4）文化熏陶和审美教育。语文教学还是一种文化传承和审美教育过程。通过语文教学，学生可以了解中华文化的博大精深，培养自己的文化素养和审美情趣。同时，语文教学还可以帮助学生形成正确的价值观、道德观和世界观，为学生全面发展提供精神支持。

（三）小学语文教学

小学语文教学是对学生的汉语文字、文学、文化及语言运用等方面的语文综合素养进行培养和锻炼的过程。它是"语"和"文"的综合体现，旨在通过系统的教学内容和方法，培养学生的语文基础知识、语言运用能力、文学素养和文化意识，为他们后续的学习和全面发展奠定坚实的基础。教育家斯霞老师在总结她的教学经验时，就反复提到过小学语文中"读"和"写"的重要性。她认为汉字输入法绝大部分的书写和记忆都是在基础教育中完成的。

小学语文
教学的内涵

二、小学语文教学的基本理念

小学语文教学的基本理念可以归纳为以下几点。

（1）全面提高学生的语文素养。小学语文教学的首要任务是全面提高学生的语文素养。这要求培养学生的语文基本能力，如阅读、写作、口语交际等；同时也要注重提升学生的文化素养和审美情趣。教师需要通过各种教学手段，激发学生的学习兴趣和好奇心，引导他们主动探究和学习，从而全面发展学生的语文素养。

（2）正确把握语文教育的特点。语文教育具有丰富的人文内涵和实践性，需要在教学中得到充分体现。在小学语文教学中，教师应该尊重学生在学习过程中的独特体验，注重对学生的熏陶感染和潜移默化的影响。同时，小学语文教学还需要注重实践，注重培养学生的语文实践能力，通过实践来提高学生的语文素养。

（3）积极倡导自主、合作、探究的学习方式。教师应该根据学生的身心发展特点和语文学习规律，激发学生的学习兴趣和求知欲，培养他们的自主学习能力和合作精神。同时，教师还需要鼓励学生敢于质疑、勇于探究，培养他们的创新意识和实践能力。

（4）努力建设开放而有活力的语文课程。教师应该积极开发和利用课程资源，注重学科间的联系以及语文与生活的联系，让学生在实践中学习语文、运用语文。同时，教师还需要不断更新教学观念和方法，吸收新思路和新观念，运用新技术和新方法，使语文课程更加生动有趣、富有活力。

三、小学语文教学的基本要求

小学语文教学的基本要求主要包括以下几个方面。

（1）教学目标明确，注重基础。小学语文教学的主要目标是提高学生的语言文字表达能力，包括听、说、读、写等多个方面。教师要注重培养学生的基本语言文字技能，通过教学语音、词汇、语法等基础知识，为学生打下坚实的语文基础。

（2）教学内容贴近生活，注重实践。小学语文教学应紧密结合学生的生活经验和实际情境，将课堂教学与生活实践相结合，使学生能够在实践中感受、探索和运用语文知识，通过实际的生活语境，让学生理解和掌握语文的实际应用技巧。

（3）教学方法多样，注重启发。小学语文教学应根据学生的特点采用多种教学方法和手段，如讲解法、演示法、实验法、讨论法、情境教学法等，以激发学生学习的兴趣和主动性；灵活运用多种教学方式，促进学生思维的发展和语文素养的提高。

（4）教学过程活跃，注重互动。小学语文教学应注重培养学生的主动参与和互动交流能力，鼓励学生在课堂上积极提问、表达自己的想法。教师应以引导和促进为主，学生在教师的引导下自己探索、发现和解决问题，形成自主学习和合作学习的良好氛围。

（5）教学评价科学，注重综合素质。教学评价不仅应重视学生的语文知识掌握程度，还应注重学生的语言表达能力、思维发展水平、阅读理解能力、创新思维和个性特长的培养等。评价方式应多样化，包括课堂表现、作业评价、综合评价等多个方面，以便全面评价学生的语文素养和能力。

（6）发言规范，注重语言的科学性。鉴于小学语文教学在学生语言发展中的重要性，教师应高度重视普通话水平的提高，规范语法、语音及词汇等教学语言，为学生树立熟练掌握、流利运用标准普通话的榜样。在小学语文教学过程中，教师应运用准确、科学的语言来提升和丰富学生的人文素养和文化知识，对词语的研究应能够结合整句话的意义和语境，从而确保语言的科学性。

综上所述，小学语文教学特点鲜明，旨在全面提高学生的语文素养，提升学生的综合能力，为学生未来的学习和生活奠定坚实的基础。

四、小学语文教学的主要任务

小学语文教学旨在为学生的全面发展奠定坚实的基础。以下是小学语文教学的主要任务。

（一）语言文字知识与能力培养

（1）识字与写字。教授学生正确的汉字读音、笔顺、笔画和书写方法，帮助学生积累一定数量的常用汉字。

（2）词汇积累。引导学生学习并积累常用的词语，理解词语的含义和用法。

（3）语法与句子结构。教授学生基本的语法知识，帮助学生理解句子的构成和表达方式。

（4）阅读与理解。培养学生阅读文本的能力，引导学生理解文本内容，把握文本主旨和作者意图。

（5）写作与表达。指导学生进行写作训练和口语交际，帮助学生学会用书面语言和口语语言表达自己的思想和情感。

（二）文学素养与审美能力提升

（1）文学作品鉴赏。引导学生欣赏优秀的文学作品，了解不同文学体裁的特点和魅力。

（2）情感体验与共鸣。培养学生对文学作品的情感体验和共鸣能力，增强学生对美的感知和欣赏能力。

（3）创造性思维培养。鼓励学生发挥想象力，进行文学创作和表达，培养学生的创造性思维。

（三）情感态度与价值观塑造

（1）爱国主义教育。通过语文教学，培养学生对祖国的热爱和民族自豪感。

（2）道德品质教育。引导学生学习优秀人物的品质，树立正确的道德观念和行为规范。

（3）审美情趣与价值观。培养学生的审美情趣和正确的价值观，使其形成正确的生活态度和人生观念。

（四）学习习惯与方法培养

（1）自主学习能力培养。鼓励学生自主学习，形成良好的学习习惯和自主学习能力。

（2）合作学习与交流。组织学生进行合作学习，培养学生的团队精神和交流能力。

（3）信息素养培养。引导学生利用信息技术手段获取和处理信息，提高信息素养。

（五）跨学科学习与综合实践

（1）跨学科知识整合。将语文知识与其他学科知识进行整合，拓宽学生的知识视野。

（2）综合实践活动。组织学生进行语文实践活动，如朗诵、演讲、辩论等，提高学生的语文实践能力。

总之，小学语文教学的任务是多方面的，旨在培养学生的语言文字知识与能力、文学素养与审美能力、情感态度与价值观以及学习习惯与方法等。通过全面的语文教学，为学生的全面发展奠定坚实的基础。

第二节　小学语文教学过程

一、小学语文教学过程的内涵

（一）教学过程的含义与特点

教学过程，即教学活动的展开过程，是小学语文教师根据一定的社会要求和学生身心发展的特点，借助一定的教学条件，指导学生主要通过认识教学内容而认识客观世界，并在此基础上发展自身的过程。教学过程具有丰富的特点，把握这一过程的本质与特点，是有效从事教学活动的前提和基础。

1. 双边性与周期性

教学过程是小学语文教师与学生、"教"与"学"组成的双边活动过程，是小学语文教师的"教"与学生的"学"的矛盾统一。师生的双边活动，在师生之间相互作用，不断发生碰撞、交流和融合。在碰撞、交流并达到融合以后，又出现新的矛盾——新知与旧知的矛盾、未知与已知的矛盾，从而产生新的碰撞和交流，形成一种波浪式的前进。教学周期的运转导致了教学过程的实现。各周期的运转呈螺旋式上升，层层递进。

2. 认知性与个性化

教学过程是学生在小学语文教师的指导下进行的特殊的认识过程。与人类其他的认识活动相比，它不是为了直接创造社会价值，而是为了实现学生个人的思维创造，即人类的"再创造"。因而，这种认识活动关注认识的结果，但更注重认识的过程，更关注学生在认识活动中的发展。学生必须积极地建构意义，通过对话及思考过程或与他人的互动，获得对知识的理解，实现个人的发展。随着社会的发展，教学过程会越来越丰富化、生动化和个性化。

3. 实践性与社会性

教学过程也是学生在小学语文教师指导下进行的学习实践活动。教学活动是自人类社会产生以来就具有的一种社会活动。新生一代通过接受、继承和发展上一代传授的知识、文化、思想等得以生存和发展，体现出鲜明的社会性。

（二）小学语文教学过程的含义

小学语文教学过程是小学语文教师根据一定的社会要求和学生身心发展的特点，借助一定的教学条件，指导学生通过认识教学内容而认识客观世界，并在此基础上发展自身的过程。小学语文教学过程首先基于一定的社会要求。这些要求通常体现在国家的课程标准中，明确了学生应掌握的语言文字知识、阅读理解能力、写作能力、口语交际能力以及文化素养等方面的目标。这些目标旨在培养学生的综合素质，为他们未来的学习、工作和生活打下坚实的基础。与此同时，小学语文教师在设计教学过程时，必须充分考虑学生的身心发展特点。小学阶段学生处于身心快速发展的阶段，他们的注意力、记忆力、思维能力和情感表达等方面都有其独特性。因此，小学语文教学过程应注重趣味性、直观性和互动性，以激发学生的学习兴趣和积极性；同时，应遵循学生的认知规律，循序渐进地引导他们掌握知识和技能。小学语文教师应充分利用教材、教具、教学设备以及教学环境等教学条件，为学生创造一个良好的学习环境。例如，通过多媒体教学手段展示生动的图片、视频和音频资料，帮助学生更好地理解课文内容；利用实物教具进行直观教学，增强学生的感性认识；营造积极向上的课堂氛围，鼓励学生积极参与课堂活动。

小学语文教学过程的核心是引导学生通过认识教学内容来认识客观世界。语文教材是连接学生与客观世界的桥梁，它包含了丰富的语言文字知识、文学作品和人文知识。在教学过程中，教师应注重培养学生的阅读能力和理解能力，引导他们深入文本，感受作者的情感和思想，从而拓宽视野、增长见识、丰富情感。同时，教师还应引导学生关注社会现实和自然现象，培养他们的观察力和思考力，使他们能够用语文的眼光去看待世界。

小学语文教学过程的最终目的是促进学生的全面发展，这涉及知识技能的掌握、思维能力的提升、情感态度与价值观的培养以及个性特长的发挥等方面。在教学过程中，教师应注重因材施教，关注每个学生的个体差异和成长需求，为他们提供个性化的指导和支持，同时，教师还应鼓励学生自主学习、合作探究和勇于创新，培养他们的自主学习能力和团队合作精神，通过这些努力，使学生能够在语文学习中不断成长、进步和完善自我。

二、小学语文教学过程的基本要素

以美国教育家杜威为代表的实用主义教学论认为，在教学过程中必须以学生个人生活实践或直接经验作为学习的中心，要围绕特定的生活事务来学习知识，即"由做而学"。据此，杜威认为教学过程包含以下五个要素。

1. 真实的经验情境

教学首先要为学生提供一个真实的经验情境。这一情境要有学生感兴趣的连续的活动，从而激发学生的参与感和好奇心。

2. 真实的问题

在这个情境内部，需要产生一个真实的问题，作为思维的刺激物。这个问题应该能够引起学生的困惑和思考，从而驱动他们进行深入的探索和学习。

3. 知识资料的占有和观察

学生需要占有相关的知识资料及从事必要的观察来应对这个问题。这个过程包括收集信息、分析资料、理解概念等，旨在帮助学生建立起对问题的初步理解和认识。

4. 解决问题的方法

学生必须一步一步地展开他们所想出的解决问题的方法。这个过程包括提出假设、设计实验、进行推理等，旨在培养学生的逻辑思维和解决问题的能力。

5. 检验和应用

学生要有机会通过应用来检验他们的想法，使这些思想意义明确，并且由他们自己去发现这些想法是否有效。这个过程包括实验操作、模拟演练、实际运用等，旨在帮助学生验证和完善他们的知识体系和技能水平。

这五个要素构成了杜威教学过程的核心框架，即教学过程旨在通过真实的情境和问题来激发学生的学习兴趣，通过占有资料、观察问题、提出假设和检验应用等过程来培养学生的思维能力和解决问题的能力。整个教学过程强调学生的主动性和参与性，以及知识与经验的结合，这有助于提高学生的学习效果和综合素质。

遗憾的是，杜威轻视系统的书本知识的教学，使实际脱离了理论的概括与指导。这种教学过程理论在许多国家做过实验，结果都是导致教学质量降低。不过，杜威重视学生的主动活动及亲身经验，五个要素是针对传统教学的缺点而提出的，因此是有一定意义与作用的。

三、小学语文教学过程的基本环节

（一）创设情境，激趣导课

"兴趣是最好的老师。""良好的开端等于成功的一半。"刚开始上课时，教师要围绕教学重点及时进行"搭桥铺路"，利用趣味故事、图片欣赏、做游戏等形式，激发学生的学习兴趣。例如，教师在教授《日月潭》一课时，一开始采取播放日月潭美景图片的形式，一下子把学生的注意力引到了美丽的日月潭上。学生在这样美的情境下进入课堂，有了这个美的情境，学生就能在学习中愉快地畅游了。又如，教师在教授《赠汪伦》时，精心而巧妙地设计了一个故事：同学们，唐代有位大诗人叫李白，很有名气。有一年，安徽泾县有个农民叫汪伦，想请李白到他家去做客，又怕请不来，就写了封信给他。信里说他们那个穷寨子可以观赏"十里桃花"。其实，哪里有什么"十里桃花"

呀，只是有一个方圆十里的桃花潭。又说那里有"万家酒店"可饮酒叙谈，其实只有一家酒店，只不过是老板姓万。后来李白来了，当他知道汪伦同他开了个玩笑以后，他究竟有没有生气呢？下面让我们一起来读一读李白为汪伦写的这首古诗《赠汪伦》，然后同学们就会知道了。因此，教师要善于挖掘与教材有关的趣味素材，并巧妙地把它编成故事，作为教学新课的铺垫，为课文的学习创造一个轻松活泼的情境。

（二）明确目标，自主探索

目标明确、有的放矢，可以使教学少走弯路，使学生学有所得、学有所获。因此，在教授新课前，教师要明确出示本节课的学习目标，让学生带着问题有目的地进行探索学习，充分发挥学生的积极主动性。在这一教学环节中，教师要努力做到以下几点。一是精心设计自学提纲，把学生应该掌握的知识点用几个巧妙的问题贯穿起来，让学生带着问题感知课文，体味情感。设计的问题要少而精，要既能统领全文的学习，又容易突破重难点。例如，教师在教授《小鹿的玫瑰花》时，出示问题：①为什么鹿弟弟说这玫瑰白栽了？②为什么最后鹿弟弟又说玫瑰花没有白栽？二是在教学过程中，教师要重视整体感知，把握教材，让学生在不同形式的朗读中体味、感悟文本。例如，教师在教授《浅水洼里的小鱼》时，在第二自然段描写小男孩捡鱼的句子中，让学生找出描写小男孩捡鱼动作的三个词语："走得很慢""不停""用力扔"，指导学生采用自由读、带着动作读、比赛读等多种形式，在朗读中走进小男孩纯洁的心灵，树立保护动物、珍爱生命的意识。

（三）展示交流，检查学习效果

展示交流是有效课堂教学不可缺少的一个环节。学生掌握得如何只有通过交流才能表现出来，通过交流，学生才能看到自身的不足，从而激发较强的探究欲望。在这个过程中，教师要及时对学生的学习做出评价，对学生的优点进行鼓励，对不足的地方进行指导。在展示交流环节中，学生应全员参与，并且要使获得的知识最大化。教师应该把展示交流的重点放在小组内展示这一环节，班内几个小组同时进行展示交流，这样既能使学困生有释疑解惑的机会，又使学优生有展示学习成果的机会，完成了"惑"与"学"的交流，从而提高课堂效率。

四、小学语文教学过程开展需要注意的问题

（一）学习是对知识、情感和生命的一种体验

小学语文教学不仅仅是知识的传递，还是情感的培养和生命体验的积累。教师应创造一个充满情感的教学环境，让学生在学习中感受知识的魅力，体验生命的价值。这样的教学能够激发学生对人生价值的积极追求，培养他们的情感素养和人文素养。

（二）开放性与生成性是新的小学语文教学课堂的主要特征

随着教育理念的更新，小学语文教学课堂越来越强调开放性和生成性。开放性意味着小学语文教学过程不应局限于预设的框架，而应鼓励学生自由探索、自由表达。生成性则强调小学语文教学过程中的动态生成，教师应根据学生的实际情况和反馈，灵活调整教学策略，促进学生知识的生成和能力的提升。

（三）树立"以学定教"的教学理念

在小学语文教学过程中，教师应将学生的发展放在首位，根据学生的实际情况和需求来确定教学内容和方法。同时，教师应注重学生的学习过程，让学生在感知、概括、应用的思维过程中掌握知识和发展能力，全面提高学生的语文素养。

（四）课堂教学是学生、教师、文本（教材）之间的对话过程

语文教学课堂应是一个互动、平等、开放的对话空间。教师不再是知识的权威者，而是学生学习的引导者和合作者。学生应成为课堂的主体，积极参与教学活动，与教师和其他同学进行平等的交流和对话。同时，教师应灵活处理教材，将其作为实现对话的媒介材料，而不是单纯的教学工具。

为了建立这样的教学环境，教师应不断更新教育观念，提高专业素养，注重与学生的情感交流，培养学生的自主学习能力和创新精神。同时，学校和社会也应为语文教学提供必要的支持和保障，共同推动小学语文教学的改革和发展。

第三节　小学语文教学原则

教学原则是根据教育教学目的、教学过程的规律和教学实践经验而制定的教学工作者必须遵循的基本要求。教学原则反映了人们对教学活动本质性特点和内在规律性的认识，是指导教学工作有效进行的指导性原理和行为准则。教学原则在教学活动中的正确和灵活运用，对提高教学质量和教学效率发挥着保障性作用。小学语文教学原则，是依据小学语文教学的客观规律制定的，是处理小学语文教学基本矛盾的准绳，也是小学语文教师必须遵循的基本要求。

小学语文教学的原则，包括学习语文与认识事物相统一的原则，语言教学与思想教育相统一的原则，语文知识教学与培养能力、发展智力相结合的原则，教师主导与学生自主学习相统一的原则，课内外语文教育相结合的原则。这些原则是根据小学语文学科的性质、任务，结合小学语文教学实际提出来的，体现了小学语文教学以辩证唯物主义为指导；体现了小学语文教学与文化建设、思想建设的辩证关系；体现了小学语文基本功训练综合性、阶段性和实践性的特点。上述原则是相互联系、相辅相成的，认真学习和贯彻这些原则，有助于提高教学质量，全面完成小学语文的教学任务。

一、学习语文与认识事物相统一的原则

学习语文与认识事物相统一是小学语文教学的一条重要原则。从语文和事物的关系来看，语言文字反映了客观事物。两者相对独立，又互为联系、相互促进。

认识事物离不开观察、思考，通过观察、思考掌握事物的联系、变化、发展，才能从感性认识上升为理性认识。在语文教学中，要把学习语文的规律和认识事物的规律统一起来，就要把培养理解能力、表达能力和提高认识能力结合起来。要想贯彻这一原

则，应力求做到以下几点。

（1）小学语文教学要加强与客观事物的联系。在小学语文教学中，教师既要引导学生通过对语言文字的分析去理解课文，也要引导学生通过对客观事物的分析去理解课文。在小学语文教学中，教师要想让学生正确理解语言文字，必须把语言文字和它所反映的客观事物结合起来，才能让学生得到正确认识。教师要善于为学生提供理解语言文字的具体条件。例如，在识字教学中，教师要充分利用各种直观手段，让学生建立起汉字与其所代表的具体事物的联系，只有这样，学生才能真正理解字义。同样，阅读和作文更要加强与客观事物的联系。这方面的联系越充分，学习语文的效果越好。

（2）在认识事物的训练中要密切联系语言文字。学习语文和认识事物是辩证统一的关系。语言文字反映了客观事物，学生是在学习语文中认识课文描述的种种客观事物的。加深对客观事物的认识，能更好地掌握课文中的语言文字。两者既相对独立，又互为联系。

在小学语文教学中，指导学生认识事物，一定要紧密联系语言文字。学生在学习课文时，从不知到知，从知之甚少到知之较多，是从语言文字中获取知识、提高对客观事物的认识的。同样，学生想要把自己对客观事物的认识表达出来，也离不开语言文字。只有通过听和读来不断吸收并逐渐积累语言文字、驾驭语言文字，才能最终通过说和写表达出来。只注意认识事物，不注意培养理解和运用语言文字的能力，就不是语文课了。在小学语文教学中，只有让学生充分认识到语言文字是怎样描述客观事物、说明道理的，学生才能更好地学到使用语言文字反映客观事物的本领。

二、语言教学与思想教育相统一的原则

"文以载道""文道统一"，小学语文课的性质、任务和"文"与"道"的辩证关系决定了语言教学与思想教育的辩证统一。小学语文课文蕴含着丰富的思想内容。学生在阅读和写作的同时，也会受到思想教育。根据小学语文学科的特点，在教学中，教师向学生进行思想教育是以学习语文为基础的，要寓思想教育于语言文字训练之中。脱离语言文字的思想教育和离开思想教育的孤立的语言文字训练都是要不得的。为此，小学语文教学要力求做到以下几点。

（1）在小学语文教学中要自觉地、有目的地进行思想教育。国无德不兴，人无德不立。培养什么人，是教育的首要问题。从党的十七大确立"坚持育人为本、德育为先"，到党的十八大提出"把立德树人作为教育的根本任务"，再到党的十九大强调"落实立德树人根本任务"，立德树人的重要地位不断凸显。在"立德树人"这一教育根本任务的引领下，语文教学更应当发挥其独特的优势，将德育渗透到日常教学的方方面面，培养出既有深厚文化底蕴，又具备高尚道德情操的新时代人才。尽管小学语文课文中蕴含大量的思想教育，但仍未收到良好的教育效果。小学语文的思想教育，有明确的目标和要求，是有目的、有计划安排的。教师只有在教学过程中自觉、有意识地对学生进行思想教育，才能取得良好的教育效果。因此，教师要认真对待每一篇课文和每一次读写训练，合理地用学生可以理解和接受的方式方法去启发和引导学生，使学生在接受听说读写训练的过程中，受到思想教育，提高思想认识。

（2）寓思想教育于语言文字训练之中。课文的思想内容是通过准确、生动的语言文字和恰当的写作方法表达出来的。不引导学生具体感受准确且生动的语言文字和恰当的写作方法，只是以概括课文的要点来代替对语言文字的分析和感悟，就不能帮助学生准确理解课文的思想内容，更谈不上以课文所含有的丰富的思想感情来感染学生。因此，在进行小学语文教学时，教师要从语言文字入手，引导学生理解内容、体会感情、学习表达；不仅要让学生学会体会课文哪些地方写得好、具有哪些教育意义，还要让学生学会体会作者的表达方式。这样，学生既能提升阅读能力，又能受到思想教育；既借鉴了写法，又提高了写作能力。

（3）思想教育重在潜移默化。思想教育是一个培养学生知、情、意、行的长期过程，需要潜移默化。小学语文教学中的思想教育因素是散见于一篇篇课文之中的。语文学科的性质决定了小学语文教学中的思想教育，不同于思想道德等学科的思想教育，它不是直接灌输的，而是在做语言文字训练的同时，通过语言文字的感染力，通过潜移默化、熏陶感染的方式进行的。同时，学生学习语文的过程是一个由浅入深、由简单到复杂的认识和实践过程，这个过程需要教师潜移默化地引导。特别是思想教育，教师更应注重引导学生自己去感悟道理。

三、语文知识教学与培养能力、发展智力相结合的原则

知识是对客观现实的反映，是对人们在社会实践中积累起来的经验的总结和概括。它可以通过学习直接掌握。能力通常指完成一定活动的本领，包括完成一定活动的具体方式，以及顺利完成一定活动所必需的心理条件。能力是在学习和训练的过程中逐渐形成和发展的。智力指人认识客观事物并运用知识解决实际问题的能力。智力通常通过观察、记忆、想象、思考等方式表现出来。知识中蕴含着人类的智慧，它是形成能力、发展智力的基础。智力发展的程度，又直接影响掌握知识的质量和速度。三者之间相辅相成、相互制约、相互促进。

（1）知识和能力是相辅相成、密切相关的。以写字为例，有的人字写得好，这是因为他懂得怎样执笔、起笔、运笔和收笔，怎样安排字的间架结构，掌握了用笔书写的知识。将这些知识运用于实践，经过反复练习，可形成较强的写字能力。一般来讲，能力的强弱，是由掌握知识程度的高低所决定的。我们还应该看到，能力一旦形成，反过来会促进知识的学习。比如，低年级学生学会几百个汉字，懂得了一些有关汉字音、形、义的知识，并形成一定的识字能力之后，就能独立地学习一些新字、新词，扩大识字的范围。由此可见，知识是能力的基础，反过来能力又会促进知识的学习。

（2）知识和智力也是相辅相成、紧密相关的。一方面智力是掌握知识的必要条件，学生如果没有相应的智力水平，是不可能掌握和运用知识的。另一方面，知识又可以促进智力的发展。在小学各学科中，语文教学对发展学生的智力起着重要的作用。因为语文在小学阶段是重要的基础工具课，教学内容较之其他学科更为丰富、广泛，教学时间也最多，是开发学生智力的重要阵地。因此，《九年义务教育全日制小学语文教学大纲（试用）》明确指出，要处理好传授知识和发展智力、培养能力的关系。

（3）在听、说、读、写训练中培养能力，发展智力。学生学习语文，是在听、说、

读、写训练中进行的。学生通过听、说、读、写的训练，掌握知识，培养能力，发展智力。在语文教学中，听、说、读、写是互相联系、相互促进的统一体。小学语文教学要注意体现听、说、读、写训练的综合性，既重视训练读、写，又重视训练听、说，通过全面、协调的语文训练，发挥听、说、读、写训练的整体效益。

四、教师主导与学生自主学习相统一的原则

在教学过程中，教师的主导作用和学生的自主学习是辩证统一的关系。学生主观能动性的发挥要靠教师的启发引导，教师的主导作用体现在能否调动学生学习的积极性。教师要把培养学生的主观能动性作为贯穿教学全过程的主线。

（1）教学过程包括教师的"教"和学生的"学"。在"教"与"学"的共同活动中，教师的"教"起主导作用，教师的地位和作用决定了这一特点。在"教"与"学"的双边活动中，虽然教师起着主导作用，但知识的掌握、能力的形成，最终要靠学生自主学习来完成。学生是认识客观世界的主体。教师的"教"对学生的"学"来讲，只是前提和条件，是外因。在小学语文教学中，教师既要充分发挥主导作用，又要充分调动学生学习的积极和主动性。小学阶段学生学习语文，离不开教师的指导。教师的主导作用发挥得越充分，就越能调动学生学习的积极性、主动性。

（2）教师的主导作用和学生的自主学习是统一的。它们之间互相联系、互相制约，但不能互相代替。在教学理论和实践中存在着两种倾向。一种是以发挥学生积极性为由，忽视教师的主导作用；另一种是片面强调和夸大教师的作用，以教师为中心，不顾学生的兴趣、需要，一味给学生灌输不能理解的知识，采取填鸭式的教学方法。这两种倾向都没有意识到"教"与"学"对立统一的关系。要想确保学生的主体地位，要使学生的主观能动性贯穿教学全过程，就要充分发挥教师的主导作用，通过教师的引导，使学生获得更扎实、有效的学习。因此，教师的主导作用和学生的自主学习缺一不可，贬低或否定任何一方都会给教学带来巨大损失。

（3）注重启发式教学。启发式教学是指教师在教学过程中根据教学任务和学习的客观规律，从学生的实际出发，采用多种方式，以启发学生的思维为核心，调动学生的学习主动性和积极性，促使学生生动活泼地学习的一种教学指导思想。在中国，"启发"一词源于古代教育家孔子的"不愤不启，不悱不发"。朱熹解释说："愤者，心求通而未得之意；悱者，口欲言而未能之貌。启，谓开其意；发，谓达其辞。"愤与悱是内在心理状态在外部容色言辞上的表现。就是说在教学前务必先让学生认真思考，学生已经思考了相当长时间但还想不通，再去启发他；学生虽经思考并已有所领会，但未能以适当的言辞表达出来，此时可以去开导他。《学记》提出："道而弗牵，强而弗抑，开而弗达"，进一步阐发了启发式教学的思想，主张启发学生，引导学生，但不硬牵着他们走；严格要求学生，但不施加压力；指明学习的路径，但不代替他们达成结论。在语文教学中运用启发式教学，最重要的是把学生学习的积极性、主动性调动起来，在教师的启发下，学生逐渐学会动脑筋，形成自己提出问题、分析问题和解决问题的能力。

（4）努力做到因材施教。因材施教是指依照不同对象的具体情况，采用不同的方

法，施以不同的教育，是一种个别指导教学的方法。在不同的学习场景中，不同类型、不同能力水平学生的学习表现是极为复杂的，需要小学语文教师凭着自己的经验和智慧灵活地设计因材施教的方法：①教师要留意观察分析学生学习的特点；②对待学习成绩弱一点的学生，要做具体分析，区别对待；③教师要根据对学生学习风格的了解，在教学中有针对性地提供与学习风格相配的教学方式；④教师不仅要分析把握学生的学习风格，还要引导学生认识自己的学习风格，促使学生把学习风格转化为学习策略。

五、课内外语文教育相结合的原则

（1）课内为主、课外为辅。课外语文教育既不是课内语文教育的简单重复，也不能脱离课内语文教育孤立地进行。课外语文教育必须与课内语文教育密切配合。这个过程应以课内语文教育为主，课外语文教育为辅。课内语文教育要向课外语文教育延伸，以扩大课内语文的教育功能。课外语文教育是课内语文教育的继续和补充，其目的是弥补课内语文教育的不足。

（2）课内外互相渗透。学生在课内语文教育中获得的种种听说读写的知识和能力，若在课外语文教育中得到实践、接受检验、充分发挥，就能得到巩固，并能有所提高、有所发展。反过来，课外语文教育扩大了学生的知识视野，激发了学生的学习兴趣，提高了学生的语文能力，也必然会向课内语文教育渗透，促进课堂教学内容、方法的改革，从而进一步提高课内语文教育的质量。可见，课内外语文教育是相互联系、相互促进的。处理好二者的关系，其结果必然是语文教育质量大幅度地提高，实现语文教学水平的整体优化。

小学语文教师可以从以下两方面处理好课内外语文教育的关系。①以课堂教学为主，扎扎实实地进行语文基本功训练。学生获得语文知识、掌握学习方法、形成语文能力主要靠课堂教学。因此，要抓好课堂教学改革，加强语文基本功训练。要先明确序列，把握训练的阶段性，按照大纲要求，循序渐进地进行各项语文基本功训练。然后要抓住重点，加大训练力度，促使学生掌握系统知识，形成实实在在的能力，并运用于课外语文学习的实践。②要开展丰富多彩的课外语文活动。课外语文活动的内容要丰富多彩，形式要生动活泼，富有儿童情趣；要根据学生的年龄特征，有计划、有目的地做好引导工作，同时注意与课内学习相配合，以免加重学生负担。

第四节　小学语文教学方法

教学方法是教学研究的重要范畴，也是教学改革的深层领域。教学方法的正确选择和运用对于提高教学效果、促进学生的全面发展具有重要意义。小学语文教学方法是指在小学语文教学过程中，为达到教学目的、完成教学任务，师生在共同活动中所采用的方式、手段和途径的总称。它包括教师"教"的方法和学生"学"的方法，以及教师引导学生学习的方法。

一、讲授法

讲授法是教师通过口头语言向学生传授知识的方法，主要包括讲述、讲解和讲评三种形式。讲述主要是教师通过口头语言向学生传递知识、解释概念、分析文本。讲解是教师详细解释文本内容，帮助学生理解难点和重点。讲评则是教师对学生的作业、作文等进行点评，指出优点和不足，提出改进建议。

讲授法的特点是教师讲、学生听，教师能够在短时间内系统地传授知识，有利于发挥教师的主导作用，使教学活动有目的、有计划地进行。讲授法的优点在于能够使学生在较短时间内获得大量、系统的知识；缺点在于容易束缚学生，不利于学生自觉主动地学习，且较多地依赖教师个人的语言素养。

小学语文教师在使用讲授法进行教学时应该遵循以下基本要求。

（1）认真备课，熟练掌握教材内容，对讲授的知识要点、系统、结构及知识要点之间的联系等做到胸有成竹，讲起来精神饱满、充满信心，同时要注意学生反馈，调控教学活动的进行。

（2）教学语言要准确，有严密的科学性、逻辑性；精炼，没有非教学语言，用词简要，用科学语言教学；清晰，吐字清楚，音调适中，速度及轻重音适宜；生动，形象，有感染力，注意感情投入。教师的语言表达能力直接影响着讲授法的效果，教师应在平时加强基本功训练，使教学语言规范化。

（3）充分贯彻启发式教学原则，讲授的内容应是教材中的重点、难点和关键，使学生随着教师的讲解或讲述开动脑筋思考问题，讲中有导，讲中有练。学生主体作用表现突出，表现为愿学、愿想，只有这样，才能使讲授法进行得生动活泼。

（4）讲授的内容宜具体形象，联系旧知。对抽象的概念原理，要尽量结合其他方法，使之形象化，易于理解。对内容要进行精心组织，使之条理清楚，主次分明，重点突出。

（5）讲授过程中要结合板书与直观教具。板书可提示教学要点，显示教学进程，使讲授内容形象化、具体化。直观教具，如地图、图片、表格、模型等，可边讲边演示，以加深学生对讲授内容的理解。

讲授法有一定的局限性，如果在运用中不能唤起学生的注意和兴趣，又不能启发学生的思维和想象，极易形成注入式教学。

二、讨论法

讨论法是在教师的指导下，学生以全班或小组为单位，围绕教材的中心问题各抒己见，通过讨论或辩论活动，获得知识或巩固知识的一种教学方法。讨论法的优点在于，由于全体学生都参加活动，因此可以培养学生的合作精神，激发学生的学习兴趣，提高学生学习的独立性，还可使学生彼此启迪，深化认识。讨论法一般在小学中高年级教学中采用。

随着 2022 年版课程标准的实施，课堂讨论被越来越多的教师所重视并在教学中使用。讨论体现了现代学习方式的主动性、独立性、体验性、问题性等特征，能有效提高课堂教学质量。小学语文教师在使用讨论法进行教学时应该遵循以下基本要求。

（一）选择好讨论的主题

讨论主题的选择要注意四个方面。①效度，即安排的讨论要切合课堂教学内容，直接为教学服务。②难度，即讨论的主题要难易适中，既不要因为太难而使学生无话可说，也不要因为太容易而使学生不屑于说。③新颖度，即讨论的主题要新颖、不落俗套，让学生跃跃欲试。有时，对于一个司空见惯的主题，教师不妨在备课时先做一下包装，或逆向思考，或附加故事，或设置对立面，也能产生不错的效果。④热度，要求讨论的主题或是社会热点问题，或是学生普遍关注的问题。

（二）把握好讨论的时机

一般说来，讨论的时机出现在以下几处。①教师在教案中预先设计的必经程序，前阶段教学已为讨论做了充分的铺垫，学生经过讨论能对教学内容有更深刻的认识。②教学过程中有学生提出问题，教师认为让学生讨论比自己直接讲更好时。③学生在教学过程中进入一种"愤悱"状态，教师认为讨论可使学生思考问题更全面，自己恍然大悟得出的结论更让人印象深刻。

（三）分配好讨论的角色

对于角色分配，可采取分成讨论小组的方式。小组一般为 4～6 人。有研究表明，按人际关系分组最好。但在课桌按秧田形排布的教室中，教师不愿使秩序发生太大的改变时，也可让奇数排的学生转过去与偶数排的学生讨论。还可以采取组内分配的方式。教师要根据经验选好讨论主持人、中心发言人、讨论记录人，要使人人都积极参与，也要让讨论小组处于一种有组织的状态。

（四）安排好讨论的程序

学生讨论可以分为三步。①观点交流。小组内各成员对这个问题有什么看法，分别说出来。②观点改进。小组成员分别表示是否接受其他人的观点，并提出改进和完善彼此观点的看法。③观点总结。小组内部达成比较一致的看法，总结小组观点并应教师的要求向全班同学表述本组观点。在整个讨论的过程中，教师的巡回指导、参与讨论、鼓励表扬也很重要。

（五）使用好讨论结果

对于讨论结果，一般有以下几种使用方法。①让讨论结果返回到教学流程，成为下一步展开的资源要素。②将讨论题布置成书面作业。书写能使学生思维更加缜密，使观点经得起推敲。③允许学生进一步发挥，鼓励学生课外探究。精心设计的讨论主题，也是进行研究性学习的好材料。

（六）训练好讨论的技能

讨论要求学生具备以下三种主要能力。①思维能力。初步培养学生思维的深刻性、灵活性、创造性、批判性、敏捷性。初步培养学生的聚敛性思维与发散性思维。②口头表达能力。初步培养学生用口语表达自己观点的能力，要求清晰、准确、有逻辑性。③交际能力。培养学生乐于与人交往、善于与人交往的能力，试图改变部分学生封闭的倾向。学生可以在学习、生活中有意识地、经常地训练这些技能。教师要引导学生经常参加课堂讨论，喜欢课堂讨论。

三、演示法

演示法是教师在课堂上通过展示各种实物、直观教具或进行示范性实验，让学生通过观察获得感性认识的教学方法。这种方法旨在通过直观、生动的展示，帮助学生更好地理解抽象概念或复杂知识，提高他们的学习兴趣和效果。根据手段和种类不同，演示法可分为三种情况：一是实物、标本、模型、图片、照片、图画、地图的演示，目的在于使学生获得对某种事物或现象的感性认识；二是幻灯片、录像、录音、教学电影、网络视频等序列性演示，目的是使学生了解事物或现象发生变化的过程；三是音乐、美术、体育、劳动、实验演示，目的是使学生学会教师的示范性动作或操作等。

演示法具有以下三个特点。①直观性。演示法通过实物、教具或实验等直观手段，将抽象的知识具体化、形象化，便于学生观察和理解。②生动性。演示过程往往伴随着教师的讲解和示范，使得教学更加生动有趣，能够吸引学生的注意力。③互动性。在演示过程中，教师可以引导学生参与观察、思考和讨论，增强师生互动和生生互动，提高教学效果。

在小学语文教学中，演示法可以应用于多个方面。例如，教师可以通过展示图片、实物或播放视频等方式，帮助学生理解课文中的事物、场景或人物；在教授生字词时，教师可以利用卡片、模型等教具进行演示，让学生更好地掌握字形、字义；在口语交际和写作教学中，教师可以通过模拟情境、角色扮演等方式进行演示，提高学生的表达能力和创作能力。

小学语文教师运用演示法时需要注意以下要求。

（1）目的明确。教师在使用演示法时，应明确教学目的，确保演示内容与教学目标紧密相关。

（2）准备充分。教师应提前准备好所需的实物、教具或实验器材，并进行全面检查，确保演示过程顺利进行。

（3）现象明显。演示的现象应明显且容易观察，以便学生能够清晰地看到并理解演示内容。

（4）讲解清晰。在演示过程中，教师应清晰、准确地讲解演示对象，使学生能够全面系统地感知并理解所学知识。

（5）引导学生观察。教师应指导学生正确观察演示对象，培养他们的观察力和思维能力。

四、练习法

练习法是教师依据教学目标要求，指导学生运用所学知识与技能，通过自己的感官活动和实际操作，巩固知识、技能和形成习惯的方法。小学的语文课程与教学侧重于语言文字的训练，教学中运用练习法，是语文课程的性质和教学的要求所决定的。只有经过反复练习，才能熟练掌握语言文字。练习本身是一种有目的、有步骤、有指导的重复性活动，但不应是机械式的。练习包括口语交际的练习、习作的练习、朗读的练习等。

小学语文教师运用练习法时需要注意以下要求。

（1）要使学生明确练习的目的，掌握有关练习的基本知识与技能。学生只有明确了为什么要练习，要达到什么样的要求，才可能有较高的自觉性和积极性，才可能避免机械、盲目的练习。

（2）要使学生掌握正确的练习方法。教师要通过讲解、示范，使学生理解正确的练习方法，再让学生自己练习。同时，练习方式要多样化，才能引起学生练习的兴趣。

（3）要有计划、有步骤地进行练习。教师要依据学生的认识规律和教材的逻辑顺序，制订详细的练习计划，指导学生从模仿性练习到独立性练习，再到创造性练习；从基础性练习到综合性练习。

（4）要提高单位时间内练习的效果。练习的次数要达到一定的量，有量才有质。但也不能以多制胜，更不能靠时间来磨。比如学生写字时，一个字写 3～5 遍效果最好，如果超过 5 遍，则会事与愿违。

五、自学指导法

自学指导法也称自主学习法，是学生在教师指导下，以自主学习为主，培养自主学习能力和习惯的一种教学方法。教会学生自主学习，是推进课程改革、实施素质教育的重要任务，也是现代科技、继续教育对人的要求。学生在校期间应初步学会学习，逐步形成独立的学习能力，这是将来立足社会、适应生活需要的基本技能。自学是一种很有意义的学习方法。自主学习能力，指学习者在已有知识与技能的基础上，一般不依赖于他人而能运用一定的学习方法和程序，独立获取知识和解决问题的能力。自主学习能力是有多种心理机能参与的一种综合素质和能力。这种素质和能力包括四个方面：一是能学，二是想学，三是会学，四是坚持学。

小学语文教师运用自学法时需要注意以下要求。

（1）明确目标。自学法包括四个基本要素：制订计划，合理安排学习时间；运用工具书进行自读；针对学习内容能提出问题，并尝试解决问题；对学习过程和学习结果进行自检和自评。学生明确了目标，就有了指向，就能自觉地去学习。

（2）重视动机的激发。动机是学生自学的驱动力。学生有了强烈的自学动机，就会自觉地投身于教师指导下的各种自学活动。所以教师要重视学生自学动机的激发。

（3）要指导自学过程与方法。例如，要培养学生的预习能力，教师就应该给学生留出预习的时间，教给学生预习的方法；要培养学生识字和写字的能力，就要教给学生识字、写字的一些规律和方法。

六、情境教学法

情境教学法是指在教学过程中，教师有目的地引入或创设具有一定情绪色彩的、以形象为主体的生动具体的场景，以引起学生一定的态度体验，从而帮助学生理解教材，并使学生的心理机能得到发展的教学方法。情境教学法的核心在于激发学生的情感。情境教学，是在对社会和生活进一步提炼和加工后才对学生产生影响的。诸如榜样作用、生动形象的语言描绘、课内游戏、角色扮演、诗歌朗诵、绘画、体操、音乐欣赏、旅游观光等，都是寓教学内容于具体形象的情境之中的，其中也就必然存在着潜移默化的暗示作用。

情境教学法具有以下特点。

（1）寓教于乐。情境教学法很多都是通过游戏、生活情景等形式进行展现的，很容易吸引学生的注意力，学生学习的积极性高。教师将要传授的知识放在游戏中，使学生在玩的过程中就学到了知识，使学习变得轻松愉快。

（2）形象逼真。教师在设计情境时，首先要了解学生的学习和接受能力，然后引入与学生生活实际相契合的情境，引起学生的心理共鸣。学生在形象逼真的环境中更愿意发挥主动性与积极性，学习效果较好。

（3）注重体验。情境教学法强调学生的直接参与和体验，通过实际操作、角色扮演等方式，让学生在具体情境中感受和理解知识，从而加深对知识的理解和记忆。

在小学语文教学中，情境教学法可以应用于多个方面。

（1）课文朗读与表演。教师可以选取课文中的某个场景，让学生分角色朗读或表演，通过模拟情境的方式，帮助学生更好地理解课文内容和人物情感。

（2）生活实例引入。将课文中的知识与学生的生活实际相结合，通过引入生活实例的方式，让学生在熟悉的生活情境中学习新知识。

（3）多媒体辅助教学。利用多媒体设备展示图片、视频等素材，创设生动具体的情境，帮助学生更直观地理解课文内容。

情境教学法能够激发学生的学习兴趣和积极性，提高学习效果；通过创设具体情境，帮助学生更好地理解和掌握知识，培养学生的观察力、想象力和创造力。但是，如果情境设计不当或过于复杂，则可能会分散学生的注意力，影响学习效果；而且，如果教师过于依赖情境教学法，则可能会忽视对学生基本语言知识和技能的培养。

小学语文教学方法的选用应基于语文学科的特点、学生的年龄特征和知识基础，以及具体的教学目标和教学内容。教学方法的选择和运用应灵活多样，以适应不同学生的学习需求，激发学生的学习兴趣和积极性。

第五节　小学语文教学模式

教学模式是反映特定教学理论的模式化的教学活动结构，具体表现为教学内容的组织安排、教学组织形式和教学策略的选用等。小学语文教学模式是设计、组织、调控小学语文教学活动的一整套评议教学方法体系，有一定的教学理论依据和一套基本操作程序。

一、串讲串问式教学模式

语文教学中讲解的教学模式由来已久。1923年的《小学国语课程标准纲要》就提出了这种教学方法。1956年的《小学语文教学大纲》再一次明确提出了"阅读教学的进行采用讲读法""讲读的基本特点在于阅读教学的一切活动都要以教师的讲解为主导"。讲解主要体现在对课文文本内容和写作特点的分析上，于是在小学语文教学中就形成了比较典型的串讲模式。改革开放以后，随着"主体性教育"的开展，大家越来越认识到，学生是教学过程中的主体，只有充分发挥学生的主动性和积极性，才能完成教学任务。于是在小学语文教学中又兴起了串问的教学模式。

小学语文串讲串问式教学模式是一种教师通过串讲和串问的方式，引导学生对教材中的基础理论或主要疑难问题进行深入理解和探讨的教学模式。在这种模式下，教师的讲解与提问紧密结合，形成了互动式的教学，从而有助于激发学生的学习兴趣和主动性。

但这种模式未对学生语言能力的形成进行充分考虑。

（一）串讲串问式教学模式的特点

（1）目的明确。串讲串问式教学模式旨在引导学生探索问题，主动解决问题，从中获取知识、技能，发展能力和智力。

（2）问题驱动。串讲串问式教学模式通过教师提出问题，学生自己去解决问题，培养学生的自主学习能力和问题解决能力。

（3）教师主导。串讲串问式教学模式以教师在教学过程中发挥主导作用为依据，充分体现了教师在分析问题方面的指导作用，能够帮助学生深入理解课文。

（二）串讲串问式教学模式的操作程序

串讲串问式教学模式的操作程序具体如下。

（1）读课文，提出应该分析的字、词。在这一阶段，教师首先引导学生初步阅读课文，同时指出课文中需要特别关注的字、词。这些字、词可能是生僻字、多义词、具有象征意义的词或者对文章主题有重要影响的词，通常是理解文章的关键所在。教师可通过提问的方式，如提问"这个词在文中是什么意思？"或"这个词在文中出现了几次，每次出现时的作用是什么？"等，来引导学生思考并理解这些字、词的含义和作用。

（2）学生读课文，划分课文段落。在教师的指导下，学生再次阅读课文，并根据课文的内容和结构划分段落。这一阶段旨在帮助学生更好地理解课文的层次和逻辑结构，为后续深入理解和分析课文内容打下基础。教师可通过提问"这一段主要讲了什么？"或"这一段和下一段之间有什么联系？"等，来引导学生思考并划分段落。

（3）教师逐句逐段地发问，学生随着教师的发问回答并理解课文。在这一阶段，教师逐句逐段地向学生提出问题，引导学生深入思考并回答。这些问题可以涉及课文的细节、情节发展、人物形象、主题思想等方面。教师应注意问题的层次性和逻辑性，确保学生能够逐步深入地理解课文。通过回答这些问题，学生可以更深入地理解课文的内容和意义。

（4）在教师的指导下，学生归纳中心思想。这一阶段旨在培养学生的概括能力和理解能力。教师可通过提问："这篇文章主要讲了什么？"或"你认为这篇文章的主题是什么？"来引导学生思考并归纳中心思想。

（5）教师分析写作特点。写作特点包括文章的语言风格、修辞手法、结构布局等方面。通过分析写作特点，学生可以更好地欣赏文章的美学价值，并提升自己的写作水平。教师可通过举例和对比的方式，帮助学生理解这些写作特点在文章中的运用。

（6）布置作业。作业可以包括练习题、读后感、仿写等。通过完成作业，学生可以进一步加深对课文的理解和记忆，并提升自己的阅读和写作能力，从而巩固学习成果。

串讲串问式教学模式主要采用"讲授—练习—强化"的策略。这种策略要求教师要讲清语文的基本知识和基本技能，学生在反复练习中巩固知识，形成技能。教师的讲授应尽可能要言不烦，抓住要领，适合儿童的理解水平。练习设计要有层次，要循序渐进，尽可能减少同一层面的机械重复。要加强反馈矫正，以巩固学生的学习成果。

这种策略如果使用得当，可以使学生尽快地获得前人积累的知识，设计得当的练习能够让学生对知识的掌握落到实处。但使用这种策略时，学生往往处于被动的地位，学习主动性不易发挥，反复练习又容易使学生产生厌倦情绪。

二、导读式教学模式

以往小学语文教学中存在教师讲学生听、教师问学生答、教师牵着学生走的弊病，从 20 世纪 90 年代开始，出现了导读式的小学语文教学模式。导读式教学模式是一种教师致力于"导"、学生循导学读，以学生的阅读实践活动作为培养学生阅读能力、掌握阅读方法、养成阅读习惯的主要方式，通过扎实有效的序列训练，提高学生语文综合能力的教学模式。

（一）导读式教学模式的理论依据

现代语文教学以教师为主导，以学生为主体，以学生听、说、读、写能力的发展为目标，这是导读式教学模式建立的主要依据。所谓以教师为主导，就是要充分发挥教师的引导和指导作用，设计最佳教学方案，采用最佳教学手段，探索最佳教学结构，取得最佳教学效能。所谓以学生为主体，就是要充分发挥学生的主观能动性和学习潜力，鼓励学生大胆质疑、主动探究，使学生具有浓厚的学习兴趣、深入钻研的学习品质、有效的读书方法和良好的学习习惯，最大限度地调动学生学习的积极性，提高学习效率。所谓以能力发展为目标，就是要教给学生学习方法，使其达到自能读书、自能作文的程度。

语文教学本质上是学生的语言实践活动，因此，语文教学应该贯彻"以读为本"、学生群体参与语言实践的原则。教师应积极创设问题情境，激发学生的参与动机，积极营造和谐气氛，保证学生的参与兴趣，变"讲堂"为"学堂"，使学生真正成为学习的主人。

教师应牢固树立教为学服务，教以学为依据，教是为了用不着教的教学理念。

（二）导读式教学模式的特点

（1）前瞻性引导。导读式教学模式是在学生开始学习之前，教师先对学生所要学习的内容进行解释、概述或提示等，为学生提供引导和参考。

（2）全面性与互动性。教师在课前通过讲解、演示、互动等方式，为学生提供全面前瞻、简明扼要、互动引导的概述。

（3）目标明确。导读式教学模式注重教学目标的明确性，帮助学生了解本课的学习重点和方向。

（三）导读式教学模式的操作程序

导读式教学模式的操作程序具体如下。

（1）引导预习。预习环节既可以在课前自主进行，也可以在课堂上由教师引导进行。预习的目的在于将学生带入文本的世界，使学生沉浸于文本的情境中，为后续的深入阅读奠定坚实基础。与传统的预习方式相比，导读式教学模式赋予了预习新的意义，它侧重于培养学生的阅读能力和对语言信息的敏锐捕捉能力。在此过程中，教师积极激发学生的兴趣，设计预习提纲，构建语言情境，引导学生利用已有知识和工具书，初步理解文本的核心内容；通过圈点批注的方式，鼓励学生在阅读中发现问题，自主思考问题。

（2）指导精读。精读环节是导读式教学模式的核心。在这一环节中，教师根据学生的学习需求，梳理学生提出的问题，并聚焦关键问题，以学习提示的形式引导学生深入阅读文本。在导读式教学模式下，教师需要紧扣教学目标，引导学生在多次阅读实践中体会文本的思想内涵和语言魅力。学生在独立思考的基础上，与教师、同学进行交流与讨论，分享各自的见解和体验。教师鼓励学生大胆表达，经过相互启发、借鉴、补充和校正，学生最终得出正确的结论。这种教学模式强调学生的主体地位，鼓励学生自主思考，打破了传统教学中教师唱"独角戏"的局面，真正体现了学生作为学习主体的理念。

（3）辅导练习。练习环节旨在巩固和提高学生的阅读能力。在这一环节中，教师着重辅导学生巩固阅读基本能力，同时引导学生通过阅读学习写作技巧，培养良好的阅读习惯。

导读式教学模式采用"示范—模仿—迁移"的教学策略。这种教学策略因其直观性和指导性，特别适合小学生的年龄特征和心理特征，因此在实践中取得了显著效果。

导读式教学模式在构建过程中，旗帜鲜明地针对应试教育表现在语文教学中的"重教轻学""重讲轻读""重知轻能"的弊病，确立了教师的"教"与学生的"学"相统一、掌握知识与学会学习相统一、语文知识学习与语文能力训练相互促进，最终实现语言教学"内化为学生素质、外化为学生能力"的目标。

三、自主学习模式

为了充分发挥学生学习的主动性，使学生的学习能力得到真正的提高，20世纪90年代以来，在小学语文教学中形成了自主学习模式。自主学习模式把培养学生的自主学习能力作为教学的主要任务。

（一）自主学习模式的理论依据

自主学习模式的理论依据与导读式教学模式的理论依据既有相似之处，也有不同之处，具体理论依据如下。

（1）现代语文教学以教师为主导，以学生为主体，以学生听、说、读、写能力的发展为目标，这是自主学习模式建立的主要依据。

（2）语文教学本质上是学生的语言实践活动，因此，在教育原则上，应该贯彻以读为本、学生群体参与语言实践的原则。

（3）从小学生的心理特点来看，他们天生好奇，求知欲旺盛，他们的思维非常活跃，想象力非常丰富，如果不刻意压抑，他们会提出许多问题，并设法去解决它。

（4）布鲁纳的"发现学习"理论。美国教育心理学家布鲁纳认为，发现不限于寻求人类尚未知晓的事物，确切地说，它包括用自己的头脑亲自获得知识的一切方法。发现法更为关心学习过程而非学习结果，它强调学生的亲身实践以及学生的探究活动。

（二）自主学习模式的操作程序

自主学习模式的操作程序具体如下。

（1）独立学习。在这个环节学生主要按五步法完成自学任务。这五步是：查，查写作背景、作者生平和写作风格等资料；定，根据教师设计和课文前面的提示，明确学习目标；找，找出课文中易错的字、词和问题；释，查字典，联系上下文解释词语；分，厘清作者的写作思路，初步划分段落。

（2）讨论与交流。教师根据教学重点，安排学生有组织地进行讨论，并请有关同学汇报学习情况，在群体交流中达到释难、解疑、明理的目的。

（3）评议归纳。评议归纳主要从两个方面进行。一是对学习内容的评议归纳。教师应指导学生回顾课文的结构，明确课文的知识要点以及训练的基本要求。二是对学习过程的评议归纳。教师应引导学生就自主学习的过程和学习方法的运用进行总结、分析，并指出以后应注意的问题。

（4）巩固练习。教师应根据课文要求，组织学生进行相关练习，以巩固学习成果。

自主学习模式可采用"操作—领悟—运用"的教学策略，也可以采用"质疑—研讨—小结"的教学策略。但不管采用哪种策略，学生的操作、质疑、研讨一定在前，教师的结论在后。

四、主题教学模式

主题教学模式旨在打破传统小学语文教学以课文为中心的教学模式，通过确定一个与教材内容相关联的主题，将零散的语文知识串联起来，形成一个有机的整体。这一教学模式注重充分发掘语文教学内容的教育教学价值，引导学生在理解与运用语言文字的同时生成主题，再围绕主题整合教学资源，通过综合性的活动促进学生语言发展、思维提升、精神丰富，从而提升学生的整体语文素养。

（一）主题教学模式的特点

（1）主题引领。以某个主题为核心，整合教材内容和其他教学资源，形成一个统一的教学体系。

（2）综合应用。注重语文知识的综合应用，通过听、说、读、写等多种方式培养学生的语文能力。

（3）学生参与。以学生为中心，强调学生的主体地位，鼓励学生积极参与教学活动，培养他们的自主学习能力和合作学习能力。

（4）实践导向。注重实践教学，通过设计各种实践活动，让学生在实践中学习、体验、感悟，提高学生的语文实践能力。

（二）主题的来源

主题的来源包括生活切入和文本探究。从儿童自身特点和学习现状、课程单元及教材出发，提炼与个体生命体验有关的具有人生意义的主题词，如诚信、家乡、邮票、朋友、自然、同情、希望、空间等。生成主题之后，由单个文本扩展到一类文本，通过多篇对比，从不同侧面进行分析，从而形成对一个主题的深入理解和感悟。用主题单元取代知识体系单元，使得教学内容容量大、密度高、综合性强。

针对不同文章体裁和题材，主题教学有不同的处理方式。有的文本侧重情感态度和价值观主题。有的文本适用于提升学生的思维品质，如教授《游园不值》一课时，教师可通过将其中的"不值"与《雪夜访戴不遇》的"不遇"对比，引导学生体味"不遇中有遇"的主题。有的文本可作为某种体例的文本的代表，如教授《村居》一课时，教师可侧重经典诵读指导，由诗词吟诵体味"自然"等主题，带动相同主题的其他诗词的诵读教学。再如整本书阅读，由《三打白骨精》导读《西游记》，由《丑小鸭》导读《安徒生童话》等。

（三）主题教学模式的实施步骤

（1）确立主题。根据教材内容和学生实际情况，确立一个与教材内容相关联的主题。选择的主题应具有启发性和趣味性，能够激发学生的学习兴趣和探究欲望。

（2）整合资源。围绕主题，整合教材内容和其他教学资源，如网络资源、报刊、电影视频等。确保教学资源的丰富性和多样性，为教学活动的顺利开展提供有力支持。

例如，在这种"主题—整合"的单元教学中，学生首先概览整组文章，整体感悟主题；然后以一篇文章的精读带动多篇文章的略读，通过比较深入体验主题；之后补充同主题的其他相关读物，丰富对主题的理解；最后围绕主题进行诗词歌赋积累、跨学科学习和综合实践活动，使学生在实践中深悟、践行主题。单元主题整合使原来的单篇学习得到整合，同一主题的多篇文章之间建立了联系，避免了知识的碎片化，使学生可以对主题进行多元建构。

（3）设计活动。根据主题和教学目标，设计一系列丰富多彩的教学活动。活动设计应体现学生的参与性和实践性，注重培养学生的语文综合应用能力。例如，可以设计朗读比赛、情景剧表演、主题写作等活动。

（4）实施教学。按照活动设计，有序实施教学。在教学过程中，教师应注重启发学生的思维，引导学生积极参与活动，培养他们的自主学习和合作学习能力。同时，教师还应关注学生的学习情况，及时给予其指导和帮助。

（5）评价反馈。在教学结束后，教师应及时对学生的学习情况进行评价反馈。评价应注重过程性评价和终结性评价相结合，关注学生的参与度、表现力和创造力等方面。通过评价反馈，教师可以了解学生的学习效果，及时调整教学策略和方法，从而提高教学效果。

主题教学模式能够显著提高学生的语文学习兴趣和积极性，培养他们的语文综合应用能力、自主学习能力和合作学习能力。通过实施该教学模式，学生不仅能够更好地掌握语文知识，还能够提高实践能力。同时，该教学模式还能够促进师生之间的互动和交流，营造一种积极、和谐的教学氛围。

五、项目化教学模式

项目化教学模式是一种教师和学生通过共同实施一个完整的项目工作而进行教学的模式。该教学模式以学生为中心，通过设计具有实际意义的项目任务，引导学生积极参与、主动探索，培养学生的语文综合应用能力和团队协作精神。该教学模式强调学生的自主学习和合作学习，注重知识与实践的结合，让学生在完成项目的过程中掌握语文知识，提高语文能力。

（一）项目化教学模式的特点

（1）自主性。项目化教学模式强调学生的自主性，鼓励学生根据自己的兴趣和特长选择项目任务，充分发挥学生的主动性和创造性。

（2）实践性。项目化教学模式注重知识的实践应用，通过设计具有实际意义的项目任务，让学生在实践中学习和掌握语文知识，提高语文能力。

（3）综合性。项目化教学模式涵盖了听、说、读、写等多个方面的语文能力训练，有利于培养学生的语文综合应用能力。

（4）团队性。项目化教学模式鼓励学生之间的合作学习，让学生通过小组合作的方式完成项目任务，从而培养学生的团队协作精神和沟通能力。

（二）项目化教学模式的实施步骤

（1）设立项目任务。根据项目化教学的特点，教师可以结合学生的实际情况和教学内容，设立一些具有实际意义的项目任务。例如，在学习《水浒传》的过程中，可以设计一个"英雄形象描写"项目，要求学生调查研究相关英雄人物，撰写关于英雄形象的作文。

（2）引导预习。在项目任务确定后，教师引导学生进行预习，了解项目任务的相关背景知识，为项目的顺利实施奠定基础。

（3）合作学习。教师将学生分成若干小组，每个小组负责一个项目任务。在合作学习的过程中，教师提供必要的资源和指导，帮助学生解决遇到的问题。学生通过小组讨论、分工合作等方式，共同完成项目任务。

（4）成果展示。项目完成后，各小组进行成果展示。展示形式可以多样化，如口头报告、课件展示、作品展示等。通过成果展示，学生可以相互学习、相互借鉴，共同提高。

（5）反馈评价。教师对学生的项目成果进行评价和反馈，指出优点和不足，提出改进意见。同时，鼓励学生进行自我评价和反思，总结经验教训，为今后的学习提供参考。

项目化教学模式能够显著提高学生的语文综合应用能力和创新能力，有助于学生发挥团队协作精神。通过项目任务的完成，学生能够更加深入地理解语文知识，提高语文学习的兴趣和积极性。同时，该教学模式还能够培养学生的自主学习能力和合作学习能力，为学生今后的学习和生活奠定坚实的基础。

第六节　小学语文教学改革热点

伴随着 2022 年版课程标准的发布，小学语文教学改革与研究空前活跃。在新课程理念的指导下，新的教学思想与方法不断涌现，让人眼花缭乱、目不暇接。以下就当前小学语文教学改革中的若干热点问题作一综述，希望大家通过阅读相关文献，对这些问题进行深入思考，并形成自己的见解与认识。

一、识字与写字教学改革热点

（一）借助拼音与摆脱拼音

汉语拼音是识字和学说普通话的有效工具，是小学语文教学的重要内容。它被视为一根拐棍，伴随着学生语文学习的各个方面、各个阶段。但是，既然是工具，是拐棍，就不能把它作为学习的目的；如果过分依赖这根拐棍，不在适当时机，用适当的方式摆脱它，它就会对学生的语文学习产生负面影响。因此，在语文教学中，既要重视如何借助拼音的问题，也要注意如何摆脱拼音的问题。

（1）汉语拼音与识字。识字的方法多种多样，借助汉语拼音是学生识字的重要方法。在识字教学中，学生经常绕过字形，借助拼音直接将声音与事物建立联系。鉴于此，在教学实践中应巧妙安排，适时剥离拼音辅助，通过变换词汇序列或调整生字位置等手段，促使学生反复辨识与朗读，从而稳固其识字基础。

（2）汉语拼音与阅读。由于小学生初期识字量有限，小学低年级语文教材普遍采用全文标注拼音的设计，这无疑彰显了汉语拼音在辅助阅读方面的实质性贡献。然而，引导学生从"依赖拼音阅读"向"自主文字阅读"过渡至关重要。教师可鼓励学生尝试遮盖拼音进行阅读，或训练其自我调控视线的能力，减少对拼音的依赖，逐步构建起直接面向汉字的阅读习惯，以此深化阅读理解能力。

（3）汉语拼音与写话。在低年级的语言表达训练中，利用拼音替代未掌握的汉字的做法颇为普遍，特别是在词汇组合、句子构造及初步写作练习中。然而，这种便利性也潜藏着风险——学生可能对拼音形成过度依赖。这不仅阻碍了学生识字、写字能力的深化，还可能削弱学生自主识字的积极性。因此，教师在规划写话教学活动时，应秉持"适时适量"的原则，随着学生年级的提升，逐步减少拼音使用的比例，促使学生向完全使用汉字进行书面表达的习惯转变。

部编版小学语文一年级上册教材在编排时进行了调整，采取先学汉字后学拼音的顺序。这一变革不仅体现了对儿童认知发展规律的深刻理解，也极大地提升了初学者的学习体验与成效。首先，在拼音学习前安排了一个识字单元，其中要认的 40 个字都是学生生活中的"高频字"，多数学生已经认识，学起来比较轻松。相对于枯燥的拼音学习，学生更容易获得语文学习的成功感。其次，学生通过先接触识字课，初步了解汉字的特点，初步感受汉字的有趣及汉字所蕴含的文化，激发学习语文的兴趣，回归语文学习的本质。最后，先学汉字还可以发挥汉字对拼音学习的帮助作用。学生可以借助常用词语，根据汉字的读音，尝试逆向拼读，有效突破拼读难点，使拼音学习达到事半功倍的效果。

（二）"先识字，后阅读"与"边阅读，边识字"

识字与读写能力之间的关系，一直是语文教育领域探讨的焦点问题。首先，识字构成了阅读与写作的基石。随着识字量的累积，个体在读写活动中的流畅度与深度自然提升。反过来，阅读与写作实践则成为深化识字理解与应用的关键途径，学生在实际操作中因需求而学习，积极性高涨，识字成效显著。

基于对这一关系的不同解读，教育界形成了两种对立的观点："先识字，后阅读"与"阅读中同步识字"。回溯历史，我国传统语文教育倾向于先集中教授学生一定数量的汉字，随后再开展阅读与写作教学。然而，进入民国初期，随着白话文教育的兴起，教育理念发生转变，倡导识字与阅读紧密结合，将识字任务融入各个学习阶段，但在教材编排上仍坚持识字为先导，每课教学遵循先识字再读文的原则。1982年实施的"注音识字，提前读写"实验，是对这一传统模式的重大挑战。该实验倡导在掌握汉语拼音的基础上，鼓励学生直接阅读带拼音的书籍，实现阅读过程中的自然识字，从而打破了"先识字后读书"的固有框架。这一实验激发了教育者的创新思维，部分教师开始尝试以阅读教学为核心，将识字融入阅读过程，实践"边读边识"的教学模式。因此，关于"是先识字后阅读，还是阅读中同步识字"的议题，以及如何在语文教学中辩证地处理这两者的关系，成为亟待深入研究和探讨的重要课题。

（三）多认少写，识写分流

2022年版课程标准针对小学低年级识字、写字教学，倡导"多认少写"与"识写分流"的教学策略，旨在优化学习过程，提升学习成效。

"多认少写"策略强调识字与写字任务的合理分配。其中，"多认"旨在增加学生的识字量，使学生能够更早地接触并理解汉字阅读材料，从而促进思维发展、情感丰富及阅读能力的提升。通过广泛的阅读实践，学生能够更加自然地掌握汉字，同时避免过早承担书写负担。"少写"则着眼于减轻学生的学习负担，确保学生在识字阶段能够集中精力于字音、字形的准确认知，避免因同时追求识字与写字的高标准而导致学习成效下降。"识写分流"策略进一步细化了识字与写字的教学要求与顺序。一方面，它要求学生在"识"的阶段，不仅要准确掌握字音，还要能初步辨析字形，为后续的深入学习打下基础。另一方面，"写"的阶段则在"识"的基础上，进一步要求学生理解字义，掌握正确的书写方法，并能在语境中灵活运用。此外，"识写分流"还体现在教学体系与时间安排上的不同步，即识字教学先行，写字教学紧随其后，两者既相互联系，又各有侧重。

崔峦老师的观点进一步阐明了这一策略的具体实施要求：对于要求认识的字，重点在于在各种语境中对其的辨识能力，要确保学生能够灵活迁移；而对于要求会写的字，则学生需要达到更高的掌握标准，包括字音、字形、字义的全面理解与准确运用。

小学低年级学生的认知特点决定了"多认少写""识写分流"具有可行性。他们擅长捕捉事物的整体轮廓，对细节的把握能力尚在发展中，因此，通过"多认"增加识字量，同时适度控制"写"的要求，符合其认知发展规律，有助于激发其学习兴趣，提高学习效率。

（四）弘扬优秀传统文化

汉字是中华文化的成果和载体，识字教学更是弘扬中华文化的主阵地。2022 年版课程标准在"课程目标"中指出："通过语文学习，热爱国家通用语言文字，热爱中华文化，继承和弘扬中华优秀传统文化、革命文化、社会主义先进文化，关注和参与当代文化生活，初步了解和借鉴人类文明优秀成果，具有比较开阔的文化视野和一定的文化底蕴。"《教育部办公厅关于进一步加强中小学规范汉字书写教育的通知》（教语用厅〔2024〕1 号）进一步指出："引导学生深入了解汉字蕴含的历史文化价值，坚定文化自信，切实提高中小学生语言文字应用能力和自觉规范使用国家通用语言文字、自觉传承弘扬中华优秀语言文化的意识"。

部编版语文教科书在识字教学上的设计，深刻体现了对中华优秀传统文化的传承与弘扬，旨在从小培养学生的文化自觉与文化自信。一年级上册的《天地人》一课，巧妙借鉴古典蒙学经典《三字经》的精髓，以"三才"理念为引子，搭配傅抱石先生深邃的山水画作，不仅教学生识字，还引导他们感悟天人合一的哲学思想，初步建立人与自然和谐共生的世界观。《日月明》一课，则是通过富有韵律的儿歌形式，展示了汉字独特的会意构字法，让学生在轻松愉快的诵读中，不仅学会了生字，还深刻体会到汉字构形的智慧与趣味，激发了他们探索汉字奥秘的兴趣与热情。五年级下册的《遨游汉字王国》综合性学习单元，更是将汉字学习推向了一个全新的高度。通过一系列丰富多彩的实践活动，学生不仅系统地学习了汉字的历史演变、结构特点、书法艺术等知识，还体验了汉字文化的博大精深，增强了民族文化认同感和自豪感。

此外，教材中遍布的趣联妙对、名言警句、楹联、谜语、谚语、俗语等内容，如同散落的文化珍珠，被精心串联在"识字""课文"及"语文园地"的"趣味识字"和"日积月累"等栏目中。这些内容不仅丰富了识字教学的形式，还在日积月累中，润物细无声地传递着中华优秀传统文化的精髓，让学生在学习语言文字的同时，受到了中华优秀传统文化的熏陶与滋养。

二、阅读教学改革热点

随着 2022 年版课程标准的发布和实施，小学阅读教学领域迎来了前所未有的改革浪潮。新的教育理念和教学模式不断涌现，为小学语文教学注入了新的活力。然而，在这一转型期也出现了诸多挑战和争议，使得小学阅读教学呈现出"瑕瑜互见、鱼龙混杂"的复杂局面。以下列举的几个热点问题只是其中的一部分，大家可以根据自己的理解，结合近期的报刊阅读，概括出更多的热点问题并进行深入研究。

（一）从"教课文"到"教语文"

教教材为主的"教课文"作为当前语文课堂的一种普遍现象，其核心特征在于将对课文内容的理解视为教学的主要目标乃至唯一目标。这种教学模式往往遵循固定的流程：初步阅读课文，分段详细讲解，最后总结提升。而在这一过程中，真正关乎语文能力培养的"本体性教学内容"（如语言运用、写作技巧等）往往被边缘化，以附加、点缀或碎片的形式出现，导致语文课堂偏离了其本质，变成了思想品德、社会常识或科学知识的传授场所。教师倾向于深入挖掘文本中学生可能"读不懂"的深层含义和表达技巧，试图通过个人解读来丰富课堂内容，但这种做法往往忽视了文本解读的多元性和个性化，以及学生特有的年龄阶段和认知规律。

相比之下，教材教为主的"教语文"则是一种更为科学、高效的教学理念。它强调将语文课程的核心知识（如语言规则、阅读策略、写作技巧等）作为教学的核心内容，教学过程遵循认知（理解知识）—实践（运用知识）—迁移（将知识应用于新情境）的逻辑顺序，并在这一过程中自然而然地融入对情感态度与价值观的教育。这种教学理念要求语文教师具备高度的课程意识，能够精准选择并聚焦于每篇课文中的本体性教学内容，并以此为中心设计教学活动，以确保学生的语文能力得到实质性的提升。

若能将"教语文"的理念深入贯彻到语文课堂教学中，不仅将极大改变语文课的面貌，使其更加聚焦于学生语文能力的培养，还将显著提升课堂教学的效率，使学生在掌握语文核心知识的同时，在情感态度与价值观上获得全面发展。

（二）语文要素

语文要素作为统编版小学语文教材编排体系中的核心概念，是支撑整个教材框架的基石。什么是语文要素？最权威的说法来自温儒敏先生的解释：将语文素养的各种基本"因素"，包括基本的语文知识、必需的语文能力、适当的学习策略和学习习惯，以及写作训练、口语训练等，分成若干个知识或能力训练的"点"，由浅入深，由易及难，分布并体现在各个单元的课文导引或习题设计之中。[①] 温儒敏先生认为：这一个个知识或能力训练的"点"，就是语文要素，它们是语文素养的各种基本"因素"。

从三年级起，统编版小学语文教材采用了"双线组元"的编排方式，即同时围绕人文主题与语文要素两条主线组织单元内容。这种设计不仅强化了教材的人文性，还突出了对学生语文能力培养的针对性。每个单元的开篇都会明确标注该单元的人文主题与具体的语文要素，为教师和学生提供清晰的学习导向。随着年级的递增，单元语文要素的内容也逐渐深化，从低学段的"学会朗读、默读""理解文章大意"等基础能力，逐步过渡到高学段的"加快默读速度，学习浏览""领悟文章表达方法"等高级技能。同时，教材中还穿插了词法、句法、修辞、标点符号等语文基础知识的训练，以及口语交际方法的指导，以确保学生语文能力的全面发展。对于语文教师而言，深入理解并准确把握语文要素的编写意图至关重要。这要求他们不仅要熟悉各学段语文要素的重点内容，还要厘清这些要素之间的内在联系与递进关系。只有这样，教师才能在教学过程中做到有的放矢，精准施策，从而有效培养学生的阅读习惯，提升学生的语文核心素养。此外，教师在实施教学时还需具备全局视野，既要关注当前单元语文要素与前后册次相关要素的连贯性，又要考虑本单元要素与同册教材中其他要素之间的互补性。通过这样

---

① 温儒敏：《部编义务教育语文教科书的七个创新点》，《小学语文》2016 年第 9 期。

的"勾连上下"与"环顾左右"，教师能够更准确地把握教学定位，找到促进学生语文能力发展的最佳路径。

（三）整本书阅读

温儒敏先生强调："将阅读兴趣与习惯的培养置于语文教学之核心地位。"当前，语文教学面临的一大挑战便是阅读量不足的问题，学生普遍缺乏广泛的阅读实践。教材的局限性在于仅能提供有限的文本材料，若仅限于课本教学，未能有效拓展课外阅读，则学生的语文素养难以获得质的飞跃。

为了应对这一现状，统编版小学语文教材在低学段创新性地增设了"亲子共读"板块"和大人一起读"，并在每册教材中融入了"快乐读书吧"栏目，此举显著增强了教材在培养学生良好阅读习惯方面的作用，相较于以往的教材实现了显著进步。然而，在实际教学过程中，由于传统教学理念与方法的根深蒂固，加之评价体系与考试制度尚未发生根本性变革，因此语文课的核心环节仍聚焦于教师的课文讲解，课外阅读虽被视为重要补充，但其作为语文课程核心组成部分的地位尚未得到充分确立。要实现课外阅读真正意义上的课程化，使之成为语文教学不可或缺的主线内容，我们仍需面对诸多挑战。这要求我们不仅要在课程设计上下功夫，还要在评价体系、教学方法等多方面进行深度改革与创新。

（四）儿童经典诵读

经典，作为典范与权威的集中体现，是由历史长河精心筛选出的"最有价值的作品"。回溯至1994年，一位知名教授率先发起了一场面向青少年的"经典诵读运动"，他强调教育之基于经典，呼吁把握儿童13岁前记忆力鼎盛的黄金阶段，通过诵读中华文化的经典篇章，增进其文化素养。此倡议迅速激起了广泛的共鸣与实践，数年间，我国各地数百万儿童积极响应，部分区域更掀起了"经典诵读热潮"。

然而，儿童经典诵读的倡议自提出之日起，便成为社会各界关注的焦点与争论的热点。支持者主张，每个民族都应珍视其经典与传统文化，倡导在科学教育的同时融入人文情怀，实现中西文化、传统文化与现代文化的和谐共生，故而积极推广儿童读经。而反对者则认为，并非所有儿童都需要投身于经典诵读之中，以免其思想束缚于狭隘的民族主义框架内，更不必强求童声复现往昔遗风。在当今这个开放融通的全球化时代，培养孩子们拥有国际视野、宽广胸怀及高雅气质，构建既本土化又国际化、多元化的教育体系，方为顺应历史潮流的必然选择。

三、习作教学改革热点

随着2022年版课程标准的深入实施，小学语文习作教学领域迎来了前所未有的改革与创新。在新课程理念的引领下，习作教学不再局限于传统的写作技能训练，而是将研究的视角投向习作教学内容、习作教学范式、真实写作和习作支架等。在这一转型期，小学语文习作教学展现出蓬勃生机，同时也面临着诸多挑战与争议。

（一）习作教学内容

习作教学内容是指习作教学需要教什么，即习作核心知识。部分学者指出，当前习作教学内容的类型模糊、宽泛、陈旧且缺乏灵活性，是我国习作教学面临"无明确指导内容""教学方法受限"及"效率低下"等问题的根源所在。荣维东在深入剖析语文教学大纲与课程标准后，揭示了我国传统写作教学以文章学知识的体系（具体涵盖"三大文体与十类应用文"）与时代脱节，难以满足当代社会培养具备高素养与创新能力的习作人才需求的弊端。他提议，在汲取国内及国际先进习作内容标准精髓的基础上，将习作教学内容从单一的"文章学知识"领域拓展至"语篇写作知识""过程写作知识"及"交际语境写作知识"三大维度。其中，"语篇写作知识"聚焦于对文本构建的深度理解，"过程写作知识"强调写作步骤与技巧的实践指导，而"交际语境写作知识"则致力于解答为何写、为谁写、写什么、在何种情境下写以及如何评价等核心问题。周子房进一步提出，可借鉴美国写作课程设计的先进理念，围绕"劝说性写作""解释说明性写作"及"经验传递性写作"（无论真实或虚构）三大功能维度，构建习作课程内容开发框架。此框架巧妙融合了功能、文体与过程三个关键要素，为习作教学提供了全面而系统的指导。丁炜等学者则强调，在小学阶段，习作教学应聚焦于基本的语言表达方式，这是习作知识体系的基石。这些基本的语言表达方式涵盖了记叙、说明、描写、议论、抒情等多种功能型表达方法，以及并列连贯、开头结尾、照应过渡等结构性表达技巧。同时，学者们还指出，语言表达的内容层面亦不容忽视，如人物刻画、事件叙述、景物描绘、物品说明等。此外，语言表达的形式，如单句、复句、句群乃至不同文体的篇章结构，均是学生必须掌握的基本要素。叶黎明则倡导习作知识呈现方式的革新，她主张打破传统知识短文的单一模式，倡导采用更为灵活多样的方式，如精炼的要点总结、启发性的问题引导，融入高质量练习中的图示说明等，以此促进学生对习作知识的深刻理解与有效应用。

（二）习作教学范式

范式，作为一套被普遍认可的假说、理论框架、操作准则、方法论及信念体系，其变迁预示着理论与实践领域的深刻转型。深入探讨范式的更迭，有助于我们追溯事物与现象演进的轨迹，为学术研究提供宏观视角。

荣维东归纳了习作教学的三大核心范式转型。第一种范式聚焦于文本中心的教学，即结果导向的习作模式，它根植于语言学、文章学及写作学的综合知识体系。此范式遵循"教师展示范文—解析写作技巧—学生模仿练习—教师反馈评分"的传统流程。其优势在于能强化成品意识，直接锤炼学生的书面表达能力，为学生提供明确的学习路径，促进其语言与文学感知的积累。然而，该范式也面临学生自主空间受限、创作易陷入模式化、忽视过程指导等问题，难以全面激发学生的创造潜能。第二种范式转向习作者中心，倡导过程习作法，视习作为目标驱动的问题解决过程，重视习作者内在知识结构与习作过程的动态交互。教学流程围绕计划制订、执行与评估展开，强调过程体验、思维训练与策略应用，同时凸显习作者的主观能动性与社群互动的价值。尽管此范式在促进深度学习方面成效显著，但亦存在忽视习作动机与语境构建、教学成本较高等挑战。第三种范式则强调读者导向，即交流习作模式，它恢复了习作作为社会文化交流行为的本质，强调习作者与读者间的互动与共鸣。荣维东主张，我国习作教学应逐步从结果导向迈向过程与交流并重的新阶段。

邓彤进一步指出，在核心素养的引领下，习作教学正经历一场范式革新，其路径如高文所述：从标准化向个性化定制转变，从教材中心向学习者需求中心偏移，从知识灌输向理解力培养深化。在核心素养框架下，中小学习作教学分为宏观与微观两个层面：宏观上，习作成为培育核心素养的桥梁，通过系列习作活动实现教育目标；微观上，则聚焦于习作能力与素养的精准培育，通过学情分析、知识萃取与应用情境设计，促进学生习作素养的全面提升。此外，习作教学范式还呈现出非语文与语文两种取向，前者跨越学科界限，鼓励学生通过习作参与社会、自我发展及提升文化修养；后者则深耕语文领域，通过精细化教学设计与实施，精准培育学生的习作素养。

（三）真实写作

针对学生习作中普遍存在的空洞无物、动力不足、情感虚假、内容雷同及过度模仿等问题，教育界提出了真实写作的理念，该理念的核心在于"倡导真实体验""抒发真挚情感""秉持真诚态度""聚焦情感高潮"及"确保情感健康真实"。有学者进一步阐述，真实写作之"真"，不应局限于道德或审美层面的真实，而应深入习作行为的本质真实性，涵盖真实选题、真实作者身份、真实问题探讨、预设真实读者群体及采用真实文体形式。

魏小娜通过对比中西方真实写作的研究发现，西方真实写作研究较少强调"真情实感"的直接表达，而是倾向于引导习作者以理性视角进行自我表达。他们更加注重习作环境的真实性，强调真实的读者群体、明确的写作目的、贴近生活的写作任务及情境，鼓励学生在非测试性的日常或校园文化环境中完成富有意义的习作实践。此外，他们还强调真实写作过程的认知建构性，视其为信息处理、知识转化与创造的动态过程。

从本质上讲，真实写作是一种基于真实需求与情境的表达与交流方式，其核心在于问题解决而非单纯的技能训练。它超越了模拟生活的范畴，直接融入真实生活，其目的是与潜在的读者群体建立真实的沟通桥梁。设定高质量的真实写作任务是实施真实写作的关键所在。这些任务应具备明确性，包括具体的习作对象、目的、环境设定（如时间、地点、媒介条件），而非泛泛而谈的社会文化背景。任务应源自或紧密模拟现实生活，能够激发学生的习作兴趣与动力；同时，任务应具备挑战性，要求学生运用批判性思维及跨学科知识加以应对。在指导过程中，教师应紧密围绕习作任务所营造的语境进行教学设计，灵活处理好预设习作知识与实际生成知识的平衡，并充分利用展示、分享与点评环节，凸显"习作任务"的核心价值。

（四）习作支架

习作支架作为一种显性的学习支撑体系，巧妙融合了习作知识与技巧，其目的在于在学生当前能力与潜在发展之间构建起一座坚实的"桥梁"。其核心功能在于模拟并展现资深习作者或教师的思维轨迹，使学生能够深入体会并领悟习作中那些难以言喻的隐性智慧。借助这一支架，学生得以通过"模拟""亲历""实践"及"内化"等过程，掌握蕴含其中的习作思维策略与问题解决技巧，从而有效提高习作技能。

界定教师提供的支持是否构成"习作支架"，需考量其是否满足三大标准：首先，其内核应紧密围绕习作知识与技巧；其次，习作知识应以明确、精炼、易懂且实用的形式展现；最后，习作知识与技巧必须超越学生当前的能力水平，针对学生难以独立应对的习作挑战提供具体而有效的援助。根据表现形式，习作支架可细分为范例展示、启发性提示、建设性建议、直观图表及详尽解释等多种形态。根据功能特性，习作支架可分为四大类别：程序性支架，作为行动蓝图，引领学生有序完成习作任务；概念性支架，聚焦于关键概念的辨识与清晰概念框架的构建；策略性支架，为学生提供多样化的策略与方法，以应对习作中的难题与挑战；元认知支架，侧重于培养学生的自我监控与反思能力，助力其有效管理思维与学习进程。习作支架应紧密围绕学生习作过程中的经验积累、文体掌握及支架的功能意识进行设计，以确保支架的系统性与针对性，从而最大限度地促进学生的全面发展。

四、口语交际教学改革热点

进入 21 世纪以来，小学语文口语交际教学改革在新课程理念的指导下取得了显著进展，但也面临着诸多挑战。通过深入研究和探讨口语交际教学改革的热点问题，我们可以为口语交际教学改革的进一步深化提供有力支持。同时，我们应以开放的心态接纳新技术、新理念，不断优化口语交际教学策略，努力提升学生的口语交际能力和综合素养。

近年来，教育领域的深刻变革，特别是 2022 年版课程标准的实施，极大地激发了教育工作者对口语交际教学研究的兴趣。鉴于社会进步对语文教育提出的新期待，以及 2022 年版课程标准赋予口语交际教学的新使命，众多专家、学者与教师携手深入探究在当前教育语境下，应如何有效提升学生的口语交际能力。以下是对当前研究热点的概要梳理。

（一）学生口语交际能力的构成

关于学生口语交际能力的构成，学术界展开了广泛探讨。鲁宝元等学者提出，听话能力涵盖声音信息捕获、言语内容解析及非言语（体态语）理解；而说话能力则涉及声音表达、话语构建与呈现及非言语行为的恰当运用。张敏从感知与记忆、理解与组织、反应与评价等层面细分了听话能力结构。丁炜依据言语交际的多重功能，将小学生的语言运用细化为想象、交流、表现、启发、表达、调节六大类别，并依据发展阶段设计了针对性的训练序列。这些研究成果不仅拓宽了教育者的理论认知边界，也为口语交际教学的实践创新奠定了坚实的理论基础。[①]

（二）口语交际教学策略

在口语交际教学策略方面，学者们提出了情境创设策略、双向互动策略、示范反馈策略等。在口语交际教学中，情境创设策略被给予了高度重视，这旨在实现方法的灵活多变与多样性，以适应不同教学情境的需要。双向互动策略则特别强调互动过程的自然生成、学生的主动参与及互动效果的有效性，以此促进深层次的交流与理解。[②] 此外，

---

① 康晓盟：《言语交际学视野下小学生口语交际能力及其培养研究》，硕士学位论文，华中师范大学，2023。

② 杨小云：《小学中高年级语文口语交际能力评价标准的研究——以上海市 H 小学为例》，硕士学位论文，上海师范大学，2021。

示范反馈策略也力求完美，追求示范案例的典范性和规范性，确保反馈信息的及时传达，并注重点评与引导过程中的精准性、恰当性和启发性，以便为学生提供高质量的学习反馈与指导。这样的教学设计有助于提升口语交际教学的实效性和学生的综合素养。

（三）口语交际教学的内容和形式

基于儿童语言发展理论和小学生的心理特征，口语交际教学应紧密贴合学生的语言习得规律和心理特点，实施分阶段、有侧重的内容与形式训练。这一过程旨在引导学生逐步培养语言能力，实现从儿童语言向成人语言的顺利过渡，同时培养学生社会化的语言习惯与规范表达能力，抓住学生语言发展的关键时期，全面提升学生的口语表达能力与交际能力。

（四）口语交际教学的评价

教学评价作为口语交际研究的关键环节，其复杂性与重要性不言而喻。当前，教育工作者正积极探索新的评价理念与方法，倡导评价主体的多元化、评价维度的多层次化，并强调过程性评价的重要性，期望通过发挥评价的导向与调节作用，持续优化学生的口语交际能力结构，促进学生全面、可持续地发展。

阅读与拓展

江玉安，2018. 小学语文课程与教学导论［M］. 长沙：湖南师范大学出版社.

孙凤岐，2016. 小学语文课程与教学论［M］. 北京：北京师范大学出版社.

童子双，2008. 小学语文新课程教学与研究［M］. 北京：中国广播电视出版社.

阎金铎，潘仲茗，1992. 现代教学方法百科全书［M］. 石家庄：河北教育出版社.

于人杰，刘华丽，2021. 小学语文新课程教学研究［M］. 长春：吉林出版集团股份有限公司.

思考与练习

本章小结

第六章

识字与写字教学研究

学习目标

1. 理解识字与写字教学的意义、基本理念；
2. 明确识字与写字各个学段的教学目标；
3. 掌握汉语拼音、识字、写字的教学策略；
4. 分析识字与写字教学案例。

第一节　识字与写字教学概述

汉字是中华文化的重要载体和鲜明标志，中华民族的形成和发展离不开汉字的维系。规范汉字是国家通用文字，规范汉字书写能力是中小学生必备的技能，是语言文字应用能力的重要体现，是国民教育和建设中国特色社会主义教育强国的一项重要内容。识字、写字是学生知识学习的开端，也是语文教学之源。从学习阶段来看，语文识字与写字教学贯穿人成长始终，从小学、初中到高中，甚至到大学或步入社会后，人们无时无刻不在识字、写字。小学语文识字与写字教学也是学习其他学科及知识的基础，无论学习哪个学科，都离不开识字、写字。因此，有效开展小学语文识字与写字教学对小学语文教学来说至关重要。

一、识字与写字教学的意义

文化是一个民族、一个国家的魂魄。中华民族在数千年文明演进中，孕育了光辉灿烂、博大精深的中华文化，其中汉字文化独树一帜。汉字是汉语的书写符号系统，也是中华文化的重要载体。经过几千年发展演变和使用传播，汉字已成为中华民族共有共享的宝贵财富，对于增强中华文化认同、坚定文化自信意义重大。识字与写字，作为学习汉字、传承汉字文化的基石，不仅仅是掌握一种书写技能或语言工具，更是连接过去与未来，沟通心灵与智慧的桥梁。2022 年版课程标准指出，语文课程应引导学生热爱国家通用语言文字，在真实的语言运用情境中，通过积极的语言实践，积累语言经验，体会语言文字的特点和运用规律，培养语言文字运用能力；同时，发展思维能力，提升思维品质，形成自觉的审美意识，培养高雅的审美情趣，积淀丰厚的文化底蕴。培养学生具有适应生活所需要的识字与写字能力是语文教学的基本任务，也是小学语文教学的重要内容之一，贯穿于整个义务教学阶段。

（一）识字与写字教学是学生学习语文学科的基础

识字、写字是学生由运用口头语言过渡到学习书面语言的桥梁。学生不认识、不会写一定数量的汉字，就无法阅读或写作，这还会影响学生口语交际能力的发展，使其难以形成语文素养。

人类的语言系统主要分为两个方面：一是口头语言，二是书面语言，而书面语言尤其重要。从人类个体言语发展过程来看，口头语言（听、说）早于书面语言（读、写）的发展。皮亚杰认为，3～6 岁是学生言语发展最显著的时期，学生大约掌握了 3500 个口语词汇，具备简单的口语交际能力，但此阶段学生多以自我为中心，常不理睬他人讲话，多进行重复、独白和集体独白，还不具备书面阅读和写作能力。

步入小学后，学生开始学习阅读和写作，并在已有口语基础上发展书面语言能力，伴随着书面语言能力的提升，口语交际能力也得到了提升和完善。而识字、写字是由口头语言向书面语言过渡的重要桥梁。学生不认识或不会写 2022 年版课程标准要求的汉字，会影响其口语交际能力的发展，使其难以形成语文核心素养，更无法进行阅读与写作。《汉字频度表》的统计数据表明，一个人认识常用字和次常用字 2409 个就可以认识一本书刊 99% 的字。对于小学生来说，如果能认识 3500 个左右的常用汉字，其中 3000 个左右会写，就可以比较顺利地阅读和写作。[①] 学生能够认识一定数量的汉字，不仅是培养语文核心素养的前提和保障，还是学习其他学科的基础。因此，2022 年版课程标准明确要求："识字与写字是阅读与写作的基础，是第一学段的教学重点，也是贯穿整个义务教育阶段的重要教学内容。"在 2022 年版课程标准中，第一学段识字量为 1600 个左右，第二学段识字量为 2500 个左右，第三学段识字量增加到 3000 个左右，以不断满足学生阅读和写作的需求。事实上，到第二学段，学生识字量达到 2500 个左右，基本上就拥有了较完善的口语交际和独立阅读一般学生读物及数学、美术、音乐等学科教材的能力。

（二）识字、写字是开发智力潜能的关键

识字、写字是小学语文教学中的重要活动，它们不仅是阅读和写作的基础，还有助于学生智力发展。在心理学家看来，智力是先天的，随着年龄的增长而变化，与知识经验等后天因素无关，但写字能够培养和发展学生的记忆、观察、思维和想象等能力。在识字与写字教学过程中，首先，学生要识记一个字的字形，掌握不同字形间音、形、义的关系，这会在潜移默化中提高学生的记忆能力；其次，学生要会认、会写不同笔画，还必须掌握笔画数及笔画间结构关系，学生通过观察汉字的笔画、构字的规律，可以养成善于观察的习惯；最后，在会写的基础上，学生要将听、说、读、写结合起来，多听、多说、多读、多写，反复训练，从而让各方面的智力活动有效协调、配合。

写字能够促进智力的发展，这不仅体现在具体的智力活动中，还表现为写字对人脑

---

① 倪文锦主编《小学语文新课程教学法》，高等教育出版社，2003，第 96 页。

的调节和刺激作用。心理学家的研究表明，汉字书写活动对大脑两个半球均存在一定的"刺激效应"，但右脑更甚。这是因为汉字本身是一种图像，写字过程的信号传导至右脑进行处理，因而右脑活跃程度加强，这被称为"书法优化激活效应"。这种激活效应，不仅发生在写字过程中，在写字后也会产生影响。经常练习书写，可有效改善认知结构，提高认知能力。我们常说"心灵手巧"，就是手脑并用的最好反应。学生写字时，靠手指的触觉把握笔的运动，产生的写字信号通过管辖手指的神经中枢传输至大脑皮层功能区域，大脑接受"刺激"，大脑的活动频率增强。

总之，识字与写字的过程也是学生认知能力发展的过程。学生可以在教师指导下观察字形、识记字音、掌握字义，建立音形义三者间的联系，不断提高自身能力。

（三）识字、写字是渗透文化意趣的根基

2022 年版课程标准在课程内容中明确指出，中华优秀传统文化的主要载体为汉字、书法等。汉字是构成词语、句子、篇章的基本单位，承载着博大精深的中华文化，蕴含着丰富的文化意趣。同时，汉字是学生学习的基础，也是学生了解传统文化、认识中华文明的重要工具。

小学语文识字与写字教学有利于培养学生的审美能力，渗透基于中华文化积淀的文化意趣。汉字本身就蕴含丰富的文化底蕴，学生识字、写字过程就是领略汉字形体文化、结构文化、音韵文化的过程。汉字字形演变过程就是一条从未间断的中华文化发展和传承过程。从甲骨文到金文，再到小篆、隶书，是汉字不断成长的过程。在识字教学过程中，教师将汉字的成长过程展示给学生，让学生欣赏汉字的成长过程，感受文化的魅力。这样不仅加深了学生对汉字的印象，还能使学生产生热爱祖国语言文字的情感。

我国是书法的故乡，书法的独特魅力远扬海外，如日本、韩国等国家和地区都对书法倍加推崇，这也使得我们为之自豪。写字虽与书法不同，但同样要求线条、结构、力度的规范与美。在写字教学过程中，教师可以讲一讲书法大家们的故事或书写原则，使学生了解我国书法的文化史，积累文化底蕴，从而激发学生的爱国情感。相应地，2022年版课程标准明确强调，语文课程应引导学生热爱国家通用语言文字。我国汉字因其独特的形体结构被称为方块字，受到各国的喜爱。教师应在识字与写字教学过程中渗透字理文化，引导学生感悟汉字构造的绝妙，感受语言文字及作品的独特价值，使文化渗透活动伴随整个识字与写字教学过程。

总之，汉字是中华文化的瑰宝，识字与写字教学是传承和弘扬中华文化的重要途径。在教学中，教师应该注重培养学生对汉字的热爱之情，让他们深入了解汉字的文化内涵，感受汉字的美，从而激发他们对中华文化的热爱和自豪感。

二、识字与写字教学的基本理念

2022 年版课程标准提出，教师要准确理解义务教育语文课程的基本理念，把握学生核心素养发展的基本规律，根据课程目标、课程内容和学业质量的要求，创造性地开展语文教学，充分发挥语文学科独特的育人功能。基于此，小学语文教师在识字与写字教学过程中要秉承以下几方面的理念。

（一）多认少写

2022 年版课程标准明确提出，识字与写字是阅读和写作的基础，是第一学段的教学重点，也是贯穿整个义务教育阶段的重要教学内容。第一学段要多认少写，认识常用汉字 1600 个左右，其中 800 个左右会写。这明确体现了认与写的先后发展，其重点在保证一定的识字数量，让学生在二年级末实现独立阅读。根据一些机构的统计，常用的 3500 个汉字中有 1000 个字占当代出版物常用字的 90% 以上。这就为阅读创造了条件，可以满足阅读的基本需求。少写，既考虑到低学段学生的手指肌肉不够发达，过度写字对正常发育不利等问题，也便于教材编写者由易到难、由简到繁地编写写字教材，还有利于教师循序渐进地进行写字指导，给学生打下坚实的写字基础。

（二）识写分离

以前识字教学要求字要"四会"——会读、会写、会讲、会用，并且要求"四会"同步，这就会造成学生学习负担过重。2022 年版课程标准从学生实际情况出发，降低要求，采取"识写分离"。识写分离，是指按照标准要求会认的字和会写的字不同，理应区别对待。识写分离的重点在于分散学习难点，减轻学生负担，同时，这也是为了防止认字与写字相互掣肘，避免既认不快，又写不好。

（三）讲究字理

所谓字理，就是汉字的构字理据，是汉字的特点及自身规律。"六书"中的象形、指事、会意、形声，是汉字造字的基本方法。教师应根据汉字的造字规律，解释字的结构，但不应一味地为了让学生记好而不顾字理，乱解汉字。教师应把学生心理与字理结合起来，探索提高识字教学的新路子。讲究字理是识字教学最根本的方法，也是我国传统的识字教学方法。

（四）识用结合

教师应指引学生走开放式识字之路。作为一种文化符号和母语书面符号，汉字体现在社会生活的方方面面。在丰富多彩的现实生活中，汉字更是随处可见。在识字教学中，教师要有敏感的资源意识，努力开发、积极利用资源，引导学生充分利用教材以外的学习资源和课堂以外的学习途径，综合运用多种识字方法，养成在生活中自主识字的习惯。

（五）重视写字教学

写字是一项重要的语文基本技能，也是语文素养的重要体现，2022 年版课程标准也更加重视写字教学。写字教学不仅要让学生掌握汉字的笔顺、结构，还要让学生从中体会汉字的优美，弘扬中华文化，培养热爱国家的情感。

这些基本理念是小学语文识字与写字教学重要的指导思想，也是选择识字与写字教学策略的重要依据。

第二节 识字与写字教学目标

2022 年版课程标准在课程总目标和学段目标中明确提出了识字与写字的教学目标。总目标指出，"热爱国家通用语言文字，感受语言文字及作品的独特价值，认识中华文化的丰厚博大，汲取智慧，弘扬社会主义先进文化、革命文化、中华优秀传统文化，建立文化自信""认识和书写常用汉字，学会汉语拼音，能说普通话。主动积累、梳理基本的语言材料和语言经验，逐步形成良好的语感，初步领悟语言文字运用规律。学会使用常用的语文工具书，运用多种媒介学习语文，初步掌握基本的语文学习方法，养成良好的学习习惯。"具体的学段目标如下。

一、第一学段识字与写字教学目标

（一）第一学段（1~2 年级）目标

（1）喜欢学习汉字，有主动识字、写字的愿望。认识常用汉字 1600 个左右，其中 800 个左右会写。

（2）学会汉语拼音。能读准声母、韵母、声调和整体认读音节。能准确地拼读音节，正确书写声母、韵母和音节。认识大写字母，熟记《汉语拼音字母表》。

（3）掌握汉字的基本笔画和常用的偏旁部首，能按基本的笔顺规则用硬笔写字，注意间架结构，初步感受汉字的形体美。努力养成良好的写字习惯，写字姿势正确，书写规范、端正、整洁。

（4）学习独立识字。能借助汉语拼音认读汉字，学会用音序检字法和部首检字法查字典。

（二）第一学段目标分析

（1）培养兴趣为主。第一学段的学生，刚刚实现幼小衔接，还未接受学校正规的教育，当他们初次接触枯燥无味的汉字时，会产生学习上的困难，这就要求教师教学时应着重激发学生学习汉字的兴趣，使学生获得心理上的满足，从而产生"喜欢学习汉字，主动识字、写字的愿望"。因此，教师在进行识字与写字教学时，要根据学生心理和身体发展特点，合理安排教学内容，不断激发学生的学习兴趣，为今后的学习奠定坚实的基础。

（2）多认少写，认写分工。2022 年版课程标准明确提出，第一学段应多认少写。"认"是"写"的前提，"写"是"认"的书面表达。第一学段教学以培养学生阅读能力为主，要求学生能够独立完成简单绘本阅读。多认，可以帮助学生尽早、尽快地进入汉字阅读阶段。少写，首先，源于第一学段的学生手部肌肉还不够发达，过度的书写不利于他们的身体发育；其次，有利于教师教学，汉字本身结构复杂，书写笔画、笔顺需要循序渐进地学习，这样学生才能牢牢掌握；最后，便于教材编写者由易到难、由简到繁、由少到多地编排教材。

（3）掌握基本的写字技能。以往，2011 年版课程标准要求"能按笔顺规则用硬笔写字"。如今，2022 年版课程标准将笔顺规则简化为基本的笔顺规则，减轻了学生写字的负担，只要求学生掌握基本写字技能，能按照基本笔顺用硬笔书写即可，降低了书写难度，培养了学生感受汉字形体美的审美能力。

（4）养成良好的书写习惯。第一学段既是学生学习写字的初步阶段，也是规范书写、养成良好书写习惯的黄金时期。俗话说"见字如见人"，字体反映一个人的性格特征和气质。然而，字体的形成往往与学生的执笔姿势和坐姿相关，教师应重视对学生坐姿和执笔姿势的矫正，[①] 应要求学生坐得端正平稳，自然舒张；执笔手指距离笔尖一寸，胸部距离书桌一拳，眼睛距离书桌一尺。除此之外，教师要边示范边指导，持续地检查和督促，帮助学生养成良好的书写习惯。

（5）学习独立识字。在第一学段识字教学中，除要求学生认识常用汉字 1600 个左右外，更重要的是引导学生学会运用音序检字法和部首检字法查字典，快速识别汉字。

二、第二学段识字与写字教学目标

（一）第二学段（3～4 年级）目标

（1）对学习汉字有浓厚的兴趣，养成主动识字的习惯。累计认识常用汉字 2500 个左右，其中 1600 个左右会写。有初步的独立识字能力。能用音序检字法和部首检字法查字典、词典。

（2）写字姿势正确，养成良好的书写习惯。能用硬笔熟练地书写正楷字，做到规范、端正、整洁。用毛笔临摹正楷字帖，感受汉字的书写特点和形体美。

（3）能感知常用汉字形、音、义之间的联系，初步建立汉字与生活中事物、行为的联系，初步感受汉字的文化内涵。

（二）第二学段目标分析

（1）注重识字习惯的培养。在第一学段汉字教学中，要求学生能够喜欢汉字，并有主动识字、写字的愿望。伴随学生年龄和心智的成长，在第二学段汉字教学中，要求学生能够对汉字产生浓厚兴趣，逐渐养成主动识字的习惯。从喜欢汉字到对汉字产生浓厚兴趣，这要求教师在教学中不仅要运用生动、有趣的教学形式和方法激发学生的识字兴趣，还要注重引导学生通过字理分析感受、领略中华文化的博大精深，从而产生热爱祖国汉字文化的情感。在实际教学中，教师还要注重培养学生善于观察的习惯，帮助学生从学校、家庭、社会等层面逐渐养成主动观察、识字的习惯。

（2）认写数量相当。在第一学段的基础上，第二学段要求学生认识常用汉字 2500 个左右，其中 1600 个左右会写。从识字量和写字量的比较来看，第二学段要求的识字量和写字量相当。从课程标准要求来看，第一学段更注重学生阅读兴趣的培养，所以重点在于学生会认；而在第二学段学生已经掌握一定数量的汉字，能够阅读基础的篇章，

---

① 张田若、陈良璜、李卫民：《中国当代汉字认读与书写》，四川教育出版社，1998，第 7 页。

并且第二学段要求学生开始短篇幅的写作练习，所以学生要会写更多的汉字。为了满足学生阅读和写作的要求，第二学段的识字量和写字量较为相当。

（3）培养初步的独立识字能力。第一学段要求学生"学习独立识字"。在此基础上，第二学段要求学生"有初步的独立识字能力"。从"学习"到"有能力"，对学生来说，需要掌握更多识字方式、方法，不断提高独立识字能力；对教师来说，要教给学生识字的方式、方法，帮助学生通过字音、字形、字义独立分析汉字，鼓励学生将识字学习与个人生活经验相结合，从而掌握汉字的构字规律，提高自身识字能力。

（4）规范书写习惯。在第二阶段写字教学中，仍然要注重学生的书写姿势和习惯，要求学生书写姿势端正、不马虎、不潦草，按照规范的要求书写。

三、第三学段识字与写字教学目标

（一）第三学段（5～6年级）目标

（1）有较强的独立识字能力。累计认识常用汉字 3000 个左右，其中 2500 个左右会写。感受汉字的构字组词特点，体会汉字蕴含的智慧。

（2）写字姿势正确，有良好的书写习惯。硬笔书写楷书，行款整齐，力求美观，有一定的速度。能用毛笔书写楷书，在书写中体会汉字的优美。

（二）第三学段目标分析

（1）提高写字量。第一学段要求写字量 800 个左右；第二学段要求写字量 1600 个左右；第三学段要求写字量 2500 个左右。写字量随学段的升高而增加，这意味着教师在教学中不再以"识字"教学为主，而是以"阅读和写作"作为核心内容。

（2）较强的独立识字能力。相对第二学段的学生，第三学段的学生已经基本具备抽象思维能力，能够根据汉字的构字特点，形成自成一派的识字方法，进而感受汉字背后的文化意蕴。

（3）书写有一定的速度。书写规范、姿势正确，是小学语文教学中始终如一的要求。在第三学段的书写教学中，不仅要注重学生书写姿势是否正确的问题，还要求学生书写要有一定的速度。处于第三学段的学生，需要完成更多的巩固练习，而书写速度是保障学生高效学习的基础。

第三节　识字与写字教学策略

识字、写字是小学语文教学中的两个基础环节，它们相互依赖，共同促进学生语言能力的发展。识字为阅读和写作提供基础，而写字则是巩固识字效果和提升书写能力的重要手段。对小学阶段学生而言，识字量、书写能力对其未来交际、阅读和学习能力的发展至关重要。学生在识字、写字过程中会发展观察和思维能力，特别是注意力、记忆力和想象力。在教学过程中，教师需要采取有效的策略，以确保学生能够高效、准确地掌握汉字的识别和书写技能。

一、汉语拼音教学策略

汉语拼音是语文教学的一个重要组成部分，是帮助学生识字、阅读、学好普通话的工具。2022 年版课程标准明确指出，在第一学段学生要"学会汉语拼音。能读准声母、韵母、声调和整体认读音节。能准确地拼读音节，正确书写声母、韵母和音节。认识大写字母，熟记《汉语拼音字母表》。""认读拼音字母，拼读音节，认识声调，借助汉语拼音认读汉字，学习音序检字法；在日常交际情境中学习汉语拼音和普通话。"而汉语拼音内容本身较为抽象和枯燥，如何将其教得生动有趣，让学生能够轻松掌握、准确读写，一直以来都是小学语文教学中的一大挑战。因此，小学语文教师要认真贯彻 2022 年版课程标准的理念精神，不断优化汉语拼音的教学策略。

（一）创设情境，突破汉语拼音教学难点

2022 年版课程标准在课程实施的教学建议中指出，"语文学习情境源于生活中语言文字运用的真实需求，服务于解决现实生活的真实问题。创设情境，应建立语文学习、社会生活和学生经验之间的关联，符合学生认知水平"。教师在设计语文教学方案时，可以利用创设情境的教学策略对学生进行引导，根据汉语拼音的教学难点为学生创设真实而富有意义的学习情境，凸显语文学习的实践性，提升学生的学习效果。

1. 依托生活，创设学习情境

生活与知识有着千丝万缕的关系，陶行知先生提出了"生活即教育"的理论。因此，在一年级的拼音教学过程中，教师应该实现生活化教学。例如，教师在让学生认读完 a、o、e 之后，就可以从语用层面出发引导学生掌握韵母"a"的四个声调，创设与之相关的生活化的学习情境，具体内容如下。

情境一　生病去医院，医生对小朋友说："小朋友张开嘴巴给我看看"，以此引导学生发出"ā"的声音。遇到朋友妈妈的时候，我们可以叫她"阿（ā）姨"。

情境二　呈现美丽的自然景物，对着这一景物大声喊出："啊（á），这里真美啊！"看到同学写的字很端正，我们可以这样赞叹："啊（à），你的字真好看！"

情境三　回到教室看到黑板上老师布置了很多作业，你会很惊讶地说道："啊（á），老师怎么布置了这么多作业？"朋友说话你没有听见，你可以询问他："啊（á），你在说什么呢？"

因为很多学生对于音调的理解并不是很全面，所以在实践运用中也极容易出错。教师应基于教学内容为学生创设生活化的学习情境，从而让学生基于自身的生活经验，去探究并运用所学知识，加深他们对拼音及音调的理解和记忆，达到学以致用的目的。因此，在实际的教学中，教师要结合学生的生活实践，创设多元化的学习情境，加强学生对拼音的认知和理解，让学生在脑海中做深度加工和还原，从而使整个学习过程更高效。[①]

2. 依托教材，创设学习情境

很多教师在开展情境化的拼音教学时，都不知道如何创设更为生动有趣的学习情

[①]　毛朝辉：《一年级拼音情境化教学例谈》，《语文世界（教师之窗）》2023 年第 5 期。

境。事实上，教材中的图片和内容就是创设学习情境的重要资源，教师可以依托教材创设相关的学习情境，为拼音教学助力。以汉语拼音课《ao、ou、iu》中配备的情境图为例，该图片创设了一个十分有趣的情境：大海真好玩，海豹（韵母 ao）玩皮球（韵母 iu），小狗（韵母 ou）驾帆船。除了这些比较明显的元素，还有一些隐藏的元素，如远方的海鸥（韵母 ou）。所以，教师可以以教材内容为主要资源，创设各种各样的学习情境，引导学生深入学习拼音，最终提高他们的观察能力、表达能力与记忆拼音音与形的能力，整体推动拼音的有效教学。

3. 依托故事，创设学习情境

在小学语文拼音教学过程中，拼音的声母和韵母以及相关拼读方式一直是重点、难点。而部编版教材为任课教师提供了一些情境图作为课堂辅助教学工具，教师应当运用这一重要的教学工具，引导学生对情境图中出现的拼音进行知识联动。"讲故事"就是一项重要的手段，教师将相关知识点囊括到故事之中，可以降低学生理解知识的门槛。例如，一位教师在教学拼音"ang、eng、ing、ong"时，选择讲一段故事将知识点串起来。教师向学生描述：窗（韵母 ang）外月亮高高，清（韵母 ing）风（韵母 eng）飘飘，屋内灯光暖暖，妈妈在哄（韵母 ong）我睡觉。以这样的方式对学生加以引导，可以帮助学生建立独立自主总结知识点的能力，还可以带动他们讲出串联着知识点的故事。

（二）设计多样活动，激发学生的学习兴趣

汉语拼音教学应尽可能有趣味性，宜多采用活动和游戏的形式，应与学说普通话、汉字教学相结合。

1. 创编儿歌、绕口令

创编儿歌和绕口令是低年级语文教学中非常有效的教学策略，它们不仅能够吸引学生的注意力，提高学生的学习兴趣，还能在轻松愉快的氛围中帮助学生巩固拼音、字词和发音技巧。以《zh、ch、sh、r》一课为例，导入时，教师先复习巩固拼音 z、c、s，然后创编儿歌引出 zh、ch、sh、r 的学习。通过朗朗上口的儿歌，激发学生的学习兴趣。比如教学时，教师先让学生用手做卷的动作，感受翘舌音的拼读方法。学生可以通过这种感官体验，感受拼读方法。又如教学声母 g 时，可以以插图导入，提问学生：从图片中看到了什么？学生回答：鸽子，三只鸽子。教师继续引导：谁能编出一句儿歌记住 g？学生回答：鸽子鸽子 g g g，三只鸽子 g g g。接着让学生发出正确的读音鸽（ge），然后引导学生把 ge 读得轻一些、短一些，这样的发音就接近本音了。教师可以用同样的方法教学 b、p、m、f 等声母。

2. 利用手指操

"手指操"这种教学方式非常适合低年级学生，因为它结合了动手实践、游戏和学习的元素，能够极大地提高学生的学习兴趣和参与度。以《d、t、n、l》一课为例，首先，教师边做手指操边讲解每个字母的形状特点，如"d 像左半圆，一竖弯到圈里边；t 像伞柄弯又弯，横短竖长有弯折；n 像一扇小门儿，两笔写成竖右弯；l 像一根小木棒，竖要写得直又长"。然后，学生跟着教师一起用手指摆出这些字母的形状，并尝试自己说出每

个字母的口诀。最后，教师可以随机点名让学生展示自己的手指操，并给予反馈和鼓励。

3. 借助教材中的插图

教师在教学声母 d、t、n、l 时可以利用教材中的插图，让学生说说这几个声母分别像图中的什么东西，以形象的插图帮助学生强化记忆。例如，在教学声母 d 时，教师让学生观察插图，问他们看到了什么。当学生提到小马或鼓槌时，教师可以引导："看，小马跑步时，它的蹄子（或鼓槌击鼓时）发出的声音就像声母 d 的发音。你们听，d-d-d，就像是小马奔跑的蹄声，或者鼓声咚咚咚。"然后，让学生模仿这个声音，并观察 d 的形状，告诉他们 d 就像是小马跑步留下的脚印，或者鼓槌的形状，有一个半圆（或鼓面）和一根直直的棍子（或鼓槌）。

4. 组织拼音小游戏

利用游戏巩固拼音教学，比如教学声母和韵母的拼读时，一个学生说，我出 k，另一个学生说，我出 u，两个学生一起说，二者相拼就是 ku（哭），同时做出"哭"的表情和动作。又如，在复习声母和韵母时，可以全班一起"开火车"。首先，教师将声母和韵母的卡片分为两列"火车"。两列火车的火车头分别为声母 b 和韵母 a 的卡片。然后，学生手持卡片，按照顺序走上讲台，右手搭在前一个学生的肩上，左手将字母卡片面向同学举起。火车头发出"呜……"的一声后，每个学生按顺序读出自己手中字母卡片的发音。最后，学生唱着字母歌回到座位上。此类游戏不仅可以帮助学生巩固声母和韵母的识记，还能增加课堂的互动性。

学生在活动中学到了知识，掌握了学习拼音的方法。教师通过创设生动有趣的学习情境，引导学生在参与活动的过程中快速掌握本单元所学的韵母和声母。

（三）利用信息技术，提高汉语拼音教学效率

2022 年版课程标准在课程实施的教学建议中指出，"教师要把握信息技术与语文教学深度融合的趋势，充分发挥信息技术在语文教学变革中的价值和功能"。在 2022 年版课程标准的指导下，利用信息技术提高汉语拼音教学效率是顺应时代潮流、推动教育现代化的重要举措。汉语拼音作为语文学习的基础，其教学效果直接影响到学生后续的读写能力。

1. 多媒体教学资源的应用

教师可以利用视频、音频等多媒体素材，将抽象的拼音符号具象化、生动化。例如，教师通过动画展示声母、韵母的发音过程，帮助学生更直观地理解发音部位和发音方法。引入互动游戏和应用程序（App），如拼音接龙、发音挑战赛等，让学生在游戏中学习拼音，增加学生学习的趣味性和参与度。

2. 在线互动平台与社群学习

教师可以利用已有的教育 App，设置拼音学习专区，为学生提供丰富的学习资源和练习题目。学生可以在平台上自主学习、交流心得，教师也可以在线答疑解惑。教师还可以鼓励学生建立学习社群，让学生之间互相学习、互相帮助，形成良好的学习氛围。通过社群分享学习成果、交流学习经验，可以激发学生的学习兴趣和动力。

3. 数据分析与个性化教学

教师可以利用大数据分析技术，收集学生的学习数据，包括学习进度、掌握情况、错误类型等。通过数据分析，教师可以更准确地了解学生的学习状况，为每个学生提供个性化的教学方案。基于数据分析的结果，教师可以调整教学策略和教学内容，针对学生的薄弱环节进行有针对性的辅导和训练，从而提高教学效果。

案例 6-1

基于大数据的"智慧拼音"个性化教学项目

当教师在实施汉语拼音教学时，发现学生之间存在较大的个体差异，部分学生对拼音的掌握较快，部分学生则感到吃力。为了解决这一问题，教师可以借用大数据分析技术，开展"智慧拼音"个性化教学项目。实施步骤如下。

（1）数据收集：利用教育 App 或学校自有的学习管理系统，收集学生在拼音学习过程中的各项数据，包括但不限于每日练习完成情况、正确率、错误类型（如声母混淆、韵母发音不准等）、学习时长、学习速度等。这些数据通过系统自动记录并上传至云端服务器。

（2）数据分析：运用大数据分析技术对这些数据进行深度挖掘和分析。通过聚类分析，将学生按照拼音掌握程度和学习特点划分为不同的学习小组；通过关联分析，找出影响学生拼音学习效果的关键因素，如学习方法的差异、家庭辅导的情况等。

（3）个性化教学方案设计：基于数据分析的结果，为每个学习小组乃至每位学生量身定制个性化教学方案。例如，对于声母发音困难的学生，设计专门的发音训练模块，结合动画演示和语音反馈技术，帮助学生纠正发音；对于学习速度较慢但态度认真的学生，提供额外的学习资源和练习题，鼓励其持续进步。

（4）实施与反馈：在教学过程中，教师根据个性化教学方案进行有针对性的辅导，并实时关注学生的学习进展。同时，鼓励学生利用在线互动平台分享学习心得，参与社群讨论，形成良好的互助氛围。教师定期收集学生的反馈意见，对个性化教学方案进行调整和优化。

（5）效果评估：项目实施一段时间后，对比学生在项目实施前后的学习数据，评估"智慧拼音"个性化教学项目的实际效果。如果效果显著，则继续推广至其他年级或学科；如果效果不佳，则深入分析原因，调整教学策略，直至达到预期目标。

二、识字教学策略

在小学低年级的语文教学中，识字是非常重要的一项任务。因为小学阶段学生年纪小，认知水平有限，所以识字教学常常会遇到很多挑战，比如学生注意力不太集中，生活经验不够丰富，对汉字会感到比较陌生。因此，教师需要采用一些有效的教学策略来提高学生识字的效率和兴趣。

（一）紧跟 2022 年版课程标准要求，把握识字教学要点

1. 讲授汉字文化，增强文化自信

语文课承担着传递中华文化的使命。每个汉字都蕴含着丰富的文化信息，横、竖、

撇、点、折的奇妙组合，上下、左右、包围的巧妙搭配，部件的精妙赋义，均使得汉字不会成为僵硬的符号，而是具有丰富的文化内涵，可供感知。

以象形字、会意字的教学为例。"日月水火山石田禾"等独体字，都是象形字，统编版语文教材第一册识字单元的第四课就安排了这类字的教学。教师可根据具体象形字的特征选用字理图，或根据汉字的演变规律等，将其演变过程清楚、鲜明地呈现在学生面前，引导学生在观察中感悟汉字从形象逼真的图画，到简洁而形似的古文字，再到端正而神似的楷体字的过程。由此，学生不仅牢记了具体汉字的写法和含义，还在无形中接触了祖国深厚的汉字文化。而会意字，其字义易被理解，但部分会意字极易被错误书写，如"冒"字。很多学生和部分教师认为其上是个"曰"字，实则不然：其上为"冃"（mào），外"冂"表示帽子，内"二"是眉发的象形，故左右均不封住；而"曰"是口（嘴巴）中加一。因而，在教学过程中结合图 6-1 加以解释、提醒，便能增加学生正确书写的概率。①

图 6-1　"冒"字的演变过程

诸如此类从字源上学习汉字的过程，其实也是学生感悟中华文化、祖先智慧的过程，更是学生认识世界、丰富情感、提高素养的过程。

2. "多认少写"，分流减负

在 2022 年版课程标准中，多次反复提到识字与写字的教学目的是激发学生热爱识字与写字的兴趣，提高学生独立自主识字与写字工整规范的能力。新课程改革背景下的教材在识字编排上是将识字区与写字区分开，提倡"多认少写"。但是，在实际的教学过程中，许多教师忽视 2022 年版课程标准"多认少写"的要求，存在贪多求全的倾向，将许多"会认字"也按照"会写字"的标准进行教学，不仅加重了学生的负担，还降低了原本"会写字"的学习效率。为了解决这类问题，广大语文教师在实际教学中应严格遵循 2022 年版课程标准的要求，科学合理地安排识字与写字教学。

第一，严格区分"会认字"与"会写字"。教师在备课时，应清晰界定每课的"会认字"与"会写字"，确保教学目标明确无误。对于"会认字"，主要侧重于让学生能够在不同语境中识别并读出，可以通过游戏、儿歌、故事阅读等方式增加学生的接触频率，提高认字兴趣；而对于"会写字"，则须注重笔画顺序、间架结构的教学，通过书写练习、字帖临摹等方式，确保学生掌握正确的书写方法。

第二，不要随意提高"会认字"的学习要求。教师应避免将"会认字"当作"会

① 伏小麦：《从新课标要求看识字写字教学》，《湖南教育（B 版）》2022 年第 7 期。

写字"来教，不要求学生掌握所有"会认字"的书写，以免增加学生负担，影响其学习兴趣。教师应注重语境理解，鼓励学生在阅读中自然习得"会认字"，通过上下文猜测词义，增强语言感知能力，而非单纯追求识字量的增加。

第三，认真抓牢"会写字"，打下识字、写字的坚实基础。教师应详细讲解每个"会写字"的笔画顺序、起笔落笔位置、间架结构等，通过示范、学生模仿、个别指导等方式，确保学生掌握正确的书写方法。教师可以在写字教学中融入汉字文化，如讲解汉字的演变过程、背后的故事等，激发学生的学习兴趣，使其增强对汉字文化的认同感和自豪感。

（二）根据年龄特点，激发学生识字兴趣

1. 创设情境，趣味识字

在语文教学中，教师要进行识字与写字教学时，可以通过创设情境营造良好的教学氛围，提升学生识字、写字效果。在情境教学中，教师可以根据生字的含义构建故事，以真实的情境引导学生深入生字学习，学生在情境中能够对生字记忆更深刻，从而提高课堂教学的有效性。例如，在"情""请""晴"等生字的教学中，首先，教师可以根据不同生字的含义构建不同的情境，使学生在情境中理解生字的含义，主动探索和思考，对生字产生更深刻的记忆，在情境中感受到学习的乐趣。其次，学生学习完生字以后，教师可以以不同的故事内容构建不同的情境，让学生抢答与情境一致的生字，并进行默写，这有助于提高学生的学习能力。最后，教师可以让学生根据自己对生字含义的理解创设情境，给予学生创新空间，进而提高学生思维的灵活性，提高学生的创新能力和识字、写字能力。

2. 多种形式，高效识字

第一，字理识字教学。字理识字教学强调通过分析汉字的构造原理（如象形、指事、会意、形声等）来帮助学生理解和记忆汉字。在进行字理识字教学时，教师可以讲述汉字背后的故事，每个汉字都有其独特的形成历史和演变过程，教师可以通过讲述这些故事，让学生理解汉字所承载的文化内涵和古人的智慧；可以展示汉字演变过程，利用多媒体展示汉字的甲骨文、金文、小篆、隶书、楷书等不同字体的演变过程，让学生直观感受汉字的历史变迁和形体美；可以结合生活实例，将汉字与现实生活相联系，比如通过解释"日""月""水""火"等象形字的图形特征，让学生感受到汉字与自然的紧密联系。

第二，随文识字教学。随文识字教学是指在阅读文本的过程中，结合具体语境来让学生学习和理解汉字。在进行随文识字教学时，教师可以创设情境，在阅读文本前，通过图片、视频、音频等手段创设情境，让学生先对文本内容有一个感性认识，再在阅读中结合语境学习汉字；教师还可以提供与文本相关的拓展阅读材料，让学生在更广泛的语境中接触和使用新学的汉字，巩固学习成果。

第三，注音识字教学。注音识字教学主要是利用汉语拼音作为辅助工具来帮助学生识字。在进行注音识字教学时，教师可以结合字音讲解字义。有些汉字的读音与其意义有一定的联系，教师可以利用这一点，通过讲解字音来引导学生理解字义。对于同音字

或音近字，教师可以通过对比辨析的方式，让学生理解它们在不同语境中的不同含义和用法。

第四，集中识字教学。集中识字教学是将一定数量的汉字集中起来进行教学。在进行集中识字教学时，教师可以将汉字按照意义、结构、读音等特征进行分类，让学生在分类中感受汉字的系统性和规律性，或者围绕某个主题组织识字教学，让学生在主题情境中学习汉字，理解汉字与主题之间的联系，等等。

3. 尊重差异，合作学习

在识字与写字教学过程中，教师要改变传统单一的知识灌输式教学方法，让学生灵活掌握生字记忆技巧，提高学习效率。教师可以让学生以小组合作的形式共同对生字进行记忆，有的学生记忆生字特别快，有的学生则记忆生字较慢，教师可以引导学生在小组中交流记忆生字的经验，掌握更多的生字记忆技巧，从而提高学生的学习能力，让学生在有限的时间内掌握更多的生字。小组合作能够增加学生之间的交流，凸显学生的课堂主体地位，使学生学习更主动，养成良好的自主学习习惯。

例如，在《小白兔和小灰兔》一课教学中，教师可以在黑板上列出所有生字，给学生五分钟的时间进行自主记忆，看哪位学生记忆的生字数量最多，然后将学生分成小组，通过小组合作带动其他学生进行生字记忆。记忆能力强的学生会主动分享自己的记忆方法，带动小组成员主动学习生字，从而构建良好的合作关系，营造轻松愉悦的学习氛围。在这个过程中，学生能够掌握生字记忆方法，提高识字、写字能力，为未来的学习和发展奠定良好的基础。

4. 利用网络技术，优化教学方式

2022 年版课程标准强调，要充分利用网络平台和信息技术工具；优化教学，提供及时、准确反馈与个性化指导；探索线上线下相结合的混合式语文学习。科技的进步催生了现代教育媒体设备，多媒体教学设备的出现拓展了学生的学习内容，丰富了学生学习的资源，提高了整体教学质量。教师合理利用多媒体教学设备可将学生难懂的知识点，通过文字、图片、视频、音频等多种技术融为一体，优化整个教学进程，将复杂变简单、抽象变具体，使教学内容以较好的方式呈现，供学生学习和掌握。这说明教师要充分发挥网络的优势，积极调动学生识字、写字的兴趣。

5. 加强生活应用，提高识字成就感

苏霍姆林斯基说："只有当识字对学生来说变成一种鲜明的激动人心的生活情境，里面充满活生生的形象、声音、旋律的时候，读写结合的过程才能变得比较轻松。"教材中安排的汉字与我们日常生活密切相连，校园是识字的最好教材。学校的名称、校风、校训、宣传标语，班级内张贴的宣传画、眼保健操图、书法作品、课程表等，学生每天都与之见面，就逐渐认识了这些字。社会是广阔的天地，只要留心，处处都是识字的好场所。一块普通的公交站牌、商场中张贴的广告、店铺的名称、每种商品的名称及商品说明书等都是识字的课本，丰富多彩的生活既培养了学生识字的兴趣，也培养了学生热爱生活的情感。

（三）强化课外阅读，增强学生独立识字能力

2022 年版课程标准强调，"引导学生在语文实践活动中，积累语言材料和语言经验，形成良好语感，通过观察、分析、整理，发现汉字的构字组词特点，掌握语言文字运用规范，感受汉字的文化内涵，奠定语文基础"。识字的最终目的是阅读和写作，对于汉字的掌握需要把握形音义，以及掌握汉字的使用情况。一个汉字就是一个信息元，大量阅读能使学生在更多的语言环境中识字、感知字形，特别是理解字义。阅读和识字紧密联系在一起，能激发学生的兴趣、增强学生独立识字的能力。学生在主动阅读的过程中识字，识字又促进了阅读，有效地达到巩固课内生字和增识汉字的目的。在课外阅读中，我们应提倡家长在家中创设良好的阅读氛围，建议家长与学生进行亲子共读、共同交流，使学生在父母的陪伴下逐渐养成乐学勤读的好习惯，使之终身受益。

三、写字教学策略

写字教学策略是指教师在教学过程中采用一系列方法、技巧和理念，以指导学生正确、规范、美观地书写汉字。2022 年版课程标准赋予写字教学重要的意义和内涵，它不仅是一种技能的训练，还是一种文化的传承和个性的培养。因此，探讨和实践有效的写字教学策略非常重要。

（一）教师以身作则，加强写字示范作用

在写字教学中，教师首先应该以身示范。小学阶段学生模仿性极强，同时具有向师性，启蒙教师的一手好字会使学生受益匪浅。对学生而言，写字技能主要是通过观察教师实际的写字示范，并结合教师对写字规则的言语陈述来获得，这在写字的初期阶段是非常重要的。教师的示范可以让学生看到什么样的执笔姿势和写字姿势是正确的。而字的笔法和结构的教学就更离不开教师的示范了。

写字是一个动态的过程，教师通过在田字格中的写字示范，向学生展示写字的全过程，包括字的结构、笔顺规则、笔画的运笔方法等。同时，教师让学生伸出小手和他一起练习，细细体味每一笔的起笔和落笔。有经验的教师在教学生写字时，不但用田字格示范，而且用不同颜色的粉笔分别写出字的各个组成部分。低年级的语文教师，不仅自己要认真写好汉字的一笔一画，还要用自己对汉字饱满的热情和认真的态度去感染学生，不能因为自己无意间的差错而影响学生的写字态度。这样，教师的范字就从学生的"眼"中字逐渐变为"心"中字。

（二）精心细致指导，培养良好写字习惯

叶圣陶指出："什么是教育，简单一句话，就是要养成良好的学习习惯。"识字与写字教学的评价标准之一就是在教学中学生是否收获了好的识字与写字习惯，每个学段教师都要指导学生写好汉字，要求学生写字姿势正确，指导学生掌握基本的书写技能，养成良好的书写习惯，提高书写质量。良好的习惯要通过每节课的耳濡目染，要在汉字识写的实践中慢慢养成。

养成正确的写字姿势和良好的写字习惯是低年级识字与写字教学的重点。由于低年

级的学生手指肌肉还不发达，不能稳定地执笔，难以灵活地用笔书写，加上汉字笔画烦琐，书写起来比较累，学生写一会儿便会觉得又累又枯燥，从而导致学生写字热情不高，想要浑水摸鱼、马马虎虎地完成任务。因此，教师在写字教学方面一定要充满爱心、细心与耐心，对笔画、笔顺、间架结构等要严格要求，抓住起点，打好学生写字的基础。

（三）采取多种方法，激发写字兴趣

论语有云，"知之者不如好之者，好之者不如乐之者"。人们一旦对一件事情有了兴趣，兴趣就会驱使着人们去做好。低年级学生由于刚刚离开幼儿园的环境，以游戏为主的生活方式突然发生改变，再加上并没有正式经历"学习"这件事，对写字也很少接触，因此会存在不适应的现象。合理的教学方式能够充分调动学生学习的兴趣和热情。因此，教师要从教学内容入手，结合学生已有的知识经验和生活经验，通过图像、儿歌等趣味性内容，激发学生的写字兴趣和写字期待。

1. 结合图像，增强形象性

在写字教学的起始阶段，一些笔画可能对低年级学生而言较为抽象，且把握独体字的形态特征也是难点之一。因此，教师可遵循低年级学生的思维发展规律，将图像与写字进行有机结合，从而增强形象性，增加趣味性。例如，在教授一年级上册《日月明》中"心"字的笔画"卧钩"的写法时，若教师仅采用传统的讲授法，或只让学生自主观察，可能无法使学生对笔画"卧钩"形成较为深刻的印象。若教师在生字教学过程中，出示学生熟知的手捧水的图像，学生便能更为直观地发现笔画"卧钩"就像一个小手捧着东西一样，这样能激发学生的写字兴趣，使其更好地掌握相应知识。

2. 诵读儿歌，增强趣味性

儿歌深受学生的喜爱，在合适的场合将其与写字教学进行结合，能够有效吸引学生的注意力，增强写字教学的趣味性。例如，在教学写同字族的汉字时，教师可以把同字族的字编进儿歌中，这样既能有效避免学生在学习时产生枯燥感，又能重新整合、优化教学内容，以便学生比较与迁移。例如，在进行二年级上册《语文园地六》的写字教学时，为了让学生更好地学习"包、抱、跑、炮、饱"等生字，教师可以采用儿歌的方式进行教学，如有手轻轻"抱"，有腿快快"跑"，有火放鞭"炮"，有食吃得"饱"；教师还可以引导学生拍手朗读儿歌。学生在这样的课堂上，通过儿歌的形式巧妙地记住了生字的特点，并对接下来的写法指导产生了好奇和期待。

3. 注重多元评价，强化写字信心

评价是对学生写字情况的直观反馈，也是教师帮助学生学习知识技能、养成习惯的重要教学手段之一。评价的时机应当是恰当的，方式应是多种多样的，教师要根据不同的教学内容，选择与之相适应的评价方式。[①]

以言语表扬为例，学生渴望听到教师直接的言语表扬。因此，教师可以走到他们身边，表扬学生："这个字你写得很漂亮！""你坐得真端正！"或者向全班表扬某位

---

① 管琳夷：《浅谈低年级写字教学评价的时机与方法》，《小学教学研究》2019 年第 19 期。

同学，"某某的字写得多认真，简直是一个小小书法家！"学生会受到莫大的鼓舞，从而更加努力地把字写好。同时，教师也可以采用书面表扬的方式，评价学生的书写情况。例如，对字迹工整、端正的作业，可以加盖"你真棒"或"优"的印章；对错别字较多的作业，可以采用批注的形式，在作业旁对错别字的重点笔画加以指导；对于字迹潦草、态度明显不端正的作业，可以进行评语："请认真订正，希望你下次认真对待写字作业！"

教师通过不同形式的评价，不仅能及时点拨学生的不足，使学生有则改之，无则加勉；还能使学生直观地感受到教师的鼓励和关爱，从而树立对写字学习的信心。

（四）了解汉字字理，引导迁移应用

中国汉字历史悠久、博大精深，无论是象形字、会意字，或是形声字，都承载着丰富的文化内涵。因此，教师可以从汉字的读音、字形、字义等角度出发，探寻汉字字理，将汉字的构字原理与学生进行分享，从而激发学生对汉字的学习兴趣，提高学生识字、写字的效率，达到"析形索义，因义记形"的目的。[1] 因此，教师在写字教学中，应注重探究汉字的字源，熟知汉字中包含的历史文化，并合理运用一些典故、传说、神话等小知识吸引学生的注意力，从而增强学生对汉字的记忆效果。[2]

例如，在二年级下册《雷锋叔叔，你在哪里》一课中，为使学生加深对词语"荆棘"的理解，有教师进行了以下教学设计。

师：咱们来看一看"荆棘"这个词。（出示图片）我们能不能借助图片来猜一猜荆棘是一种什么样的植物呢？

生：有很多刺，很扎人。

师：是的，"荆棘"就是这样一种身上带刺儿的植物。这个词语看上去很难写，我们看一看如何更好地记住它。

师："荆"这个字，除草字头外，剩下这部分叫作"刑"，用来表示枝条。在古代，它常常用来鞭打犯人。观察"棘"字，你有什么发现？

生：它是左右结构，而且左右两部分是一样的，只是左半边的捺为了避让变成了点。

师：（出示"刺"字）这是一个会意字，你看，两个刺并排立着，让我们感受到……

生：这个植物一定有很多刺。

师：我们再来读读这个短语，读出你的感受。

在本课教学中，"荆棘"是一个重难点词语，学生很难结合生活经验理解，直接出示荆棘图片也许可以使学生了解大意，但不能使其达到掌握的程度，还会在一定程度上限制学生的想象空间。因此，教师先结合"荆"的部首，向学生讲解其字义；然后，引导学生观察"棘"的结构特点，发现它是左右结构，且左右都是"束"，使学生眼前自动浮现了一株充满了尖锐的刺的植物，从而提升了写字教学的效率。

---

① 刘艳：《小学低年级写字教学有效策略探索》，《江苏教育》2019 年第 37 期。
② 张明凤：《部编版语文教材二年级上册识字写字教学例谈》，《基础教育研究》2018 年第 11 期。

第四节 识字与写字教学案例分析

《日月明》教学设计案例

教学目标

1. 借助会意字的构字特点，认识"明""尖""尘"等11个生字和日字旁1个偏旁。会写"木、林"等5个生字和卧钩1个笔画。

2. 正确朗读课文，领悟团结协作力量大的道理。积累由本课生字组成的词语。

3. 了解会意字构字特点，感受古人的造字智慧，增强对中华文化的认同感和自豪感。

教学重点

正确朗读课文；尝试用会意字的构字特点，识记生字。

识字与写字
教学案例分析

教学难点

尝试用会意字的构字特点猜猜字义；学写笔画卧钩。

教学准备

多媒体课件。

教学课时

1课时。

教学过程

一、新课导入

【设计意图：通过创设情境，分别展示"日"和"月"的图片及其所表达的意思，再将日月合在一起，组成新字——明，让学生发现许多由两个或两个以上汉字组成的汉字，其意思就是这些汉字意思的组合，从而引出会意字。教学水到渠成，重点得以突出。】

1. 师：同学们在汉字王国里已经认识了许多汉字，现在老师请出两个老朋友，看看同学们还记不记得？出示"日"和"月"。

2. 师：你们知道，"日"和"月"能够组成什么字吗？

3. （出示"日"和"月"的甲骨文图片）师：同学们看"日"的轮廓像太阳，一横表示太阳的光。太阳光芒四射、洒遍大地，大地一片光明。"月"像半月形，月亮反射太阳的光，即使是晚上，大地也是一片光明。那么，日和月合在一起，就组成了一个新字——"明"。《荀子·天论》中说："在天者莫明于日月"。也就是说，在天上没有再比太阳和月亮更明亮的了。我们的祖先也正是这样想的，所以甲骨文是左"月"右"日"组成"明"字，可见这是一个会意字。

日、月、明示意图如图6-2所示。

二、初读课文，学习认读字

【设计意图：2022年版课程标准要求，第一学段的学生要掌握汉字的基本笔画和常用的偏旁部首，能按基本的笔顺规则用硬笔写字，注意间架结构，初步感受汉字的形体

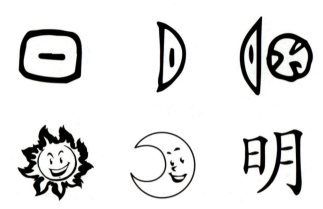

图6-2 日、月、明示意图

美。将写字好方法教给学生，使写字教学由扶到放。】

1. 初步了解会意字。

（1）师：汉字以意定形，字形留存了造字者的认知，涵盖了各种信息。许多汉字是由两个或两个以上的汉字组成的，而它们的意思就是这些汉字意思的组合，这样的汉字就有个名字——会意字。今天我们要学习的课文就将介绍这些有趣的会意字，请同学们自己先轻声读一读课文吧。不会读的字就借助拼音拼一拼，争取把课文读准确。

（2）师：请同学们把课文后面的认读字在课文中找到并用铅笔圈出来，然后和小伙伴一起读一读。

（3）教师出示认读字，学生读。

（4）教师去掉拼音让学生读单个生字。

2. 深入学习会意字——"尖"和"尘"。（在教学中，对汉字的构件进行拆分组合，能帮助学生理解汉字字形与蕴含的文化）

（1）师：同学们看课文第二行中出现了两个长得很相似的字：出示"尖"和"尘"，我们怎么来学习并且区分清楚它们呢？（"尖"上面是"小"，下面是"大"，生活中上小下大的东西上面摸起来或者看起来都会感觉尖尖的，所以是"小大尖"。例如，笔尖，刀尖，草芽尖尖，弯弯的月儿两头尖，辣椒长个尖尖的嘴。"尘"上面是"小"，下面是"土"，合在一起的意思是非常小的土，我们生活中这样非常非常小粒的土就叫作尘土，所以是"小土尘"，如尘土、灰尘、沙尘暴）

刚才我们一起学习了"明""尖""尘"这几个生字，同学们发现它们之间有什么共同点吗？（它们都是把学过的两个字合在一起组成新字，而新字的意思和原来的组成部分都有关系。还记得它们叫什么字吗？——会意字）

（2）师：汉字是唯一可以"望形知义"的文字，这为我们理解汉字所蕴含的文化提供了有力的支撑。课文中像刚才那样有趣的会意字还有好几个呢，请同学们和身边的小伙伴一起边读课文边自己找到这些会意字，然后按照刚才的学习方法，结合字和生活中的经验来学习吧。

（3）在田地里面干活的人主要都是男人，所以是"田力男"。

（4）一棵树是树木，木；两棵树是"林"。让学生观察：上看一棵树，下看两棵树，仔细看一看，还有许多树。师：这是什么字？树再多一些就是"森"，它们都指树多，但是"森"表示的树更多。

（5）双：双手。条：一条鱼。

（6）两个人一前一后跟着走就是"从"，很多人在一起表示的是"众"。观众、听众、大众、众人、群众。两人、三人和众人，谁的力量最大呢？

3. 师：在同学们的互相帮助下，我们把这篇课文中的会意字都学会了，同学们真了不起。让我们一起复习一下吧（左右结构、上下结构）。

三、有感情朗读，熟读课文

1. 出示课文插图，让学生说一说图意。（三个小同学在种树。一个人扶着小树苗，一个人填土，一个人浇水。他们种了很多很多树。）

2. 交流讨论：如果只有一个人种树，结果会怎样？

3. 教师导入：是啊，团结力量大，合作能成功。这节课，我们就来学习有关团结力量大的谚语。

4. 学习"一人不成众，独木不成林"。

（1）出示"一人不成众，独木不成林"，指名读一读。

（2）学生理解意思，教师明确：比喻个人力量有限，做不成大事。

5. 学习"众人一条心，黄土变成金"。

（1）出示"众人一条心，黄土变成金"，指名读一读。

（2）认识"条、心"两个生字。

（3）学生理解意思，教师明确：团结起来力量大。

6. 学生自由读，对读，边拍手边朗读课文。

四、学习写字

【设计意图：写字是学生必须掌握的一项重要能力，写字教学贯穿整个义务教育阶段，教师要有意识地在低年级培养学生自主观察与写字的能力，塑造良好的写字习惯，为学生的终身发展奠基。】

1. 师：这节课，我们学会了很多的会意字，你们的收获非常大，老师相信同学们在写字时能够表现得同样出色。（出示"木、林"）捺变点，谦让美。

2. 观察书上田字格内的"木"，组词、造句、笔顺。

3. 教师范写"林""土""力""心"。观察占格和笔顺。

"林"，右边的木略宽大，撇要穿插到木字旁的下面。

"力"的横折弯钩中横的部分要左低右高，向下写弯钩时要向左侧稍稍斜一些，不能够写得太直。

"土"上边横短，下边横长。竖写在竖中线上，第三笔长横要写平直。

"心"的写法：左点、卧钩、中点、右点。了解三个点的名称、位置。第二笔卧钩像弯弯的月牙，不能写得太直。

4. 教师范写，学生仿写并展示交流。

5. 再次练习书写。

（引自通渭县"和"语文工作室何晓的教学设计）

【案例分析】在《日月明》一课，教师通过富有韵律的儿歌，展示了汉字独特的会意构字法，让学生在轻松愉快的诵读中，不仅学会了生字，还深刻体会到汉字构形的智慧与趣味，激发了他们探索汉字奥秘的兴趣与热情。

首先，该案例体现了 2022 年版课程标准在"识字与写字"领域的最新理念，积极回应了语文课程继承和弘扬中华优秀传统文化的使命，践行了文化自信融入语文课程的要求，体现了语文课程以文化人的独特功能。在汉字教学过程中，教师以会意字为切入点，从文化的角度阐释、教授汉字，引导学生深入感受汉字蕴含的文化信息，形成高度的文化自觉，树立坚定的文化自信。在汉字教学中融入文化自信的培养，不仅能够提升学生的文化素养和审美能力，还能够培养他们的民族自豪感和责任感，这正满足了立德树人根本任务的需要。

其次，该案例教学目标明确且具有层次性。教学目标设计合理，层次分明，既注重了知识技能的掌握（如认识生字、会写生字、学习笔画），又强调了过程与方法（如通过会意字构字原理识字），还兼顾了情感态度与价值观的培养（如增强对中华文化的认同感和自豪感）。这样的教学目标设定有助于学生在多方面得到发展。

再次，教学过程生动有趣，符合学生认知规律。①新课导入巧妙：通过展示"日"和"月"的图片及其甲骨文，引导学生发现"明"字的构字原理，激发了学生的学习兴趣和好奇心，为后续学习打下了良好的基础。②循序渐进，逐步深入：教师先引导学生学习"明""尖""尘"等具体字例，通过拆分组合汉字构件的方式，帮助学生理解会意字的构字特点。随后，让学生自主发现课文中的其他会意字，并尝试用相同的方法学习，培养了学生的自主学习能力和探索精神。③结合生活实际，加深理解：在教学过程中，教师多次将汉字学习与学生的生活实际相结合，如通过"小大尖""小土尘"等例子，让学生感受到汉字与生活的紧密联系，从而加深了对汉字意义的理解。④情感教育与知识传授相结合：学习"一人不成众，独木不成林"等谚语，不仅让学生理解了团结协作的重要性，还潜移默化地培养了他们的集体主义和团队合作精神。

最后，该案例注重写字教学和培养学生良好书写习惯。该案例对写字教学给予了充分的重视，从观察字形、组词造句、笔顺指导到教师范写、学生仿写，每一步都安排得井然有序。特别是教师对于"林""力""土""心"等字的书写指导非常细致，不仅注重了字形的准确性，还强调了书写的美观性和规范性，这对于学生良好书写习惯的培养具有重要意义。

"日月水火"
识字教学片段

"春夏秋冬"
识字教学片段

阅读与拓展

路克修，于年河，左松涛，2002. 现代小学识字写字教学［M］. 北京：语文出版社.

吴忠豪，丁炜，2023. 小学语文课程与教学［M］. 4 版. 北京：中国人民大学出版社.

张田若，陈良璜，李卫民，1998. 中国当代汉字认读与书写［M］. 成都：四川教育出版社.

张学鹏，张素凤，周予，2017. 小学识字写字教学指导［M］. 北京：北京大学出版社.

思考与练习　　　本章小结

第七章

阅读教学研究

学习目标

1. 了解阅读教学的概念和特点，理解阅读教学的理念和意义；
2. 熟练掌握小学语文阅读教学的总目标和各学段的要求，了解不同学段阅读教学的重难点；
3. 掌握阅读教学的策略；
4. 分析阅读教学案例。

第一节　阅读教学概述

在小学语文课程教学中，阅读课是最重要的板块，占据着小学语文课程的半壁江山。阅读课不但承载着母语教育的重要任务，而且在很大程度上影响着学生综合素养的提升。因此，了解小学语文阅读教学的概念、特点、理念以及意义，对于提高阅读教学的效率，提升语文课程的教学质量具有关键意义。

一、阅读教学的概念

阅读教学作为小学语文教学中的关键部分，一直备受关注。正确认识阅读教学的概念是实施阅读教学的基础和前提，也是提升阅读教学质量的关键。

（一）阅读

"阅读是从写的或印的语言符号中取得意义的一种心理过程。"[①] 广义地讲，读书、阅报、读通知、看图纸，甚至看图像，都是不同形式的阅读活动。狭义地讲，阅读专指阅读图书、报刊、网络文字。随着信息技术的发展，电子阅读已成为新的阅读方式。在语文教学中，阅读则特指阅读语文教材中的课文和课外读物。阅读教学是学生、教师、教材编写者、文本之间对话的过程，是重点培养学生阅读能力的系列语文训练活动。2022 年版课程标准在阅读教学建议部分指出："阅读是运用语言文字获取信息、认识世界、发展思维、获得审美体验的重要途径；阅读是学生的个性化的阅读行为。"阅读，

---

① 中国大百科全书出版社编辑部编《中国大百科全书》（教育），中国大百科全书出版社，1985，第 505 页。

是一场精神的旅行，是读者用自身的生命与文本中的情感进行交流的过程。学生的阅读，更是一场发现和探寻的过程，他们用自己的视角、经验，在文本中寻找自己的生命底色，捕捉自己的身影。[①] 因此，阅读是一个复杂的心理活动过程，不仅包括理解书面语言文字，还包括感知语言文字背后的情感和意蕴，进而产生思考，悟出道理，受到熏陶。它既包含学生感知文本的含义，又包含学生对文本内容进行二次理解，进行分析与综合、比较与联想、抽象与概括、推理与判断等思维活动。阅读的心理过程重点包括以下几个方面。

1. 阅读期待

阅读期待是学生产生主动阅读文本动机的一种心理状态，是激发学生阅读兴趣、衡量阅读教学效果的重要标准。因此，教师应了解学生的心理特点，激发学生的阅读兴趣，巧妙地引领学生产生阅读期待，引导学生自觉、主动、积极地与文本进行对话，在阅读过程中享受阅读的乐趣，获得阅读的真情实感，从而提升阅读教学的质量和效果，使得阅读教学呈现生机盎然的景象。

2. 阅读与感知

阅读与感知是学生对阅读材料的识别和辨认，是一种较为复杂的心智活动，是阅读心理过程的初级阶段。阅读中所要感知的材料并非一个一个单独的字，而是由连续的字词、句子、段落构成的篇章。阅读与感知主要有眼停、回视、扫视三个步骤。在阅读过程中，眼球并非连续不断地移动，而是忽动忽停，在眼停瞬间看清字词。眼停次数和每次注视的时间与阅读能力、材料的难度及阅读要求有关。阅读时若材料意义不明或阅读者未看清楚，眼球会倒退到原点"回视"，以便对不同位置的词进行综合理解或记忆。视线从一行的末端移到下一行首端叫作"扫视"。初学阅读的学生扫视次数较多且容易发生错乱或反复寻找的现象，初步掌握阅读技能后学生扫视的次数会逐渐减少。

朗读过程中"看"先于"读"的先行程度叫作"视读广度"。阅读能力与视读广度有关，视读广度越大，则知觉单元越大，理解越完全，阅读能力越强。初学阅读的学生只能把字和词作为认读单位，字与字之间缺乏有意义的联系。随着阅读能力提高，学生才能逐步把短语、句子作为认读单位，使阅读达到自动化的程度，即用视觉和意识来感知所读材料的能力远超"出声读"的能力。

3. 阅读与理解

理解是学生掌握阅读技能的最主要标志。阅读文章首先要感知文字，再读懂字词、句段、篇章，最后逐步理解整篇文章。侧重于从理解的角度学习语文时，学生的阅读过程则可以理解为由语言到思想，由形式到内容，由外表到内部，由部分到整体的心理活动过程；侧重于从运用或写作的角度学习语文时，则学生必须思考作者如何围绕中心选择与组织材料、布局谋篇，以及如何根据所要表达的中心思想与描述事物的需要，准确地遣词造句、润色文字等，此时的心理活动过程与侧重于从理解的角度学习语文时正好

[①] 刘玉凤：《阅读教学，当是学生在文字间行走的旅程》，《语文建设》2020 年第 14 期。

相反。阅读教学与写作教学应密切配合并以前者为基础。

阅读速度依赖于理解程度，阅读时应保持适当的速度，速度太快来不及理解文字的意义，太慢则容易分散注意力。阅读速度和效果取决于阅读对象的性质和阅读的要求。阅读速度是衡量阅读能力的一个重要标志，训练时教师应根据读物的性质、学生已有经验和阅读技能以及阅读要求，在速度上提出不同的要求。

4. 鉴赏与评价

鉴赏是学生对语言形式和语言塑造的图景、形象进行感受、理解和评判的思维活动和过程，侧重于个体的主观感受。评价是学生对文章优劣发表见解的过程，偏于理性。鉴赏以理解为基础，是对文章美的属性的能动感受和反应。评价的心理结构比较复杂，包括感受、体验、判断和评价，是认识和情感协调的心理过程。鉴赏与评价关系紧密，评价以鉴赏为基础，而鉴赏也有赖于评价的指导，两者都是对文本的认识和评价活动，由鉴赏到评价是由形象直觉到理性认识的飞跃。

（二）阅读教学

阅读教学是语文教学的重要环节。阅读教学，是建立学生与这一篇课文的链接，以帮助学生克服现有的语文经验与课文理解、感受所需要的语文经验之间的落差。[①] 由此可见，阅读教学是以阅读教材为媒介，在教师的指导下借助一定的教学媒介，采用恰当的教学手段，引导学生与阅读材料进行互动对话，并在此过程中与文本建立联系，学习、运用、掌握阅读方法，感受文本构建的自然世界和精神世界，进而完成教学任务的教与学的统一过程。阅读教学过程是师生与文本对话、思维碰撞、情感交流的过程。[②] 对于学生而言，他们能够在阅读教学的过程中汲取阅读知识、习得阅读技能、提升思维能力、提高审美能力、丰富精神世界，还能养成良好的阅读习惯、学会表达。因此，阅读教学必须有明确的目标，教师应通过有目的、有意识、有计划的语言训练、思维训练、情感陶冶、审美鉴赏以及方法指导，促进学生阅读能力的提升。

对学生而言，阅读教学的过程是认知过程，是学生借助语言材料进行感知、理解、鉴赏、感悟、记忆和运用的心理过程。在阅读教学过程中，学生处于主体地位，教师只是引导者、启发者和指导者，教师要通过多样化的方法激发学生的兴趣，唤醒学生的阅读期待，调动学生的情感，促进学生阅读能力的有效提升。

（三）阅读与阅读教学的区别

1. 任务不同

阅读是学生的一种个性化行为，是学生自己与文本对话交流的过程，注重学生的自我感悟。阅读教学是在教师的引导下进行的，虽然学生仍然处于主体地位，但是教师有着明确的阅读任务：不仅要让学生读懂课文的内容，还要让学生领悟课文的表达方法，掌握阅读知识和阅读方法，最终引导学生学会表达——会写、写好。通过阅读教学过程

---

① 王荣生：《阅读教学的基本任务与路径》，《课程·教材·教法》2012 年第 7 期。
② 陆云、王崧舟主编《小学语文课程与教学》，西南师范大学出版社，2019，第 103 页。

中的读写结合，实现以读促读，是阅读教学不可忽视的任务。① 要想实现阅读教学的任务，关键是要克服学生的原有语文经验与理解、感受本篇课文所需要的经验之间的落差，② 即帮助学生掌握新的阅读方法，建立与所学课文相适应的语文经验。

2. 过程不同

阅读过程是一个复杂的认知过程，阅读教学过程是一个双向过程。"双向过程"体现在：一是由语言形式到思想内容的过程，即通过感知语言，达到对课文内容、情思的初步理解，做到知其然；二是从思想内容返回到语言形式的逆向过程，即从已经掌握的中心内容和艺术特点出发，研究作者如何写文章的过程，做到知其所以然。③ 阅读教学的两个过程是紧密联系在一起的，二者相辅相成，共同指向学生阅读能力的发展。

阅读教学过程体现了学生在语文教学过程中"感知—理解—欣赏—积累—运用"等一系列认知过程，充分体现了语文教学的读写结合原则。在阅读教学过程中，第二个过程尤为重要。第一个过程强调的是了解文意、体会情感，而第二个过程更注重掌握阅读技巧和阅读方法，提高读写能力，培养良好的阅读习惯，这充分体现了阅读教学的特点，充分体现了张志公先生所说的"带着学生从阅读里走个来回"。

3. 方法不同

阅读方法是对"如何阅读"的规范性或建议性的指令。① 通俗来讲，阅读方法就是学生基于研究或实践经验，在理解文本内容时所采用的有效的阅读途径和方式，这主要依赖于学生在阅读实践中的阅读经验和阅读习惯，主要包含朗读法、默读法、浏览法、速读法等。阅读方法，"一是学生阅读的支架，学生通过掌握阅读方法提高阅读效率和效果，直至提高阅读能力；二是教师教学的支架，即利用阅读方法设计教学，提高教学效率和效果。⑤"阅读教学方法更强调阅读教学过程中采用的方法。从价值指向的角度来看，阅读教学可分为内容型阅读教学、技能型阅读教学、情感型阅读教学、策略型阅读教学、全面型阅读教学、跨科型阅读教学，这种分类方法与 2022 年版课程标准的基本理念非常吻合；从阅读方式的角度来看，阅读教学可分为理解性阅读教学、鉴赏性阅读教学、推理性阅读教学、综合性阅读教学。⑥

二、阅读教学的特点

（一）实践性

阅读教学是教师引导学生在大量的阅读实践活动中识字学词、积累字词句篇、培养语感、提高思维品质、习得阅读方法和技巧、提高阅读能力和人义涵养的重要途径。这与 2022 年版课程标准中提高学生语文核心素养的要求不谋而合，要想提高学生的语文

---

① 袁晓芳、金丽萍、黄继斌主编《小学语文课程与教学》，华中科技大学出版社，2022，第 89 页。
② 王荣生：《阅读教学的基本任务与路径》，《课程·教材·教法》2012 第 7 期。
③ 袁晓芳、金丽萍、黄继斌主编《小学语文课程与教学》，华中科技大学出版社，2022，第 89 页。
④ 王荣生：《阅读策略与阅读方法》，《中国教育学刊》2020 年第 7 期。
⑤ 靳彤：《从"阅读方法"看阅读教学教什么》，《语文建设》2020 年第 7 期。
⑥ 黄伟：《阅读教学理论的建构——从分类到分层》，《语文建设》2023 年第 10 期。

核心素养，开展阅读实践活动就是不可缺少的环节。在阅读教学过程中，教师首先要选择有意义的阅读文本和阅读实践，这些都会对学生的语文核心素养产生影响。只有有价值、有意义的阅读实践活动，才能引发学生的阅读兴趣，在学生心中播撒下一颗爱阅读的种子，否则阅读教学就只是一种简单的阅读技能训练，就只是一种"在教师干扰下的阅读"。① 这就是在告诫教师：在开展阅读教学的过程中要有新意，要给学生提供源源不断的新知识，真正唤醒学生的阅读兴趣，对学生的精神世界产生影响，进而影响学生的阅读实践活动，让学生自觉成为阅读的主人，切实感受阅读带来的意义，从而真正热爱阅读。

（二）对话性

阅读教学是学生、教师、教材编写者、文本之间对话的过程。这是对阅读教学特点的准确概括。阅读其实就是学生与文本之间的对话，它是一个展开情感交流、思想启迪的过程。在阅读教学中主要有四对关系：学生与教材（编写者）、学生与课文、教师与教材（编写者）、教师与课文。② 当学生与文本进行对话互动时，其主要目的是理解文本内容，建构阅读意义，领悟作者的写作意图，感受作者的内心世界。

在班级授课制的背景下，阅读教学就是以教学材料（包括教材、课文及其他的文本）为依托的教师与学生个体、教师与学生群体、学生个体与学生个体、学生个体与学生群体、学生群体与学生群体等多种对话关系展开互动的活动。在这一过程中，教师的主要职责在于引导学生互帮互助，启迪智慧、陶冶情操，实现学生的高效阅读，发展学生的语文核心素养。因此，教师要充分利用学生已有的经验，调动已有的知识储备，发现已有知识经验和文本内容之间的相似性和衔接点，以便能借助已知去探测未知，引导学生形成自主学习意识，积极主动地参加阅读实践活动。这些文本对话的关系相互影响、相互关联，是不能够相互替代的。

（三）理性与感性

人有理性与感性两个方面，文本恰好完整地诠释了人在理性和感性两个方面的内容。阅读教学是理性与感性共同参与的活动。在阅读教学过程中，阅读方法的习得、借助工具书阅读等都属于理性范畴，而语感培养、阅读感受力、审美鉴赏等都属于感性范畴。在阅读教学过程中，教师要引导学生与文本充分对话，学会在"倾听"文本的过程中，对其进行理解、感悟、欣赏和批判，努力形成自己的理解和看法，从而锻炼学生的感性和理性思维。因此，阅读教学不可能是纯粹理性的过程，应该积极调动教师和学生的理性和感性，使其参与其中，进而提升阅读教学的质量和效率。

（四）社会性

阅读教学是开放性的社会性活动。教学活动的开展是以人的社会性为基础的，在这一基础上不同的社会主体进行对话和交流，进而产生不同的社会关系。在阅读教学过程中，不同的学生与文本互动进行交流对话，社会背景的差异，使不同学生与文本的互动

---

① 李雪、林海亮：《基于阅读素养发展的阅读教学特点、限度和原则》，《教学与管理》2020 年第 18 期。
② 同上。

也会产生相应的差异。学生对人的社会属性（本质）有一定了解之后才能实现高效阅读。[1] 阅读从来不只是简单的认读文本，而是"受到一定社会规则与文化的引导而产生的具有社会适应性和社会超越性的活动，是出于某种目的、基于某种情境下对阅读知识的应用，是通过阅读技能产生对话、批判反思从而与外部建立关系，以获得社会性素养的呈现形式"[2]。阅读教学的社会性是阅读教学与其他社会因素产生重大差异的原因，而且无时无刻不在影响着阅读教学的开展。这在一定程度上也反映了阅读教学的开放性。

三、阅读教学的理念

（一）阅读教学是以学生读书为本的过程

阅读教学是指导学生学会阅读方法的过程。阅读教学应以多形式、多层次的阅读方法作为课堂教学的主要手段和内容，指导学生读得充分，读得准确，读得主动，读得灵活，读得深入。"以读为本"是阅读教学不可动摇的基本理念，需要辅以灵活多样的阅读形式。"以读为本"贯彻以学生为本的思想，学生在读的训练中感悟祖国语言的博大精深，同时陶冶性情，产生审美愉悦，促进人格升华。

学生读书是阅读教学的基础和抓手，让学生读书贯穿整个阅读教学的始终，并将阅读教学的核心目标指向让学生学会独立读书、喜欢读书、善于读书。应提倡课内课外联动，引导学生少做题、多读书、好读书、读好书、读整本的书。

（二）阅读教学是在教师引导与启发下的"对话"过程

阅读教学是学生、教师、教材编写者以及文本之间对话的过程，这个过程是在教师引导与启发下进行的。阅读教学倡导自主、合作、探究的学习方式，教师应组织与指导学生学会合作学习，主动参与学习。

（三）阅读教学是积累语言和培养语感的过程

实现语言的建构与运用需要打好两个基础：一是大量语言材料的积累，二是良好语感的培养。小学阶段要重视语言文字运用的训练，重视积累语言，引导学生初步把握语言运用的规律，能进行语言的重组、补充、转换，课文语言表达要清楚、准确、丰富等。小学阶段除识字、学词外，还应进行各种句型和表达方法的积累。要注重在朗读诵读中丰富积累，在品析鉴赏中深化积累，在口语交际中沉淀积累，在迁移运用中内化积累。

语感的培养需要长期习得和语言经验的积累，语感会随着积累的深度和数量而提升。教师可以采用熟读、精研、品味、复述等方法引导学生亲近语言，涵养语言，让学生充分体会用词的准确、句子的特点、篇章的结构，从而不断丰富学生的语言经验。教师还可以要求学生回答问题有理、有序、有情，能恰当运用课文语言，从而不断提升语感品质。

---

① 李雪、林海亮：《基于阅读素养发展的阅读教学特点、限度和原则》，《教学与管理》2020 年第 18 期。
② 刘晶晶、郭元祥：《小学语文阅读素养——内涵、构成及测量》，《课程·教材·教法》2015 年第 5 期。

（四）阅读教学是培养阅读兴趣与习惯的过程

阅读兴趣是指对阅读实践活动或阅读对象的一种力求趋近或认同的倾向，是小学阶段的阅读中最为积极活跃的成分，也是推动学生阅读的直接动力，它表现为好奇、求知、探究、操作、掌握、运用等。

阅读习惯是指学生在较长的语文学习过程中较为稳定的、不受干扰的学习行为方式。在不同的学段，阅读习惯培养的侧重点也会不同。第一学段是阅读习惯培养的关键期。这一学段的学生好说、好动，注意力不持久，逻辑思维不发达，独立性和自觉性较差。从这些特点来看，这一学段应主要培养学生听课、写作业方面的阅读习惯，这两个方面的阅读习惯对学生以后的学习有重要作用。这一学段应严格规范学生的学习行为。第二学段是逻辑思维发展的关键期。这一学段的学生，处于从小学低学段向高学段的过渡时期，这个时期，应重点培养学生的思维习惯：培养学生思维的灵活性，使学生善于从不同角度和不同方向思考问题，能用多种方法解决问题，能根据具体情况，灵活地运用知识来处理问题；让学生明白在解决实际问题时应当全面、灵活地思考。第三学段是逻辑思维能力和记忆力发展的关键期。对于这一学段的学生，应主要培养的阅读习惯有实践习惯、反思习惯、归纳总结习惯和自主阅读习惯。要培养学生自主学习的习惯，在教学中，教师应扮演好引导者角色；应把主动权还给学生，让学生自己主动发现问题、解决问题；应重视工具书使用方法以及知识和技能获取方法的教授。

教师在小学语文教学中，不仅要培养学生的阅读习惯和兴趣，还要渗透科学的阅读方法，使学生养成良好的阅读习惯，从而拓展知识能力，提高语文素养。其一，良好的阅读习惯为课文的理解提供可靠保障。只有耐心、仔细阅读，才能读懂、读透。经常阅读，利用零散时间阅读，可以扩大阅读量。反复阅读，或者一边阅读一边批注、查询资料，可以加深理解。选择性阅读、按主题进行阅读、对比阅读等，可以增加阅读的深度。其二，充分开发利用各种资源，实现课内外阅读教育的衔接和整合。阅读往往是得法于课内，得益并成长于课外的。因此，不仅要注重在生活中阅读，还要注重用阅读解决生活中的问题，提高生活的品质。

四、阅读教学的意义

在小学语文教学中，阅读教学的课时最多、教学分量最重，与识字与写字教学、习作教学、口语教学和综合性学习联系密切，是小学语文教学的主体，在各类语文教学活动中处于关键地位。阅读教学不但在很大程度上决定着小学语文教学的整体质量，而且影响着整个小学阶段语文课程目标与教学目标的实现。阅读不仅是引导学生识字的重要途径和基础，也是使学生开阔视野、培养思维、提高人文涵养和审美情趣的重要途径。[①]因此，研究小学语文阅读教学具有重要的意义。

（一）有利于培养语感，提升学生的语文核心素养

语文核心素养的提出，为语文教学指明了前进的方向。在小学阶段，语感的培养及

---

① 孙凤岐主编《小学语文课程与教学论》，北京师范大学出版社，2016，第194页。

训练十分重要。所谓语感，是一种直接、迅速地感悟语言文字的能力，是一种对语言文字进行分析、理解、体会、吸收的全过程的高度浓缩，涉及学习经验、生活经验、心理经验、情感经验，也包含理解能力、判断能力、联想能力等诸多因素。[①] 对学生进行有意识的长期的语感训练，培养语感，快速提升语文核心素养，是语文阅读教学的首要任务。[②] 一般来说，语感越好的人，越能够迅速把握语言文字的意思，敏锐地洞察语言文字的丰富内涵及弦外之音，而且在口头表达与书面写作中也更从容。

叶圣陶先生早就说过："语言文字的训练，我以为最要紧的是训练语感，就是对于语文的敏锐的感觉。"[③] 2022 年版课程标准明确指出，学生通过"主动积累，梳理基本的语言材料和语言经验，逐步形成良好的语感"，并将"引导学生在语文实践活动中，积累语言材料和语言经验，形成良好语感"作为基础型学习任务群的目标之一。因此，教师在开展阅读教学时，要制定合适的教学策略，从而使学生拥有良好的语感。

俗话说："书读百遍，其义自见。"首先，大量阅读是培养语感的直接途径。作为小学阶段的学生，他们不仅要熟读成诵，还要绘声绘色地诵读；在诵读过程中要学会感受文章的韵律美、节奏美；还要充分发挥想象力，进行个性化地表达。其次，在以写促读和读写融合中强化语感。这种方式有利于学生对语言材料进行二次加工创造。例如，在古诗阅读教学中引导学生展开想象，合理地改写古诗，不仅有利于促进学生深入品味语言材料及其思想情感，还能够锻炼学生的创意性表达，从而有利于培养学生的语感。最后，在学生、教师、教材编写者及文本的多方对话中提升语感。学生、教师、教材编写者及文本间要相互联系、相互沟通，进行深入对话。一方面要发挥教师的引导作用，另一方面要充分尊重学生的主体性，鼓励学生个性化地解读和交流，将教师的教和学生的学有机结合在一起，在对话交流中提高学生的语感。

（二）有利于优化思维，提升学生的阅读思维品质

小学阶段是培养良好思维品质的关键时期，阅读教学以其人文性和开放性为培养批判性思维提供了广阔的空间。[④] 2022 年版课程标准也明确指出，要乐于探索，勤于思考，初步掌握比较、分析、概括、推理等思维方法，辩证地思考问题，有理有据、负责任地表达自己的观点，养成实事求是、崇尚真知的态度。由于小学阶段的学生思维能力不够健全，具有较强的向师性，不能够全面地看待问题，不能抓住事物的本质，因此提升学生的阅读思维品质是阅读教学的重要任务。

综上所述，教师在教学过程中应该做到以下几点。第一，关注思维起点，改变语言实践的程式化倾向。在阅读教学过程中从学生的实际出发，从学生的需求出发，关照学生的思维起点，真正实现学生对语言的理解、积累与运用。[⑤] 这实际上是挣脱固有的教学思维，让实践活动更贴近学生的起点，更符合阅读教学的要求，指向语言能力的提

---

① 万晓霞：《小学阅读教学中的语感训练——评〈小学语文阅读教学策略实践探究〉》，《语文建设》2023 年第 2 期。

② 孙凤岐主编《小学语文课程与教学论》，北京师范大学出版社，2016，第 194 页。

③ 王守恒主编《小学语文教学与研究》，人民教育出版社，2006，第 175 页。

④ 李莹：《小学语文阅读教学中的思维培养策略研究》，《语文建设》2021 年第 2 期。

⑤ 陈春雯：《让语言与思维在阅读教学中共生共长》，《教学与管理》2017 年第 11 期。

升。第二，亲历思维过程，彰显语言实践的主体性特征。学生需要在自主的阅读中关注课文的"遣词造句"，去探索、发现语言文字表达的密码；需要与自己原有的语言结构建立联系，进而完成新的建构。因而学生自身的阅读经历胜过教师数遍的讲解，学生的主体参与程度，决定了阅读的品质。这就要求教师在阅读教学中，要让学生主动关注课文的"遣词造句"，去探索、发现语言文字表达的内涵，并主动建构起相应的思维图式，与自己原有的语言结构建立新的联系。阅读思维的锻炼本身就需要学生自身的参与，无法由教师替代。教师只有善于启发学生，才能促进学生经历思考的过程，获得阅读经验的自主建构，从而提升自身的语文能力与素养。第三，提升思维高度，增强语言实践的发展性效应。教师要对课文有独特且有深度的把握，设计有思维价值的问题，引导学生透视课文背后隐藏的社会百态，掌握课文背后深层次的情感脉络，进而提升思维的深刻性。在阅读教学中，教师一方面要尊重学生的阅读感受，另一方面还须将每篇课文看作"生产的文本"，不满足于单一解读与表层感悟，而要引导学生在积极参与中，读出课文潜在的价值，实现对课文的意义重构。

（三）有利于陶冶审美，构建学生的正确价值观念

2022 年版课程标准把"审美创造"作为语文学科核心素养之一，旨在让学生通过感受、理解、欣赏、评价语言文字及作品，获得较为丰富的审美经验，具有初步的感受美、发现美和运用语言文字表现美、创造美的能力，涵养高雅情趣，具备健康的审美意识和正确的审美观念。学生通过阅读、鉴赏优秀作品，可以逐渐形成自觉的审美意识和审美能力，养成高雅的审美情趣和审美品位，构建完整的文学世界。"在文学阅读中，读者的阅读心理会随着作品故事的深化而不断进行着自我修正，这个过程不仅是个人的情感释放和心理缺失补偿的过程，还是读者进行审美的过程。"① 由此可见，阅读对于健康审美情趣和正确价值观念的形成具有重要意义。

一方面，教师要引导学生去发现美、感受美。在教学中要引导学生充分感受教学形式的审美特性，如语言美、教态美、结构美、节奏美等，让他们在美的情境中激活潜能、迸发活力。同时，也要引导学生感受课程内容的内在美，唤醒他们对美好事物的向往。深度阅读本身就是一种审美体验，它在于情感的共振、精神的相遇。只有钟情于文字，才能体验"书卷多情似故人，晨昏忧乐每相亲"；只有沉迷于书本，才知道"好读书，不求甚解；每有会意，便欣然忘食"；也只有陶醉其间，才能达到"登山则情满于山，观海则意溢于海""天地与我并生，而万物与我为一"的自由境界。② 在阅读活动中，学生往往凭着自己的生活经验，依托阅读时的语感，透视形象的语言，悟解文章所包蕴的人生经验。只有在品味阅读中，不断培养学生敏锐的语感能力和领悟能力，才能帮助学生切入语言载体内部的情感世界，真正领悟课文的内在情意。这种探究性的阅读，便是主体情感反应的升华，是在理性的参与下对作品的鉴赏感悟。③

---

① 王淑丽、孙海艳：《文学阅读心理与审美接受刍议》，《语文建设》2015 年第 3 期。

② 陈刚：《培养读者：语文教学的价值追求——基于审美视角的阅读教学策略改进》，《中国教育学刊》2017 年第 5 期。

③ 李宏绯：《在阅读教学中提升学生情感价值》，《语文建设》2020 年第 7 期。

　　另一方面，教师还要引导学生在阅读中欣赏美、创造美。美本身是一种精神的动力学。它不是作为过去事件的结果而静态地存在的。美是作为未来创造的动力而动态地存在的。黑格尔曾说："审美带有令人解放的性质。"因此，我们要带领学生在美的熏陶中追求内在的"精神动力"，通过欣赏美、创造美带来感觉的解放、阅读的解放，只有被解放了的阅读才是自由的、真实的阅读。这样的阅读在审美化的追求中提升了境界及学生的阅读素养。

　　语文教学最重要的任务，就是塑造美好的人性，培养学生美好的人格，使学生拥有美好的人生。学生美好的人性、人格的形成，是与大量优秀文学作品中所蕴含的人性光辉和榜样力量分不开的。"把语文放在一种生命丰富和体验的角度上来看"的精辟见解，值得语文教师认真反思。作为一名语文教师，要善于发现中外名篇佳作中蕴含的道德教育和审美教育价值，在开展阅读教学时做好教学的引导工作，研究学生的阅读取向，明晰学生的阅读兴趣，精选符合学生阅读情趣和阅读心理特点的作品，以促进学生心智的成熟，陶冶学生的情操，培养学生高尚的道德品质，引导他们树立正确的价值观念。

第二节　阅读教学目标

一、小学语文阅读教学的总目标

　　2022年版课程标准提出的阅读教学的总目标是："学会运用多种阅读方法，具有独立阅读的能力。能阅读日常的书报杂志，初步鉴赏文学作品，能借助工具书阅读浅易文言文""感受语言文字的美，感悟作品的思想内涵和艺术价值，能结合自己的经验，理解、欣赏和初步评价语言文字作品，丰富自己的情感体验和精神世界"。这概括了阅读教学的主要任务是培养学生的独立阅读能力，并使学生具有丰富的精神世界。为使学生有独立的阅读能力，阅读教学要做到：引导学生掌握多种阅读方法，遵循正确的阅读教学的原则；引导学生注重阅读积累，培养阅读习惯；引导学生养成良好的语感，提高阅读理解能力；加深情感熏陶，培养学生高尚、积极的阅读观。

二、小学语文阅读教学的学段要求

　　2022年版课程标准对小学语文阅读教学分三个学段揭出了学段要求，学段要求是总目标的具体贯彻和实施，总目标的思想、理念、精神贯穿在学段要求之中。

（一）第一学段（1～2年级）

　　（1）喜欢阅读，感受阅读的乐趣。学习用普通话正确、流利、有感情地朗读课文。学习默读。

　　（2）结合上下文和生活实际了解课文中词句的意思，在阅读中积累词语。认识课文中出现的常用标点符号，在阅读中体会句号、问号、感叹号所表达的不同语气。借助读物中的图画阅读。

（3）阅读浅近的童话、寓言、故事，向往美好的情境，关心自然和生命，对感兴趣的人物和事件有自己的感受和想法，并乐于与他人交流。诵读儿歌、儿童诗和浅近的古诗，展开想象，获得初步的情感体验，感受语言的优美。

（4）尝试阅读整本书，用自己喜欢的方式向他人介绍读过的书。养成爱护图书的习惯。

（5）积累自己喜欢的成语和格言警句。背诵优秀诗文50篇（段）。课外阅读总量不少于5万字。

第一学段（一、二年级，低学段）是小学生学习语文的起始阶段，打好阅读的基础，对形成和发展阅读能力至关重要。这一学段的目标表述突出了以下几点。一是激发学生的阅读兴趣和培养学生的审美情趣。要让学生喜欢阅读，感受阅读的乐趣。在教学过程中，应该更多地让学生去读，并且要让学生读完后交流自己的感受，在阅读中，体味作品中的"真、善、美"，潜移默化地接受道德品格的熏陶。二是使学生掌握基本的阅读方法，逐步培养阅读能力。三是引导学生注重积累，以提高阅读能力。四是指明阅读教学与知识、技能的关系。这说明从阅读教学的起始阶段开始，阅读教学与语文知识、技能的训练就是联系在一起的。

（二）第二学段（3~4年级）

（1）用普通话正确、流利、有感情地朗读课文。初步学会默读，做到不出声，不指读。学习略读，粗知文章大意。

（2）能联系上下文，理解词句的意思，体会课文中关键词句表达情意的作用。能借助字典、词典和生活积累，理解生词的意义。在理解语句的过程中，体会句号与逗号的不同用法，了解冒号、引号的一般用法。

（3）能初步把握文章的主要内容，体会文章表达的思想感情。学习圈点、批注等阅读方法。能对课文中不理解的地方提出疑问，乐于与他人讨论交流。

（4）能复述叙事性作品的大意，初步感受作品中生动的形象和优美的语言，关心作品中人物的命运和喜怒哀乐，与他人交流自己的阅读感受。诵读优秀诗文，注意在诵读过程中体验情感，展开想象，领悟诗文大意。

（5）阅读整本书，初步理解主要内容，主动和同学分享自己的阅读感受。

（6）积累课文中的优美词语、精彩句段，以及在课外阅读和生活中获得的语言材料。背诵优秀诗文50篇（段）。养成读书看报的习惯，收藏图书资料，乐于与同学交流。课外阅读总量不少于40万字。

第二学段（三、四年级，中学段）是小学生学习语文的过渡阶段，这个阶段除要继续重视培养学生的阅读兴趣外，还要注意以下几点。一是引导学生注重阅读情感的体验。教师在阅读教学中要引导学生注重情感投入，从阅读中获得情感体验和思想领悟，真正读懂作品。二是使学生掌握阅读方法，形成阅读能力，养成良好的阅读习惯，学生应掌握默读、复述、整本书阅读、圈点、批注等阅读方法，从而有效地提高阅读的质量和独立阅读的能力。还要培养学生在阅读中不断积累，不断扩大自己阅读面的良好习惯。三是努力提高和发展学生的阅读理解能力。学生阅读了各种文章后，要能根据需要复述大意，了解文章主要内容，进入四年级后还要能够归纳文章的主题思想。

第二学段以段的教学和训练为重点来引导学生理解文章的主要内容。段的训练可分三步进行。第一步，理解自然段，这是段的训练的起点。这一步要着重抓三点。一是从理解词句入手，理解句子与句子之间在内容上的联系，懂得句子是如何连接成一个自然段的。二是要学会抓住自然段的重点句，理解重点句。三是要统观自然段，能概括自然段的内容。第二步，划分段落。训练要从比较简单的段落开始，先从提示全部或部分段落大意开始，再提示比较复杂的段落的大意或不提示段落大意让学生独立分段。第三步，概括段落大意。概括段落大意的训练要从具体到抽象，要逐步提高要求。另外，第二学段的教学要求还包括能初步辨析学过的近义词、反义词，能辨析一词多义，能给词语进行逻辑归类，能从感性上认识实词和虚词，了解比喻等修辞手法，能把一般句式改写为特殊句式"把"字句、"被"字句，从感性上认识句子的主要成分和附成分等。

（三）第三学段（5～6 年级）

（1）熟练地用普通话正确、流利、有感情地朗读课文。默读有一定的速度，默读一般读物每分钟不少于 300 字。学习浏览，扩大知识面，根据需要搜集信息。

（2）能联系上下文和自己的积累，推想课文中有关词句的意思，辨别词语的感情色彩，体会其表达效果。在理解课文的过程中，体会顿号与逗号、分号与句号的不同用法。

（3）在阅读中了解文章的表达顺序，体会作者的思想感情，初步领悟文章的基本表达方法。在交流和讨论中，敢于提出看法，作出自己的判断。

（4）阅读叙事性作品，了解事件梗概，能简单描述自己印象最深的场景、人物、细节，说出自己的喜爱、憎恶、崇敬、向往、同情等感受；阅读诗歌，大体把握诗意，想象诗歌描述的情境，体会作品的情感。受到优秀作品的感染和激励，向往和追求美好的理想。

（5）阅读说明性文章，能抓住要点，了解文章的基本说明方法，阅读简单的非连续性文本，能从图文等组合材料中找出有价值的信息。尝试使用多种媒介阅读。

（6）阅读整本书，把握文本的主要内容，积极向同学推荐并说明理由。

（7）背诵优秀诗文 60 篇（段），注意通过语调、韵律、节奏等体味作品的内容和情感。扩展阅读面，课外阅读总量不少于 100 万字。

第三学段（五、六年级，高学段）是小学生学习语文的综合提升阶段。这一阶段阅读教学的要求有以下几点。一是更多地发挥语文课程人文性的优势，对学生进行人文关怀，培养他们健全的人格。二是加强语文能力的培养，促进学生的全面发展。这一阶段提出了"推想阅读"的要求，这对于强化学生的理解力、扩大学生的阅读面是很有帮助的。另外，还要使学生通过阅读"叙事性作品""说明性作品""诗歌"等不同体裁的文本，达到不同的阅读目标。三是开展探究性阅读，培养学生的思辨能力和信息处理能力，使其形成独立阅读能力。

第三学段以篇章训练为重点，从阅读角度来看，篇的训练以概括中心思想为标志，体现了小学阶段阅读教学的基本要求。练习概括课文的中心思想既是相对于段的训练的高一级阅读能力的训练，也是抽象、概括、综合能力的训练，因此有一定的难度。为了减缓训练的坡度，在此项能力训练之前，教材安排了从内容中体会思想的训练，这一训练是在学生已具备概括课文主要内容能力的基础上进行的。从内容中体会思想尚不要求概括全文的中心思想，只要求从文章的某一景物、某一事物、某一人物或某些段落中体会其所表达的思想。这一训练是从抓主要内容到概括中心思想训练的过渡。

这一学段小学语文教学的重点定位在"培养独立阅读能力，落实篇章训练"。具体要求是：学会预习课文，养成预习的习惯；领悟文本的表达方式；初步掌握常见文体的阅读方法；学会归纳文章的中心思想；学习浏览，拓展阅读。

阅读教学目标凸显"四重"特点：重语言积累和语感的培养、重阅读兴趣和习惯的培养、重阅读中的情感体验、重阅读方法的掌握和阅读能力的形成。阅读教学目标有以下几个特点。

第一，纵向的整体性、阶段性、连续性。阅读教学目标九年一贯整体设计，学段目标根据总目标进行合理分解，彼此联系，由浅入深、由易到难形成有机整体。学段目标根据学生心理和语言发展不同阶段的特点和要求安排，各学段之间保持一定的梯度，循序渐进。各学段目标前后贯通、渐次递进，有密切的连续性，体现出不同学段的不同特点。

第二，横向的取向性、时代性、协调性。阅读教学目标体现以阅读认识世界，陶冶情操，发展能力，促进创造的思路。阅读教学既要适应时代发展的需要，又要传承文化，促进文化的创新。各方面的目标瞻前顾后，协调一致，有利于学生语文素养的整体提高和协调发展。从阅读方法来看，要求"学会运用多种阅读方法"；从信息传递来看，阅读的要务在于收集、处理信息，其核心是促进人的全面发展；从速度要求来看，阅读有速度要求，也有量化指标。

第三，三维目标的整合性、渗透性、交融性。教学目标是依据知识和能力、过程和方法、情感态度与价值观三维设计的。目标体系条块分明而又相互协调，目标明确而具有弹性，三维相互渗透、融为一体，具有整体性。知识和能力的整合、过程和方法的渗透、教学过程的正确实施、凸显学习主体的实践性，是阅读教学改革的正确方向。

三、小学语文阅读教学的重难点

（一）第一学段阅读教学的重难点

（1）识字、释词、句子教学。在第一学段，识字方面，学生需要掌握基础的识字能力，这包括正确书写和拼读汉字的能力。释词方面，要求学生能够理解常用词汇的基本含义及其在句子中的具体运用方法。句子教学方面，则要求学生理解句子的基本结构，积累多样化的句型，以及学会在不同语境中恰当运用句子表达意思。

（2）学习自然段。引导学生认识自然段的概念，理解自然段作为文章基本构成单元的作用，学习如何根据内容或逻辑关系划分自然段，培养初步的阅读分段能力。

（3）朗读指导与分角色朗读。通过规范的朗读训练，提高学生的发音准确性、语调自然度和情感表达能力。分角色朗读不仅能激发学生的阅读兴趣，还能帮助他们更好地理解人物性格和故事情节，增强语言表现力。

（二）　第二学段阅读教学的重难点

（1）词、句、段深入教学。在巩固第一学段学习成果的基础上，进一步深化词汇学习，要求学生掌握更多词汇的精确含义及用法；句子教学则侧重于复杂句型的理解和构造；段落教学则强调理解段落内部的逻辑关系，以及段落如何服务于整篇文章的主题。

（2）朗读与默读技能的双重提升。在朗读上，注重对学生速度、流利度和情感表达的进一步培养；同时，加强默读训练，提高学生的阅读效率，使其能够快速捕捉文章关键信息。

（3）分段、概括段意及文章整体把握（四年级）。四年级学生需要熟练掌握分段技巧，能够准确概括各段大意，进而把握文章的中心思想和主要内容。同时，学生应通过深入阅读，体会文章蕴含的思想感情，培养初步的文学鉴赏能力。

（三）　第三学段阅读教学的重难点

（1）深刻领悟文章思想内容。第三学段学生需要具备透过文字表面，深入理解文章深层含义的能力，包括作者的观点、态度以及作品反映的社会现象或人生哲理。

（2）学习并应用文章表达方法。包括对文章结构布局、修辞手法、叙述视角等方面的学习，通过对比分析不同文体的特点，使学生能够灵活运用多种表达技巧，提升个人写作能力。

（3）力求读写结合。鼓励学生将阅读中获得的知识、技巧和情感体验转化为写作实践，通过仿写、评论、创作等多种方式，实现阅读与写作的相互促进，全面提升语文素养。

第三节　阅读教学策略

阅读是人类获取知识、理解世界的主要方式，也是学习其他学科的基础。教学策略是教师整体把握和推进教学活动的一系列措施。2022 年版课程标准将语文课程内容通过学习任务群的形式进行组织和呈现，学习任务群以单元为单位呈现，一个单元就是一个任务群，主要依托情境串联任务，具有整体性、综合性、思辨性。六个学习任务群中有五个与阅读相关，由此可见，要重视对阅读教学策略的研究，使阅读教学逐步迈入高质量发展的轨道。小学阶段的阅读教学策略主要有以下几个。

一、明确阅读教学目标，实现有效教学

阅读教学目标是指阅读教学活动实施的方向和预期达成的结果，它既是教学的出发点，又是教学的归宿。[①] 由于小学生心智尚不成熟且认知能力有限，教师必须做好引导

---

① 　王晓力：《巧搭支架，让阅读教学目标软着陆》，《教学与管理》2018 年第 11 期。

工作，制定科学合理的阅读教学目标，这样才能真正让他们从阅读中充分受益，从而提高阅读教学的质量，优化阅读教学的过程。

2022 年版课程标准基于学生语文核心素养的发展优化了阅读教学目标的设计，更加注重学生在文化自信、语言运用、思维能力和审美创造四个方面的发展，这四个方面相互影响，相互渗透，融为一体，对学生语文核心素养的整体提高有重要作用。因此，教师在阅读教学的实践过程中，不仅要指导学生学习字词句段篇，习得语文知识，还要引导学生理解、感悟、揣摩、品味和积累语言，掌握阅读方法与技能。要使学生发展思维能力，深化阅读品质，养成积极思考的好习惯；使学生学习和运用语言表达方式，鉴赏和评价语言文字和作品，培养高雅的情趣；使学生能够文从字顺地表达自己的看法，逐步提高听说读写能力，树立正确的情感态度与价值观，进而提高语文核心素养。因此，阅读教学不仅在于教给学生某种知识和技能，还在于通过激情飞扬的文字潜移默化地影响学生的思想情感以及思考问题的方式，最终影响学生的世界观和人生观。教师在制定阅读教学目标时，需要注意以下几点。

（一）突出教学目标的人文性

语文课程是工具性和人文性的统一，在小学阶段语文课程的工具性主要表现在阅读与写作的训练中。除此之外，人文性也是不可忽视的重要属性。语文教材具有丰富的人文内涵，教材内容涉及天文地理、古今中外，精选的都是文质兼美的阅读材料，学生通过学习这些阅读材料，可以开阔视野、陶冶情操、启迪智慧、厚实底蕴，形成正确的世界观、人生观、价值观。

（二）目标设计的层次性

小学教育年限为 6 年，时间跨度较长，学习内容会随着学生年龄的增长和心智的成熟产生变化。因此，教师在设计阅读教学目标时，应该充分考虑不同学段学生的心理特点和思维特点，有针对性地展开设计。

一方面，要注意学习内容的层次性。小学语文教材中的文章都是精选的名家名篇，其放在不同年级学习的设置本身就说明它承载着不同的教学要求。就算是同一个知识点的学习或能力的培养，在不同的年级要求也会发生相应的变化。这充分体现了阅读教学的层次性，符合学生的心理特点和思维特点。以阅读能力的培养为例，在一、二年级主要是培养学生的阅读兴趣，让学生"喜欢阅读，感受阅读的乐趣"。在三、四年级更加注重培养学生独立阅读的能力，而在五、六年级则更注重培养学生在阅读过程中的独立思考能力和语言表达能力。

另一方面，要注意学生的层次性。学生认知结构、学习水平、动机意志等是有差异的，教学目标的制定要充分考虑这些差异。因此，教师应该分层设计阅读教学目标，真正实现共同性目标和个性化目标的有机结合。共同性目标是为所有学生预设的最基本的教学标准，是全体学生都要达到的；个性化目标是为不同层次学生量身定制的，旨在让那些学有余力的学生进一步发展阅读能力。

（三）教学目标与教学活动的一致性

教师要根据学生的年龄特点和心理特征，以及自身的能力水平制定教学目标，数量不能过多，难度不能过高，要充分考虑学生的"最近发展区"，让学生能够"跳一跳，摘桃子"，防止学生失去阅读的兴趣。同时，教师还要对阅读内容了如指掌，明确阅读教学过程中的重难点，知道如何突破重难点。最重要的是，教师要充分发挥教学机智，灵活巧妙地设计阅读教学活动，不应拘泥于预先设定的固定不变的程式，而应鼓励学生大胆想象、即兴创作，在交流和分享中启迪智慧、陶冶情操，激发学生的阅读兴趣，增强学生的阅读体验，使学生享受阅读的乐趣，促使课堂教学活动的动态生成，始终保持课堂教学活动与教学目标的一致性。

（四）注重教学目标的操作性

教学目标的设计要指向清晰、主次分明，目标的表述应该集中精细，要求学生了解什么、理解什么、掌握什么、识记什么应一目了然，教学目标的表述应让人一目了然。只有这样，才能提高阅读教学的质量和效率，充分达成阅读教学的目标，真正实现有效教学。

二、优化阅读教学过程，注重发展语文素养

（一）注重阅读教学情境的创设

为了发展学生的语文核心素养，教师在阅读教学过程中应该从教学的实际需求出发，根据不同学习任务群的侧重点，设计适合特定学习主题的任务群，激发学生的阅读兴趣，唤醒学生的情感体验。

首先，教师要以兴趣为出发点，创设问题情境，通过巧妙地创设教学情境，让学生的"思"和"学"能够有效结合起来，兴致勃勃地进行知识的探究，使课堂教学变得活跃、积极、有效。其次，教师可以寓教于"游"，创设游戏情境。小学阶段的学生非常活泼好动，他们对游戏这种有趣的学习形式非常感兴趣，在参与活动的时候，学生也会表现得非常活跃。教师可以通过密切联系教学内容，采用学科教学中常用的游戏方式来进行创新设计，为学生设置一些适合他们的游戏活动来激发他们学习的积极性，让学生在游戏的氛围中深入阅读。最后，教师还可以创设生活化情境，组织实践活动，提升学生体验。教师也可以利用一些学生喜欢的活动（辩论赛、角色扮演活动、编写课本剧等）使学生参与到情境当中，充分调动学生的阅读积极性。

（二）开展丰富活泼的阅读活动

形式多样、喜闻乐见的阅读活动能调动学生的积极性，使学生在增加阅读积累的基础上提升语言表达能力。教师可以组织学生参与阅读分享交流活动，鼓励学生毫无保留地分享自己的阅读经验或教训，主动向其他同学介绍主要阅读内容和自我阅读体会。此类阅读活动，可以使学生取长补短、相得益彰，使其阅读鉴赏能力与语言表达能力协调发展。另外，教师还可以组织阅读比赛，如朗读、讲故事、知识问答等比赛，鼓励学生展示自己的阅读能力和知识水平，从而激发学生的阅读热情，使其收获阅读的成就感。

（三）鼓励大胆质疑，锻炼阅读思维能力

教师在阅读教学过程中，不仅要让学生理解文本，还要引导学生深度阅读，挖掘文

本背后的深层含义，发展学生的阅读思维能力。第一，教师要鼓励学生选择合适的阅读材料，不仅要关注教材中的阅读篇目，还要给学生多样化的选择，包括故事、科普、文学等类型，使学生通过接触不同类型的文本，拓宽视野，启发思维。第二，教师还要鼓励学生大胆质疑，敢于挑战传统的观点和想法，提出自己的新观点和新想法，学会在阅读中辨别真假优劣，建立自己的评价标准。

（四）培养良好的阅读习惯

良好的阅读习惯需要从小学阶段开始培养，小学阶段养成的阅读习惯直接关系到学生以后的成长。教师可以引导学生开展自主阅读，让学生对阅读产生兴趣，以便于学生养成良好的阅读习惯。教师应培养学生的独立思考能力和思维发散能力。无论课内还是课外阅读，教师都应提出一些疑问，让学生带着问题去阅读，带着问题阅读更能吸引学生的注意力，阅读之后可以让学生发表对问题的见解。这样的教学方式可以让学生全方位地理解文章内容，能锻炼学生的独立思考能力和思维发散能力，从而使其理解文本的深层含义。阅读就是一个不断提升思维能力的过程，经过独立思考的阅读印象才更深刻。

另外，教师还要注意将良好阅读习惯的养成意识渗透到日常教学中。教师要逐步引导学生在阅读时养成批注的习惯，随时用笔圈出自己印象格外深刻的内容，标识出自己不理解的内容，坚决杜绝只动嘴、不动手、不动脑的方法；要培养学生摘抄的习惯，把自己看到的好词好句随时摘抄下来，适时对所摘抄的笔记进行拓展练习；要引导学生学会发现问题，然后针对自己的问题，运用已学的知识，进一步借助工具书和参考资料解决问题。

（五）注重多元化阅读评价

在阅读教学中，评价不仅是对学生学习成绩的衡量，还具有激励和促进功能。教师应通过及时、准确和积极的评价反馈，激发学生阅读的内驱力，引导他们更好地参与阅读学习，并实现个人的阅读目标。

阅读教学应发挥多元评价主体作用，即在阅读教学中，应让包括教师、学生自身、同伴以及家长在内的多个主体参与评价过程，以实现更全面、客观和准确的评价。教师在阅读教学中扮演着重要的评价角色。首先，教师可以通过各种评价方法，如阅读测验、作品评析、口头反馈等来评价学生的阅读表现。其次，学生本身在阅读过程中也可以进行自我评价。他们可以对自己的理解、阅读策略和学习目标进行反思和评价，逐渐培养自主学习和自我调节的能力，提升对自己学习效果的认知，这可以促使他们主动地参与学习，改进自身的阅读能力。再次，通过同伴评价，学生可以从其他同学处获得不同的观点和建议，促进彼此的成长。最后，家长在阅读教学中也可以扮演评价的角色。家长可以关注孩子的阅读进展，与教师沟通学生的阅读情况，并提供支持和鼓励。家长参与评价有助于加强学校和家庭的合作，共同促进学生的阅读能力发展。由此，通过发挥多元评价主体作用，学生可以获得来自不同视角的反馈和评价，使评价更加客观和全面。

三、突出学生主体地位，重视个性化阅读体验

阅读教学是学生、教师、教材编写者、文本间对话的过程。在这一过程中，教师是引导者，帮助学生解读文本，参与文本的意义建构，与文本进行对话互动。学生不是被动的接收者，他们应直接与文本展开对话，并主动建构文本的意义。

阅读对话是基于文本的对话。教材是特殊的文本，教师应注重对文本的解读和再次开发，立足文本而又不完全局限于文本。阅读是学生的个性化行为。个性化阅读，是指在阅读教学中，教师根据学生的性格差异、层次差异和需求差异，鼓励学生选择与之相符的文本阅读内容、阅读方式、阅读方法，让不同的学生在阅读过程中体现出个人的特性，呈现出不同的见解、体验、思维、感悟等，尽可能地使学生的心智、道德、品质、情感、意志等方面和谐自主、能动积极地发展，简单地说，就是使阅读者能"仁者见仁，智者见智"。[1] 这就意味着阅读教学不应以教师的分析来代替学生的阅读实践。阅读教学要引导学生与文本充分对话，让学生在"倾听"文本的过程中，学会理解、感悟、欣赏和批判，努力形成自己的理解和看法。因此，在阅读教学过程中，教师要善于营造有利于文本阅读的宽松氛围，精心设问"激疑"，激发学生强烈的好奇心和求知欲，让学生在迫不及待、跃跃欲试的心态卜阅读。教师要充分利用学生已有的经验，使其调动已有的知识储备，发现已有知识经验和文本内容之间的相似性和衔接点，从而借助已知去探测未知，形成自主学习意识，积极能动地进行阅读实践活动，受到情感熏陶，获得思想启迪，享受审美乐趣。

在阅读教学过程中，教师要充分尊重学生的主体地位，鼓励学生主动与文本互动交流，珍视学生独特的感受、体验和理解，让学生在阅读中发现美、感受美，享受阅读的快乐。在阅读活动中，学生会随着文本的人物情感的流动而发生感情悸动，人物的情感会在阅读中不断得到补偿和丰富，学生的心理也会得到满足，其文学的审美能力也有一定的升华。[2] 在一定程度上，在阅读过程中获得的情感体验会使学生悸动的情感得到补偿，从而让学生获得精神的愉悦和心灵的净化，其性情也就自然而然地得到了陶冶和净化。其实，这就代表着学生真正地走进了语文的生命，感受到了阅读中蕴藏的人文情怀，阅读过程就是一次洗涤心灵、提升生命价值的过程。

四、开展课外阅读活动，拓宽学生阅读视野

在小学语文教学的广阔天地里，教师可以通过策划并实施一系列丰富多彩的阅读活动来精心锤炼学生的阅读能力，通过搭建起实践探索的舞台，全方位提升学生的思维深度与实践能力。为了实现这一目标，教师应积极为学生提供更多的语文阅读素材，进一步扩大学生的阅读知识面；巧妙地融合多媒体技术于教学之中，使课堂更加生动有趣；鼓励学生利用微信、微博等现代社交平台，勇敢地分享自己的阅读感悟与心得，让思想的火花在数字世界中碰撞交流。

---

① 熊佳红：《个性化阅读教学策略的构建及运用》，《语文建设》2018 年第 17 期。
② 王淑丽、孙海艳：《文学阅读心理与审美接受刍议》，《语文建设》2015 年第 3 期。

教师还应积极引导学生拥抱互联网的海量资源，鼓励他们自主寻找并阅读自己钟爱的书籍，从而拓宽视野，丰富精神世界。在课堂之外，教师更应精心策划各类课外活动，如阅读演讲比赛，让学生在激情洋溢的演讲中展现阅读魅力；阅读交流会，促进学生间的思想碰撞与情感共鸣；主题阅读月，围绕特定主题深入挖掘，培养学生的专题研究能力；阅读讲座，邀请专家学者或作家亲临指导，为学生打开一扇扇通往知识殿堂的大门。

此外，教师还可以利用数字技术丰富学生的课外阅读资源。例如，建立电子图书馆或利用现有的数字图书馆资源，为学生提供更广泛的阅读选择，方便学生随时随地进行阅读；推荐优质的阅读 App，提供丰富的有声读物和电子书资源，增加阅读的趣味性和互动性。这些措施可以有效推动课外阅读活动的开展，拓宽学生的阅读视野，提升他们的阅读能力和综合素质。

阅读教学策略具有开放性，会随着教学实践的不断发展而更新，具有时代性。在实际的教学实践活动中，阅读教学策略之间是相辅相成、相互交织、相互渗透在一起的。只有统筹、灵活、集中运用几种阅读教学策略，才能够有效应对阅读教学过程中的问题，从而提高阅读教学的质量。

第四节　阅读教学案例分析

《赵州桥》阅读教学片段

任务一：借用资料，了解赵州桥的相关信息

活动一：听歌曲，看图片，了解赵州桥的概况。

师：同学们，我们的祖国历史悠久，有着宝贵的历史文化遗产。让更多的人了解这些历史文化遗产，感受它们独有的魅力，是我们义不容辞的责任和义务。就让我们加入中国历史文化遗产导游团，向更多的人介绍我国的历史文化遗产吧！今天，我们将要介绍的历史文化遗产会是什么呢？听听下面这首歌曲你就知道了。

（播放歌曲《小放牛》）

师：大家听到了哪些有效的信息呢？

生1：这首歌唱的是赵州桥。

生2：赵州桥是玉石栏杆，很漂亮。

生3：赵州桥是鲁班修建的。

师：这首歌唱的正是这座桥。（课件出示赵州桥的图片）

师：赵州桥怎么样？看到图片，你能想到哪些词来形容赵州桥呢？

生：秀丽、雄伟、壮观。

师：在赵州桥的旁边还有一块牌子。我们来看看这块牌子，看看大家能不能从上面获取有效的信息。

生1：我知道了赵州桥的建造时间，是公元595年至605年。

生2：我知道了赵州桥的建造者是李春。

师：刚刚我们在听歌曲时，听到的赵州桥的建造者是谁？

生：鲁班。

师：谁发现了问题？

生：这块牌子上说赵州桥的建造者是李春，而歌曲中说是鲁班。

活动二：读资料，细辨析，明确赵州桥的建造者。

师：赵州桥到底是谁修建的呢？当我们不清楚的时候，就可以来查查资料。（出示资料）

赵州洨河石桥，隋匠李春之迹也，制造奇特，人不知其所以为。   《石桥记》

师：读了这段资料，你觉得赵州桥是谁修的？

生：李春。

师：那为什么还有人说是鲁班修的呢？我们再来看看下面这段资料。（出示资料）

赵州桥历史悠久、结构奇特、造型美观，堪称中国乃至世界建筑史上的奇迹之一。因其非凡神奇，故民间有歌谣传唱"大石桥鲁班修"。

师：现在谁又明白了？

生：我知道了，因为赵州桥历史悠久、结构奇特、造型美观，是个奇迹，太神奇了，所以人们就认为是鲁班修的。

师：这段资料中有一个词很重要，从这个词中我们就知道了这种说法不一定准确。大家发现了没有？

生："传唱"。

师：是啊，要得到准确的信息，我们还要看相关的历史资料才行，比如刚刚我们看到的史料。

生：《石桥记》，这是唐代的张嘉贞写的。

师：今天就让我们走近这座历史悠久、结构奇特、造型美观，堪称中国乃至世界建筑史上的奇迹之一的赵州桥。让我们一起来学习《赵州桥》这篇课文。

任务二：紧扣词句，了解赵州桥的基本特点

活动一：抓住重点词，简要介绍赵州桥的特点。

师：请同学们读一读这篇课文，注意读准字音，读通句子，同时想一想赵州桥有什么特点，可以勾画出关键的词句来。

师：课文读完了，谁来跟大家分享一下自己勾画的描写赵州桥特点的句子？用一句话概括赵州桥的特点？

生1：这座桥不但雄伟坚固，而且美观。

生2：赵州桥非常雄伟，而且坚固、美观。

师：原来赵州桥的三个特点，我们可以用不同的方式表达出来。

任务三：当小导游，多角度介绍赵州桥

活动一：变换角色，借助关键词，介绍赵州桥。

师：同学们，句子读得很好，我们再来读一读下面这些词语。

河北省 赵县 洨河 石拱桥 安济桥 隋朝 石匠李春 设计 建造

师：这么多词语，都出现在了哪个自然段中呢？

生：第一自然段。

师：我们把这些词语放到句子中，再来读一读吧。

生读：河北省赵县的洨河上……有一千四百多年了。

师：同学们，这篇课文是一篇说明性的文章。学习这类课文，我们一定要善于从作者的介绍中获取有效的信息。大家再读读这一自然段，看看你能获取哪些信息。一会儿我们来交流交流。（生默读第一自然段）

师：学习说明文，我们一定要善于从文字中获取有效信息。我们来交流交流。赵州桥还叫什么？

生：安济桥。

师：赵州桥是哪个朝代修建的？

生：隋朝。

师：距今有多少年了？

生：一千四百多年。

师：大家能够从文字中提取有效的信息，非常好，但是还不够，如果能把这些信息用起来那就更好了。大家看，这就是赵州桥（出示图片），我请一位同学借助刚才读过的词语，看着赵州桥的图片，给大家介绍介绍赵州桥。

生1：赵州桥在河北省赵县的洨河上，它还叫安济桥。这座拱桥是由隋朝的石匠李春设计并参加建造的，到现在已经有一千四百多年了。

师：不错，介绍得很清楚。这次咱们换个身份，你变成了一名导游，要给游客介绍赵州桥，你会怎么说？

生1：大家好，我是张导。今天我要带大家游览一下赵州桥。赵州桥在河北省赵县的洨河上，它是一座石拱桥，人们也把它叫作安济桥。你们知道吗？这座桥历史很悠久，到现在已经有一千四百多年了。让我们记住这座桥，记住它的修建者李春吧。

师：非常好，很有角色感，我们也有了身临其境的感觉。如果没有了这些词语的提示，大家只能看着图来讲，谁可以？（学生上台脱稿介绍赵州桥）

活动二：化用资料，丰富内容，介绍赵州桥。

师：同学们，赵州桥特点鲜明，让我们印象深刻的有雄伟、坚固、美观，作者会怎样介绍这些特点呢？我们先来聚焦"雄伟"，看看作者是怎样写的。请大家默读这段话，看看你能不能发现。出示：赵州桥非常雄伟。桥长五十多米，有九米多宽，中间行车马，两旁走人。这么长的桥，全部用石头砌成，下面没有桥墩，只有一个拱形的大桥洞，横跨在三十七米多宽的河面上。

师：读完这段话，你一定感受到了赵州桥的雄伟。哪句话直接写出来了？

生："赵州桥非常雄伟。"

师：我们一起来读读这段话。要想写赵州桥非常雄伟，我们也可以不把这句话放到最前面。如果把"赵州桥非常雄伟"放到后面，可以怎么读这段话？谁来试试？

生：赵州桥长五十多米，有九米多宽，中间行车马，两旁走人。这么长的桥，全部用石头砌成，下面没有桥墩，只有一个拱形的大桥洞，横跨在三十七米多宽的河面上。赵州桥确实非常雄伟。

师：大家看，围绕一个意思来写，这个中心句既可以放到前面，也可以放到后面。赵州桥确实很雄伟。这段话中还说到了一个事物——车马。这里的车马跟我们今天见到的车马不太一样。今天我们也经常坐车，可是这样的车马我们可能就没坐过。它长这样。（出示古代车马图片）

师：大家知道课文中所讲到的古代车马大概有多宽吗？老师给大家提供一段资料，读一读，看看你能获取哪些信息。（出示资料）

1980 年，陕西临潼秦始皇陵西侧出土了一前一后纵置的两辆大型彩绘铜车。前面的一号车为双轮、单辕结构，前驾四马，宽 126 厘米，前面与两侧有车栏，后面留门以备上下。

生：这辆马车宽 126 厘米。

师：大家都学过数学，谁帮我换算一下，这是多少米啊？

生：1.26 米。

师：马车宽 1.26 米，加上马车与马车之间的距离，我们就按照 1.5 米来算吧。这座桥是九米多宽，两边还要留走人的地方，就留出三米来走人吧，剩下的可以行车马。大家赶快算一算，行车马的话，同时可以行驶几辆？

生：可以并行四辆。

师：你是怎么算出来的？

生：用 9 减去 3，再除以 1.5，就得到了 4。

师：很好。我们试着把自己算出来的结果用到这句话中，看看可以怎么表达，怎么用自己的话介绍赵州桥。大家拿出笔来试着写一写吧。

师：谁来用自己写出来的例子介绍介绍赵州桥？（生展示）看来数字不光可以在数学课上用，在语文课上也可以用。大家的表达很清楚，非常好。

【案例分析】教师在教学时立足于学生核心素养的发展，通过创设真实的学习情境，设计具有内在逻辑关系的驱动性学习任务引导学生自主学习。课堂上，教师注重引导学生理解课文内容，但又不囿于理解层面，而是时时将对内容的理解与表达训练紧密地、有机地融合在一起，实现言意兼得。引导学生借助相关资源深化理解并进行创意表达、调动已有经验联结旧知与新知等诸多设计，体现了对学生语言运用能力的关照，能真正实现学生核心素养的整体发展。

另外，教师设计的情境任务真实而有意义。教师将语文学习、社会生活、学生经验相关联，设计了"加入中国历史文化遗产导游团，向更多的人介绍我国的历史文化遗产"这一学习情境，激发了学生的主动参与意识。以歌曲《小放牛》切入课文学习，形式新颖活泼，既让学生从中提取有效信息，又引发学生后面的疑问。在讨论争辩、厘清史实的基础上，增进了学生对赵州桥的了解，使学生进一步感受到赵州桥是中国乃至世界建筑史上的奇迹之一。出示赵州桥旁的提示牌，让学生从中获取有效信息，给予学生简洁明快的阅读体验，达到以材料印证课文内容的目的。在教学过程中，教师通过变换语言形式介绍、变换身份角色介绍、融入相关资料介绍等方式，引导学生在情境中阅读，在情境中表达，真正实现了教学活动的多样化。

让学生介绍赵州桥时，从结合词语、图片介绍，到设计情境性任务，再到不借助任何提示介绍，步步为营，循序渐进。在一个个任务的驱动下，学生说得越来越好。在以不同角色进行介绍的语言实践中，学生进一步感受到语言表达的方式会因为角色的变化而发生变化。教师采用学生喜闻乐见的形式，将阅读、口语交际、搜集处理信息等融为一体，培养学生提高语言理解与运用能力。

在"化用资料，丰富内容，介绍赵州桥"活动中，让学生体会围绕一个意思写，领悟中心句可以放在一段话的不同位置，可以有不同的写作方式，引导学生关注语言文字运用的形式。借助资料，把数字运用到句式之中，可以让学生更为直观地感受赵州桥的雄伟，体会到在介绍赵州桥的时候，可以结合资料，运用数字，更加精准地表达。

 《女航天员的一封信》教学设计

 《纸的发明》教学片段

 阅读与拓展

贾卉，2015. 小学语文阅读教学中年段被忽略的问题及对策［J］. 教学与管理（8）：37-39.

焦丽娟，2021. 素质教育视域下的小学语文阅读方法研究：评《小学语文阅读教学研究》［J］. 语文建设（16）：81.

李华平，刘敏，2020. 语文课就该这样教：语文名师精彩教学片段品析·小学卷［M］. 上海：华东师范大学出版社.

李建军，2011. 小学语文阅读教学探索的路向及启示［J］. 教学与管理（2）：27-29.

李玉贵，2013. 备课式文本解读的教学审视：以小学语文阅读教学为例［J］. 全球教育展望，42（7）：110-118.

陆小平，2011. 关于小学语文阅读教学的几点思考［J］. 中国教育学刊（S1）：35-37.

陆香，2013. 小学语文阅读教学应关注文体特点［J］. 教学与管理（35）：37-39.

沙华中，2013. 小学语文阅读教学的本质回归：听《李时珍》课后对京、苏两派阅读教学的思考［J］. 教学与管理（23）：28-29.

王崧舟，2010. 听王崧舟老师评课［M］. 上海：华东师范大学出版社.

徐欣，2016. 小学语文阅读教学中文本细读的策略［J］. 教学与管理（35）：36-38.

许艳红，朱德全，2009. 后现代课程观下的小学语文阅读教学［J］. 现代教育科学（8）：86-88.

姚海燕，2022. 文体意识视野下的小学语文阅读教学思考：评《小学语文文体教学大观》［J］. 语文建设（10）：82.

袁志刚，2023. 核心素养视域下小学语文阅读方法研究：评《优质小学语文阅读教学透视》［J］. 语文建设（10）：82.

张必隐，2004. 阅读心理学［M］. 3 版. 北京：北京师范大学出版社.

张英博，2024. 让阅读赋能学生核心素养提升［J］. 人民教育（7）：79-80.

思考与练习　　　　本章小结

第八章

写话与习作教学研究

学习目标

1. 理解写话与习作教学的内涵、基本理念和意义；
2. 熟练掌握写话与习作教学的总目标和学段要求；
3. 掌握写话与习作教学策略；
4. 分析写话与习作教学案例。

第一节　写话与习作教学概述

一、写话与习作教学的内涵

写话与习作是一种综合性、创造性的语言使用行为，是学生调动主体情感进行想象、立意、选材、组织、表达和修改等多元活动的综合性创造行为。

（一）写话

1. 写话的内涵

"写话"中的"写"是指写字，"话"是指说话。写话就是把要说的话写下来，怎么想就怎么说，怎么说就怎么写，[①] 写话是小学低年级最初的习作训练。应把说话、写话作为习作训练的起点，从口语入手，以口语带动书面语言的训练，这样可减轻学生对习作的思想负担和心理压力，也符合儿童语言发展的规律。

2. 写话教学

教学的核心在于教师传授与学生学习的互动，其旨在让学生掌握知识与技能。写话教学作为教学的一个细分领域，既保持了教学的基本模式——师生间的双向交流，又独具特色。

写话教学是语文教师根据教学目标，结合低年级学生的身心特点，制订计划，有目的地组织写话活动，旨在激发学生的写话兴趣，并不断提高他们写话能力的基础性活

---

① 平生：《写话教学法》，新华书店，1950，第 1 页。

动。① 它特别注重通过文字表达来培养学生的观察力、想象力和创造力。在写话课堂上，教师不仅是知识的传递者，更是学生思维的启发者，教师要引导学生将所学知识与个人体验相结合，形成独特的文字作品。这种教学方式不仅加深了学生对知识的理解，还促进了他们综合素质的提升。因此，写话教学在遵循教学普遍规律的同时，展现了其独特的魅力和价值。

（二）习作

习作教学是小学语文教学的核心内容，是语文教学的重点和难点。

1. 习作的内涵

2022 年版课程标准按学段对书面表达进行了划分：1～2 年级为"写话"，3～6 年级为"习作"，7～9 年级为"写作"。其中，"习作"强调通过书面语言练习写作，促进表达与交流。该标准还将"写话、习作、写作"与"口语交际"整合为"表达与交流"，显示出了习作作为交流工具的重要性。

《现代汉语词典》对"习作"有两个解释：一是名词，"练习的作业（指文章、绘画等）"；二是动词，"练习写作"。习作，简单地说，就是练习作文。小学习作，就是小学语文教学中的作文练习，是小学生运用自己的语言文字，反映自己的生活现实，表现自己的内心世界，表达自己思想感情的一种有一定创造性的作文训练，也是一种较为复杂的心智活动。② 习作的构思过程与观察、记忆、思维、想象等认知能力有着密切联系。习作就是运用这些认知能力，把生活中所观察到的、记忆中保存的"材料"加工改造后，用书面语言表达出来。

2. 习作能力

习作能力是一种综合性能力，它需要一定的口头表达能力和良好的阅读能力（因为选材、布局、选词和修辞都靠阅读习得）。习作能力的形成还需要内部语言发展的支撑。习作能力的发展是一个过程，大体经过三个阶段：一是准备阶段，即口述阶段；二是过渡阶段，包括口述向复述过渡阶段和阅读向习作过渡阶段；三是独立习作阶段，即独立思考，组织材料，写出文章。小学一、二年级是准备阶段；三年级是口述向复述过渡阶段；四年级是阅读向习作过渡的开始，这是一个转折点；小学五、六年级，尽管学生已开始习作，但他们的能力多处于过渡阶段。

3. 习作教学

习作教学主要是通过教师的指导对学生进行思维和语言的训练，让学生的思维在语言的积累过程中得到一定的发展，使学生在小学阶段掌握最基本的写作能力，达到正确理解和运用祖国语言文字的目的。小学阶段侧重记叙文与应用文的学习，要求学生练习把自己亲身经历的事情或把自己看到、听到、想到的内容，用恰当的语言文字表达出来。

---

① 王庆海：《小学语文低年级情境式写话教学研究》，硕士学位论文，山东师范大学，2020。
② 潘新和：《"写话""习作"与"写作"辨正》，《语文建设》2002 年第 2 期。

二、写话与习作教学的基本理念

（一）贴近学生生活

写话与习作教学要加强与学生生活的联系，这一理念有以下三层含义。

一是写话与习作教学目标的生活化，写话与习作教学不仅是习作技能的训练，还是学生反映自己心声的重要手段，写话与习作是学生记录见闻、交流思想、表达情感的途径。

二是写话与习作教学内容的生活化，即写话与习作教学内容与社会生活、学生生活相结合，教师要引导学生"我手写我心""我手写我事"，不去胡编乱造假话、空话。

三是写话与习作教学方式生活化，即教学活动是学生乐于参与的生活过程，教师要把教学活动变成能够吸引学生主动参与的兴趣活动。在写话与习作教学中，教师要将生活中的"美"融入教学。①

写话与习作教学要从学生的写话与习作动机、写话与习作内容、写话与习作学习方式等方面贴近学生生活，从学生的心理需求和认知基础出发，关注学生的兴趣爱好，回归学生的生活层面，使学生把写话与习作看成表达需求和心理释放的方式，激发学生的写话与习作兴趣和自信心。

（二）鼓励自由表达

教师应为学生的自主写话与习作提供有利条件和广阔空间，减少对学生写话与习作的束缚，鼓励自由表达和创意表达，少写命题作文。写话与习作是学生把自己的知识、体验、情感外化的一种表现，也是学生知识重组、创新的过程。在写话与习作教学中，教师要特别重视鼓励自由表达，放开种种束缚，培养学生的创新精神。只有当学生能够真正"自由表达"时，才可能出现"有创意的表达"。教师在指导学生写话与习作前，不要过多地强调文法、写法，只要让学生说真话、抒真情就可以了。

（三）重视写话与习作习惯的培养

叶圣陶先生曾经提出，写作要靠平时的积累，不但著作家、文学家是这样作文的，学生也是这样的。要从根本上提高学生的写话与习作水平，必须培养他们良好的写话与习作习惯。

1. 热爱生活、留心观察周围事物的习惯

学生写话与习作的难点主要是无话可写或言之无物，这就需要教师有步骤地培养学生的观察能力，使他们养成勤于观察的习惯。

生活是写作的源泉，小学阶段的写话与习作同样离不开生活。对于学生而言，世界是一个新奇的、充满魅力的天地，通过观察，生活中那些鲜明生动的形象就像一幅幅图画，会永久留在学生的记忆中，成为他们日后写话与习作素材的宝库。

2. 课外阅读的习惯

2022 年版课程标准要求学生"广泛阅读各种类型的读物"。"各种类型的读物"包

① 李琳：《小学习作教学策略研究》，《教育理论与实践》2022 年第 8 期。

括报纸、杂志、科技书籍、历史书籍、地理书籍……2022 年版课程标准的这一要求表明，学生不仅要学会阅读常见的文学体裁，还要学习阅读新闻、广告、知识性读物、科技类文章等不同文体的作品。

3. 勤于动笔的习惯

这包括两个方面：一是勤于摘抄，积累写话与习作素材，形成收集写话与习作材料的习惯；二是勤于写话与习作，即及时将自己在学习、生活中的所见、所闻、所思、所感随手记下来，久而久之，养成写日记或随笔的习惯。

4. 修改自己写话习作的习惯

教师要有计划、有步骤地培养学生自改写话与习作的能力，帮助学生由句到段到篇，由选材到遣词造句到布局谋篇，一点一滴学习怎么修改，渐渐养成成文后必读、必改的习惯。学生交给教师的写话与习作应是自己已经不需要再修改的。学生自改写话与习作的形式包括独立修改、学生之间相互评改以及在教师指导下学生自改和相互评改。养成良好的修改写话与习作的习惯，对培养学生的写话与习作能力、提高写话与习作教学质量有着重要意义。

三、写话与习作教学的意义

写话与习作是用语言文字表达思想感情的活动，是对学生进行语文能力综合训练的重要方式。小学阶段是写话与习作教学的起步阶段，是发展学生书面语言的关键期。循序渐进的写话与习作教学不但可以提高学生的表达能力，还可以激发学生学习语文的热情，发展学生的智力和创造力，使其形成良好的个性和心理品质。

（一）发展学生的语言表达能力

习近平总书记强调"讲好中国故事，传播好中国声音，展示真实、立体、全面的中国。"在全球化日益加深的今天，如何向世界准确、生动地传递中国的声音、展现中国的形象，成了一个重要课题。而写作能力，作为信息传递和文化交流的基础能力，对于讲好中国故事至关重要。培养和发展学生听说读写的能力是小学语文教学的基本任务。其中，系统地、有序地训练说和写的能力主要依靠写话与习作教学。写话与习作就是对学生遣词造句，连句成段，连段成篇的综合训练。提高学生的写话与习作水平，有助于提高他们的语言文字表达能力。从这点来看，识字、阅读是写话与习作的基础，学生在识字、阅读中学到的语文知识和技能，只有通过写话与习作这一综合训练形式，才能转化为表达能力。

（二）提高学生的认知能力

写话与习作能力是一种综合能力，它是学生认知能力和语言文字表达能力的具体体现。学生写话与习作的过程是一种复杂的心理过程，它涉及注意、感知、记忆、想象、思维、情绪变化等多种心理活动。学生写话与习作时，不仅要具备用词、造句和修辞能力，还要有审题、选材、布局、谋篇能力，更要有观察能力、想象能力、思维能力，所以写话与习作既是对字、词、句、篇的综合训练，又是对学生进行的包含多种心理活动的综合训练。写话与习作训练过程，也是学生各种认知能力不断得到发展的过程。

（三）培养学生思想品德，陶冶情操

写话与习作教学的真谛是激发学生对生活的热爱。学生只有热爱生活，有丰富的感受，才有写话与习作的愿望，才能写出内容充实的文章。学生要用自己的眼睛去观察，用自己的心去理解生活、感受生活、表现生活。通过写话与习作，教师可以看到学生的内心世界，觉察他们的情感波澜，进而有的放矢地进行教育、引导。在写话与习作中说真话，抒真情，是学生做人的一种历练，正如朱自清先生所说："写话与习作是生活技术的训练，说是做人的训练也无不可。"

第二节　写话与习作教学目标

2022 年版课程标准将小学阶段的写话与习作教学分为三个学段：第一学段为写话，第二、三学段为习作。它明确规定了小学写话与习作教学的总目标和学段要求。

一、写话与习作教学的总目标

2022 年版课程标准关于写话与习作教学的总目标是："能根据需要，用书面语言具体明确、文从字顺地表达自己的见闻、体验和想法。""具体明确"的目标是从写作内容方面提出来的。"具体"就是细节方面很清楚、有条理，容易让人辨识、了解，不抽象，不笼统；"明确"就是清晰明白，确定不移。"文从字顺"的目标是从语言应用方面提出来的，指写话与习作的用词造句要通顺贴切，符合语言规律，符合事理，符合人们约定俗成的语言习惯。

2022 年版课程标准中的写话与习作教学目标，也是从知识与能力、过程与方法、情感态度与价值观三个维度来制定的。具体明确，文从字顺，这主要是知识方面的要求。"能写简单的记实作文和想象作文，内容具体，感情真实"要求学生说真话、实话、心里话，不说假话、空话、套话；要激发学生展开想象和幻想，鼓励学生写想象中的事物；要为学生的自主写作提供有利条件和广阔空间，减少对学生写作的束缚，鼓励自由表达和有创意的表达。这主要是能力方面的要求。

2022 年版课程标准非常关注学生写话与习作的过程。在写话与习作教学第一学段目标中要求学生"在写话中乐于运用阅读和生活中学到的词语"，在第二学段目标中要求学生"尝试在习作中运用自己平时积累的语言材料，特别是有新鲜感的词句"。这些都是对写话与习作教学中过程、方法维度的要求。

2022 年版课程标准对情感态度、价值观维度的要求主要体现在以下四个方面。第一，培养学生对写话与习作的兴趣和自信。比如，"对写话有兴趣""乐于用口头、书面的方式与人交流沟通，愿意与他人分享，增强表达的自信心"。第二，强调培养学生自主、个性化地写话与习作。比如"注意把自己觉得新奇有趣或印象最深、最受感动的内容写清楚""珍视个人的独特感受，积累习作素材"等。第三，注重培养学生的创新精神。比如"写自己想说的话，写想象中的事物""能不拘形式地写下自己的见闻、感受和想象"等。第四，强调写话与习作教学应贴近学生实际，让学生易于动笔，乐于表

达，引导学生热爱生活，关注社会和大自然，写出真情实感。

二、写话与习作教学的学段要求

（一）第一学段（1～2年级）：写话

1. 对写话有兴趣，留心周围事物，写自己想说的话，写想象中的事物。在写话中乐于运用阅读和生活中学到的词语。

2. 根据表达的需要，学习使用逗号、句号、问号、感叹号。

（二）第二学段（3～4年级）：习作

1. 乐于用口头、书面的方式与人交流沟通，愿意与他人分享，增强表达的自信心。

2. 观察周围世界，能不拘形式地写下自己的见闻、感受和想象，注意把自己觉得新奇有趣或印象最深、最受感动的内容写清楚。能用便条、简短的书信等进行交流。尝试在习作中运用自己平时积累的语言材料，特别是有新鲜感的词句。

3. 学习修改习作中有明显错误的词句。根据表达的需要，正确使用冒号、引号等标点符号。课内习作每学年16次左右。

（三）第三学段（5～6年级）：习作

1. 懂得写作是为了自我表达和与人交流。养成留心观察周围事物的习惯，有意识地丰富自己的见闻，珍视个人的独特感受，积累习作素材。

2. 能写简单的记实作文和想象作文，内容具体，感情真实。能根据内容表达的需要，分段表述。学写读书笔记，学写常见应用文。

3. 修改自己的习作，并主动与他人交换修改，做到语句通顺，行款正确，书写规范、整洁。根据表达需要，正确使用常用的标点符号。习作要有一定速度。课内习作每学年16次左右。

第一学段要求不提习作，只是要求学生写话。第二、三学段要求习作，是为了降低小学阶段写作的难度，减缓坡度体现了目标的渐进性。第一学段写话，少了规矩，少了束缚，学生心态放松，把口里想说、心里所想的话用文字写下来，我写我口，我手写我心，就能消除写作的神秘感，克服"怕作文"的心理，解决"憋作文"的困难。

第二学段写片段、写短文是第一学段写话的继续，是第三学段成篇作文的铺垫，具有举足轻重的作用。三、四年级是学生书面语言发展的关键阶段，这一阶段习作教学的重点是帮助学生顺利地实现由写话到比较独立地完成一篇习作。从第一学段的写话过渡到初步的习作，要特别注意教学目标、教学内容和教学方法的过渡、衔接和循序渐进、系统扎实的训练。

第三学段要求全面达到小学习作教学的目标。第一条中的"懂得写作是为了自我表达和与人交流"，就是要让学生明确习作目的，明白习作一定要抒真情、说真话、说实话、说心里话的道理；"养成留心观察周围事物的习惯，有意识地丰富自己的见闻，珍视个人的独特感受，积累习作素材"，特别强调观察、积累、感受，培养创新意识和创新精神。第二条中的"能写简单的记实作文和想象作文"和"学写常见应用文"，明确了第三学段习作教学的内容以及对内容的基本要求。第三条是关于修改习作、行款、书写方面的要求，强调学生要自改、互改习作，提高习作水平。

第三节　写话与习作教学策略

小学语文写话与习作的教学策略多样，教师在指导学生时，要注意使用不同的策略。

一、写话教学策略

（一）多方调动学生写话兴趣和观察想象

写话教学强调多方调动学生写话兴趣和观察想象，观察是认识事物的起点，而阅读是丰富认知的源泉，实践则是创造想象的土壤。基于此，学生的写话训练应紧密贴合其口语表达实际，旨在激发其书面表达的内在动力，使学生通过阅读积累素材，通过观察锻炼思维与想象力。

1. 观察力塑造策略

小学低年级学生虽具备初步的观察兴趣，但往往停留在"盲目观察"阶段。因此，教师在写话教学中应扮演引导者的角色，帮助学生树立观察意识，明确观察目标，并教授学生适宜的观察方法。

在具体实施上，教师可围绕写话教学活动，灵活选择观察对象。教师可以利用绘本这一优质学习资源，引导学生细致地观察画面，想象图中人物的神态动作、精彩场景及故事情境，以此激发学生的观察兴趣与想象力；通过自然观察，引导学生亲近自然，感受四季更迭中的细微变化，如春日细柳的柔美、秋收稻谷的金黄，以及自然的独特之处。同时，生活也是观察的重要舞台，教师可以鼓励学生关注身边小事，观察人的言行举止、动物的生活习性等，让生活成为写话创作的源泉。

2. 扩充阅读积累策略

阅读是理解和运用语言文字获取信息、认识世界、发展思维、获得审美体验的重要途径，也是写话教学的坚实基础。小学低年级学生正处于认知与语言的启蒙关键期，教师应精心引导，不仅要规范其阅读方法，还要致力于丰富其阅读体验，确保阅读质量的有效提升。

针对低年级学生，选择适宜的阅读材料至关重要。倡导选用通俗易懂、趣味横生的童话、寓言及儿歌等，此类作品篇幅适中，语言生动，既能减轻学生的阅读负担，促进快速记忆，又便于教师设计丰富多彩的阅读活动，如故事分享会能激发学生的素材收集与讲述热情，诗歌朗诵则能深化学生的情感体验，让阅读过程更加立体、多元。

3. 生活体验驱动策略

教师应引导学生观察自然、社会，表达自己对周围世界的认识和感想，注重培养学生留心观察周围事物的习惯，引导学生有意识地丰富自己的见闻，珍视个人的独特感受，积累习作素材。

基于此，教师应精准识别教学症结，鼓励学生"从生活中来，到生活中去"，让写话成为生活感悟与想象的载体。教师要鼓励学生多积累生活常识，能完成对其感悟的记录。[①] 教师要鼓励学生热爱并深入生活，认识到知识源于实践，写话亦不例外，唯有根植于现实生活的个性化表达，方能孕育出丰富多样的作品。同时，教师应激励学生培养多视角审视生活的习惯，分析写话材料时能够跳出常规框架，因为每个学生的生活经验、个性气质不同，应该鼓励自由表达和有创意的表达。

（二）多元评价学生动态成长轨迹

2022 年版课程标准积极倡导构建多元化的评价体系，这一体系涵盖了评价主体的广泛性、方式的灵活多样性以及内容的全面整合性。在写话评价领域，我们致力于准确反映学生在语文学习过程中写话能力的逐步提升与变化，重点关注学生的动态成长过程，旨在让每位学生在学习的每一步都能感受到自己的进步，从而体验到成就与满足的喜悦。

1. 评价主体多元化

（1）教师评价。教师的评价语言应准确、具体、有启发性，以确保给予学生有效的反馈。这意味着，在写话教学过程中，教师应及时且明确地指出学生写话作品中的亮点与不足，既要让学生知晓何处写得精彩，也要明确指出需要改进的地方，使评价内容一目了然，便于学生理解和吸收。

（2）学生自我评价。2022 年版课程标准强调"要充分尊重学生的主体地位"，这在写话评改环节同样适用。学生应被赋予评改的主动权，认识到好的文章是改出来的，通过不断自我修正和完善，提升写话能力。在自我评价中，学生应学会反思，提高对自己写话能力的认知。

（3）生生互评。2022 年版课程标准倡导合作学习，鼓励在小组评价中发挥集体的智慧。通过小组讨论和评价，学生能够发现自己和他人作品中的闪光点，激发创作灵感，从而促进写话水平的整体提升；在同伴互评中，学生可以互相学习，互相启发，共同进步。

2. 评价方式多样化

（1）激励性评价策略。教师对学生写话的评价应秉持"以激励为主"的原则，以不断增强学生写话的自信心，在教师的鼓励下，学生能够清晰地认识到自身的能力与成长。这种鼓励性话语，并非无原则的赞美，而是建立在对学生写话状况深入了解的基础上，旨在循序渐进地激发学生的心理潜能，实现优点全面肯定，缺点精准指出的评价目标。

（2）针对性评价策略。面对学生写话时表现出的层次性差异，教师应采取有针对性的评价策略，为不同水平的学生设定合理的期望，并给出客观具体的评价，确保每位学生都能获得有效的反馈。此外，在日常的写话练习中，教师应引导学生学会自我评价与反思，区分哪些是粗心所致，哪些是需要通过努力才能克服的障碍。

---

① 魏正伦：《生活化写话教学策略与案例分析》，《中国教育学刊》2021 年第 S2 期。

（3）关注非智力性因素。鉴于学生写话发展水平受到多种因素的影响，教师在评价时应充分考虑非智力因素的作用，适当淡化对智力因素的关注，以确保评价结果的公正性与客观性。通过这样的评价方式，教师能够更准确地把握学生的写话状况，进而采取有针对性的教学措施，促进学生的全面发展。

二、习作教学策略

（一）激发习作动机

2022年版课程标准十分强调习作动机的培养。比如第二学段重点关注学生能不拘形式地写下自己的见闻、感受和想象，把自己觉得新奇有趣、印象深刻、最受感动的内容写清楚，催生表达动机。第三学段要求学生具有初步的写作意识，懂得习作是为了自我表达和与人交流。

动机是行动的直接动力，是激励人去行动以达到一定目的内在原因，是个体发起行动并维持行动的一种心理状态。学习动机是人与生俱来的，是人处于积极心理状态和良好支持环境之中表现出来的一种心理倾向和能力。习作动机也是一样，人天生就具有表达与交流的愿望，这是由人的社会属性决定的。但是，缺乏自信、在书面表达中遇到的困难及来自他人的消极评价等因素影响了学生进行书面表达的动力。因此，在习作教学中，教师首先要了解学生的需要和兴趣，设计适合学生的目标，让每个学生都能在实现目标的过程中获得成功的体验。这种成功的体验，对于个体的自我信念（自我价值、能力与胜任感等）、个体的积极情绪都是至关重要的。而个体的自我信念与积极情绪是维持动机的重要因素。

（二）注重读写结合

我国语文教学历来重读视读写结合，"读书破万卷，下笔如有神"简明地勾勒了阅读与习作的关系。中华人民共和国成立后，许多语文教材将读写结合作为语文教学的基本原则，说明了阅读对于小学阶段学生习作能力形成的重要作用。

1. 阅读对于习作能力培养的作用

（1）帮助学生积累语言。习作是运用语言表达自己思想感情的过程，而语言的表达又以语言的积累为前提。对于小学阶段学生而言，运用书面语言表达是一项新的任务，如何将脑中所想、口中所说的变成书面文字，如何根据书面语言的表达规律来规范地构词、构句、构段与谋篇，都是一个极大的挑战。要顺利地帮助学生完成这个挑战，必须重视阅读。因为阅读是学生大量吸收规范书面语言的基本途径。通过阅读，学生可以积累常用的字词，了解各种常用的句子结构，以及构段与谋篇的方法。

（2）帮助学生积累知识。习作是学生表达认知经验的重要方式。要准确认识事物并将其表达出来，离不开阅读。阅读可以使学生获得知识，这些知识是学生习作的重要素材。实践经验表明，读得越多，学生的知识就越丰富，习作表达的内容也越充实。

（3）帮助学生形成思想。学生的思想、观点与想法是习作的灵魂。学生由于经验与阅历不足，对社会问题的认识往往停留在表面。通过阅读，通过对文本思想情感的理解，他们能逐步深化对社会的理解，逐步形成对社会问题的独特认识。

2. 在阅读教学中有意识地为学生的习作表达打好基础

（1）努力扩大学生的阅读量，引导学生积累素材。阅读量的多少实际上决定了学生语言积累、知识积累与思想积累的程度。语文课内的阅读是极其有限的，教师应运用多种方法引导学生在课外多读书、读好书，让学生在阅读中开阔视野、积累知识、提高认识，让学生有话可说、有东西可写。

（2）从阅读文章中挖掘习作话题，触发学生的习作动机。教学时，教师可以引导学生对文章中的人物进行书面分析评价，对文章中的思想内容阐发自己的感想，以及就文章的语言表达、格言警句发表观点。

（3）引导学生关注阅读文本的表达，习得语言表达方式。刘永斋针对"读写结合"训练提出三种类型的训练，即仿写型训练、评论型训练、感触型训练。其中，仿写型训练就是以训练语文基本功、培养初步读写能力为目标的读写训练，具体包括构思立意的指导、结构形式的模拟、语言修辞的借鉴、手法技巧的仿照等。阅读教学的功能不只在于帮助学生理解文本的思想内容，引导学生学习文本的表达方式也是它的重要功能之一。小学阶段学生的年龄特点决定了习作教学中模仿的重要性。模仿既是学生的天性，又是学生学习写作的"阶梯"。在阅读中学习写作方法，为学生在模仿中提高习作能力提供了保证。

（4）运用缩写、扩写、续写、改写等方法深度融合读写，促进习作能力提升。在阅读教学中，引导学生在读完文章后对文章进行缩写、扩写、续写、改写，能进一步加深学生对文章内容的理解，同时也能有效地训练学生的语言表达能力。

（5）进行随课微写，增强代入感。随课微写作为一种习作训练方式，能够实现"读写交融，相辅相成"的目标。课文中的留白，实为编写者匠心独运之处，为读者预留了广阔的想象空间，营造出"言有尽而意无穷"的艺术效果。教师若能敏锐捕捉这些富含深意的空白点，引导学生进行随堂微写练习，不仅能够增强学生的代入感，还能有效促进他们书面表达能力的提升与发展。

（6）意象建构，视觉联想激发习作潜能。统编版小学语文教材中的选文，以一系列鲜活的场景为学生勾勒出多彩的世界，这些场景既契合学生的心理成长轨迹，又紧密贴合他们的日常生活经验。比如，古诗以其独特的魅力，成为展现画面感的重要载体。古诗的语言虽然精炼，但字里行间甚至每个停顿背后，都蕴藏着深厚的情感与丰富的意境。因此，在古诗教学环节中，教师可以引导学生通过多次朗读，细细品味并激发想象，捕捉诗中蕴含的深意与画面，进而鼓励他们用生动的书面语言将这些画面具体描绘出来。

（三）鼓励自由表达

习作是学生有意义的精神劳动。学生的习作能力是在主动、积极的学习活动中形成的，也是在自主、自由的实践运用与反思过程中逐步发展起来的。2022 年版课程标准特别重视学生的自由表达。在第一学段，要求学生能够写自己想说的话，在第二学段鼓励学生不拘形式地写下自己的见闻、感受和想象，在第三学段则要求学生珍视个人的独特感受，积累习作素材。

为了鼓励学生自由表达，在习作教学中教师应做到以下几点。

1. 重视"放题"

所谓"放题"，就是要求教师不能过分拘泥于文章知识，而应当着眼于指导学生说清自己的想法。"放题"是针对"应题"而言的。教师命题、学生应题作文，是我们司空见惯的现象。学生在习作时必须紧扣教师的命题，严防"文不对题""题旨不明""离题万里"。由于教师的命题很难触及学生习作的"兴奋点"，学生常常只能胡编乱造、敷衍成篇。"放题"有两层意思：一方面，提倡无命题作文或半命题作文，给学生较大的表达空间；另一方面，跳出《记一件有意义的事》《我最敬爱的人》《一个快乐的星期天》等老套的命题思路，设计富有时代特色、充满生活气息的"新题"，开启学生心灵的窗户，打开学生记忆的闸门，开阔学生的视野，建立学生习作的"兴奋灶"，使他们"下笔如有神"。

2. 关注"放体"

小学习作教学历来强调文体意识，特别强调写好记叙文。对记叙文的过分重视，给学生习作带来很大的约束，也大大限制了教师习作教学的空间。记叙文有哪几大要素，有什么样的记叙顺序，教师努力将这些文体知识灌输给学生。其结果是，学生可能弄清了记叙的要素与顺序，但文章中的"童真"和"灵性"却再也找不到了。"放体"还要求教师积极创设条件，让学生写实用文，提高他们通过习作参与实际生活的能力。

3. 实施"放法"

"放法"是针对"应法"而言的。"应法"强调章法技巧的重要性，讲究起承转合、前后呼应、铺陈渲染、文眼巧设等。这种人为地拔高作文要求的做法，会严重挫伤学生习作的积极性。"放法"要求教师在作文指导中关注学生情感的激发及作文内容的真实与丰富，而不过分重视章法技巧，让学生多一些自由、少一些藩篱。

（四）培养习作习惯

习惯是行为的动力定型，良好的习惯对于激发兴趣、发展智力、培养能力、提高学习效率有着巨大的作用。因此，习作教学应将培养习作习惯作为重要的教学策略，引导学生养成仔细观察、主动积累、认真表达与自主修改的习惯。

1. 仔细观察

观察是获取生活经验与习作素材的重要途径，通过观察，学生不仅能够获得丰富的表象，还能够发现事物的规律。虽然小学阶段学生好奇心强，热爱观察自然，但是他们的观察往往呈现出这样的特点：笼统观察多，仔细观察少；无顺序观察多，按顺序观察少。针对上述特点，教师应根据学生的兴趣与爱好，经常布置观察任务，并要求学生及时记录观察所得。教师还应当在阅读教学以及实际的观察活动中教给学生观察的方法，让学生在学习抓住重点观察、按顺序观察方法的过程中养成仔细观察的习惯，并体会观察对习作的重要作用。

2. 主动积累

习作是一个由内而外的过程，学生平时对生活经验与语言材料的积累，事实上是一个内化生活经验与语言材料的过程，是学生对习作"素材库"的自我构建。俗话说，巧妇难为无米之炊。积累对于习作的重要性是不言而喻的。培养学生主动积累的习惯可从以下几方面入手。

（1）引导学生积极体验生活、认识生活，参与各种有益的活动，如参观访问、旅游考察等，并主动与他人交流感受，提高认识。

（2）要求学生认真阅读书籍，做好摘录笔记。教师应积极鼓励学生做有心人，备好摘记本，及时地记录好词、好句、好段、好构思。

（3）指导学生广泛收集信息，分析整理资料。教师要指导学生经常观看电视新闻，阅读报纸、杂志，有意识地记录自己感兴趣的信息，并及时对它们进行分析与整理。

3. 认真表达

学生在习作时要做到认真、仔细，按照学习的目标与要求选择恰当的语句，正确、通顺地表达自己的意思，同时做到书写规范、端正，行款整齐，文本整洁。要使学生养成认真表达的习惯，教师应当做到以下两点。

（1）明确要求。教师应在习作前讲清要求，习作后对照要求检查评估。

（2）做好示范。要让学生养成认真表达的习惯，教师首先自己要做好示范。在写"下水作文"与批改学生的习作时，教师要潜心用词、构句，字迹端正、美观，为学生做榜样。

4. 自主修改

2022年版课程标准要求学生在第二学段"学习修改习作中有明显错误的词句"，在第三学段"修改自己的习作，并主动与他人交换修改"。修改既是习作过程中的重要一环，也是学生必须掌握的基本习作能力。自主修改强调学生要有自己修改文章的意识，能够自主运用一定的修改方法提高自己的习作水平。教师应当让学生了解修改习作的重要意义，知道修改是习作的一部分，并且知道好文章是改出来的。教师还应当循序渐进地提出修改习作的要求，让学生在学习修改习作的过程中逐渐提高修改能力，养成自主修改的习惯。教师还要教给学生修改习作的具体方法，让学生能运用规范的修改符号自主修改自己的习作。

（五）构建习作支架，细化习作过程辅导

何捷指出："搭建支架，是对写作过程的呼唤，也是教学的必然选择，是写作教学中最核心的任务。"[①] 在习作教学过程中，教师可以借助习作支架来详细规划教学步骤，确保习作任务明确且具体，同时让习作评价更加注重交流互动。习作本质上是一个复杂的信息处理与创造活动，因此，在习作教学中引入支架策略显得尤为贴切，它能有效减轻学生的习作负担，促进教学重心从教师的"传授"转向学生的"自主学习"。

1. 借助既有支架，精准定位习作任务

统编版教材在习作板块中广泛融入了多样化的习作支架设计，旨在提高习作教学的效率与深度，有效促进学生习作能力的提升。为此，教师的首要任务是深入理解与掌握

---

① 何捷：《搭建"支架"，写作教学的核心任务》，《语文教学通讯》2016年第Z3期。

这些支架的功能与运用方法，进而充分发掘并利用教材中现成的支架资源，确保习作任务的明确与细化，最大限度地发挥教材的积极作用。

以五年级下册第一单元的习作《那一刻，我长大了》为例，该单元的习作引导语开篇即巧妙设置了情境支架："翻阅影集、日记……让我们一同回顾成长的足迹，是否有那么一个瞬间或一桩往事，让你深切感受到自己已悄然长大？"这一引导语旨在激发学生的个人回忆，为其构建一个生动的习作场景。通过这一情境支架的巧妙运用，学生的思绪被有效引导至自我成长的探索之旅中，他们会在脑海中展开一场头脑风暴，搜寻、对比、抉择，最终锁定那段最触动心灵的成长记忆，为后续的习作奠定坚实的情感与素材基础。

2. 构建语言支架，提升习作表达力

2022 年版课程标准确立了"语言文字积累与梳理"为基础型学习任务群，着重于学生语言素材及经验的积累。统编版语文教材中的"语文园地"板块，特别是"词句段运用"与"日积月累"部分，均明确指出了积累优质词汇与句子的重要性。然而，在实际习作中，学生常感"言之无物"，问题的根源在于他们难以有效将内化的语言知识转化为流畅的书面表达。为此，教师需要在习作教学中构建语言支架，以增强学生将内在语言资源转化为具体表达的能力，从而提升学生的习作质量。

以五年级下册第一单元的习作《那一刻，我长大了》为例，教师以语言为载体，向学生描绘成长的多个面向：成长意味着学会关怀家人，理解并感激父母的辛劳；它也象征着精神层面的独立与成熟。在此基础上，教师鼓励学生分享个人对成长的独特见解。随后，教师通过一个实例——与弟弟争执后被母亲一视同仁地惩罚，虽心存畏惧却毅然接受——来具体阐述成长的瞬间。此例中，学生学会了面对而非逃避，通过主动接受惩罚展现了勇于认错与承担后果的勇气。对情感历程的细腻剖析，展现了从最初的恐惧、试图恳求减免惩罚，到内心的挣扎与最终的决定，直至承受疼痛后泪水中的释然与成长。这一过程被概括为从害怕到释然的心路转变，是成长的生动注脚。

3. 设立多元评价支撑体系，提升习作效能

（1）激励性评价，激发表达热情。就学生而言，其习作能力的提升并非仅仅依赖于技能训练的累积，更加关键的是获得来自外界的积极激励与认可。习作，作为他们辛勤付出的产物与智慧的象征，值得教师以最大的宽容和尊重去对待。

在此背景下，教师应尤为重视"激励"的力量，它不仅是推动学生习作进步的催化剂，还是学生创意与自信的源泉。通过面对面的批改方式，教师能够在与学生的直接交流中深入理解其思想脉络，及时捕捉每个进步的火花，并以激励性的反馈点燃学生的习作热情。这种即时的引导与对话，如同为学生的思维之门解锁，让他们在交流中不断拓宽视野、完善表达，让文字成为更加生动、有力的思想载体。

（2）协同评价，构建习作能力提升新样态。习作评价体系应当从传统的单一教师评价模式向多元化评价转变，纳入教师、学生等多方主体。这一变革强调了评价过程的全面性和包容性，旨在通过多维度、多视角的反馈，促进学生习作能力的全面提升。

一是自我评价。从学生的立场出发，他们对习作内容的理解与教师的视角常存在差

异。将习作评价权适度下放给学生，能显著提升学生在习作教学中的参与度。此举不仅强化了学生的习作技能与知识内化，还促使他们自我审视，发现并纠正个人习作中的不足。

二是生生互评。生生互评作为一种合作学习策略，其核心在于通过共同参与习作评改过程，加深学生对习作的理解与掌握。这种方法超越了单纯提升学业成绩的范畴，更是一种在班级内营造积极社会氛围的途径。这样的氛围，不仅能够使学生进行有效的情感交流，还能促进他们人际交往技能的发展，对于其综合成长而言，极具价值与意义。推行生生互评不仅能够有针对性地提升学生的习作水平，还能在无形中锻炼学生的沟通协作能力，为学生的全面发展奠定坚实基础。

（3）发展性评价，以动态评价激发习作潜能。教师应秉持辩证与过程性的思维方式，摒弃一蹴而就的幻想，转而专注于学生习作改进的持久战。教师可以巧妙地设计专题评价活动，聚焦于诸如题目创意、开篇吸引力、结尾深度及细节刻画等关键元素。在动态评价的实施路径上，我们倡导以下两大策略。

第一，即时反馈与迭代修改。教师在初次评价后，鼓励学生根据反馈进行自我反思与修正，随后教师再次介入，进行有针对性的再评价。这一过程旨在通过循环往复的"评价—修改—再评价"模式，促使学生习作能力实现螺旋式上升。

第二，回顾反思与深化提升。日常进行习作初评，待到学期末或全册教材学习结束时，组织学生进行习作的回顾与二次评价。通过时间的沉淀与视野的拓宽，学生能够用更加成熟和批判性的眼光审视自己的旧作，进而实施必要的修改与提升。这一过程不仅是对学生习作能力的再检验，还是对其自我认知与反思能力的深度培养。

值得注意的是，习作教学策略并非一成不变，而是随着师生在教学实践中的互动而动态发展的。只有那些紧密贴合学生语文素养提升需求的习作教学策略，才能成为推动学生持续进步的有效工具。因此，教师应保持敏锐的洞察力与开放的心态，不断探索与调整习作教学策略，以适应学生不断变化的发展需求。

第四节　写话与习作教学案例分析

《那一刻，我长大了》习作教学片段

板块一：领悟话题的意蕴

师：同学们，这个单元的导语中有这样一句话，一起读。

生：（读）每一个人都有他自己的童年往事，快乐也好，辛酸也好，对于他都是心动神怡的最深刻的回忆——冰心。

师：这是冰心说的话。从这句话中，我们可以体会到童年的生活是让人心动神怡的生活，童年的往事是让人难以忘怀的记忆。其实，在我们的童年往事当中，关于长大了的事情，一定是让我们最开心、最难忘的记忆。这节课，我们就来聊一聊有关长大了的故事。聊的话题是——

生：（读）那一刻，我长大了。

师：只要稍加留意，我们就会发现这是一个很有故事性、很有力量感的话题。这里的"那一刻"应该怎么理解？

生：我认为，"那一刻"是一个动人的画面，需要细致刻画那个画面发生的事情。

师：你的意思是说，"那一刻"是有画面感的。很好！

生：我认为，"那一刻"是一个时间段，需要重点刻画的是人物内心的思想变化。

师：是的，"那一刻"，一定是事情发展变化过程中的那一刻；"那一刻"，一定是触动你心灵的那一刻；"那一刻"，也是你获得成长力量的那一刻。再来读。（生齐读）

师：只要用心体会，我们就会发现这是一个——

生：这是一个充满着幸福感的话题。

师：因为——

生：那一刻，我长大了。

师：长大了，难道我们不开心不幸福吗？只要用心揣摩，我们还会发现这是一个——

生：这是一个发自内心地让人由衷感到自豪的话题。

师：可不是吗？你长大了，难道不值得自豪吗？

生：自豪！

师：因为——

生：那一刻，我长大了。

师：同学们，在我们的童年记忆当中，有许许多多的往事，让我们难以忘怀。在这一件件往事当中，总有许许多多的那一刻触动着我们的心灵，让我们获得了成长的力量。那么，什么是成长呢？或者说什么是长大了呢？

生：我觉得，长大不仅是个子变高了，还是从某事当中受到了一些启发，这才叫长大。

师：是的。长大了，不仅是个子长高了，还是我们在思想上或者在其他一些方面获得了成长。这里有几个事例，请大家来读一读，或许你能从中领悟到长大了的内涵。第一个事例我们请一个同学来读。

生：（读）今年我过生日，妈妈给我切蛋糕的时候，我发现她的眼角出现了浅浅的皱纹。

师：假如你在过生日的时候，看到了妈妈眼角上出现了浅浅的皱纹，你心里会怎么想？

生：我心里会想，妈妈为我付出了那么多，眼角都有了皱纹，也没来得及护肤，还整天为我操心，买蛋糕给我过生日。我心里既激动又难过，觉得妈妈为我付出的实在是太多了！

师：那在这个事例当中，最能触动你心灵的细节是什么？

生：就是妈妈的眼角出现了浅浅的皱纹，因为这一细微的变化体现了妈妈的辛劳，这一细节也深深地触动了我的心灵。

师：是的，就从这个细节当中你感受到了妈妈的辛劳。那你内心涌动的是一种什么情感？

生：我的内心既感激又忧伤，因为妈妈为我付出了那么多，我却没有对她有一丝回报。

师：是的，有这种感受就说明你长大了，所以成长是什么？读！

生：（读）成长就是在那一刻让我学会了关爱。

师：同学们看，在这个事例当中，就是这样的一个细节，让"我"的心灵受到了触动，让"我"从中获得了成长的力量。成长是什么？读！（生齐读）

师：再来看第二个事例。

生：（读）今天爷爷走了很远的路，给我买了一双心爱的球鞋。接过爷爷递来的球鞋，我感觉手上沉甸甸的……

师：假如是你从爷爷的手中接过了你心爱的球鞋，你会有什么样的感受？

生：这里有"沉甸甸"这个词，我感受到的是爷爷走了那么远的路，只为了给我买一双球鞋，这不仅是一双球鞋，还代表着爷爷对我的爱，所以感觉沉甸甸的。

师：这种感受就说明你长大了，你懂得了爷爷的爱，知道了感恩。什么是成长？读！

生：（读）成长就是在那一刻让我懂得了感恩。

师：同学们看，爷爷走了很远的路，为"我"买了一双心爱的球鞋，这样的细节触动了"我"的心。再来看第三个事例。

生：（读）三年级的时候第一次在全校开学典礼上发言，我很紧张，看到同学们鼓励的目光，我又有了信心……

师：在这个事例当中，"我"怎么成长了？

生：在这个事例当中，"我"开始是害怕的，但是看到同学们鼓励的目光，"我"又有了信心。"我"突破了自我，做了一件从来没有尝试过的事情，"我"觉得这就是成长。

师：从这个事例中可以看出，"我"的心理从紧张变成自信。这个变化的过程就是一种长大，就是一种成长。读！

生：（读）成长就是在那一刻就觉得自己长大了。让我拥有了自信。

板块二：唤醒封存的记忆

师：刚才，我们从三个事例中领悟到了成长的真谛。这可能也唤醒了我们头脑中的那些记忆。请同学们想一想，在你的成长历程中，有没有某件事情、某个时刻让你突然感觉到长大了？想一想，想好了举手。我希望举手的人越来越多。

师：同学们愿意不愿意把成长故事拿出来跟大家一起分享？

生：愿意！

师：其实与别人分享自己的成长故事是一件快乐的事情。下面请同学们想想，你最想与别人分享的是一件什么事呢？请你把这件事情用简短的标题写下来。

师：都写好了。谁来说说你想与别人分享的事情是什么？

生：我想与别人分享的是妈妈的白发。就在上个星期六，妈妈在为我辅导作业的时候，我看了眼妈妈的头发，居然发现了一丝白发。

师：你看到妈妈的头上有了一丝白发，这个情景触动了你。

生：我想与别人分享的故事是妈妈眼角的皱纹。就在前段时间，妈妈在照顾妹妹睡觉的时候，我看见妈妈眼角有了皱纹，心里非常感动。妈妈那么辛苦地照顾妹妹，眼角已经爬上了皱纹。

师：妈妈不仅照顾妹妹，还要照顾你吧。

生：我会做番茄鸡蛋汤了，我就是在那一刻觉得自己长大了。

师：你爸爸妈妈吃了没有？吃的时候他们有什么感觉？

生：吃了。他们边吃边夸奖我，说我做的汤比他们做的汤还好喝。

师：你听了这话之后感觉怎么样？

生：美滋滋的，但我知道他们是在鼓励我。

师：是的，你长大了！

……

师：同学们，一个个关于成长的故事已经由我们的心中流淌到纸面上来了。大家想一想，你要分享的这件事情的经过是什么样的。请打开你记忆的闸门，像放电影一样来回想一下事情的来龙去脉。要回想些什么呢？比如说这件事情是在什么时候发生的，这件事情是在什么地方发生的，这件事情当中有哪些人，这件事情发生的——

生：原因是什么。

师：想清楚这件事情是如何发展变化的，这件事情的结果怎么样。把这些想清楚了，事情的经过就清楚了。有没有想清楚？我们请一个同学来说一说。

生：暑假的时候，我在奶奶家。那天，我饿了，奶奶就递给我一些零食，但我吃完了还是有点饿，就跟奶奶说，我想去买点东西吃。奶奶怕我一个人过马路会遇到危险，就和我一起去。当时气温很高，接近40度。我和奶奶顶着烈日去超市买东西。到了超市，我选了点东西。奶奶掏出自己的钱包，用那双长满茧子的手，数着零钱给收银员。我看到奶奶的手上有那么多茧子，接过零食的时候，我感觉心里沉甸甸的。回去的时候，我们还是顶着烈日。回到家里，我吃零食的时候心里有一点点不安稳。

师：是的，你长大了。大家看，他有没有把事情的经过说清楚？

生：他把事情的经过说清楚了。这件事情是什么时间在什么地方发生的，有哪些人，事情的前因后果都说清楚了。

板块三：凝聚表达的智慧

师：我们把事情的来龙去脉想清楚，就能把它说清楚。在写的时候，就能把它写清楚。对于这篇习作来说，这只是最基本的要求。这篇习作的话题是"那一刻，我长大了"，关键的是在事情发展变化的过程中，那一刻的情景是什么样的？请同学们静下心来，聚焦"那一刻"仔细地想一想。比如说，在那一刻，你——

生：（读）看到了什么？

师：在那一刻，你——

生：（读）听到了什么？

师：在那一刻，你——

生：（读）想到了什么？

师：在那一刻，你——

生：（读）说了些什么？

师：在那一刻，你——

生：（读）做了些什么？

师：在那一刻，你——

生：（读）感受到了什么？

师：这些对于这篇习作来说是最关键的地方，也是最难做到的地方。那么，我们怎么样才能把那一刻的情景写具体呢？这里，给大家看两段视频，或许你们能从中获得一些启发。（播放第一段视频）你看到了什么？

生：我看到了一个跳水运动员在跳水。

生：（读）回国的那一天正是元旦……是身在异国的华侨老人一颗眷恋祖国的赤子心啊！

师：这一段写的是什么情景？

生：这一段写的是"我"和外祖父分别的情景。

师："我"要回国，外祖父送给"我"一块手绢。你看这三段文字写了些什么？

生：请大家看第一自然段。它先简单地描写了是哪一天，天气怎么样，然后重点描写"我"看见外祖父的银发时是怎么想的。第二自然段，我认为使用的是拉锯式手法。为什么说它是拉锯式手法呢？首先看第一句话。"船快开了，母亲只好狠下心来，拉着我登上大客轮"，这是描写母亲和"我"的。可再看下一句，"想不到眼含泪水的外祖父也随着上了船"，这写的又是另外一个人。我觉得，这是拉锯式手法。

师：与其说这是拉锯式手法，不如说这是用了镜头切换的方式。你发现第一、二两个自然段是写"我"的什么？

生：所见。在写到"我"的所见的时候，既写了那天的天气情况，也写了外祖父、妈妈和"我"。

师：那么，第三自然段写的是什么呢？

生：第三自然段写的是"我"的所感。

师：这个情景就是写了"我"的所见所感，把"我"的所见所感像电影的慢镜头一样定格、放慢、拉长，我们读了之后就有不一样的感觉。那么，这段文字对你写好那一刻的情景有没有启发？下面就请同学们读。

生：（读）请把你要分享的那件事中，让你突然感到自己长大了的那一刻的情景具体地写下来。

师：下面就请同学们来写你在那一件事情当中的那一刻的情景，不要从头到尾写，只写中间的那段。开始写吧。（学生动笔写作）

板块四：分享表达的成果

师：谁愿意来给大家交流分享你写的内容？

生：妈妈缓缓蹲下身来，心疼地望着我，摸着我头上的包，问我："疼吗？"我低声地说："不疼。"这时，我才发现妈妈的手上有一个大水泡："妈，您的手？"妈妈笑了笑说："没关系，一点小伤而已。"那么大的水泡，一定很疼！这时，我第一次发现母亲那么瘦小，偌大的围裙包着她瘦小的身躯。我应该是个大人了。我当时在写作业，妈妈在厨房做饭，突然好像是油滴到了她的手上，她大叫了一声。我被吓到了，就从椅子上摔了下来，头上摔出了一个大包，钻心地疼，我哭了。妈妈闻声从厨房里跑了出来，揉着我的头。我这才发现她的手上有一个很大的水泡，是被油烫了。

师：大家看一看，那一刻的情景，她有没有写具体？

生：写具体了。

师：那么，对照这次习作的要求，你们还有什么问题想问她的？

生：我想问你一下，你除了在文字上表达的那段对话，还跟你妈妈有什么对话？后续发生了什么事情？有没有让你感动？

生：我想问的是，你除了看到你妈妈手上的水泡，还看到了你妈妈脸上的表情或者有别的一些让你感动的地方吗？

生：我有个问题想问你。你为什么不细致地描写一下你妈妈手上的水泡，描写一下之前你看见妈妈的手是什么样子的，然后再描写一下现在你看见妈妈的手是什么样子的。我觉得，你只用一句话，写妈妈的手上有一个水泡，比较笼统，不太细致，难以打动人心。

师：同学们刚才提出的这些问题，对于修改你的习作应该是有启发的，你可以很好地吸纳同学们的意见，把这个情景写得更加具体、细致。下面，再请一位同学来分享自己的习作。

生：前天晚上，妈妈拿了一把巧克力，和我边看书边吃。吃着吃着，忽然听她说："这个是女儿爱吃的白巧克力，我可不能吃了。"说着她拿起糖纸细心地把巧克力包了起来，几乎看不出来已经打开过。平日里，妈妈只吃我最讨厌的黑巧克力。妈妈总说她不喜欢吃甜甜腻腻的白巧克力，喜欢吃苦味适中的黑巧克力。虽然妈妈嘴上这么说，可我心里知道妈妈其实是在迁就我。妈妈那拿巧克力的双手看上去有些短小，因为常年拿粉笔而脱皮发皱。啊，这是我妈妈的手。这一双手，在我一次次遇到挫折而准备放弃时，把我从黯淡中拉了出来。

柔和的灯光下，妈妈稀疏的头发因为多年来为我操劳，已经不再乌黑，里面掺杂着几丝白发。妈妈的皮肤已经有了褶皱，眼下已经多了细纹。

师：你自己感觉写得怎么样？

生：我写的是有一天我和妈妈在吃巧克力的时候，妈妈打开了我最爱吃的白巧克力，然后她又把巧克力包了回去留给我吃。在写的时候，我详细写了妈妈的外貌，就是我感觉到了妈妈的苍老。她从来不像别的父母那样动不动就打我，动不动就批评我，每次遇到事情的时候总是好好跟我说，希望我能改正过来。我觉得，这是让我感动的点，也是我成长的地方。

师：同学们听了之后，觉得她写得怎么样？

生：我觉得描写得挺具体的。但她写了那么多的外貌，我觉得可以选择最让她触动的一两点作为重点来描写，在描写外貌的时候，也要多加一些自己的心理描写，还可以再加一点儿与妈妈的对话，这样可能会更好一些。

师：他刚才提的这些建议，比如说，他要你写一点儿"我"与妈妈的对话，你当时跟你妈妈有没有说话？

生：我看妈妈的时候，没有说话。我的心理描写和妈妈的外貌描写是分开来写的，细致的心理描写放在后面了。

师：好的。她其实对你所说的问题在习作中也有一些回应。

生：这篇作文对母亲的外貌描写很细致，突出了母亲因常年操心而衰老的外貌，表达了她对母亲充满着感恩。

师：所以，这个情景你觉得写得怎么样？

生：这个情景深深地打动了我。

师：是的，这个情景写得既具体，也感人。把掌声献给她。

（生鼓掌）

师：同学们，刚才我们分享了两位同学所写的内容，从中获得了诸多收获，这对于修改自己的习作也会有一定的启发和帮助。同学们回去之后，还要根据本次习作的要求好好修改自己的习作，着重看一看"那一刻"的情景写得具体不具体，有没有把你该表达的意思表达清楚。直到你自己满意了，再认真誊写。之后，再请班长负责把同学们的习作汇编成册，大家互相传阅，以分享每位同学的成长故事。

（案例引自潘文彬五年级下《那一刻，我长大了》习作教学）

【案例分析】特级教师潘文彬倡导的"问学课堂"深受一线教师推崇，影响深远。他身体力行，在语文课上实践此理念，让课堂去繁就简，追求实效，以平淡见真章，切实提升了教学质量。

第一，学习习作，需要审题。潘老师紧扣单元人文主题，以冰心名言导入，营造温馨对话氛围。在此情境中，他精炼解析"那一刻"与"长大了"的深意，通过多次诵读，让学生深切感受文题的情感与成长力量。此方法能有效助力学生明确习作目标，为佳作创作奠定坚实基础。

第二，学习习作，需要模仿。潘老师引导学生体会本单元"那一刻"具体情景的描写方法，鼓励学生展示习作片段，分享"伙伴语言"的乐趣。在师生互动中，学生思维得以传递，多种样例成为学生化解习作难题的参考。此设计正是基于对"学生需要何种教学辅助"的深思，体现了以学生为中心的教学理念。

第三，学习习作，需要方法。教方法，并不是将方法丢给学生。优质的教学，是基于学生的需要，在他们可能遇到困难的地方精准施教，教给学生方法后还要确保他们掌握。比如，如何把"那一刻"的情景写具体是这次习作的重难点，于是，潘老师就用视频支架来启迪学生的思维，让学生体悟到把"那一刻"的情景写具体，可以采用慢镜头的方式，把"那一刻"的情景定格、放慢、拉长。

第四，教学评一体。潘老师在教学过程中，时刻注重让"教"匹配"学"，验证"学"，推动教后即"学"，学后即"评"，在教—学—评"三位一体"推进过程中，从"教"和"评"两个方面，凸显"学为中心"。最值得关注的是，在习作教学过程中，学生经历与展示出来的整个习作学习过程，与教师设计并嵌入的习作教学流程完全吻合。"不教"的潘老师从审题入手，帮助学生充分理解文题；选材时，让学生选取最为适切的素材；之后是细节的打磨，方法的习得，让学生在动笔前做到心中有数；起草之后，予以评价回应，让学生在练习后立刻得到回应，验证所学，找到问题，从而改进。

整个过程符合习作产出的基本流程，符合教与学互嵌的基本规律，教为了学，教促进了学，这才是对"学为中心"最真实的演绎。

《神奇的鸡蛋壳》
教学片段

《我想对您说》
教学设计

阅读与拓展

戈德堡，2007. 再活一次：用写作来调心［M］. 韩良忆，译. 海口：南方出版社.

何捷，2022. 学习任务群理念下习作教学的系统重构［J］. 语文建设（12）：26-31.

盛晴，常飞，2023. 学习任务群视角下习作单元教学实施路径的探索［J］. 中国教育学刊（S2）：26-28.

伍娟，2024. 义教新课标背景下小学语文习作教学研究：评《小学语文阅读与习作教学荟萃》［J］. 语文建设（12）：82.

王荣生，2014. 写作教学教什么［M］. 上海：华东师范大学出版社.

王尚文，2007. 走进语文教学之门［M］. 上海：上海教育出版社.

思考与练习

本章小结

第九章

口语交际教学研究

学习目标

1. 理解口语交际的内涵、特点和口语交际教学的意义；
2. 明确口语交际教学的总目标以及学段要求；
3. 掌握口语交际教学策略；
4. 分析口语交际教学案例。

第一节 口语交际概述

学生的语文素养既体现在阅读理解上，又体现在口语交际能力上。随着社会的快速发展和信息技术的普及，良好的口语交际能力已成为学生综合素质中不可或缺的一部分，对于小学生的成长尤为重要。口语交际能力不仅关乎学生日常学习生活的交流质量，还是其未来步入社会、参与合作、展现自我、解决问题的重要工具。因此，加强小学生口语交际能力的培养，是小学语文教师不可忽视的任务。

一、口语交际的内涵

（一）口语交际

"口语"是指谈话时使用的语言[1]。"交际"则是指人与人之间往来接触和交往。口语交际是人们在特定的语言环境中根据题旨情境，运用有声语言，借助副语言进行人际沟通的过程，[2] 也就是人们根据某种社会交往的需要，运用口头语言进行信息传递和思想感情交流。口语交际是指人们在动态的语言环境中，运用口头语言进行的介绍、交往、表演、讨论等活动。

2000 年，教育部发布了《九年义务教育全日制小学语文教学大纲（试用修订版）》，首次用"口语交际"这个新概念替代了以前的听说教学。这不仅是名称的变换，还体现了新时代语文口语教学重视交际功能的新理念。

---

[1] 中国社会科学院语言研究所词典编辑室编《现代汉语词典》（第7版），商务印书馆，2016，第751页。

[2] 孙汝建：《口语交际理论与技巧》，中国轻工业出版社，2007，第27页。

（二）口语交际能力

口语交际能力是指一个人运用口头语言或非语言手段达到某种目的的能力。培养口语交际能力是提高语文综合素养的有效途径。2022 年版课程标准对学生的交流表达能力提出了明确的要求："了解国家通用语言文字的特点和运用规律，形成个体语言经验；具有正确、规范运用语言文字的意识和能力，能在具体语言情境中有效交流沟通；感受语言文字的丰富内涵，对国家通用语言文字具有深厚感情"。在总目标中也明确指出："学会倾听与表达，初步学会用口头语言文明地进行人际沟通和社会交往"。可见，良好的倾听能力、流畅的表达能力和应对能力是有效应对口语交际的必要条件。教师在教学过程中，要加强对学生口语交际能力的培养，重视口语交际教学的意义和作用。口语交际教学是指教师指导学生运用有声语言传递信息、交流思想和表达情感的一种综合性、创造性活动。

二、口语交际教学与听说教学的区别

口语交际教学是学生在教师组织和指导下所进行的有目的、有计划的训练听说能力的课内外实践活动，是小学语文教学的基本内容之一。口语交际教学与听说教学不仅仅是在说法上不同，更重要的是在价值取向上存在很大差异，这主要体现在以下两个方面。

（一）关注的重点不同

传统的听说教学往往侧重于单一的"听"与"说"技能训练，如故事讲述、内容复述或简单问答，其培养路径相对狭窄。而口语交际教学则超越了这一局限，聚焦于"交际"本质，强调学生在多变语境中的适应能力[①]。它要求学生不仅能根据交流对象的特性、所处场合及具体情境灵活调整言语策略，还能敏锐捕捉话语核心，洞悉他人立场与意图，并运用恰当的口头语言及体态语言进行有效沟通，解决交际难题，达成预定目标。

在口语交际中，语言的双向流动只是基础，更深层次的是信息的多维传递。通过语音、语调的微妙变化，以及面部表情、手势动作等体态语言的辅助，交际双方能够传递更加丰富、细腻的情感与意图。因此，口语交际能力的构建，不仅需要扎实的听说技巧，还需要辅以迅速的语言组织能力、敏锐的逻辑思维、得体的行为举止以及良好的人际交往能力。

综上所述，口语交际教学是对"听"与"说"能力的全面整合与升华，其目标远不止于基本的听说训练，更在于培养学生的人际交流素养，包括倾听的智慧、表达的艺术、应对的机敏以及文明和谐的交际态度。

（二）教学活动开展的凭借不同

听说教学与口语交际教学在教学方法上存在显著差异，前者往往依赖于非交际性活动，而后者必然植根于真实的交际情境中。这种根本性的区别，不仅体现在活动本身的

---

① 吴立岗主编《小学语文教学研究》，中央广播电视大学出版社，2004，第 270 页。

性质、动机与目的上，还深刻影响着活动内容的侧重点、活动形式的多样性，以及教师与教材在活动中所扮演的角色。

就活动性质而言，听说教学侧重于语言技能的孤立训练，而口语交际教学则强调在互动交流中提升综合素养。就动机与目的而言，听说教学可能更偏向于应试或技能的掌握，口语交际教学则旨在培养学生在实际生活中进行有效沟通的能力。

就内容与形式而言，听说教学可能更多聚焦于语言知识的灌输与模仿练习，而口语交际教学则鼓励学生根据具体情境灵活应变，运用多样化的语言与非语言手段进行表达。教师的作用也随之转变，从知识的传授者转变为交际活动的引导者与促进者，教材则成为辅助交际情境创设与策略指导的工具。

明确这些差异对于我们准确把握口语交际教学的核心任务至关重要，我们在教学实践中要更加注重创设真实的交际环境，激发学生的交流欲望，培养其综合运用语言进行有效沟通的能力。

三、口语交际的特点

在 2022 年版课程标准引导下，口语交际凸显了其独特的魅力。口语交际教学不再局限于单向的听说训练，而是强调双向互动、情境模拟与实际应用，学生需要在模拟或真实的场景中，通过有效倾听与表达，实现信息的精准传递与情感的深入交流。这一转变，不仅丰富了语文教学的内涵，也为口语交际教学注入了新的活力，引领我们深入探讨口语交际的特点。口语交际具有以下几个显著的特点。

（一）即时性

口语交际是面对面的语言交流，具有很强的即时性。这意味着在交流中，信息的传递和接收几乎是同时进行的，不像书面语那样可以经过反复修改和润色。因此，口语交际要求参与者具备快速反应和即时表达的能力。

（二）情境性

口语交际总是在特定的情境中进行，情境因素包括时间、地点、场合、氛围以及参与者的身份、关系等。这些情境因素会对口语交际的内容和方式产生影响，使得口语交际具有鲜明的情境性。因此，在进行口语交际时，参与者需要根据具体情境来选择合适的言语和表达方式。

（三）互动性

口语交际是双向或多向的互动过程。在交流中，一方的言语行为直接影响到另一方的言语行为，各方都会根据对方的反应和表达来调整自己的言语和态度，以达到更好的沟通效果。这种互动性使得口语交际充满了活力和变化，也要求参与者具备良好的倾听和反馈能力。

（四）情感性

在口语交际的深化训练中，思维、情感与语言等核心要素呈现出同步进行且相互交织的动态关系。思维、情感与语言的协同并进与和谐共生，是构筑坚实口语交际能力基石不可或缺的要素，这主要体现在以下两个方面。

口语交际形成一个综合性的流程，涵盖了对语言信息的摄取、剖析、整合、构建及传达。在此流程中，思维扮演着核心驱动的角色，而语言则是思维的外在表现与产物，两者互为支撑，紧密相连，共同构建了一个不可分割的整体。

口语交际同样是一个情感从内在体验转化为外在表达的过程，这一过程深刻体现了"情由境生""情至言发"以及"言之有物且饱含深情"的交际艺术。即便外界事物再引人入胜，景象再绚丽多姿，逻辑再严谨，若参与者缺乏真挚情感，仅停留在机械性的叙述层面，其言语也难以触动人心，更遑论具备感染力和说服力。情感是激发学生在口语交际训练中主动参与和自觉提升的关键催化剂。

因此，教师在口语交际教学中应双管齐下，既要强化学生语言表达的精准与多样性，又要深化学生思维训练的层次，通过培养学生在思维上的逻辑性、灵活应变能力以及独立思考能力，促进其语言表达的流畅性。同时，不容忽视的是，教师应加大对学生情感体验与表达能力的训练力度，确保情感因素在口语交际中得以充分展现其效能。

（五）灵活性

与书面语相比，口语交际通常更加随意和灵活，不太受语法规则和修辞手法的限制。在口语交际中，人们更注重表达的真实性和自然性，而不是追求语言的完美和规范。这使得口语交际更加贴近生活和实际，也更容易被大众接受和理解。

（六）文化性

口语交际是文化的重要组成部分，也是文化传播的重要途径。习近平同志在中共中央政治局第三十次集体学习时强调，"讲好中国故事，传播好中国声音，展示真实、立体、全面的中国，是加强我国国际传播能力建设的重要任务。"其关于"讲好中国故事，传播好中国声音"的论述，强调了在国际舞台上，通过有效的口语交际来展现真实、立体、全面的中国形象的重要性。不同文化背景下的口语交际具有不同的特点和规则。因此，在进行跨文化交流时，人们需要了解并尊重对方的文化背景和习惯，以避免误解和冲突。

综上所述，口语交际具有即时性、情境性、互动性、情感性、灵活性和文化性等特点。这些特点使得口语交际在人们的日常生活中扮演着不可或缺的角色，也要求我们在进行口语交际时注重技巧和策略的运用，以达到更好的沟通效果。

四、口语交际教学的意义

在我国语文教学历史上，口头语言教育经历了从无到有，从听说教学到口语交际教学的变化，这体现了人们对语文教育认识的日益全面和科学理解，也说明了口头语言教育的重要性。培养学生的口语交际能力既是为了满足社会生活的需要，也是为了满足发展学生智力、提高其读写能力的需要。

（一）提高学生的语文能力

语文能力既包含识字、写字、阅读、写作等书面语言运用能力，又包含听、说等口头语言运用能力，听、说、读、写是构成语文能力的四个基本要素，它们各有各的性质和特点，呈现出相对的独立性，同时它们又构成了相互联系的整体，具有系统性和明显的相关性。听、说是口头语言的运用，读、写是书面语言的运用，听说能力是读写能力的基础，读写能力是听说能力的发展。据此，在阅读教学中教师要善于根据不同学段学生的特点，提出阅读要求，让学生带着问题阅读课文，然后通过说，把阅读后的理解、感受表达出来。从"说"到"写"是语言能力发展的自然过程。小学低年级学生口头语言的发展要优先于书面语言，他们书面语言还不熟练，教师可以通过"练说"来加工、改造口头语言，促进学生书面语言的发展。中、高年级学生的书面语言有了一定的发展，但其内部语言的发展还不完善，因此教师可以通过有重点的"练说"，使学生把思想组织成连贯而有条理的语言，这样他们书面表达的难度也会大大减少。

（二）促进学生多元智能的发展

即时性是口语交际的显著特点。口语交际一开始，"思想"就必须跟上。一方面，交际者要根据交际目的对相关事物进行细致观察，譬如要观察交际场合的特点、交际对象的反应等，把握对事物的认识，这就需要调动交际者的观察力和对事物的感受力。另一方面，口语交际是现想现说，随机性强。交际者说话的时候要尽快把思维转换成语言，而且要做到主旨明确，条理清晰，表情自然大方；听话的时候要相当敏捷地把对方的话语转换为认知，边听边思考。这都需要交际者具有一定的分析综合能力、联想与想象能力，并掌握一定的表达技巧。所以，口语交际教学能锻炼学生的听觉、视觉，促进学生注意力、记忆力、思维力、想象力等多元智能的发展。

（三）为学生的可持续发展奠定基础

现代社会的高效率化，使人们工作、生活的节奏进一步加快，要求人们迅速处理信息，及时处理事务，而口语交际比书面沟通具有更快捷、更直接的优势。美国人在 20 世纪提出这样一个观点，一个人在事业上的成功 15% 来自他的专业技术，85% 则依靠他的处世技巧和人际关系。而后者在很大程度上又取决于他的口语交际能力。口语交际能力不仅是"听""说"的能力，还与一个人的人格修养、知识视野密切相关。较强的口语交际能力要求交际者具有敏捷的思维、快速的语言组织能力、敢于与人交际的勇气、与人交际的愿望，并具有规范的语言和良好的听说态度。口语交际教学是培养学生倾听、表达和应对能力的过程，也是提升学生文明地进行人际沟通的综合素养的过程。由此可见，口语交际能力是人们生活与进行人际交往必备的能力，是生存和发展所必需的手段。2022 年版课程标准中的"初步学会用口头语言文明地进行人际沟通和社会交往""积极参加讨论，敢于发表自己的意见""与人交流能尊重和理解对方"等目标，都体现了现代社会对未来公民素质的要求。实现这些目标，实际上就是着眼于学生的明天，为学生的可持续发展和终身发展奠定坚实的基础。

第二节　口语交际教学目标

2022 年版课程标准根据口语交际的特点和学生的认知规律，从现代公民必备的口语交际能力的角度，将口语交际总目标分解成四个学段目标，其中前三个学段目标属于小学口语交际的教学目标。这些目标成为小学语文教师进行口语交际教学的重要依据。

一、口语交际教学的总目标和学段要求

2022 年版课程标准对口语交际教学规定的总目标是"学会倾听与表达，初步学会用口头语言文明地进行人际沟通和社会交往"，其对小学阶段各个学段的要求也有详细的表述，具体见表 9-1。

表 9-1　不同学段口语交际要求

第一学段（1～2 年级）	第二学段（3～4 年级）	第三学段（5～6 年级）
1. 学说普通话，逐步养成说普通话的习惯，有表达交流的自信心。 2. 能认真听他人讲话，努力了解讲话的主要内容。听故事、看影视作品，能复述大意和自己感兴趣的情节。能较完整地讲述小故事，能简要讲述自己感兴趣的见闻。与他人交谈，态度自然大方，有礼貌。积极参加讨论，敢于发表自己的意见。	1. 乐于用口头、书面的方式与人交流沟通，愿意与他人分享，增强表达的自信心。 2. 能用普通话交谈，学会认真倾听，听人说话时能把握主要内容，并能简要转述。能就不理解的地方向人请教，就不同的意见与人商讨。 3. 能清楚明白地讲述见闻，说出自己的感受和想法。讲述故事力求具体生动。能主动参与日常生活中的文化活动，根据不同的场合，尝试运用合适的音量和语气与他人交流，有礼貌地请教、回应。	1. 听人说话认真、耐心，能抓住要点，并能简要转述。乐于表达，与人交流能尊重和理解对方。注意语言美，抵制不文明的语言。 2. 表达有条理，语气、语调适当。参与讨论，敢于发表自己的意见，说清自己的观点。 3. 能根据对象和场合，稍作准备，作简单的发言。

各个学段的要求，定位科学，层次梯度明显，重点都落在倾听要求、表达要求、交流要求上。

（一）倾听要求

第一学段：能认真听他人讲话，努力了解讲话的主要内容。

第二学段：学会认真倾听，听人说话时能把握主要内容，并能简要转述。能就不理解的地方向人请教，就不同的意见与人商讨。

第三学段：听人说话认真、耐心，能抓住要点，并能简要转述。

（二）表达要求

第一学段：态度自然大方，有礼貌；有表达交流的自信心。

第二学段：讲述故事力求具体生动；根据不同的场合，尝试运用合适的音量和语气与他人交流，有礼貌地请教、回应。

第三学段：表达有条理，语气、语调适当；注意语言美，抵制不文明的语言。

（三）交流要求

第一学段：听故事、看影视作品，能复述大意和自己感兴趣的情节；能较完整地讲

述小故事，能简要讲述自己感兴趣的见闻；积极参加讨论，敢于发表自己的意见。

第二学段：听人说话时能把握主要内容，并能简要转述或清楚明白地讲述见闻，说出自己的感受和想法；讲述故事；能主动参与日常生活中的文化活动。

第三学段：参与讨论，敢于发表自己的意见，说清自己的观点；能根据对象和场合，稍作准备，作简单的发言。

二、口语交际教学的内容

总体而言，口语交际包含交际目的、对象、情境、有声语言与体态语等要素。口语交际教学则涉及语言基础知识、基本的口语交际规范、常见的口语表达方式和基本的口语交际策略等内容。

（一）语言基础知识

进行口语交际，需要有一定的口语词汇量，需要掌握正确的普通话语音，能用符合现代汉语规范的词句来理解和表达。对于方言地区和部分民族地区而言，普通话的教学有一定难度，但也是重点。口语交际主要是通过语音米表情意。音调高低、语速缓急和响度大小可以暗示和解读不同的话语意义。音量适中、音调和缓、节奏适宜的表达更容易给人一种舒适亲切的感觉。[①]

教师进行口语交际教学时要根据学生已有的生活经验和语言基础，结合具体的交际场景指导学生积累口语词汇和常用句式。口语词汇包括：常用的礼貌用语，如请、请问、您、好、谢谢、不客气等；标记事件进程的时间序列词语，如一开始、先、接着、后来、最后等；常见事物的名称及描述其样貌和动态的形容词和动词；等等。常用句式包括陈述句、疑问句、感叹句，以及常见的带有关联词的复合句等。

这些语言基础知识的学习不能脱离具体的语言情境。而且，教师要引导学生感受具体词句与交际情境的关联，如面对不同的交往对象时应该用不同的称呼等。

（二）基本的口语交际规范

教师进行口语交际教学时要指导学生了解基本的口语交际规范，并使其明白设置这些规范的原因。口语交际规范是指交往双方在音量、语速、语调、措辞，以及表情、手势等体态语方面的具体表现，要与其自身角色以及交际的目的、对象、情境相适应。

举个简单的例子。有的语文教师在阅读教学中要求学生"大声地自由朗读课文"，然而当班中所有学生同时大声读课文时，自由读往往会变为齐读。在许多人处于同一个空间的情况下，每个人都自由读意味着应该读给自己听，应该特别小声地读，尽量做到只有自己能听到，不干扰其他人，否则便不能"自由朗读"。还有一种类似的情况，教师要求学生"在小组里大声地互相读课文"，这里对音量的要求也不符合小组活动的情境特点。因为小组里互相读，意味着学生的音量要比读给自己听时略微大一些，同时有一定的控制，保证本组同学能听到而不干扰其他组的同学。"大声朗读"只有在学生面向全班同学，或者在舞台上展示时才需要。

---

① 陈丛耘主编《口语交际与人际沟通》，重庆大学出版社，2010，第 78 页。

体态语属于非言语性的表达手段，小学生可以学习理解和运用一些基本的表情或手势。比如，听话或说话时注视对方的眼睛；听别人说话时注意对方表情、手势传达的情绪信号；讲述故事时以夸张的表情或音色变化渲染氛围，演讲时通过手势引起听者重视；等等。

小学口语交际教学要特别注意使学生感受口语交际的得体原则。得体主要表现为真诚而有礼貌，但不是一味地赞誉对方或放低自己。学生要学习尊重他人，努力以对方能够理解和接受的方式表达自己的观点，或陈述不同的见解；同时对别人的不同意见表示理解和尊重。

（三）常见的口语表达方式

语言学认为口头语言以对话语言和独白语言为主要表现形式。对话语言通常需要依托具体的语境，还常常要借助手势、表情来加以补充。而独白语言则是个人独自进行的，是在摆脱了即时互动情境限制下进行口头表达的方式。

对话语言可以分为日常对话和集体性的对话。日常对话是指实现特定交际功能的口语交际，如请教、协商、劝说、安慰、讨论等，其教学可以模拟现实生活中的交际场景，还可以采用角色扮演式的场景。每种日常对话都服务于特定的交际目的，有一些惯例性的句式。集体性的对话是指多种形式的小组或班级讨论交流活动，如读书汇报、专题研讨、谈判、合作商议、辩论会等。集体性的对话往往有相对固定的程序和角色分工，还有一定的时间限制。比如一般会议，会议主持人负责安排与会者发言顺序，要在发言者之间进行过渡，最后还要总结。又如，辩论会可能由双方轮流陈述观点、自由辩论、双方代表总结等环节组成。

独白语言有点类似口头作文，通常面向多位听众，表现形式多样，如自我介绍、作品发布、专题演讲、转述或讲述等。独白语言在很大程度上与书面语言相似，要求语句完整、内容连贯；同时它也带有口头交流的一些特点，如常常会用第二人称，或向听众设问，或对听众发出倡议，有时候会有意识地重复某些语句或加重语气，以示强调。在独白语言的教学中，教师需要围绕学生的说话主题和内容进行指导，这同写话与习作教学类似。

（四）基本的口语交际策略

在听的方面，学生要掌握以下策略。首先，要学习如何在听的时候集中注意力，比如看着说话者的脸，视线跟随说话者移动，一边听一边尝试回忆等。其次，要学习快速把握要点的方法，比如针对所听到的关键词语展开联想，及时整理说话者的话语要点，把刚听到的内容与之前记住的内容进行对比，边听边做简要笔记等。再次，要学习对所听到的观点进行分析和评价的方法，比如留意说话者的情绪状态及变化，对照自己的经验或一般标准，对所听到的观点的正误以及说话者的表达清晰度做出评判等。最后，还要学会积极倾听，即根据自己听的情况及时以恰当的方式向说话者做出回应，或表示赞同，或请求解释，或提问请教等。

在说的方面，学生要掌握以下策略。首先，要了解各种交际情境的特点及对口语表达的要求，能够根据具体的交际情境选择相应的表达方式。说话时还要注意语速和话语量，考虑对方接受信息的情况，既要注意表达内容的丰富性和完整性，又要注意语速适中，便于对方理解。其次，为了使说话时语音标准、口齿清晰，学生可以经常听语音示范，尝试模仿和多加练习。再次，独白式的表达要围绕一定的话题展开，有观点和内容，表述有条理。这就像写作一样，需要在说之前通过观察或阅读收集整理素材，确立明确的目标和计划，想清楚了再说。必要时可以先把叙述要点写一写，然后说。最后，对话式的表达要根据对方的反应及时调整说话内容和方式，及时回应对方提出的疑问；在对方表示没听清或不明白时，重复或对之前说的话加以解释；当对方表现出心不在焉或没兴趣时，尝试转换话题或以幽默风趣的方式调节气氛。在口语交际教学中，教师可以结合安慰、商量等情境，教学生换位思考，即站到对方的立场，体会对方的情绪，从而以对方能接受的方式给予回应。

第三节　口语交际教学策略

"策略"是根据形势发展而制定的行动方针[①]，从其常见的含义来看，是旨在完成一定的目标而选取的方法、手段。[②] 教学策略处于教学理念与教学方法之间的中观层面，既带有理论色彩，又具有很强的实践性和可操作性。只有具备了较强的口语交际能力，才能适应现代社会的发展。因此，根据 2022 年版课程标准的要求，应培养学生倾听、表达和应对的能力，使学生具有文明和谐地进行人际交流的素养。而口语交际是听与说双方互动的过程，要达到以上目标，必须采用相应的教学策略。

一、创设浸润式的交际情境

在 2022 年版课程标准的引领下，小学语文口语交际教学被赋予了新的活力与方向，尤其强调了"增强课程实施的情境性和实践性，促进学习方式变革"这一核心课程理念。这一理念深刻指出了情境创设在口语交际教学中的核心地位，它不仅是激发学生交际欲望与兴趣的钥匙，还是推动教学活动顺利进行及深化交流对话的催化剂。

（一）注重情境创设的"三性"

在具体的教学实践中，我们应遵循 2022 年版课程标准的指导，注重情境创设的"三性"——针对性、适切性与有效性。这意味着，教师应依据教材内容和学生已有的生活经验，精心构建既能触动学生表达欲望，又紧密贴合其日常生活实际的交际情境。例如，教师可以围绕学生熟悉的校园生活、家庭生活或社区活动，设计贴近学生"最近发展区"的话题，让学生有话可说、有情可抒。

（二）创设多样化情境

语境是人们运用自然语言进行口语交际的言语环境，包括上下文语境、情景语境和

---

① 中国社会科学院语言研究所词典编辑室编《现代汉语词典》（第 7 版），商务印书馆，2016，第 132 页。

② 辞海编辑委员会编《辞海》（1979 年版　缩印本），上海辞书出版社，1980，第 1885 页。

民族文化传统语境等。[①] 教师应敏锐捕捉学生当下的生活实际，巧妙调用他们的生活积累和情感体验，创设多样化的社会生活情境，这些情境可以是学生即将经历的，也可以是他们已有所闻、有所感的。这样做是旨在通过模拟真实的社会交往场景，让学生在"做中学"，在"学中做"，实现语言能力和社会交往能力的双重提升。

（三）利用多媒体技术辅助创设情境

利用多媒体技术辅助创设情境也是一种高效的手段。2022 年版课程标准鼓励教师运用现代信息技术，丰富教学手段和教学资源，通过展示生动的交际案例视频、图片等，吸引学生的注意力，激发他们的讨论和评价兴趣，使口语交际课堂更加生动有趣。

二、开拓科学化的训练途径

（一）专门的口语交际课

口语交际是现代社会公民的必备能力，因此应培养学生倾听、表达和应对的能力，使学生具有文明和谐地进行人际交流的素养。教师可以通过精心设计专门的口语交际课，使学生熟练掌握口语交际的基本技能，进而实现其口语交际水平的系统性提升。

以"讨论"为例，这一活动形式在小学生日常生活中频繁出现，是锻炼口语交际能力的重要载体。统编版语文教材自二年级下册至六年级下册，精心编排了多个讨论类专题，包括但不限于"图书借阅公约"的协商、"身边小事"的分享与讨论、"春游目的地"的选择辩论、"班干部轮流制"的利弊探讨、"同读一本书"的心得交流等，每个专题都紧密围绕学生的生活实际，富有启发性。

2022 年版课程标准指出，口语交际教学应注重在具体的交际情境中进行，这些讨论类专题正是通过模拟真实或贴近生活的交际场景，让学生在实践中学习。每次训练时，教材都巧妙地融入了小贴士，这些小贴士不仅明确了训练的重点和难点，还从活动规则的遵循、听说内容的构建、听说技巧的运用等多个维度给予学生具体的指导和启发，体现了"注重培养学生的语言实践能力"的要求。

（二）口语训练与读写训练相结合

2022 年版课程标准强调口语交际与书面表达之间的紧密联系，提倡将口头作文作为书面作文的前置环节，形成"先说后写"的教学程序。这一模式不仅促进了口语交际与书面表达之间的有效融合，还为学生提供了宝贵的口语锻炼机会，使他们的口语交际能力在表达与交流中得到显著提升。通过口语训练，学生能够在语言组织、思维逻辑及情感表达等方面得到全面锻炼，为后续的书面作文打下坚实基础。

例如，薛法根老师在教授"人物描写"时，会先和学生交流，让学生说说对薛老师有哪些了解？对薛老师的名字有什么看法？觉得薛老师相貌怎样？想知道薛老师的哪些故事？在这个过程中薛老师从旁引导，而学生在与薛老师的融洽的口语交际中先口头作文，之后再进行写作。显然薛老师在习作教学中有效地开展了口语交际教学，这既训练了学生的口语交际能力，又使学生的书面表达能力获得提升。

---

① 索振羽编著《语用学教程》（第二版），北京大学出版社，2014，第 21 页。

1. 听、说先行，读、写相随

听、说能力是读、写能力发展的基石。言语意向的实现能力取决于"说"和"听"构成的言语沟通情境。[①] 学生在习得书面语言的过程中，往往会依赖已建立的口头语言能力，通过听、说的实践，逐步将口头语言转化为书写符号，进而掌握阅读和写作的技能。口语交际是书面表达的重要基础，没有坚实的听、说基础，读、写能力的提升便无从谈起。

国际教育界的研究也支持了这一点，比如美国某教育家的观察实验就揭示了儿童早期写作过程中的一个有趣现象：儿童在写作时，倾向于先通过口头复述或"自言自语"的方式，将思维转化为语言，再逐步落实到纸面上。这一现象在低龄学生中普遍存在，即便是年龄稍长的学生，在写作过程中也常有边说边写的习惯。这进一步印证了听、说能力在促进学生写作思维发展、语言表达完善等方面的重要作用。

2. 读、写筑基，听、说提升

书面语言与口头语言在表达形式上存在显著差异。书面语言，因其缺乏直接的情境性，更加依赖于用精准的文字与标点符号来传达意义，这要求学生在表达时务必做到准确、精炼且符合规范。通过系统的训练，学生能够提升书面语言的表达能力，这种提升反过来也对口头语言起到了规范、促进和优化的作用。

2022 年版课程标准所倡导的阅读教学中的朗读训练便是一个极佳的例子。朗读不仅能帮助学生掌握正确的发音，还能通过模仿优秀文本中的语调、语速及情感表达，使学生在潜移默化中提升口语表达的准确性和生动性。此外，复述训练也是一种有效的教学策略，它要求学生在理解文本内容的基础上，用自己的话重新表述，这一训练过程不仅锻炼了学生的口语转述能力，还促进了其概括能力和逻辑思维的发展，进一步优化了其口头语言的表达质量。

3. "读、写融情·口语交际"综合

阅读不仅是语言输入的过程，更是学生语言运用能力和交际素养提升的重要途径。因此，在教学实践中，我们积极倡导将听、说、读、写四个环节紧密结合，形成有机统一的整体。通过阅读，学生不仅能够积累丰富的语言材料，还能在理解文本的过程中，学习如何恰当地运用语言进行表达。随后，通过口头表达的训练，如讨论、演讲、复述等活动，学生能够将所学到的语言知识转化为实际的交际技能，从而进一步提升口语交际能力。

（三）口语训练与思维训练相融

口语交际在 2022 年版课程标准中被视为一种综合性的交际活动，它超越了简单的听觉接收与语音输出，是一个融合了听觉处理、思维理解与语言组织的复杂过程。学生需要运用听觉捕捉信息，并运用大脑的解码能力，从音节到句段，逐步理解对方的话语含义。同时，语言是思想的直接现实，这意味着在表达时，学生需要将思维内容转化为

---

① 朱水平：《适应培养儿童未来全域交际力的需要——统编教材口语交际的编排特点及教学建议》，《语文建设》2022 年第 4 期。

有条理、清晰的口头语言，这就要求学生具有强大的语言编码与组织能力。

鉴于口语交际与思维紧密关联，2022 年版课程标准倡导在对学生的口语交际训练中，不仅要重视听、说技能的训练，还要融入思维训练，确保学生在交流中既能准确理解，又能有效表达，实现语言与思维的同步发展。因此，口语交际教学策略应聚焦于促进学生听、说、思三者的有机融合，提升学生的口语交际综合能力。

（四）口语训练与生活实践相结合

教师在教学中，应积极将课内教学与课外社会生活实践融合，以达到事半功倍之效。教师应充分激活学生的生活经验，构建自主、自由且多变的互动情境，鼓励学生勇于表达，细心倾听，灵活调整交际策略，于具有实践意义的交际活动中磨砺交往能力。

具体而言，在课堂上教师应教授有效的口语交际方法与步骤。课外是实践训练的广阔天地，教师可以通过组织学生深入农村、工厂、部队、街道等多元环境进行访问与调查，让学生在真实的社会语境中，根据对象与场合的不同，灵活运用语言，调整语气、语调，从而在实践中提高口语交际技能，实现理论与实践的有机结合。

（五）课外阅读与背诵的指导与训练

课外阅读与背诵在口语交际教学中扮演着不可或缺的角色。它们不仅能帮助学生沉浸于语言的情境之美，深刻体会语言表达所蕴含的情感，还能促进学生对规范语言的掌握与语感的培育。将课外阅读与背诵融入口语交际的辅助教学，不仅紧扣语文学习的核心任务，更是丰富学生语言库存、提升学生语文综合素养的有效途径。正如古语所云，"腹有诗书气自华"，通过广泛的课外阅读与深入的背诵，学生能够自然流露出一种由内而外的文化素养与语言魅力，达到"熟读唐诗三百首，不会作诗也会吟"的自如表达境界。

三、加强正确的示范指导

教师在教学实施过程中，应针对口语交际的关键要素、策略技巧以及学生普遍面临的难点，通过实例解析或亲身示范来增强学生的感性认识。同时，教师可以采用讨论与讲解相结合的方式，促进学生深入理解并内化知识，鼓励学生通过模仿与实践，逐步掌握交际技能，构建个人交际能力。

此外，教师应密切关注学生的口语表达是否规范、恰当，语言运用是否得体，以及举止仪态是否自然大方，并及时给予有针对性的指导与反馈评价。这一过程旨在帮助学生发现自身不足，明确学习方向，确保练习有据可依，从而有效提升口语交际能力。

（一）指点方法，有效引导

在 2022 年版课程标准的引领下，口语交际教学深度融合了"听""说"与"交际"三大板块，致力于构建一个全方位、多维度的学习体系。口语交际教学的主体是学生，生活化的语言是口语交际的本色，用口语表达自己观点是教学的重点。[①] 在教学过程中，

---

① 钟惟仁：《谈口语交际教学中应有的生本意识》，《语文建设》2021 年第 20 期。

教师应尤为注重方法的传授与技能的培养。

1."听"的艺术：超越表象，深掘意蕴

"听"应超越简单的"听什么"与"为何听"的引导，深入探索"怎样听"的艺术，鼓励学生主动倾听，捕捉信息，理解言外之意，培养敏锐的听觉感知力和深度理解能力。

2."说"的精髓：言之有物，语动心弦

"说"强调言之有物，要求学生紧扣主题、观点鲜明、条理分明地展开论述；还要求细化对语音、语调、停顿、节奏及重音等表达技巧的指导，旨在通过细腻的语言处理，使表达更加生动有力，富有感染力。

3."交际"之道：情境应变，艺术沟通

"交际"被视为口语交际教学的核心环节，教师要致力于教会学生如何在不同情境下灵活运用交际技巧，从如何在初次交流中迅速建立联系，到面对尴尬局面时的机智应对，力求通过丰富的实例与情境模拟，让学生在实践中掌握交际的艺术，提升社会交往能力。

（二）以问助说，丰富内容

在口语交际教学实践中，教师常遇到学生表达时内容较为单一、缺乏细节的情况。比如，当被问及周末如何度过时，学生往往以"去郊外旅游了，很好玩"等笼统回答收尾。为了提升学生的口语表达能力，使他们的讲述更为丰富和具体，教师可以巧妙地设计一系列启发式问题，以促进学生思维的发散和语言的组织。

教师可以引导学生深入思考："这次郊游，你是与谁同行的呢？你们是如何抵达目的地的？沿途或目的地有哪些难忘的风景，能否用生动的语言为我们描绘一番？在那里，你参与了哪些有趣的活动？哪项活动最让你感到开心？这次郊游，你收获了哪些宝贵的体验或感悟呢？"

这样一连串细致入微的问题，不仅能够有效激发学生的表达欲望，还能促使他们回顾并细致描绘经历过的每个细节，从而使口语表达变得更加生动、具体且富有层次感。这一引导过程不仅能锻炼学生的口语能力，还能促进其观察力、想象力和思维逻辑性的综合提升。

（三）提供句式，内化语言

口语交际教学注重语言模型的构建与应用，旨在提升学生的表达流畅度与连贯性。在教学实践中，教师可灵活运用句式提炼策略，比如在《找春天》一课，通过设问引导学生："我们此刻身处何方，探索春天的足迹？"随后追问："此地景色如何？哪些细节透露了春的气息？"学生依据教师提供的框架："我们身处_____，那里的景色_____……"进行描述，如"我们身处一条潺潺流水的小河边，那里的景色宛如画卷，美不胜收……"。

进一步地，为丰富表达层次，教师引入"有的……有的……"句式，鼓励学生描绘同学们活动的场景："在这片春色中，同学们是如何享受的呢？"学生遵循指导，生动展

现："有的同学在草地上自由奔跑，欢声笑语回荡；有的则低头寻觅，或许是在与小花小草对话，画面温馨而生动。"此过程不仅锻炼了学生的观察力、想象力，还提高了其语言表达的条理性与生动性。

四、促进多向的交际互动

口语交际的核心价值在于其"交际"本质，这一特性决定了其互动的多维性，即超越了简单的双向交流，迈向了师生、生生乃至群体间的多向互动。这一特性鲜明地区分了口语交际教学与其他教学，强调了互动形式的多样性与复杂性。

（一）师生互动是互动的核心形式之一

在课堂上，多向互动策略成为教师优化教学效果的关键。师生互动，作为核心互动形式之一，要求教师不仅是知识的传递者，还是学生进行探索的伙伴，要求教师以平等姿态融入学生，共同面对交际挑战。面对学生的困惑，教师应及时介入，或作为指导者，或化身为交际伙伴，与学生共同实践。同时，教师应通过评价反馈，促进学生口语交际能力的提升。此外，利用互联网资源拓宽互动边界，实现线上线下融合，可以进一步丰富师生互动的形式与内容。

（二）生生互动激发认知共鸣与深度交流

生生互动是基于同龄人间认知共鸣与地位平等的自然交流。在轻松愉悦的氛围中，学生间的真实交际问题得以浮现，为教师提供了精准干预的契机。教师应敏锐捕捉互动中的细微之处，适时反馈，助力学生自我修正与成长，同时营造开放、包容的课堂环境，激发学生的心理参与感，让每一次交流都成为学生成长的契机。

（三）群体互动放大互动效应

群体互动，如小组讨论、合作学习，进一步放大了互动效应。在小组中，学生不仅要提升个人的倾听、表达与应对能力，还要学会在集体中发挥作用，与小组成员一起追求共同目标。这种互动模式激发了学生的集体荣誉感，促进了相互间的支持与帮助，有效培养了学生的参与意识与团队协作能力，是口语交际教学中不可或缺的一环。

五、构建多元的教学评价

在口语交际教学中实施多元评价反馈机制，是优化教学过程、促进学生全面发展的重要手段。这一机制不仅有助于教师敏锐捕捉课堂实践与教学预设间的细微偏差，为即时调整教学策略提供宝贵依据，确保教学活动紧贴教学目标前行，还如同催化剂，有效激活了课堂氛围，点燃了学生参与交际的热情，让每一次交流都成为学生展现自我、锻炼能力的舞台。

在2022年版课程标准的框架下，口语交际教学评价倡导多元策略的融合，既可以对学生学习表现进行全面审视，也可以对教学质量进行精准把控。其中，形成性与终结性评价相结合的策略尤为关键，它如同双轨并行，既关注学习过程中的点滴进步，又重视最终成果的总结提升；指向性评价策略如同灯塔，确保评价活动紧密围绕教学目标展开，引导学生精准发力，高效学习。这样的评价体系，不仅符合课程标准的精神，还是促进学生口语交际能力全面发展的有力保障。

（一）形成性与终结性评价相结合

形成性评价犹如一面镜子，映照出学生在学习过程中的态度、参与情况及进步情况，助力教师即时捕捉教学亮点与待改进之处，确保教学始终贴近学生实际需求。而终结性评价则是在课程尾声对学生学习成果进行的系统审视，它衡量的是学生一个学期口语交际学习的综合成效，为评估教学效果提供重要参考。

（1）形成性评价是课程实施中的重要一环。口语交际的课程组织强调了其实践性与灵活性的核心特征，这直接关联到教学评价的策略与方式。形成性评价作为课程实施中的重要一环，其即时性使其能为教学提供宝贵的反馈与调节机制，帮助教师精准把握教学脉搏，确保口语交际教学过程的动态适应与持续优化。

（2）课程完结之际，教师应综合考量学生的学习成效，对学生进行终结性评价。尤其是在口语交际这一特殊领域，其成效难以仅凭笔试全面衡量。因此，设计贴近学生日常生活的交际场景，让学生在模拟环境中自由交流，成为评估学生学习成效的有效策略。这种做法倡导将形成性评价与终结性评价有机结合，因为前者侧重于捕捉学生在学习过程中的点滴进步与表现，后者则聚焦于课程结束后学生能力的综合展现。

（3）形成性与终结性评价相结合的评价机制能够提升教学成效。通过这种双重评价机制，教师能够全方位地把握学生的口语交际发展状况，既关注学习过程中的细节，也不忽视对学习成果的检验。这种持续、深入的评价方式，有助于教师精准识别学生的强项与待提升之处，从而为优化教学策略、提升教学质量提供有力支撑，最终促进学生口语交际素养与能力的持续提升，使教学更加贴近学生需求，更加富有成效。

（二）指向性评价

（1）指向性评价能够提升教学评价的精确性。指向性评价策略旨在解决口语交际教学评价中常见的随意性问题。通过实施具有明确指向和针对性的评价，教师能够提升教学评价的精确性，进而优化教学效果，促进学生口语交际素养与能力的全面提升。值得注意的是，口语交际不仅是语言表达的展现，它还涵盖了态度、肢体语言、交际素养等多个方面的综合能力，体现了综合性的特点。

（2）教师应采用更具指向性和精确性的评价。在评价过程中，教师应避免使用诸如"表达得真好"或"你真聪明"等模糊且缺乏具体性的评价，因为这些评价无法为学生提供有效的反馈，也不利于他们口语交际能力的实质性发展。教师应采用更具指向性和精准性的评价，如"你的观点阐述得非常清晰"，以凸显评价的准确性和有效性。

（3）教师的评价应契合课程标准的要求。教师在评价时应依据2022年版课程标准及统编版语文教材中针对小学生的具体要求，对学生在口语交际中的不同方面进行科学、有针对性的评价。此外，鉴于口语交际的情境性特征，评价应在实际交际场景中进行，以全面展现学生的倾听能力、表达能力、参与意识以及表情与肢体动作等方面的综合素养。

（4）评价应兼具指向性与全面性。在评价过程中，教师应尤为关注学生"说"的质量，即表达的流畅性、言语的规范性以及逻辑性等关键要素。同时，根据具体的交际话题，教师需要评估学生的交际是否紧密围绕主题，交际素养的表现以及所传递的价值观是否正确等，以确保评价的指向性和全面性。

第四节　口语交际教学案例分析

"即兴发言"口语交际教学片段

教学目标

1. 了解并掌握即兴发言的基本特点。

2. 练习即兴发言，学习快速打腹稿，能注意说话的场合和对象，发言有中心、有条理、有重点，会在真实情境中链接生活体验。

3. 认真倾听，会进行简单评价，提出改进建议。

教学过程

一、创设真实情境，走进学科认知的即兴发言

1. 师（导入）：同学们，上周我们举行了"习作小明星"比赛，现在结果出来啦，张梦婕同学获得了一等奖。让我们用热烈的掌声向她表示祝贺！接下来有请小张同学发表一下获奖感言。

2. 师：刚才小张同学发表了她的获奖感言，她先说了什么？后说了什么？重点是什么？

交流：小张同学先表达了获奖后激动、喜悦的心情，再回忆了构思这篇习作的过程，接着说写好作文要多观察、多积累，最后表示感谢。重点说的是自己是怎么写这篇习作的。

3. 师：同学们，小张同学围绕"获奖感言"，说了四方面的内容，说得有条有理，还重点介绍了她比赛时是如何构思这篇习作的。像她这样临时进行的发言就是"即兴发言"。生活中，像这样需要即兴发言的场合有很多，请同学们看看书上列举的四种场合，说说你有什么发现。（出示）

（1）班里来了新同学，班主任让你代表全班同学向他表示欢迎。

（2）在学校作文比赛中获奖，老师临时让你发表获奖感言。

（3）参加爷爷的寿宴，宴席上向爷爷说几句祝福的话。

（4）在街上玩耍，路遇电视台采访，记者让你谈谈对"小学生带手机去学校"的看法。

（发现一：这四种场合中，有的是学校生活，有的是家庭生活，还有的是社会生活，说明需要即兴发言的场合有很多。发现二：每种场合都是临时进行发言，场合不同，身份不同，即兴发言的内容也不同。）

【设计意图：在真实的学习情境中，通过同学的即兴发言，让学生体会到以下两点。一是即兴发言是指当众临时所作的发言，现场发挥的成分较多，具有精悍、灵活的特点。二是即兴发言需要想清楚先说什么，后说什么，重点说什么，这样才能做到有条理、有重点。通过这样的学习，让学生在即兴发言中了解即兴发言。】

二、打开真实过程，激发个性体验的即兴发言

1. 师：我们来进行实战演练。请在以上四种场合中，选择最感兴趣的一种来练习即兴发言。要想清楚先说什么，后说什么，重点说什么。这个想的过程就是"打腹稿"。请准备一分钟。

2. 师：接下来，我们进入"即兴发言谁最棒"环节，请三位同学进行即兴发言，其他同学做小评委。请拿出你们的星级评价单，认真为三位小选手的即兴发言打星。我们一起看看星级评价单的内容，想一想从哪些角度去评价，具体要求是什么。（出示评价单，见表9-2）

表9-2 星级评价单

姓名		
评价内容	星级	总星级
仪态：目视前方，表情自然	☆☆☆	
发音：声音洪亮，语速适中	☆☆☆	
内容：有中心，有条理，有重点	☆☆☆	
情感：情绪饱满，富有感染力	☆☆☆	

3. 三位学生做即兴发言，其他学生当小评委进行评价。

4. 学生交流评价并选出即兴发言最棒的同学。

预设评价一：小王同学代表全班同学对新同学表示欢迎，他的即兴发言很有条理，也把班级的主要优点说清楚了，相信新同学一定会喜欢上新班级的。因此，我给小王同学打了三颗星。

预设评价二：小李同学在爷爷的寿宴上向爷爷说了几句祝福的话，她说得很动情，先对大家的光临表示感谢，然后回忆了爷爷对自己的教导，最后祝福爷爷健康长寿，说得特别有条理。我给她打三颗星。

预设评价三：我给小施同学打一颗星，因为他在谈对"小学生带手机去学校"这个话题的看法时，没有把理由说清楚，声音也太小了。

5. 师：看来，针对某一现象谈看法是有点儿难度的。我们一起来研究这类即兴发言应该怎么说。（同桌讨论）

6. 交流：生活中，有很多时候是需要表达自己看法的，我们要先亮出观点，再谈理由，要言之有理，表达充分。

【设计意图：通过评价来引导学生关注即兴发言的要素，这是一种很好的学习方法，能够更好地促进教、学、评的一致。对于学习难点，要给予一定的学习支架，鼓励学生在表达时说出个性化的体验，并找到理由来支撑自己的观点，做到充分表达。】

三、融通真实积累，链接丰富生活的即兴发言

1. 师：同学们，大家对即兴发言有了初步的了解，并进行了实战演练。我们再来看看下面这两个即兴发言的小故事，你欣赏其中的哪些地方呢？

故事一："广州欢迎你"。

有一次，著名节目主持人杨澜在广州市天河体育中心参加演出，中途她在下台阶时摔倒了。出现这种情况，的确令人难堪。但杨澜非常沉着地爬了起来，从容地对观众说："真是马有失蹄，人有失足呀。我刚才狮子滚绣球的节目滚得还不熟练，看来这台阶不那么好下哩！但台上的节目会很精彩的，不信，你们瞧他们。"杨澜话音刚落，会场就爆发出热烈的掌声，有的观众还大声说："广州欢迎你！"

故事二："中国人的圣地，不容侵犯"。

1919年1月28日，在"巴黎和会"上，日方代表牧野伸显坚持要求继承战败国德国在我国山东的利益，面对气焰嚣张的日方代表，中方代表顾维钧强忍心头怒火，冷静地说："西方有一位圣人，名叫耶稣。他被处绞刑的耶路撒冷成为基督教的圣地，不可侵犯。大家说对不对？"众人回答"对"。"我们东方也有一位圣人，他叫孔子，他也是圣人，你说对不对？"牧野伸显只得说"对"。顾维钧接着说："山东是孔子的故乡，也是我们中国人的圣地，不容侵犯。"掷地有声的话维护了祖国的尊严，他被美国总统威尔逊称为中国的"青年外交家"。

2. 交流。

（1）杨澜的"马有失蹄，人有失足""狮子滚绣球"都为人们所熟悉，都来自生活经验，她用观众听得懂的语言来解围，表现得非常机智。

（2）顾维钧用西方人熟悉的例子来说明山东是孔子的故乡，同样不容侵犯，他用以支撑观点的理由来自平时的知识积累，可谓睿智。

3. 师：即兴发言看似"即兴"，没有充分的时间准备，但实际上成功的即兴发言总是给有准备的人的。我们要积极调动平时的积累，可以是生活中的经验，可以是知识储备，如名人名言、故事等，还可以是鲜活的例子……这就需要我们平时多观察、多积累。

4. 师：接下来，让我们一起加入班级"最佳即兴发言小达人"的评选活动吧。请每个小组派代表轮流抽签发言，其他同学做好小评委，我们一起来评选。这次评选要关注小选手是否调动了平时的积累来表达见解，小评委也要做到以下三点。

（1）倾听时注意体态，目视即兴发言者，表情专注。

（2）听完以后热情鼓掌。

（3）评一评谁的即兴发言最精彩，哪些地方值得大家借鉴，哪些地方还需要改进。

5. 学生交流，评选出"最佳即兴发言小达人"。

6. 师（小结）：生活中，还有许多场合需要即兴发言，如说说最近关注的一条新闻，谈谈读书的乐趣，聊聊自己最喜爱的一部电影，表达对某一社会热点问题的看法。我们可以抓住即兴发言的机会，利用今天学到的方法来锻炼自己的口语表达能力，展示自我，不断完善自我。同时，我们要做生活中的有心人，多观察、多阅读、多积累，不断丰富自己的人生。

【设计意图：练习即兴发言，做到"有中心、有条理、有重点"是基础，把重点说具体是关键，这都需要融通真实的生活积累。教学中，两个名人小故事既增强了课堂的趣味性，又能让学生体会到成功的即兴发言来源于真实生活。建议把"即兴发言"调至开学第一周进行，贯穿整个学期，积极拓展与国家大事、社会发展、校园生活、时令节气等相关的内容，这样学生就能得到更为持续而有效的练习，从而进一步提升语文素养。】

（引自赵敏芳六年级下"即兴发言"口语交际教学）

【案例分析】

1. 教学目标明确，注重实践应用

赵敏芳老师这节口语交际课的教学目标非常明确，旨在帮助学生了解并掌握即兴发言的基本特点，并通过实践练习提高他们的即兴发言能力。这种以实际应用为导向的教学目标，使整个教学过程更加贴近学生的实际需求，有利于激发学生的学习兴趣和动力。

2. 教学流程清晰，环环相扣

赵敏芳老师的教学流程设计得十分清晰，各个环节之间紧密相连，逐步深入。从导入环节的"习作小明星"比赛获奖感言，到学生交流发言内容、特点，再到列举生活中需要即兴发言的场合，以及通过故事案例（如杨澜的机智解围、顾维钧的掷地有声）来深化理解，整个教学过程层层递进，使学生在轻松愉快的氛围中逐步掌握即兴发言的技巧。

3. 情境创设真实，注重体验学习

赵敏芳老师非常注重通过真实情境的创设来引导学生体验学习。她通过模拟生活中的实际场景（如欢迎新同学、发表获奖感言等），让学生在具体情境中练习即兴发言，从而更加直观地感受到即兴发言的魅力和挑战。这种情境教学法不仅有助于提高学生的参与度和积极性，还能够帮助他们更好地理解和应用所学知识。

4. 教学方法多样，注重互动合作

赵敏芳老师采用了多种教学方法来促进学生的学习和发展。她不仅通过示范引导、案例分析等方式来传授即兴发言的技巧和方法，还注重通过小组合作、互动交流等方式来激发学生的学习兴趣和创造力。在小组合作中，学生们可以相互学习、相互评价，共同提高即兴发言的能力；在互动交流中，学生们可以积极表达自己的观点和看法，从而锻炼自己的表达能力，增强自信心。

5. 评价及时全面，注重激励引导

赵敏芳老师在课堂上非常注重对学生的发言进行及时、全面的评价。她不仅关注学生的发言内容是否条理清晰、重点突出，还关注学生的仪态、声音、表情等细节。在评价过程中，她以鼓励为主，肯定学生的努力和进步，同时指出其不足之处并提供改进建议。这种及时、全面的评价方式有助于帮助学生明确自己的优点和不足，从而更加有针对性地进行改进和提高。

6. 案例生动具体，加深理解记忆

赵敏芳老师在课堂上引入了多个生动具体的案例（如杨澜的机智解围、顾维钧的掷地有声等），这些案例不仅具有代表性和启发性，还能够帮助学生更加深入地理解即兴发言的技巧和方法。通过这些案例的学习和分析，学生可以更加直观地感受到即兴发言的魅力和挑战，从而更加积极地投入学习和实践。

　　赵敏芳老师执教的六年级下册口语交际课"即兴发言"是一节非常成功的教学课例。她以明确的教学目标为导向，通过清晰的教学流程、真实的情境创设、多样的教学方法、及时的评价反馈以及生动的案例展示等，引导学生学习和实践即兴发言的技巧和方法。这种教学模式不仅有助于提高学生的口语交际能力和自信心，还能够为他们未来的学习和生活奠定坚实的基础。

阅读与拓展

费蔚，2009. 小学口语交际教学理论与示例 ［M］. 北京：人民教育出版社.
黄济，劳凯声，檀传宝，2019. 小学教育学 ［M］. 3 版. 北京：人民教育出版社.
李吉林，2003. 小学语文情境教学：李吉林与青年教师的谈话 ［M］. 北京：人民教育出版社.
刘徽，2022. 大概念教学：素养导向的单元整体设计 ［M］. 北京：教育科学出版社.
王志凯，王荣生，2004. 口语交际教例剖析与教案研制 ［M］. 南宁：广西教育出版社.

第十章

专题学习活动研究

学习目标

1. 理解专题学习和小学语文专题学习活动的内涵；
2. 了解小学语文专题学习活动与学习任务群的关系；
3. 了解小学语文专题学习活动的类型、理论基础、设计理念和意义；
4. 理解小学语文专题学习活动的教学目标的要求；
5. 掌握小学语文专题学习活动的实施策略和实施步骤；
6. 分析小学语文专题学习活动案例。

第一节　专题学习活动概述

一、小学语文专题学习活动的内涵

（一）专题学习

专题学习是"互联网+语文专题研究性学习"的简称，张秋玲教授指出，专题学习是使学习任务群落实于教学实践的有效途径。专题学习是指针对人文学科中值得探索的学科知识、问题进行专门调查与探究，最终由学生依据调查过程与探究结果，得出符合常识、情理、逻辑的探究结论。

在专题学习中，"题"是最小的学习单位，同时，在学习任务群中，"题"也是其学习项目的精细化分解。根据语文课程内容的范围和语文学习材料的独特性，"题"的类型可以包括问题、话题、主题、课题等。设计这些"题"的目的是解决学生在成长过程中所遇到的不易解决的典型问题，其具体操作是将一些具有内在关联的学习材料聚集起来，通过阅读—思考—写作的学习活动，引导学生在提高语文素养的过程中解决问题。

"专题"只是一种模块组合的教学单位，它能够使学习任务群落实于教学中，它是基于信息技术所研发的全新的课程模式。专题学习根据学生特定阶段的身心特点、认知策略以及思维品质，找出亟须探讨和解决的"根问题"，并以它为内核，筛选出具有内在联系的学习资源进行整合，借助具有即时、交互、储存等强大功能的互联网，将发现学习法和随机介入学习法贯穿于整个学习过程，使学生在自主、合作、探究中解决"根问题"，实现个性化学习。

（二）小学语文专题学习活动

当前学术界对小学语文专题学习活动的界定尚未形成统一的标准，但结合多方资料和实际教学实践，可以认为小学语文专题学习活动是指以 2022 年版课程标准为指导，针对学生的年龄特点和认知发展水平，选取具有教育价值和社会意义的主题或问题，通过设计一系列有层次、有梯度的学习任务和活动，引导学生主动参与、积极探究，使学生在掌握语文知识和技能的同时，提高思维能力、创新能力和综合素养。

二、小学语文专题学习活动与学习任务群的关系

小学语文专题学习活动与学习任务群之间存在着紧密的联系，同时两者也在一些方面存在区别。

（一）小学语文专题学习活动与学习任务群的联系

1. 目标一致性

二者都旨在提升学生的语文素养和综合能力，如阅读、写作、口语交际、思维能力、创新能力等。专题学习活动（通过具体的主题或问题探究）和学习任务群（通过一系列相互关联的学习任务），共同促进学生核心素养的发展。

2. 内容相关性

专题学习活动往往围绕一个主题或问题展开，这一主题或问题可能与学习任务群中的某个或某些任务相关联。[①] 例如，一个关于"环保"的专题学习活动可能涉及"思辨性阅读与表达"学习任务群中的相关内容和要求。

3. 方法协同性

二者都强调学生的实践参与和自主探究。专题学习活动通过实践活动和探究过程来提升学生的能力，而学习任务群中的任务也往往需要通过实践活动来完成。二者在方法上相互协同，共同促进学生的全面发展。

4. 相互促进

专题学习活动为学习任务群的实施提供了具体的情境和载体，有助于学习任务群的落实。同时，学习任务群为专题学习活动的开展提供了明确的方向和目标，有助于提升专题学习活动的针对性和实效性。

（二）小学语文专题学习活动与学习任务群的区别

专题学习活动通常围绕一个特定的主题或问题展开，具有较强的针对性和聚焦性。而学习任务群则是一个更为广泛的概念，它涵盖了小学语文学习的多个方面和领域，如语言文字积累与梳理、实用性阅读与交流、文学阅读与创意表达等。

---

① 岳洋洋：《"语言积累、梳理与探究"学习任务群专题教学研究》，硕士学位论文，哈尔滨师范大学，2023。

三、小学语文专题学习活动的类型

(一)单文扩展式专题学习

"单文扩展式专题学习",不同于一般的对单篇文章的面面俱到式分析,而是精选经典单篇作品作为基本学习材料,聚焦于其思想或艺术的某个方面并将其作为特定专题,整合与专题相关的材料,形成一个丰富的信息场,从而开展学习。它重在追求学习的深度,通过联系、聚焦、比较等思维方式,促使学生深入文本,联系生活,进行多维的文化思考,获得丰富的生命感悟,建构独特的精神图式。

(二)组文专题学习

所谓"组文专题学习",就是精选思想或艺术方面具有联系的一组文章开展专题学习活动。学生在对多篇文章的联系与比较中,拓展学习的广度和深度;在对特定专题的探究中,形成对某种人文思想或者艺术形式的独特认知;在广泛联系生活中,真切体验专题的价值意义。它在培养学生的聚焦思维和多元认知方面有独特价值。一般学习流程为"精选组文—对比联系—发现新知 鉴赏运用"。

"组文专题学习"有两方面作用。一方面,在内容聚合中丰富精神。将多个零散、孤立的文本整合为具有相同思想和文化内涵的专题,使学生在更广阔、更立体的文化时空内获取信息,增进认知,丰富情感。教师可以以人物、情感、观点、时间、地点、事件等方面的内容为专题进行组文整合。另一方面,在形式比照中拓展思维。对于在艺术形式上具有共同特点的文本,可以采用"异中求同法"进行组文整合,通过探究不同文本的个性或共性规律,培养学生透过现象看本质的深度思考能力,使学生对文本的艺术形式获得更为鲜明、深刻的认知。

(三)整本书专题学习

所谓"整本书专题学习",就是以具有文化内涵的整本书为学习材料,聚焦于其思想内容或艺术手法的某个方面,开展专题性学习活动。[①] 只有整本书,才可以完整、立体、全面地彰显人类存在的思维图式、精神图式和审美图式。开展整本书学习,学生必然面临大量文化信息,学习不能面面俱到,故而教师要引导学生在整体感知的基础上,聚焦专题,深入研讨,形成对特定专题的深刻认知。一般遵循"兴趣激发—整体感知—阅读推进—专题研讨—研究性写作"的步骤。有时也可根据学习需要,将不同的书放在一起比较阅读,在"群书学习"中形成更高层次的认知。"整本书专题学习"是一种浸染式的、具有深度影响的学习方式,追求阅读的广度、认知的深度、思维的高度以及情感的共鸣度,可从根本上改变学生的知识结构、思维层次、思想境界和情感态度。

(四)文化活动专题学习

所谓"文化活动专题学习",就是聚焦于某种文化活动专题,整合相关文本资源,开展语文学习活动。一般遵循"确定专题、整合资源—创设情境、激发兴趣—找好切入点、深入探究—同一专题、多种形式表达"的步骤。从时间、空间两个维度看,它可以

---

① 温儒敏:《守正创新用好普通高中语文统编教材》,《人民教育》2020 年第 17 期。

分为"在时"文化活动专题学习和"在地"文化活动专题学习。比如，前者可以是围绕传统节日（春节、元宵节、清明节、端午节、中秋节等）开展的专题学习，后者可以是围绕所在学校、社区、城市等固有的文化资源开展的专题学习。

综上所述，"单文扩展式专题学习"更适合对教材中经典篇目的学习，可增加其深度；"组文专题学习"适合对各种人文专题或艺术专题的学习，在联系比较中可以拓宽学生视野，彰显文章之间思想或艺术的个性与共性；"整本书专题学习"的关键在于选择合适的经典书目，在梳理内容的基础上做好专题的提炼与探究；"文化活动专题学习"要依据适当的文化活动设置符合语文特点的专题学习活动。无论是哪一种专题学习，都要在学习语言的基础上，对围绕的专题做深度探究，引领学生走向思维深处。

四、小学语文专题学习活动的理论基础

小学语文专题学习活动是对统编版小学语文教材的单元组织理念，即人文主题、学习任务群以及经典解读和多元解读的落实与改进。

（一）人文主题

人文主题是小学语文专题学习活动的重要基石。它强调在语文教学中融入人文精神，通过课文的学习，引导学生理解并感受人类共同的价值观念、道德情感和审美情趣。[①] 人文主题的选择往往紧扣学生的生活实际和社会现实，旨在通过文学作品的学习，培养学生的社会责任感、家国情怀以及人文关怀。

在统编版小学语文教材中，每个单元都围绕一个鲜明的人文主题展开，如"亲情与友爱""自然与环保""传统文化与民族精神"等。这些人文主题不仅贯穿了课文的学习，还通过课后练习、口语交际、综合性学习等多种形式得以深化和拓展。小学语文专题学习活动正是基于这样的人文主题，设计了一系列丰富多彩的学习活动，让学生在参与中感悟人生、陶冶情操、提升素养。

（二）学习任务群

学习任务群是小学语文专题学习活动的一个重要组成部分。它依据学生的认知规律和语文学习规律，将课程内容整合为若干个学习任务群，每个学习任务群都聚焦于特定的学习目标和内容要求。[②] 学习任务群的设计旨在打破传统的篇章教学模式，以任务为导向，引导学生在完成任务的过程中学习语言、积累知识、发展思维、提升能力。

统编版小学语文教材中的学习任务群通常包括"语言文字积累与梳理""实用性阅读与交流""文学阅读与创意表达"等多个方面。这些学习任务群相互关联、相互促进，共同构成了小学语文完整的学习体系。小学语文专题学习活动通过精心设计的学习任务群，引导学生在具体的情境中学习语文、运用语文，从而达到全面提升语文素养的目的。

（三）经典解读和多元解读

经典解读和多元解读是小学语文专题学习活动中不可或缺的一部分。经典解读强调

---

① 杨翠：《人文主题与语文要素融合发展的实施策略》，《语文建设》2022年第8期。
② 徐鹏：《语文学习任务群的实施路径》，《语文建设》2018年第25期。

对经典文本的深入理解和挖掘，通过引导学生品味语言、感受情感、领悟思想，培养其形成良好的阅读习惯和深厚的文化底蕴。而多元解读则鼓励学生从不同的角度、不同的层面去解读文本，尊重学生的个性差异和思维多样性，注重培养其批判性思维和创新能力。

在小学语文专题学习活动中，经典解读和多元解读相辅相成。教师不仅要引导学生深入理解经典文本的内涵和外延，还要鼓励他们敢于质疑、勇于探索，形成自己独特的见解和感受。通过经典解读和多元解读的结合，学生可以在学习中不断拓宽自己的视野和思维空间，为未来的成长和发展奠定坚实的基础。

五、小学语文专题学习活动的设计理念

（一）以核心素养为导向

2022 年版课程标准明确指出，核心素养是学生通过课程学习逐步形成的正确价值观、必备品格和关键能力，是课程育人价值的集中体现。小学语文专题学习应围绕核心素养，设计能够促进学生语言运用、思维能力、审美创造和文化自信等方面发展的学习活动。

（二）突出实践性与情境性

专题学习活动强调语文实践活动的重要性，它通过创设真实或模拟的学习情境，引导学生在解决实际问题的过程中学习语文、运用语文。这种学习方式有助于学生将所学知识转化为实际能力，提高语文学习的实效性和趣味性。

（三）强调综合性与开放性

专题学习活动通常涉及多个学科领域的知识和技能，强调跨学科整合。同时，专题学习活动鼓励学生自主探究、合作交流，充分利用课外资源，拓宽学习视野，培养综合素养。

六、小学语文专题学习活动的意义

小学语文专题学习活动在提升学生语文素养、促进学生全面发展以及增强学习动机与提高自主学习能力等方面都具有重要意义。

（一）提升学生语文素养

1. 深化语言文字理解与运用

专题学习活动是围绕特定主题或问题展开的，能帮助学生深入理解和运用语言文字。例如，在"古诗词鉴赏"专题中，通过分析、朗读和背诵古诗词，学生不仅能够提升对古汉语的理解能力，还能学会如何在现代语境中恰当运用古诗词。

2. 增强阅读能力与理解能力

专题学习活动往往需要学生阅读大量相关材料，而这有助于提升学生的阅读能力和理解能力。通过阅读不同文体、不同风格的文章，学生能够逐渐掌握阅读技巧，提高阅读速度和效率。

3. 培养写作兴趣与能力

专题学习活动中的写作训练通常与所学主题紧密相关，从而能够激发学生的写作兴趣。同时，通过不断地写作练习，学生能够提高写作能力，学会如何清晰地表达自己的思想和观点。

（二）促进学生全面发展

1. 培养创新思维与批判性思维

专题学习活动鼓励学生进行自主探究和合作学习，有助于培养学生的创新思维和批判性思维。在探究过程中，学生需要不断提出问题、分析问题并寻找解决方案，这能够增强他们的创新意识和批判性思维能力。[①]

2. 提升团队协作能力

专题学习活动往往需要学生进行小组合作，共同完成学习任务。这有助于提升学生的团队协作能力，使学生学会如何与他人进行有效沟通和协作，共同解决问题。

3. 拓宽知识面与视野

专题学习活动涉及的内容广泛而深入，能够帮助学生拓宽知识面与视野。通过学习不同的专题，学生能够了解到更多领域的知识和信息，为未来的学习和生活打下坚实的基础。

4. 培养兴趣爱好与特长

专题学习活动能够让学生根据自己的兴趣和特长选择适合自己的学习内容。这有助于培养学生的兴趣爱好和特长，提高他们的学习积极性和自信心。

（三）增强学习动机与提高自主学习能力

1. 增强学习动机

专题学习活动以生动有趣的主题或问题为导向，能够激发学生的学习兴趣和好奇心。当学生对所学内容感兴趣，学习动机更强时，他们就会更加主动地参与学习，从而取得更好的学习效果。

2. 提高自主学习能力

专题学习活动强调学生的自主学习和合作探究。在专题学习活动中，学生需要学会如何自主获取学习资源、制订学习计划并监控学习过程，这有助于提高学生的自主学习能力，为他们未来的终身学习奠定基础。

第二节　专题学习活动的教学目标

关于小学语文专题学习活动的教学目标，虽然学术界目前尚未形成统一的认识，但

---

① 王静：《小学第三学段语文阅读教学中批判性思维培养的行动研究》，硕士学位论文，河北师范大学，2024。

2022 年版课程标准学段目标中关于"梳理与探究"的陈述，为我们理解和设计小学语文专题学习活动提供了重要的参考依据。以下是基于 2022 年版课程标准对小学语文专题学习活动目标的一些理解。

一、小学语文专题学习活动教学目标的总体要求

（一）第一学段（1~2 年级）

（1）观察字形，体会汉字部件之间的关系，梳理学过的字，感知汉字与生活的联系。

（2）观察大自然，热心参加校园、社区活动，积累活动体验。结合语文学习，用口头或图文等方式整理、表达自己在活动中的见闻和想法。

（3）对周围事物有好奇心，能就感兴趣的内容提出问题，结合其他学科的学习和生活经验交流讨论，尝试提出自己的看法。

（二）第二学段（3~4 年级）

（1）尝试分类整理学过的字词。尝试发现所学汉字形、音、义和书写的特点，帮助自己识字、写字。

（2）学习组织有趣味的语文实践活动，在活动中学习语文，学会合作。结合语文学习，观察大自然，观察社会，积极思考，运用书面或口头方式，并可尝试用表格、图像、音频等多种媒介，呈现自己的观察与探究所得。

（3）能提出学习和生活中的问题，有目的地搜集资料，共同讨论，尝试运用语文并结合其他学科知识解决问题。

（三）第三学段（5~6 年级）

（1）分类整理学过的字词，发现所学汉字形、音、义和书写的特点，发展独立识字能力和写字能力。

（2）感受不同媒介的表达效果，学习跨媒介阅读与运用，初步运用多种方法整理和呈现信息。

（3）初步了解查找资料、运用资料的基本方法。利用图书馆、网络等渠道获取资料，解决与学习和生活相关的问题。尝试写简单的研究报告。

（4）策划简单的校园活动和社会活动，对所策划的主题进行讨论和分析，学写活动计划和活动总结。对自己身边的、大家共同关注的问题，或影视作品中的故事和形象，通过调查访问、讨论演讲等方式，开展专题探究活动，学习辨别是非、善恶、美丑。

二、小学语文专题学习活动的教学目标的重点

从上述三个学段的阶段目标来看，小学语文专题学习活动强调学生对所学内容的实际运用，注重学习过程以及学生的实践和体验，这些都是与传统语文教学目标有所不同的地方。这种学习活动让学生在学习过程中有更多的实践和体验机会，使他们能够更深入地理解和掌握所学内容，同时也能提升他们的学习兴趣和动力。它鼓励学生通过探索、尝试、合作等方式获取知识，提升能力，使学生在学习过程中得到更全面的发展。

总体看来，小学语文专题学习活动的教学目标强调以下几点内容。

（一）强调实践和亲身体验的重要性

教学目标中行为性很强的词汇，如"观察""搜集""策划""运用""组织"等，体现了小学语文专题学习活动中学生实践和亲身体验的重要性。这些词汇所描述的活动，都是学生需要亲身参与和体验的过程，通过这些过程，学生不仅能够获得知识，还能够培养自己的实践能力和创新精神。在小学语文专题学习活动中，学生需要观察现实世界，从中发现问题并质疑。他们需要通过搜集资料和信息，来寻找解决问题的线索和依据。在这个过程中，学生需要策划和组织自己的学习活动，将所学知识运用到实际问题中，以寻求解决方案。这些行为不仅能够锻炼学生的实践能力，还能够培养他们的创新精神，激发他们的探索欲望。通过亲身参与，学生会产生具体的体验，这些体验会进一步影响他们的学习态度和价值观。当学生在实践中遇到问题时，他们会更乐于探究，会更努力寻求解决方案。这种积极的学习态度会形成一种心理倾向，使他们在日常学习和生活中更加喜爱质疑、乐于探究、努力求知，这种心理倾向将进一步激发学生的探索和创新欲望，使他们在学习过程中更加主动和积极。

（二）强调分享与合作的能力

在当今社会，个人的力量已经远远不能应对所有的问题和挑战，而团队合作精神则成为解决复杂问题的关键。因此，教育系统在各个阶段都在努力培养学生这方面的能力。小学语文专题学习活动通过共同讨论和合作活动，为学生提供了一个实际的人际沟通与合作的空间。在这样的学习环境中，学生需要学会如何与他人有效沟通，如何协调不同的意见，如何共同解决问题。这些经验不仅对学生的学业有帮助，还会对他们未来的职业生涯产生深远的影响。

（三）强调综合运用各种知识和能力

在小学语文专题学习活动中，学生需要运用所学的语文知识，如阅读理解、写作表达、语言运用等，来处理和解决问题。同时，他们也需要将其他学科的知识，如数学、科学、历史等，融入语文学习过程，形成跨学科的知识体系。这种知识迁移和运用的过程，有助于促进学生对知识的深入理解和全面应用。此外，小学语文专题学习活动还鼓励学生运用各种学习方式，如自主学习、合作学习、探究学习等，来达成学习目标。这种学习方式的综合运用，不仅有助于培养学生的自主学习能力和合作精神，还能使他们在学习过程中更加灵活和主动。

（四）强调学生的探究精神

小学语文专题学习活动注重学习过程而非结果，鼓励学生从实际问题出发，通过提出问题、搜集资料、探究解答的过程，形成自己的理解和观点。这种学习方式不仅培养了学生的问题解决能力，还激发了他们的创新思维和合作精神。在小学语文专题学习活动中，学生的好奇心和问题意识是驱动学习的关键因素。当学生对周围事物产生好奇，提出问题时，他们就进入了探究学习的过程。在这个过程中，学生需要学会如何搜集和整理资料，如何分析和解决问题，这些技能都是他们未来生活和工作中必不可少的。

（五）强调培养学生对社会的责任感和使命感

教学目标要求学生参与校园、社区活动，通过参与这些活动，学生不仅能够锻炼自己的实践能力和创造能力，还能深入了解社会和社区的需求和问题。在这个过程中，他们需要关注他人的利益，积极贡献自己的力量，从而培养对社会的责任感。

此外，观察大自然、观察社会也是小学语文专题学习活动教学目标的重要组成部分。通过这些活动，学生能够更加深入地了解自然和社会的运行规律，认识到自己与自然和社会的紧密联系。这种认识会激发他们更加珍惜和保护自然环境，更加关注社会问题。通过参与各种实践活动和观察活动，学生能够更加深入地了解自然和社会，形成积极的人生态度，未来为社会做出积极的贡献。

三、小学语文专题学习活动的教学理念

小学语文专题学习活动教学目标与传统语文教学目标在关注点上有所不同，虽然两者都致力于提升学生的语文素养和综合能力，但在方法和途径上有所差异。在实际教学过程中，我们可以根据学生的学习需求和实际情况，灵活运用教学方式，以达到更好的教学效果。

（一）让学生在活动中学习

小学语文专题学习活动是一种极具创新性和实效性的教学方式，它将听说读写等多种能力有机地整合在一起，使学生在丰富多彩的活动中掌握知识和运用知识。这种学习方式打破了传统课堂的束缚，让学生在实践中体验学习的乐趣，从而激发他们的学习主动性。在小学语文专题学习活动中，活动成为学习的载体和过程，学生通过参与各种活动，如观察、调查、讨论、表演等，锻炼和提升自己的各项能力。这些活动往往与现实生活紧密相连，能够让学生在实际操作中掌握知识，在解决问题的过程中提升能力。这样的学习方式不仅能让学生更加深入地理解知识，还能让他们更加灵活地运用知识。[1]

（二）让学生充分发挥自主性

小学语文专题学习活动常常以小组为单位进行，在活动开展过程中，从活动内容、活动方式的选择到活动成果的展示，都应由学生自主决定，体现了学生的主体性和主动性。然而，自主并不等于放任自流。在保证学生自主性的前提下，教师的引导、监督作用也是不可或缺的。教师需要在活动过程中给予适当的指导和帮助，确保活动的顺利进行和目标的达成。同时，教师还需要对学生的活动进行必要的监督，以防止他们偏离主题或陷入无序的状态。

（三）为学生创造开放的学习环境

开放的学习环境对于小学语文专题学习活动至关重要。这种开放性不仅体现在空间和时间上，还体现在学习方式和途径上。在这样的学习环境中，语文学习不再局限于课堂和教材，而是融入了生活，拓展了学习的空间和时间。在开放的学习环境中，学习内

---

[1]　任光霞：《小学语文课程与教学研究》，吉林人民出版社，2020，第8页。

容不再做限定，学生可以根据自己的兴趣和需求，在活动中自主选择学习内容。这样的学习方式不仅能满足学生的个性化需求，还能激发他们的学习热情和创新精神。此外，学生还可以根据学习内容自主选择学习方式。无论是讨论、辩论、演讲，还是观察、调查、访问等，都是有效的学习方式。这些学习方式不仅能帮助学生深入理解知识，还能培养他们的沟通、合作和探究能力。在评价方面，开放的学习环境也提供了多样化的评价方式。除传统的笔试外，还可以采用观察记录、自我评价、相互评价等评价方式。这些评价方式不仅能全面、客观地评价学生的学习成果，还能帮助他们更好地认识自己，发现自己的优点和不足。

第三节　专题学习活动的实施策略

一、强化方法指导，激励学生积极参与

语文专题学习活动，可以改变学生单纯地接受教师传道授业和解惑的局面，它致力于构建开放、综合的学习环境，为学生提供多种获取知识的渠道，专业化地提升学生的语文素质。同时，学生可以将学到的知识应用于实践，从而培养创新精神，提高实践能力。

"基础教育既要夯实学生的知识基础，也要激发学生崇尚科学、探索未知的兴趣，培养其探索性、创新性思维品质"，这是习近平同志在中共中央政治局第五次集体学习时，从党和国家事业全局出发，着眼加快建设教育强国、实现高水平科技自立自强作出的重要指示。小学语文教师应该根据2022年版课程标准的要求、专题特点以及学生具体情况，确定专题学习活动的途径和方法。首先，要合理分组分工。根据专题学习活动的具体内容，进行合理的分组分工，每组最好不要超过10个人，每个小组由教师指定组长或学生推荐组长，组长负责协调和分工，小组根据自己的长处和有利的条件选择或到教师处领取专题学习问题。其次，要合理采取活动形式。教师应根据开展的专题学习活动的性质、难易程度等特点，规定完成期限，并根据期限，适时进行督查和指导，特别是要帮助学生确定活动实施的具体形式。一般来讲，小学语文专题学习活动可以分为：体验型，如"古诗词中的传统节日"专题；专题故事创作型，如"我的童话世界"专题；观察记录型，如"校园植物小侦探"专题；文化传承型，如"家乡美食探索"专题；社会实践型，如"小小环保卫士"专题；等等。当然，这些类型要互相补充，这样才可以更好地开展专题学习活动。最后，要合理进行成果展示和评价。教师应该根据学生专题学习的成果，采取不同形式，予以展示和评价，不断鼓励学生和赞扬学生的价值，激励更多的学生以更大的热情投身到专题学习活动中来。评价要重在鼓励学生积极参与的热情，重在让学生掌握和理解更多的知识。

二、强化教材挖掘，激励学生专题探究

语文学科的知识体系既复杂又综合，其广博性使得教师在课堂教学中，往往会遇到

许多延伸至未知领域的问题。① 这些问题，虽在课堂上难以即时解答或受限于时间无法深入探讨，却正是激发学生好奇心、培养其探究精神的宝贵资源，应当被巧妙地转化为小学语文专题学习活动的重点或难点课题。比如，在学习一篇关于古代诗人的课文时，学生可能会对诗人的生平经历、时代背景、创作风格等产生浓厚兴趣，但课文往往只对此简要提及。此时，教师可以引导学生开展"穿越时空的诗人之旅"专题学习，让学生通过查阅历史资料、阅读诗人作品集、观看相关纪录片等方式，深入了解诗人，甚至可以尝试模仿诗人的风格进行诗歌创作，从而深化对课文内容的理解，拓宽知识面。又如，在学习一篇涉及科学知识的科普类课文时，学生可能会对其中提到的某个科学现象或原理产生疑问，如"为什么天空是蓝色的？"这类问题。此时，教师可以顺势而为，组织学生进行"探索自然奥秘"专题学习，从而解答学生的疑问。教师还可以鼓励学生自主选题，围绕自然现象、环境保护、科技创新等主题展开研究，通过实验、调查、撰写报告等形式，将语文学习与科学知识有机结合，从而培养学生的探究能力和跨学科思维。

三、强化课外迁移，提升学生探究水平

小学语文专题学习活动的深度与广度，离不开课外资源的有效整合与迁移。在追求课堂 40 分钟高效教学的同时，我们必须意识到，语文学习的真正魅力与活力源自广阔的课外世界。语文教师应当成为引领学生探索未知世界的"灯塔"，将学习的"指挥棒"指向课外，鼓励学生走出教室，拥抱更加丰富多彩的语文天地。②

课外是语文学习的无限延伸，它蕴藏着无尽的知识与智慧。教师应鼓励学生多读书、读好书，不仅要读课本推荐的名家名著，还要广泛涉猎历史、科学、艺术等各个领域的书籍，让学生在阅读中拓宽视野，丰富情感体验，深化对世界的认识。同时，教师还可以利用网络资源、图书馆、博物馆等多元化平台，为学生搭建学习的桥梁，让语文学习与社会实践紧密结合，提升学习的实效性和趣味性。

在课外迁移的过程中，教师应注重培养学生的自主学习能力和探究精神。通过布置有针对性的课外学习任务，如主题阅读、调研报告、观察日记等，引导学生主动思考、积极探究，将课堂上学到的知识与技能运用到生活中去解决实际问题。同时，教师还应及时关注学生的学习进展并给予必要的指导和反馈，帮助学生不断调整学习策略，提高学习效率。

第四节　专题学习活动的实施步骤

一、确定学习专题

确定学习专题是专题学习活动的基石，它不仅为整个活动指明了方向，也直接关系

---

① 肖平：《基于主题教学的教学设计应用研究》，硕士学位论文，华东师范大学，2006。
② 安富海：《促进深度学习的课堂教学策略研究》，《课程·教材·教法》2014 年第 11 期。

到活动能否深入学生内心，激发其学习兴趣与潜能。在挑选学习专题时，教师应全面考量以下关键要素。

（一）贴近学生生活实际

选择与学生日常生活紧密相连的主题，是确保活动具有吸引力的首要条件。比如，通过"家庭与亲情"专题，学生可以回顾并分享与家人共度的温馨时光，学习如何用文字表达爱与感激。又如，"校园生活的多彩瞬间"专题可以鼓励学生观察并记录校园生活的点滴美好，培养其观察力和表达能力。这样的主题能够迅速拉近学生与学习内容之间的距离，激发他们的参与热情。

（二）反映社会热点问题

将社会热点融入专题，是引导学生走出课堂、关注社会的重要途径。例如，"环保与可持续发展"专题可以让学生通过调查、讨论等形式，了解当前环境问题的严峻性，思考个人及社会的责任与行动；"科技改变生活"专题能让学生感受到科技进步带来的便利与挑战，激发他们对未来科技的探索欲和创造力。

（三）符合语文课程标准

要遵循 2022 年版课程标准的指引，确保所选专题能够全面促进学生语文素养的提升。这包括增强学生的语言文字运用能力，通过写作、演讲等形式锻炼其表达能力；培养学生的逻辑思维能力，通过问题探究、辩论等活动提升其深度思考能力；注重学生的审美情趣和文化素养的熏陶，让学生在学习中感受中华文化的博大精深，树立正确的世界观、人生观和价值观。

（四）具有探究价值和教育意义

专题的选择应具有一定的深度和广度，能够激发学生的好奇心和求知欲，促使他们主动探索未知领域。比如"传统文化与节日习俗"专题，不仅涉及丰富的历史文化知识，还蕴含着深刻的道德伦理和民族精神，能够引导学生深入思考传统文化的价值，增强文化自信和民族自豪感；同时，通过实践活动，如制作节日手抄报、参与节日庆典等，让学生在亲身体验中感受传统文化的魅力，实现知识、能力与情感的全面发展。

二、创设真实而富有意义的情境

情境的创设是小学语文专题学习活动中不可或缺的一环，它不仅为学生搭建一座连接知识与生活的桥梁，还极大地提升了学习的趣味性和实效性。一个精心设计的情境能够迅速吸引学生的注意力，激发他们的好奇心和探索欲，使他们在轻松愉快的氛围中深入学习。

（一）模拟现实生活场景

（1）场景布置。根据专题内容，教师可以精心布置教室环境，营造出与现实生活紧密相关的场景。例如，在"小小市场"模拟购物情境中，可以设置不同的摊位，摆放各类商品，并准备货币或代币，让学生仿佛置身于真实的购物环境中。

（2）互动模拟。除了物理环境的布置，还要模拟真实的人际互动。教师可以设置购物任务，鼓励学生运用所学的语言知识和交际技巧进行询价、议价、付款等活动，从而在实践中提升他们的表达能力和社交能力。

（二）引用历史典故与文化元素

（1）故事讲述。在组织"传统文化与节日习俗"专题活动时，教师可以穿插讲述相关的历史故事、民间传说，以生动有趣的方式传递文化知识。这些故事不仅能吸引学生的注意力，还能帮助他们更好地理解传统文化的内涵和价值。

（2）文化元素融入。在情境创设中融入文化元素，如传统服饰、手工艺品、音乐舞蹈等，能够让学生更加直观地感受到传统文化的魅力。比如，在中秋节专题中，可以准备月饼制作材料，让学生亲手制作月饼，体验节日习俗的乐趣。

（三）利用多媒体技术

（1）视觉呈现。教师可以利用高清视频、精美图片等多媒体资源，将专题内容以直观、生动的方式呈现在学生面前。比如，播放关于节日习俗的纪录片或动画短片，让学生身临其境地感受节日氛围。

（2）互动体验。教师可以利用多媒体技术的交互性特点，设计互动游戏或在线测试等环节，让学生在参与中加深对知识的理解和记忆。比如，开发一款关于传统节日知识的互动问答游戏，让学生在游戏中学习并巩固所学知识。

（四）角色扮演与情境体验

（1）角色扮演。教师可以通过角色扮演活动，让学生亲身体验不同角色的情感和经历。比如，在"穿越古代诗词大会"专题中，学生可以扮演诗人、观众等角色，参与诗词创作、朗诵、评赏等活动，从而更深入地理解诗词的魅力和文化内涵。

（2）情感共鸣。在角色扮演过程中，教师应引导学生关注角色的内心世界和情感变化，通过情感共鸣加深对专题内容的理解和感悟。比如，在扮演古代诗人时，学生可以尝试从诗人的角度去感受生活的酸甜苦辣，从而更加深刻地理解诗词所表达的情感和思想。

三、设计学习任务

学习任务的设计是专题学习活动的灵魂，它直接指引着学生的学习路径，影响着学习成效的深度与广度。在设计这些任务时，教师需要精心策划，确保它们既符合学生的认知规律，又能有效促进学生语文素养及综合素养的提升。设计学习任务的原则主要有以下几个。

（一）情境性

（1）融入情境。任务设计应紧密贴合专题所创设的情境，使学生在解决真实问题或模拟现实问题的过程中，自然而然地运用语言知识和技能。例如，在"自然与环保"专题中，可以设计一项"环保小卫士"的任务，让学生在模拟的社区环境中，对于垃圾分类、节能减排等实际问题，运用所学知识提出解决方案。

（2）情境迁移。鼓励学生将所学知识从特定情境迁移到更广泛的生活和学习场景中，增强知识的应用性和迁移能力。例如，教师可以通过角色扮演活动，让学生以不同的社会角色体验环保责任，促进情感态度的内化。

（二）实践性

（1）动手操作。教师应设计具有操作性的任务，让学生在实践中学习，在体验中成长。例如，在"自然与环保"专题中，教师可以组织学生进行校园或社区环保清洁活动，通过亲身参与感受环保的重要性。

（2）实验探究。教师可以利用科学实验或简易实验，引导学生探究环保相关的科学原理，培养他们的科学探究精神和创新能力。例如，教师可以通过"废水净化"小实验，让学生了解水资源保护的重要性及可行方法。

（三）综合性

（1）多技能融合。学习任务的设计应融合听、说、读、写等多种语言技能及跨学科的知识与能力，以促进学生综合素养的提升。例如，在"自然与环保"专题中，学生可以通过阅读环保材料提升阅读能力，通过小组讨论和汇报锻炼口语表达能力，通过撰写调查报告或制作宣传海报提升写作能力。

（2）跨学科整合。教师可以将语文与其他学科，如科学、社会、艺术等相结合，设计跨学科的学习任务。例如，结合美术课程制作环保主题的手抄报或海报活动，既锻炼了学生的语文能力，又培养了学生的艺术审美。

（四）层次性

（1）梯度设计。学习任务的设计应遵循由易到难、由浅入深的原则，确保每个学生都能在适合自己的难度水平上获得成就感。例如，在"自然与环保"专题中，教师可以先安排简单的资料搜集和整理任务，再逐步过渡到需要深入分析、综合运用的任务，如撰写调查报告或策划环保宣传活动。

（2）个性化选择。提供多样化的任务选项，让学生根据自己的兴趣和特长选择适合自己的任务。例如，对于擅长写作的学生，教师可以鼓励他们撰写环保主题的作文或诗歌；对于喜欢艺术创作的学生，教师则可以引导他们通过绘画、摄影等方式表达环保理念。

四、组织语文实践活动

语文实践活动作为语文专题学习活动中不可或缺的组成部分，其精心设计与有效实施，对于促进学生全面发展、深化语言学习及提升综合素养具有深远意义。教师在语文实践活动中，需要承担起策划者、引导者与激励者的多重角色，确保活动的丰富性、多样性与实效性并重。

（一）明确活动目标

明确活动目标是组织语文实践活动的首要任务。活动目标应具体、明确且可衡量，能够直接促进学生在语言表达能力、批判性思维、团队协作能力等方面的素养的提升。针对不同年龄段、不同学习水平的学生，教师应制定差异化的目标体系，确保活动既能满足学生的个性化需求，又能实现整体教学效果的最优化。通过明确的目标导向，学生可以清晰地认识到自己在活动中的学习方向和预期成果，从而更加积极地投入其中。

（二）丰富活动形式

为了激发学生的学习兴趣和参与度，语文实践活动应采用多样化的形式。这包括但不限于：①主题阅读，通过精心挑选的阅读材料，引导学生深入文本，分享阅读感悟，拓宽知识视野；②演讲比赛，鼓励学生围绕特定主题进行演讲，锻炼他们的口语表达能力和自信心；③辩论赛，选取具有争议性的话题，组织学生进行激烈的辩论，培养他们的逻辑思维和辩论技巧；④写作比赛，通过征文、日记、故事创作等形式，激发学生的写作热情，提升他们的文字表达能力；⑤研究报告撰写，引导学生针对某一专题进行深入探究，撰写研究报告，培养他们的研究能力和学术素养；⑥情景剧表演，将语文知识与实际生活相结合，通过情景剧的形式让学生在表演中体验情感、理解人物，同时锻炼他们的表演能力和团队协作能力。

（三）注重过程指导

在活动过程中，教师的角色至关重要。教师应全程关注学生的学习动态，及时给予必要的反馈和指导；鼓励学生勇于提出问题、分析问题，并尝试自主解决问题，以此培养他们的探究精神和解决问题的能力；还应关注学生的情感体验和心理健康，营造一个积极向上、温馨和谐的学习氛围，让学生在轻松愉快的氛围中自由成长。通过细致入微的过程指导，教师可以帮助学生克服学习中的困难，激发他们的学习潜能，促进他们的全面发展。

（四）展示、交流活动成果

活动成果的展示与交流是语文实践活动的重要环节。通过班级展示会、年级展览、校园广播、学校网站等多种渠道和平台，学生可以充分展示自己的学习成果和才华。这一过程不仅有助于培养学生的表达能力和自信心，还能让他们感受到成功的喜悦和成就感。教师还可以设立表彰机制，对表现突出的学生给予肯定和奖励，从而进一步激发学生的学习动力和竞争意识。在展示、交流的过程中，学生之间可以相互学习、相互启发，从而共同促进语文学习的深入和发展。

五、整合学习资源

专题学习活动成功实施的关键在于构建一个全面、多元且互动性强的学习资源体系。因此，教师需要采取一系列策略来有效整合和利用各类学习资源，以满足学生多样化的学习需求。

（一）深入挖掘教材资源

教材作为学生学习的基础，其内容的丰富性和深度直接影响学生的学习效果。教师应充分利用教材中的课文、插图、练习等资源，结合专题学习的主题和要求，进行深度挖掘和灵活应用；通过改编、拓展课文内容，引入与学生生活紧密相关的实例，使教材内容更加生动、有趣且贴近实际。同时，教师可以利用教材中的插图和练习，帮助学生巩固所学知识，提升综合应用能力。

（二）广泛搜集教辅资料

除教材外，教辅资料也是学生学习的重要资源。教师应积极利用图书馆、书店等实体资源渠道及网络渠道，广泛搜集与专题学习相关的教辅资料。这些资料可以是参考书、习题集、视频教程等多种形式。在搜集过程中，教师应注重资料的准确性和适用性，确保所选资料能够满足学生的学习需求。同时，教师可以对搜集到的资料进行筛选和整理，建立一个完整、系统的学习资源库。

（三）充分利用网络资源

随着信息技术的飞速发展，网络资源已成为学生学习的重要来源。教师应引导学生正确利用网络资源进行自主学习和合作学习。教师可以通过推荐优质的在线课程、教育网站、数字图书馆等资源，帮助学生拓宽学习视野，获取更多的学习机会。同时，教师应教授学生辨别网络信息真伪和优劣的方法，培养他们的信息素养和网络安全意识。教师还可以通过引导学生积极参与网络讨论、分享学习心得等活动，激发他们的学习兴趣和动力。

（四）开发社区资源

社区是学生生活的重要场所，蕴含着丰富的学习资源。教师应鼓励学生走出校园，走进社区，利用社区的文化设施、自然资源等开展实践活动。教师可以通过组织学生参观博物馆、图书馆、科技馆等场所，让他们亲身体验和感受文化的魅力；通过组织学生参与社区环保、志愿服务等活动，培养他们的社会责任感和公民意识。教师还可以与社区建立紧密的合作关系，共同开发适合学生的专题学习项目和实践基地，为学生提供更加广阔的学习空间和实践机会。

（五）鼓励学生自主搜集与整理

在专题学习过程中，学生的自主学习能力至关重要。教师应注重培养学生的自主学习能力和信息素养，鼓励他们通过图书馆、网络等渠道自主搜集与专题相关的资料。在搜集过程中，教师应教授学生筛选和整理资料的方法，帮助他们快速找到所需信息并有效组织起来。同时，教师应鼓励学生分享自己的搜集成果和经验，促进班级内部的资源共享和交流。这种方式不仅可以提高学生的自主学习能力，还可以培养他们的团队协作精神和创新能力。

第五节　专题学习活动案例分析

"这就是清明"
——小学语文专题学习活动设计研究案例

"二十四节气"是中华优秀传统文化的重要组成部分，闪耀着中华儿女的智慧。根据三年级下册"中华传统节日"这一内容，教师可以设计"这就是清明"的专题学习活动，驱动学生开展多种形式的语文实践，让他们在参与小学语文专题学习活动的过程中落实语文要素以及提升文化素养。

（一）解读教材，整合内容

小学语文专题学习活动的设计与实践，要以统编版教材为依据。因此，解读统编版教材、整合教材中的内容，便成为做好小学语文专题学习活动设计的必要前提。以"这就是清明"为例，教师可以基于教材的单元编排特点，对教材中的单元导语、语文园地等板块进行解读和分析，并围绕语文要素整合单元内的教学内容，从而为学生的专题学习活动提供丰富的素材。

1. 解读单元导语。各单元的单元导语往往会以精练的语言展现人文主题和语文要素，并概括性地指出基本知识、学习方法等。在解读教材时，要想整合语文要素，教师就要解读单元导语，提取其中的重要信息，从而明确专题学习活动的基本知识和基本方法。

2. 设计"小学语文专题学习活动"框架。"中华传统节日"板块主要涵盖两项内容，分别为"写一写过节的过程"及"展示活动成果"。据此，教师可以结合"这就是清明"的主题，构建小学语文专题学习活动整体框架，如图 10-1 所示。通过对重点信息和课程内容的整合，教师构建了小学语文专题学习活动的框架，集中展现了该项专题学习活动的主要内容和具体方法，为学生各阶段的学习活动指明了方向。

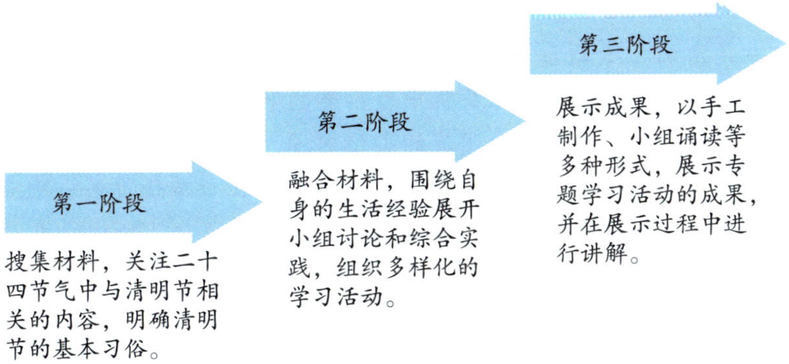

第一阶段
搜集材料，关注二十四节气中与清明节相关的内容，明确清明节的基本习俗。

第二阶段
融合材料，围绕自身的生活经验展开小组讨论和综合实践，组织多样化的学习活动。

第三阶段
展示成果，以手工制作、小组诵读等多种形式，展示专题学习活动的成果，并在展示过程中进行讲解。

图 10-1　小学语文专题学习活动整体框架

（二）关注要素，设计目标

在设计学习目标时，教师要关注语文要素，并围绕语文要素中的具体信息，细化学习目标。以"这就是清明"为例，根据上文中提及的语文要素及框架结构，教师可以设计层级式的目标体系（见表 10-1），将语文要素融入具体的目标。

表 10-1　小学语文专题学习活动目标体系

具体指向	目　　标
语文要素	1. 掌握搜集、筛选和整合材料的方法，并能根据"这就是清明"这一主题，对相关材料进行解读和探究； 2. 按照一定的顺序、结合现实生活经验，写清楚清明节的具体过程。

续表

具体指向	目　标
合作意识	1. 与小组成员展开良性互动，互相交流学习经验，分享学习心得； 2. 通过合作学习和互相帮助，运用多种方式展示专题学习活动的成果，并创作不同类型的作品。
文化素养	1. 全面了解清明节的习俗，并深入理解二十四节气中"清明"的文化内涵； 2. 在专题学习活动中认同中华优秀传统文化，并产生强烈的学习兴趣，乐于参加其他主题或者不同类型的传统文化活动，进而增强对传统文化的热爱。

从表 10-1 中可以看出，教师围绕"语文要素""合作意识""文化素养"三个指向，结合"这就是清明"专题学习活动的内容，设计了三组目标，构建了层级式的目标体系。在指导专题学习活动的过程中，教师要始终围绕这三组目标，将语文要素、合作意识以及文化素养根植于学生的学习实践中。

（三）组织活动，落实素养

小学语文专题学习活动的灵魂是"实践"，所以，在做好前期的设计和规划工作后，教师要组织多元化的实践活动，让学生在小学语文专题学习活动实践中实现目标、提高素养。以"这就是清明"专题学习活动为例，根据框架结构，教师可从三个维度出发，分别组织资料搜集类、动手操作类以及集中展示类的实践活动，让学生在活动中合作互助、实践探索，并在此过程中理解清明节的文化内涵，感悟传统节日文化的韵味。

1. 搜集资料，了解清明节。"这就是清明"是学生在小学阶段第一次正式参加的专题学习活动。这一阶段，学生搜集和整合信息的能力比较薄弱，所以，在此阶段的学习指导中，教师要重点训练学生信息筛选、分类和归档的能力，让学生根据专题学习活动的实际需求，对相关资料进行整理和解读，使学生相对全面地了解清明节的习俗，明确二十四节气中"清明"的文化内涵。

在活动初期，教师应着手设计"大任务"，指导学生搜集资料。例如，清明是二十四节气之一，而清明节是中华传统节日之一。关于清明，你有哪些了解呢？请你与其他同学一同查阅资料，并对资料进行分类，全面了解关于清明的知识吧！根据这一任务，学生可以按照"基础知识"（见表 10-2）"古诗词赏析""国画鉴赏（见图 10-2）"三个栏目，对资料和素材进行分类。

【栏目一：基础知识】

表 10-2　基础知识

项目	具体内容
名称	清明节，又名踏青节、三月节。
具体时间	在每年公历 4 月 4 日到 4 月 6 日之间变动，以 4 月 5 日居多。
气候特点	气温回升、阳光和煦。

项目	具体内容
传统习俗	祭祖、扫墓、踏青、做青团等。
历史渊源	《淮南子》："加十五日指乙，则清明风至"； 《岁时百问》："万物生长此时，皆清净明洁，故谓之清明"。

【栏目二：古诗词赏析】

清明时节雨纷纷，路上行人欲断魂。

佳节清明桃李笑，野田荒冢只生愁。

白下有山皆绕郭，清明无客不思家。

拆桐花烂漫，乍疏雨、洗清明。

【栏目三：国画鉴赏】

（a）　　　　　　　　　　　　（b）

（c）　　　　　　　　　　　　（d）

图 10-2　国画鉴赏

注释：图（a）至图（d），分别为唐代《祭扫（局部图）》、清代《荡秋千（局部图）》、元代《驭马踏青图（局部图）》以及唐代《走马射箭（局部图）》。

除了以上材料，学生还可以从农作物、美食等多个角度，进一步细化材料的类型，并从多种类型的材料中获取有效信息，更全面地了解有关清明的知识。

2. 动手操作，探究清明节。在小学语文专题学习活动的第二阶段，教师要重点指导学生动手实践，让他们结合搜集来的资料和自身的生活经验，创建"清明雨景""清明诗词""清明美食""清明植物"等多个实践板块，要为学生搭建摄影、诗歌创作、美食制作、农事调研等多种类型的活动平台，鼓励学生全面深入地探究清明节的相关内容，引导他们感悟古人的智慧。

【板块一：清明雨景】

"清明时节雨纷纷，路上行人欲断魂"。清明时节，往往伴随着簌簌掉落的细雨，请你结合美术、摄影、数学等方面的知识，选择一处有特色的场景，拍摄一张雨景的照片，从构图、色彩等方面，体现清明雨景的特点，并与同学分享摄影经验。

【板块二：清明诗词】

自古以来，关于"清明"这一节气的诗句数不胜数，它们或是展现了清明时节的自然风光，或是寄托了人们的哀思，或是展示了节日的习俗……如果让你为"清明"写一首诗，你会从哪个角度入手进行创作呢？请你与同一小组的同学进行商议，创作一首现代小诗。

【板块三：清明美食】

你的家乡有哪些关于"清明"的美食呢？青团？艾饺？清明果？请同学们以小组为单位，与小组成员共同购买食物的原材料，制作清明美食，并拍摄"清明美食图锦"。

【板块四：清明植物】

清明时节，万物复苏。此时，如果同学们能够走到田间地头，一定会有不一样的发现，请同学们制作一张"植物观察表"，于大自然中体会世界万物的变化吧！

借助以上四个板块，教师可指导学生开启多种形式的动手操作类实践活动。在参与活动的过程中，学生既可以利用手机、数码相机等电子设备，拍摄清明时节的独特自然风光，也可以将自己的所见所得、所感所想，以诗歌的形式展现出来，还可以通过制作美食、实地调研等方式，亲身体会清明时节的自然美、人文美。

3. 集中展示，走进清明节。在"这就是清明"专题学习活动的最后一个阶段，教师要组织集中展示类的实践活动，引导学生以个人或者小组为单位展示文学作品或实践成果，让学生从实际行动和思想情感两个层面走近"清明"，进而领会清明节这一传统节日蕴含的文化底蕴。

例如，根据"板块一：清明雨景"这一实践活动，教师可以组织"清明雨景摄影展"的展示活动，要求学生为拍摄的雨景图命名，如"细雨中漫步""雨中垂柳""青草上的水滴"等，并鼓励学生为摄影作品撰写一段简短的介绍语。

以"细雨中漫步"为例，学生可以结合拍摄时的真实见闻和感悟，撰写以下介绍语。

清明时节，一早便下起了蒙蒙细雨，撑起一把伞，走向公园的最深处，脚边是散发着泥土味道的青草，天边是簌簌掉落的雨滴，远处的柳树也蒙上了一层神秘的面纱……

如上，教师可以根据第二阶段的活动内容，组织不同的展示活动，让学生通过摄影展、美食节、诗歌诵读会、农业调研等多种形式，集中展示专题学习活动的成果，并以此推动他们之间的互动交流。

（资料来源：黎明，2024. 小学语文综合性学习设计研究：以"这就是清明"为例［J］. 新课程导学（9）：41-44.）

【案例分析】该专题学习活动充分利用统编版小学语文教材中的资源，整合了单元语文要素，在此基础上，设计了富含传统文化韵味的小学语文专题学习活动，并通过整合内容、设计目标和组织活动等举措，优化了小学语文专题学习活动的内容与形式。

首先，该专题学习活动紧密围绕2022年版课程标准的核心理念，深刻体现了对学生核心素养的培育，尤其是对文化传承与理解能力的强化。通过深入挖掘清明节这一传统节日的文化内涵，学生不仅积累了与清明相关的丰富词汇和表达方式，更在理解、体验中深化了对中华优秀传统文化的认同与尊重。这一过程不仅是对语言文字的积累与梳理，还是对传统文化的传承与创新。

其次，活动设计展现出高度的创意与实践性。活动以"这就是清明"为主题，通过古诗词赏析、国画鉴赏、探寻清明美食、观察清明植物等多种形式，让学生亲身参与、亲身体验。这不仅锻炼了学生的信息搜集、整合能力，还激发了他们的创新思维，提高了学生的审美能力，让学生在动手实践中深刻体会到清明文化的独特魅力。同时，分享展示环节的设置，为学生搭建了交流互动的平台，促进了思想的碰撞与知识的共享，进一步提升了学生的表达与沟通能力。

最后，该专题学习活动充分整合了多样化的学习资源，包括统编版小学语文教材中的相关篇目、课外读物、网络资源以及现实生活等，为学生构建了一个全方位、多层次的学习环境。教师鼓励学生利用课余时间自主搜集与清明相关的资料，如清明节的习俗、诗词等，这一过程不仅丰富了学生的知识储备，还培养了他们的自主学习能力和信息素养，使他们学会了如何在浩瀚的信息海洋中筛选、整理、利用有效信息。更重要的是，该专题学习活动，让学生深刻感受到了中华文化的博大精深和源远流长，增强了学生的文化自信和民族自豪感，为他们成为具有深厚文化底蕴和广阔国际视野的新时代少年奠定了坚实的基础。

"藏在身体里的汉字"
教学片段

"童心战'疫'"
——实践案例

阅读与拓展

郝沁馪，2023. 基于学生视角的统编高中语文专题学习研究［D］. 宁夏大学.

牟明月，2024. 新《课标》背景下小学语文学习任务群教学策略研究［J］. 中华活页文选（教师版）(12)：70-72.

孔夏秋，严鑫华，2010. 语文专题学习活动的实践与反思 [J]. 文学教育（上）(2)：30-31.

文建凤，2022. 专题教学模式在高中语文课堂中的实践探究 [D]. 宁夏大学.

第十一章

小学语文核心素养的提升

学习目标

1. 了解小学语文核心素养的内涵、要义；
2. 深入领会并正确把握小学语文核心素养的构成要素；
3. 掌握提升小学语文核心素养的策略。

第一节 小学语文核心素养概述

在普通高中语文学科核心素养框架的基础上，2022 年版课程标准紧密结合义务教育阶段的特性与需求，精准界定了语文学科的核心素养，并深入剖析了其内涵。其界定不仅明确了核心素养的构成要素，还详细阐述了这些素养在学生发展过程中的关键表现、具体指向以及它们所蕴含的教育价值。本节将从小学语文核心素养的内涵和特性等方面对小学生语文核心素养进行解析。

一、语文核心素养理念的提出

语文教育的核心追求是什么？回顾以往的"语文教学大纲"，其核心要义大致可归结为三个方面：一是"引导学生准确理解并灵活运用祖国的语言文字"；二是"引导学生掌握基本的阅读、写作、倾听与表达等语文能力"；三是"促使学生形成良好的语文学习习惯"。随着时间的推移，这些内容不断被拓展与深化，融入了更多维度的考量。在后续的发展中，语文教育不仅关注语言技能的传授，还强调在教学过程中要"增强学生的语言感知力与思维能力""激发学生对母语文化的热爱之情""拓宽学生的知识视野，促进其智力发展""塑造学生的爱国主义情怀与社会主义道德观念""鼓励创新思维""提升文化素养与审美鉴赏力""促进健康个性的发展，逐步构建完善的人格体系"。这一系列新增的要素，标志着语文课程的基本理念正随着时代的发展而不断充实与升华，其内涵的丰富性与深度也随之增强。这一变化过程，深刻体现了对时代变迁的敏锐洞察与科学把握，以及对社会进步中人性需求与解放的高度重视。思想观念的开放程度，成为连接时代需求与教育理念创新之间的桥梁，它不仅决定了我们对时代要求的认知深度，还直接指引着语文教育理念的不断革新与前行。同时，思想观念的开放程度直接影响了我们对时代发展和社会需求的科学理解，这种理解又成为语文课程理念科学性的基石。语文教育理念根植于社会生活，其生命力在社会实践的广阔舞台上得以实施。这不仅需要教育工作者以真诚与高效的态度去执行，还需要广大学生群体的积极参与和践行。

关于语文教育的目标，长久以来，一元与多元的争论未曾停歇。很多学者认为，语文教育的目标应是多元化的，而非单一维度。它超越了单纯的语言技能训练，融入了思想品德培养、思维能力提升、人文素养熏陶、审美教育、个性发展与人格塑造，乃至非智力因素的激发。在语文教育的大讨论中，形成了两大主要阵营：一派强调"综合性"，主张语文教育应全面覆盖各项内容，实现语言与多重因素的和谐共生；另一派则担忧过载会削弱语文学科的独特性，呼吁保持学科的纯粹性。这两种观点各有其合理之处，共同促进了语文教育理念的深化。随着 2022 年版课程标准的发布，"语文课程致力于全体学生核心素养的形成与发展，为学生学好其他课程打下基础"这一新理念的提出，进一步为语文教育指明了方向，澄清了长期以来的模糊认识，并对语文核心素养的内涵进行了详尽阐述。那么，语文核心素养究竟涵盖哪些因素？是各种因素并进，还是有所侧重？这需要我们深入探究。而这一研究过程，离不开我们在语文教学实践中的持续感悟与认知积累，我们需要通过不断实践反思，逐步丰富和完善对语文核心素养内涵的认识。

二、小学语文核心素养的内涵

2022 年版课程标准明确指出："立足学生核心素养发展，充分发挥语文课程育人功能"。它旗帜鲜明地提出了促进学生核心素养发展的理念，其意义是非同寻常的。"语文核心素养"这个概念的内涵是非常丰富的，我们需要认真地研究，对其有全面的理解和把握。

（一）语文素养

在《现代汉语词典》中，"素养"被定义为"平日的修养"，而《辞海》则将其阐释为"经常修习涵养"。在语文素养的语境下，这一概念强调了语文能力的形成需要经历长时间的积累、磨炼与自我完善。另外，也有学者提出，素养是指个体成长为健全个体，必须适应未来混沌复杂的生活情境所不可欠缺的知识、能力与态度。

值得注意的是，在传统语文教学大纲的框架内，"素养"一词并未占据显著位置，彼时的教学重心多聚焦于"语文能力"的培养。然而，随着教育理念的革新与课程体系的重构，"语文素养"这一概念犹如一股清流，不仅出现在新的语文课程标准中，还成为引领语文教育发展的关键词。这一转变，不仅标志着语文教育从单纯技能传授向综合素养培育的深刻转型，也彰显了语文课程在促进学生全面发展、提升人文素养方面所承载的更高使命与期望。它意味着，语文教育不再仅关注语言文字的运用能力，而是更加注重学生文化底蕴的积淀、审美情趣的培养、思维品质的提升以及道德情操的陶冶，意味着在语文教育的历史长河中，开启了一个全新的、更加注重全面发展与个性成长的时代篇章。

（二）小学语文核心素养

1. 语文核心素养的界定

从本质而言，核心素养就是指众多素养中最关键、最核心与最必要的素养。2016

年，经核心素养研究团队的深入探索与归纳，中国学生核心素养的总体架构及其深刻内涵得以正式公布。为了搭建核心素养与具体学科内容之间的桥梁，基础教育领域的各学科纷纷依据自身的独特性质与要求，提炼出了自己的核心素养要点。这一过程不仅明确了学科课程应当致力于培养正确价值观念，还界定了学生应具备的品格以及在未来发展中的关键能力，从而为学生综合素养的全面提升奠定了坚实的基础。[①]

2022 年版课程标准指出，核心素养是学生通过课程学习逐步形成的正确价值观念、必备品格和关键能力，是课程育人价值的集中体现。义务教育语文课程培养的核心素养，是学生在积极的语文实践活动中积累、建构并在真实的语言运用情境中表现出来的，是文化自信和语言运用、思维能力、审美创造的综合体现。

2. 语文核心素养的辨析

（1）语文核心素养与语文能力。在探讨小学语文教育的核心时，我们不可避免地会遇到"语文核心素养"与"语文能力"这两个概念。虽然它们在一定程度上相互关联，但深入剖析后，我们可以发现两者在形成过程、目的导向以及涵盖范围上存在着显著的差异。

首先，形成过程的差异。语文核心素养更多地聚焦于后天的形成过程，这一过程并非一蹴而就的，而是伴随着学生的成长和学习经历逐渐积累和发展起来的。它不仅依赖于课堂学习和教材学习，还广泛地涉及学生的课外阅读、社会实践、文化交流等多个方面。在这个过程中，学生掌握了语言文字的基本知识和技能，更重要的是，他们学会了如何运用这些知识和技能去理解世界、表达自我、沟通交流。这种形成过程具有长期性、综合性和动态性的特点，旨在促进学生全面且富有个性地发展。相比之下，语文能力则更多地表现为一种直接关联于个体能否有效地完成某种具体的语文任务的能力。它通常是在特定的学习或工作环境中，通过反复练习和训练获得的。例如，阅读能力、写作能力、口语表达能力等，都是语文能力的具体体现。这些能力往往具有明确的目的导向，即为了完成某项任务或达到某个目标而需要具备的能力。

其次，目的导向的差异。语文核心素养的目的导向并非局限于某一具体的语文任务或目标，而是更加广泛和深远，是通过培养学生的语言文字运用能力，提升学生的思维能力、审美情趣、文化素养以及综合素质。这种目的导向具有全面性、长远性和综合性的特点，旨在为学生的终身学习和全面发展奠定坚实的基础。而语文能力的目的导向则相对明确和具体。语文能力通常是指学生为了完成某项具体的语文任务或达到某个学习目标而需要具备的能力。例如，在阅读理解中，学生需要运用阅读能力来准确理解文本内容；在写作表达中，学生需要运用写作能力来清晰、连贯地表达自己的思想和情感。这些能力都是围绕具体的任务或目标而展开的。

最后，涵盖范围的差异。从涵盖范围来看，语文核心素养在广度上更为宽泛。它不仅包含了语言文字的基本知识和技能，还涵盖了思维能力、审美情趣、文化素养等多个方面。这些方面相互关联、相互促进，共同构成了学生全面发展的基础。在这个全面发展的体系中，语文能力只是其中的一个组成部分，但它与其他方面的素养相互融合、相

---

① 核心素养研究课题组：《中国学生发展核心素养》，《中国教育学刊》2016 年第 10 期。

互支撑，共同促进学生的全面发展。语文能力的涵盖范围相对狭窄，它主要关注学生在完成具体语文任务时所表现出的能力水平。虽然这些能力对于学生的语文学习至关重要，但它们并不能完全代表学生的语文素养和综合素质。

（2）语文核心素养与语文素质。"语文核心素养"与"语文素质"这两个概念虽字面意思相近，实则各有其独特的内涵和侧重点，它们分别从不同角度揭示了语文教育对学生的深远影响。

"语文核心素养"这一概念，聚焦于"素养"二字，它精妙地融合了"素"与"养"的双重意蕴。"素"在此处是指基础、本质，即学生通过语文学习所应掌握的基本知识、技能与能力；而"养"则强调了培养、修养的过程，意味着这些基本知识、技能与能力并非孤立存在，而是在学习过程中不断生成、优化的结果。因此，"语文核心素养"不仅关注学生语文学习的成果，还重视这些成果背后的学习过程——学生的主动探索、持续积累与综合运用。这一表述体现了语文教育的动态性、发展性和综合性，强调了学生在学习过程中的主体性和能动性。相比之下，"语文素质"则更多地被视为学生语文学习所达到的一种相对稳定和静态的状态或水平。它侧重于对学生语文知识掌握程度、语言运用能力和文化素养等方面的概括性评价，更多地关注学生已经形成的、相对固定的品质或特性。虽然"语文素质"也包含学生语文学习的成果，但它较少触及这些成果背后的动态变化过程，以及学生在此过程中的主体性和能动性。在新时代背景下，"语文核心素养"概念的提出，是对传统"语文素质"概念的一种深化和拓展。它不仅继承了"语文素质"中对语文知识、技能与能力的重视，还在此基础上强调了学习过程的动态性、发展性和学生主体性、能动性的发挥。这一表述更加全面而深入地体现了语文教育的本质要求和目标追求，即不仅要传授学生语文知识，还要培养学生的语言运用、思维能力、审美创造和文化自信等多方面的综合素养，为学生的全面发展奠定坚实的基础。

因此，可以说，"语文核心素养"是新时代背景下对语文教育质量提升和学生全面发展的更为精准和全面的表述。它要求我们在语文教育中更加注重学生的主体性、能动性，关注学生的学习过程和学习体验，努力培养具有深厚文化底蕴、宽广国际视野、良好人文素养和创新精神的高素质人才。

三、小学语文核心素养的要义

第一，核心素养具有整体性。义务教育阶段的语文课程，其核心在于培育学生的语文核心素养，这一素养深刻融合了文化自信、语言运用、思维能力以及审美创造四个方面。它不仅是学生经由语文学习所应内化形成的正确价值观念、必备品格与关键能力的具体体现，还是语文课程深刻育人价值的直接反映。这四个方面相互交织，构成一个不可分割的有机整体，它们之间的内在联系紧密而深刻，共同作用于学生的全面发展。为了更清晰地阐述语文核心素养，我们将其分解为四个方面进行逐一探讨，但这并不意味着在实际教学中可以孤立地追求某一方面的提升。相反，教师应在教学目标的设定、课程内容的选取与呈现上，采取综合考量、整体推进的策略，确保教学活动能够全面覆盖并有效促进学生在文化自信、语言运用、思维能力及审美创造等方面的共同进步。因此，教师在教学实践中应避免将语文核心素养的四个方面简单对应为独立的教学目标，防止重蹈"三维目标"被割裂实施的覆辙。教师应致力于构建一个既相互独立又紧密联系的教学体系，通过丰富多样的教学活动，引导学生在语言实践中增强文化自信，提升语言运用能力，发展批判性思维和创新能力，同时激发审美感知与创造力，最终实现学生语文核心素养的全面提升。

第二，坚持"语言运用"为本。在语文课程中，学生的思维能力、审美创造、文化自信都以语言运用为基础，并在学生个体语言经验发展过程中得以实现。语言运用，作为语文学科的核心特征，其地位独一无二，与其他三个方面虽相辅相成，却不可同日而语。在语文教学的四维目标中，唯有语言运用是语文学科独有的使命与担当，而思维能力、审美创造与文化自信则是各学科共有的培养目标，每门课程皆须致力于此。① 温儒敏教授的精辟见解"以一带三"，为我们指明了语文教学的新路径："一"即核心的语言运用，"三"则涵盖了思维能力、审美创造与文化自信这三个重要方面。语文教学应当坚守"语言运用"之本，以此为出发点和落脚点，巧妙地将思维训练、审美熏陶与文化传承融入其中，使四者相互渗透，融为一体。教师应通过丰富多样的语言实践活动，让学生在运用语言的过程中，自然而然地提升思维能力，激发审美创造，增强文化自信，从而实现其语文核心素养的全面提升。

第三，凸显积极的语文实践活动。在 2022 年版课程标准中，"语义实践活动"这一概念共计出现 21 次，它犹如一条鲜明的主线，紧密贯穿于课程理念、目标设定、内容编排、学业质量评估及课程实施的全过程。这不仅深刻体现了"变革育人方式，突出实践"的教育理念，更直接回应了 2022 年版课程标准中关于"语文课程是一门学习国家通用语言文字运用的综合性、实践性课程"的明确定位。2022 年版课程标准对学段目标进行了细致的调整与整合，创造性地以"识字与写字""阅读与鉴赏""表达与交流""梳理与探究"四大类语文实践活动为载体，清晰勾勒出各学段的具体学习要求。在这一框架下，教师被赋予了重要的引导角色，教师须积极引导学生投身于丰富多样的语文实践活动，通过亲身参与、体验与反思，不断积累并重构个人的语言经验，进而显著提升语言文字的运用能力与综合素养。"语文实践活动"这一核心理念，深刻彰显了以素养培育为核心目标的语文课程学习观，它强调知识的习得应植根于实践，能力的发展离不开活动的支撑，让学生在做中学、学中思、思中悟，最终实现从知识到能力、从能力到素养的全面升华。

第四，强调真实的语言运用情境。语文学习是一个以知识为阶梯，旨在促进学生核心素养形成与发展的过程。这种核心素养，具体表现为学生在真实或模拟的语言运用情境中所展现出的语言能力及其所蕴含的品质。因此，"情境"一词在 2022 年版课程标准中占据了举足轻重的地位，其出现了 48 次，彰显了其在语文教学中的核心作用。围绕"情境"这一概念，2022 年版课程标准衍生出了一系列相关词汇，如学习情境、真实情境、语言文字运用情境、交际情境、日常生活情境、文学体验情境、跨学科学习情境等，其中学习情境尤为突出，频繁出现在指导原则中。这些情境大致可归纳为三类：一

① 申宣成：《义务教育语文课程标准修订：背景、内容与实施》，《全球教育展望》2022 年第 6 期。

是文学作品精心构建的虚拟情境，引领学生穿越时空，体验不同的人生与情感；二是紧密贴合现实生活的情境，让学生在熟悉的环境中学习语言，增强学习的实用性和代入感；三是教与学的互动情境，强调师生间、生生间的有效沟通与协作，共同构建知识的殿堂。将情境融入语文学习，不仅革新了传统的教学模式，还深刻改变了学生的学习体验与成果。它鼓励学生走出书本，走进生活，通过参与、体验、反思等多元化学习方式，不断提升自己的语言实践能力与综合素养。核心素养视角下的学习，实质上是个体在不断与情境互动中，积极解决问题并创造新意义的过程。[①] 这一过程，正是学生核心素养形成与发展的关键。

四、小学语文核心素养的重要性

在小学教育阶段，对学生语文核心素养的培养占据着举足轻重的地位。以下是对语文核心素养在小学教育中的重要性的深入探讨，旨在揭示其在学生全面发展中的关键作用。

（一）奠定语言基础，促进沟通表达

小学语文是学生接触和掌握母语的第一站，也是语言能力培养的起点。语文核心素养中的语言运用能力是基础中的基础，它包括识字写字、阅读理解、写作表达等多个方面。通过系统的语文学习，学生能够掌握汉字的基本笔画、结构和书写规律，积累丰富的词汇和语法知识，形成规范的语言表达习惯。这些能力不仅是学生日常沟通交流的必备工具，还是后续学习和生活中不可或缺的基本素养。在小学阶段，学生正处于语言发展的关键期，语文核心素养的培养能够为他们提供丰富的语言环境和实践机会，促进学生口头和书面表达能力的同步提升。例如，通过朗读、演讲、辩论等活动，学生可以锻炼自己的口语表达能力，增强自信心和提高演讲能力；通过写作练习，学生可以学会如何清晰、连贯地表达自己的思想和情感，提高书面表达能力。这些能力在学生未来的学习和工作中都将发挥重要作用。

（二）促进思维发展，提升认知能力

语文核心素养的培养不仅是语言运用能力的训练，还是思维能力的训练。语言是思维的工具，语文学习的过程就是思维活动的过程。在阅读理解中，学生需要运用分析、综合、判断、推理等思维方法，理解文本的意义和深层含义；在写作表达中，学生需要运用创造性思维，将自己的想法和感受转化为文字。这些思维活动能够锻炼学生的逻辑思维、批判性思维和创造性思维等多种思维能力。小学阶段是学生思维发展的关键时期，语文核心素养的培养能够为他们提供丰富的思维训练素材和机会。例如，通过阅读经典文学作品，学生可以接触到不同的思想观念和文化背景，拓宽视野，增强对世界的认知和理解；通过写作练习，学生可以学会如何从不同的角度思考问题，提出新颖独特的观点，从而提升创新思维和解决问题的能力。这些思维能力的提升将为学生未来的学习和生活奠定坚实的基础。

---

① 郑国民、李宇明主编《义务教育语文课程标准（2022 年版）解读》，高等教育出版社，2022，第 61 页。

（三）培养审美情趣，提升人文素养

小学语文教材中蕴含着丰富的文学作品和传统文化内容，这些作品和内容以其独特的语言美、意境美和情感美，为学生提供了丰富的审美资源。通过学习这些作品，学生能够培养起高雅的审美情趣，提升对美的感知、鉴赏和创造能力。同时，学生还能深入了解中华民族的历史文化、传统美德和人文精神，增强文化认同感和文化自信。审美创造的培养是小学语文核心素养培养中不可或缺的一部分。它不仅能够丰富学生的精神世界，提升生活品质，还能够帮助学生形成正确的世界观、人生观和价值观。例如，通过学习古诗词，学生可以领略中国古代文化的博大精深和独特魅力；通过学习现代文学作品，学生可以感受到当代社会的多元文化和时代精神。这些学习和体验将有助于学生形成积极向上的人生态度和健全的人格品质。

（四）促进跨学科学习，提升综合素养

语文核心素养的培养并不局限于语文学科本身，还与其他学科紧密相连，相互促进。在小学数学、科学、社会等学科的学习中，学生需要运用语言文字来理解和表达学科知识，同时，这些学科的学习也能够为学生提供丰富的语言实践机会和素材。因此，语文核心素养的培养能够促进跨学科学习，提升学生的综合素养。例如，在数学学习中，学生需要理解数学概念、公式和定理等抽象内容，而这些内容都需要借助语言文字来进行表述和解释；解决数学问题时，学生需要运用逻辑思维和创造性思维等语文核心素养来进行思考和推理。又如，在科学学习中，学生需要阅读和理解科学文献、实验报告等文本材料，这需要具备良好的阅读理解能力；设计和实施科学实验时，学生需要运用创造性思维和实践能力来进行创新和操作。这些跨学科的学习和实践将有助于学生形成全面的知识体系和能力结构。

（五）为终身学习奠定基础，助力未来发展

语文核心素养的培养不仅关注学生当前的学习和发展，还着眼于学生的终身学习和未来发展。在信息爆炸的时代背景下，持续学习和终身学习已成为人们适应社会发展的必然选择。而良好的语文核心素养能够为学生提供有效的学习工具和方法，帮助他们更好地适应未来社会的需求。首先，语文核心素养能够帮助学生掌握有效的阅读策略和方法，提高阅读效率和质量。在信息社会，阅读是人们获取信息、学习新知的主要途径之一。良好的阅读素养能够使学生快速准确地获取所需信息，提高学习效率和质量。其次，语文核心素养能够帮助学生培养自主学习能力和终身学习习惯。通过语文学习，学生能够形成独立思考、自主学习的意识和能力，能够学会如何制订学习计划、管理学习时间、评估学习效果等学习策略和方法。这些能力和方法将伴随学生一生，为他们未来的学习和成长提供有力支持。最后，语文核心素养还能够为学生的职业发展提供有力支持。良好的沟通能力和表达能力是职场人士必备的素养。而语文核心素养的培养能够帮助学生形成规范、准确、流畅的语言表达习惯，使学生能够通过写作、演讲等方式展示自己的才华和能力。这些都将有助于学生在职场中脱颖而出并取得成功。

语文核心素养在小学教育中的重要性不言而喻。它不仅关乎学生语言运用能力的形

成与发展，还深刻影响着学生的思维能力、审美创造、文化素养以及未来的学习与成长。因此，我们应该高度重视小学语文核心素养的培养工作，为学生的全面发展奠定坚实的基础。

第二节　小学语文核心素养的构成要素

义务教育阶段的语文课程要培养的学生核心素养，是语文课程育人价值的集中体现，是学生在积极的语文实践活动中积累、建构并在真实的语言运用情境中表现出来的文化自信、语言运用、思维能力和审美创造的综合体现。

一、文化自信

2022 年版课程标准指出："文化自信是指学生认同中华文化，对中华文化的生命力有坚定信心。通过语文学习，热爱国家通用语言文字，热爱中华文化，继承和弘扬中华优秀传统文化、革命文化、社会主义先进文化，关注和参与当代文化生活，初步了解和借鉴人类文明优秀成果，具有比较开阔的文化视野和一定的文化底蕴。"这段阐述包含了两个主要内容。一是文化自信可以通过学习来养成，文化自信养成的途径是学习。这意味着通过系统地教育和自主地学习，个人可以逐步建立并增强文化自信。二是文化自信学习内容具有多样性及包容性。文化自信学习内容不局限于中华优秀传统文化、革命文化和社会主义先进文化，而是一个更加包容和开阔的体系。它既坚持传统，又拥抱当下的文化生活，即在保持传统文化精髓的同时，也积极吸纳现代文化的优秀元素。文化自信不仅立足于中华文化，还吸纳人类优秀文明成果，体现了文化的包容性和开放性。

2022 年版课程标准将文化自信放在语文核心素养的首位，进一步强调了文化自信在教育体系中的重要地位。在课程实践中，应以中华文化为主线，兼容并包，通过开阔的视野和文明互鉴的过程，铸造中华文化自信，这既是对中华文化的传承，也是对其的发展与创新。[①]

文化自信的构成要素包括文化积淀、文化理解、文化认同、文化传播。

（一）文化积淀

文化积淀是一个深厚且持续的过程，它源自我们在丰富多样的语言实践活动中，对那些富含文化内涵和高雅品位的经典文本的深入接触和学习。这种学习并非一蹴而就的，而是需要我们通过反复诵读、深入思考和长时间的积累，逐渐内化为我们自己的文化记忆。

在学龄儿童的成长过程中，十二三岁是一个尤为关键的时期。此时，他们的记忆力正处于巅峰状态，很多内容几乎可以"出口成诵"。因此，这个时期无疑是引导他们接触和学习中西方文学以及各类文化遗产的黄金时期。尤其是对于中国古典文学的学习与

---

① 郑国民、李宇明主编《义务教育语文课程标准（2022 年版）解读》，高等教育出版社，2022，第 163-165 页。

研读，如果他们能在这个时期熟读一些古典文学名著，那么这些知识和经验将对他们的一生产生深远的影响。这个黄金时期一旦错过，再想达到同样的学习效果就会困难得多。因此，我们应当珍惜这一时期，为学生提供丰富多样的学习资源，引导他们深入接触和理解经典文化，从而为他们的文化积淀打下坚实的基础。

（二）文化理解

文化理解是一个深远且富有意义的过程，它能够通过学习语言文字作品得以实现。这一过程要求我们保持开放和包容的态度，因此教师应引导学生初步理解和借鉴不同民族、不同区域、不同国家的优秀文化，从而吸收人类文化的精华。这样的理解不仅有助于丰富学生的精神世界，还能够促进跨文化交流和理解，推动文化的多样化发展和繁荣。

以《江雪》这首诗为例，学生通过学习和解读这首诗，可以理解并感受到其中蕴含的士大夫精神。这种精神体现了人们在得志时致力于造福天下，在失意时则寻求自我完善的境界。无论是身居高位还是远离朝堂，他们都始终关注着国家和民众的命运，展现出一种先天下之忧而忧，后天下之乐而乐的情怀。在《江雪》中，渔翁的形象成为这种士大夫精神的象征。他的隐忍、期待东山再起以及举世誉之而不加劝、举世非之而不加沮的态度，都体现出坚定的意志和高尚的境界。学生通过深入学习和理解这首诗，真正体会到其中所蕴含的文化内涵和意蕴，从而加深对传统文化的认识和理解。

这样的文化理解过程不仅有助于学生拓宽视野，增强文化自信，还能够培养他们的跨文化交流能力和全球意识。通过学习和借鉴不同文化，学生能够更好地理解世界的多样性和复杂性，为未来的国际交流和合作打下坚实的基础。

（三）文化认同

培养学生的文化认同感是一项重要且复杂的任务，它需要在丰富的语言实践中逐步完成。

（1）从名人名言出发。在语文教学中，教师可以适时地介绍或引用中外学者、名人对民族文化的赞美之词。这些言辞往往充满智慧和情感，能够激发学生对民族文化的追慕之情和自豪之感。通过学习这些名言，学生可以更深入地了解民族文化的魅力和价值，从而增强对文化的认同感。

（2）从汉字汉语的美入手。汉字是中华文化的瑰宝，每个汉字都蕴含着丰富的历史文化内涵。通过对字源、字理的分析，学生可以了解汉字的形成和演变过程，感受其中所蕴含的民族文化精神。同时，通过诵读，学生可以体会到汉语的韵律美和意境美，进一步加深对民族文化的理解和认同。

（3）从文本塑造的人物形象入手。在文学作品中，作者往往通过塑造各种人物形象来表达对民族文化的理解和认同。例如，《梅花魂》塑造了"外祖父"这一人物形象，"外祖父"对梅花的热爱实际上是对中华文化的深刻认同和对祖国母亲的永恒怀念。通过学习这些人物形象，学生可以更直观地感受到民族文化的魅力和力量，从而增强对文化的认同感。

然而，文化认同是一个长期浸润的过程，也是一个对话思辨的过程，更是一个在浸润和对话中自主建构的过程。因此，教师在培养学生的文化认同感时，需要保持宽容的态度，允许学生对文化有多元的理解。教师不应该一味地灌输和控制学生的思想，而应该通过引导和启发的方式，帮助学生自主建构对民族文化的理解和认同。只有这样，学生才能真正地理解和认同民族文化，从而成为具有文化自信和民族自豪感的新一代青年。

（四）文化传播

文化传播在当今时代显得尤为重要，它不仅是信息的传递，还是文化的交流与融合。每个人都应当关注并积极参与其中，尤其是在运用祖国语言文字的过程中，我们更应当坚定文化自信，增强对中华优秀传统文化的认同感和自豪感。同时，我们还应该提高社会责任感，为推动中华文化的传播贡献自己的力量。

在文化传播的过程中，我们不能拘泥于传统而缺乏创新。为了让文化传播更加贴近学生的实际生活，更加生动有趣，教师可以带领学生走出校门，去亲身体验和感受生活中的各种文化。无论是踏上乡间的小路，欣赏诗中描绘的油菜花田中的蜂飞蝶舞，还是体验家乡传统节日的各类风俗，去感受爆竹声声、彩灯高照的氛围，都能让学生更加直观地了解文化的内涵和魅力。通过这样的亲身体验和感受，学生对生活习俗的文化内涵会感到亲近和喜爱。他们会更加珍惜并愿意传承这些传统文化，同时也会更加积极地参与到文化传播与交流中去。当学生将这些感受和思考诉诸笔端，广而告之时，他们就已经成为文化传播的积极参与者和推动者。

因此，我们应该鼓励学生多参与文化传播活动，让他们在亲身实践中感受文化的魅力，理解文化的内涵，传承文化的精髓。同时，我们也应该加强对学生的文化教育，提高他们的文化素养和文化自信，让他们成为中华文化的优秀传承者和弘扬者。只有这样，我们才能更好地推动中华文化的传播与交流，为实现中华民族伟大复兴的中国梦贡献自己的力量。

二、语言运用

2022 年版课程标准指出："语言运用是指学生在丰富的语言实践中，通过主动的积累、梳理和整合，初步具有良好语感；了解国家通用语言文字的特点和运用规律，形成个体语言经验；具有正确、规范运用语言文字的意识和能力，能在具体语言情境中有效交流沟通；感受语言文字的丰富内涵，对国家通用语言文字具有深厚感情。"语言运用有两层意思：一是语言运用行为，即个体或群体在使用语言时所进行的一系列活动，通过语言运用行为，人们能够传递信息、交流思想、表达情感，实现语言的基本功能；二是语言运用结果，即通过语言运用行为所形成的语文关键能力和关键品格。这些能力和品格是语言运用的最终目的和成果。①

语言运用的构成要素包括积累语料、发展语感、掌握语识。

（一）积累语料

积累语料是提升语言运用能力的重要基石。它是指在语言文字阅读过程中，有意识

---

① 吴忠豪、丁炜主编《小学语文课程与教学》（第四版），中国人民大学出版社，2023，第 14-15 页。

地识记、储备并整理那些文质兼美、丰富多样的语料。这些语料不仅为日常交流提供了丰富的词汇和表达方式，还为深入思考和精确表达奠定了坚实的基础。

俗话说，"巧妇难为无米之炊"。这句话在语言运用的背景下，形象地说明了语料积累的重要性。无论是写作还是口语表达，都要有充足的"米"——语料作为支撑。没有这些"米"，即使是"巧妇"也难以烹饪出美味的"炊"。这里的"米"既包含了写作所需的素材储备，也涵盖了丰富多样的语料收藏。实际上，没有足够的语料储备，语言运用能力的培养就会失去根基。就像建造一座空中楼阁一样，没有坚实的地基，再华丽的建筑也只是空中幻影，无法稳固立足。因此，我们必须重视语料的积累，引导学生通过广泛的阅读和深入的学习，不断充实自己的语言库，为未来的语言运用打下坚实的基础。

（二）发展语感

语感是一种在感觉层面进行言语活动的能力，它并不需要思维的直接参与，而是由无意识来替代完成。这种能力是个体与言语世界的直接联系，是我们在使用语言时的一种自然而然的感觉。

发展语感就是在丰富的语言实践中，不断强化语言直觉和感受。通过不断实践和积累，我们可以积淀语言的感性图式，从而敏化和优化我们对语言的直接反应。这种敏化和优化是我们语言运用能力的核心，它让我们使用语言更加自如、准确。语感在言语活动中具有多种功能。首先，语感可以帮助我们理解语言，把握语言的含义和表达方式。其次，语感可以生成语言，让我们能够用恰当的语言来表达自己的思想和情感。再次，语感还可以监控我们的语言运用，避免我们出现错误或不恰当的表达。最后，语感还带有情感功能，它可以让我们的语言更加富有情感和感染力。

因此，发展语感是提升语言运用能力的重要途径。通过丰富的语言实践和不断的积累，我们可以强化自己的语言直觉和感受，提高自己对语言的敏感度和使用语言的准确性。这样，我们就可以更好地运用语言来表达自己的思想和情感，与他人进行有效的沟通和交流。

（三）掌握语识

语识是指语文知识，也就是应该或已经纳入语文课程和教学的知识。掌握语识，是深化语言理解与运用的关键步骤。它不仅仅是对语言规则的简单学习，更要在丰富的语言实践中，深入感受并发现祖国语言文字的独特运用规律。

在具体的语境中，我们可以体验到语识的生成过程，这种过程往往是动态的、灵活的，与我们的实际交流需求紧密相连。通过不断实践，这些语识逐渐融入我们的语识结构，使我们的语言运用更加精准、得体。语识的掌握是语言运用能力的必要补充。当掌握了足够的语识时，我们就能更好地理解和运用语言，无论是在口头交流还是书面表达中，都能更加自如地表达自己的思想和情感。同时，语识的掌握也有助于我们更好地理解和欣赏文学作品，提升我们的审美能力和文化素养。

我们应该重视语识的掌握，应通过丰富的语言实践，不断感受并发现语言的运用规律，提升自己的语言运用能力。只有这样，我们才能更好地运用语言这个工具，与他人进行有效的沟通，表达自己的思想和情感，更好地理解和欣赏他人的表达。

三、思维能力

2022 年版课程标准指出："思维能力是指学生在语文学习过程中的联想想象、分析比较、归纳判断等认知表现，主要包括直觉思维、形象思维、逻辑思维、辩证思维和创造思维。思维具有一定的敏捷性、灵活性、深刻性、独创性、批判性。有好奇心、求知欲，崇尚真知，勇于探索创新，养成积极思考的习惯。"这段阐述指明了思维的概念、类型、特点和培养方式。

思维能力的构成要素包括直觉思维、形象思维、逻辑思维、辩证思维和创造思维。

（一）直觉思维

直觉思维是一种非常特殊的思维方式，它允许我们在没有经过详细分析或逻辑推理的情况下，直接对某个问题或情境得出答案、猜想或预感。这种思维方式往往基于我们的经验、知识和直觉感知，使我们能够迅速做出判断或决策。

（二）形象思维

形象思维是一种重要的思维方式，它主要依赖于直观、具体的形象来解决问题和认识世界。这种思维方式不但在我们的日常生活中发挥着重要作用，而且在艺术、文学、科学等领域也具有不可替代的地位。

（三）逻辑思维

逻辑思维是人类认识事物的重要方式之一，它主要依赖于概念、判断、推理等思维形式来能动地反映客观现实。逻辑思维是一种抽象思维，它通过对事物的本质属性进行分析、综合、归纳、演绎等，来揭示事物的内在规律和本质特征。

（四）辩证思维

辩证思维可以理解为："主体按照辩证法则进行思维，在理论上反映和把握客观世界的方式。它的基本特征是从事物的有机联系、对立面的统一和斗争，以及其运动、变化和发展中，反映和把握事物"[1]。在辩证思维方式中，矛盾思维和系统思维是相辅相成、相互补充的。

（五）创造思维

创新思维是一种非常重要的思维方式，它强调在解决问题时采用新颖、独特的方法，突破常规思维的界限，以超常规甚至反常规的方式去思考问题。这种思维方式能够帮助我们提出与众不同的解决方案，产生具有社会意义的新颖、独到的思维成果。

四、审美创造

2022 年版课程标准指出："审美创造是指学生通过感受、理解、欣赏、评价语言文字及作品，获得较为丰富的审美经验，具有初步的感受美、发现美和运用语言文字表现

---

[1] 蒙培元主编《中国传统哲学思维方式》，浙江人民出版社，1993，第 86 页。

美、创造美的能力；涵养高雅情趣，具备健康的审美意识和正确的审美观念。"这段阐述指出了语文课程审美创造力表现的两个方面：一是通过阅读和鉴赏，感受美、发现美，获得审美经验；二是通过运用语言文字来表现美、创造美。对小学生而言，重点可能还是在通过感受、理解、欣赏、评价获得审美经验，形成正确的审美意识、健康向上的审美情趣和品位，而对表现美和创造美则不应提出过高的要求。[①]

审美创造的构成要素包括审美感受、审美领悟、审美评价和审美想象。

（一）审美感受

让学生感受语言之美确实是一项重要而富有挑战性的任务，它要求教育者不仅要传授知识，还要培养学生的审美情感和感受力。语言之美是多维度的，包括音乐美、空间美和时间美，这些维度共同构成了语言的魅力。

（二）审美领悟

审美领悟是学生审美体验能力的核心所在，它要求学生通过丰富的想象和深入的回味，将语言所描绘的美的画面在头脑中呈现出来，并直观地把握其深层意义。这一过程需要学生调动自己的情感、认知和生活经验，使其与文学作品中产生美感的元素相互作用，从而达到对美的深刻理解和欣赏。

（三）审美评价

审美评价是学生在审美过程中，基于自己的审美价值观，对语言文字的内涵和特征进行价值判断的重要环节。这一环节不仅能体现学生的审美鉴赏能力，还能展现他们的批判性思维和个性化审美观念。

（四）审美想象

审美想象是一种创造性的思维过程，它在审美体验中发挥着至关重要的作用。在审美想象过程中，学生以原有文本为基础，通过主观的想象和创造，对文本中有价值的信息进行假设、推想和拓展。这种想象不仅是对文本内容的补充和丰富，更是对文本内涵的深化和升华。

第三节　小学语文核心素养的提升策略

语文核心素养的展现与评价，根植于真实的语言运用情境之中，强调积极、主动的语文实践活动对于培养学生核心素养的不可或缺性。在核心素养的引领下，小学语文教学须兼具宏观视野与微观操作，既要深刻理解语文核心素养的多元内涵，又要细致入微地关注教学实践的每个环节。对于核心素养视域下的小学语文教学，教师应通过精心设计语言实践活动，让学生在做中学，在学中思，在思中悟，最终实现其语文核心素养的全面发展。

---

① 吴忠豪、丁炜主编《小学语文课程与教学》（第四版），中国人民大学出版社，2023，第16页。

一、基于整体性，在关联融合中发展学生的语文核心素养

2022 年版课程标准指出，语文核心素养涵盖文化自信、语言运用、思维能力和审美创造四个维度，它们各自承载着独特的价值与功能，并相互交织、共同构成了一个和谐统一的整体。2022 年版课程标准之所以对这四个维度分别阐述，其目的是帮助教师更加清晰地把握语文核心素养的精髓与要点，促进深入理解与掌握。在教学实践中，教师应充分认识到这四个维度的内在联系与互补性，将它们视为一个不可分割的有机体。教师应紧扣教学目标这一核心统领，巧妙地在教学设计中融入并融合这四个维度，使之相互促进、相互支撑，共同服务于学生语文核心素养的培养。

教学目标是课堂教学的行动性纲领，是研制教学内容、遴选教学策略、设定教学评价的依据。就语文核心素养的培育而言，其精准性与适切性更是至关重要。从 2022 年版课程标准中的"课程目标"部分可以洞察到，教学目标的设定是紧密围绕语文核心素养的精髓展开的，而语文核心素养囊括了文化自信、语言运用、思维能力及审美创造四个相辅相成的维度，它们共同体现了课程育人的全面视角。鉴于此，教师应当摒弃孤立设置教学目标的做法，避免陷入单一维度的局限之中。教师应深刻理解并紧扣语文核心素养的综合性与整体性特征，将四个维度有机融合到教学目标的设定之中。这意味着，在规划教学时，教师应注重整体性，不仅应注重语言文字技能的训练，还应关注学生对文化的认同感及对学生自信心的培养，注重培养学生的批判性思维和创新能力，引导学生欣赏并创造美。通过这样的方式，教学目标不仅能够为学生的语文学习提供明确的方向，还能有效促进学生语文核心素养的全面、均衡发展，为他们的终身学习奠定坚实的基础。

以小学六年级上册语文教材第七单元为例，该单元以"感受艺术之美"为人文主题，精心编排了《伯牙鼓琴》《书戴嵩画牛》两篇富含文化底蕴的小古文，以及《月光曲》和《京剧趣谈》两篇现代文章，涵盖了古琴、书画、音乐和戏曲等多种艺术形式，旨在通过多样化的文本，引导学生领略艺术的多彩魅力。为了紧扣单元人文主题，有效落实"借助语言文字展开想象，体会艺术之美"的教材定位，促进学生语文核心素养的全面发展，教师需要深谙语文核心素养的内涵，并紧密结合 2022 年版课程标准中设定的总目标、学段目标以及课文的具体内容来规划教学。具体来说，2022 年版课程标准中关于艺术赏析的课程总目标，深刻体现了对学生语文核心素养的培育要求，具体包括感受多样文化，吸收人类优秀文化的精华；学会初步鉴赏文学作品；感受文字之美，并通过个人经验理解、欣赏和初步评价语言文字作品，以此丰富情感体验和精神世界；等等。在"第三学段"的具体目标中，还特别强调了"能简单描述印象深刻的场景、人物、细节"，以及"初步了解查找资料、运用资料的基本方法"。这些目标均是为促进学生语文核心素养的全面发展而设定的。在教授该单元的具体课文时，教师可以在完成基础性教学目标的基础上，从整体上设定涵盖语文核心素养各个维度的目标。例如，针对《月光曲》设定以下目标：①绘制思维导图，梳理课文的故事情节，明晰贝多芬在创作乐曲过程中的情感变化轨迹；②借助典型语段的文字，尝试描述月光照耀下海面的美丽景色，感受文字之美；③聆听《月光曲》，结合具体故事情节和人物表现，探寻文本

中人、情、景、曲之间的内在联系；④尝试欣赏贝多芬的其他音乐作品，想象画面，感受情感，体会艺术之美。这四个目标虽看似分别对应语文核心素养的不同维度，但在教学实践中，教师应将它们视为一个有机整体，设计多样化的语文实践活动，如小组讨论、角色扮演、创意写作、艺术鉴赏会等，让学生在完成任务的过程中自然而然地实现语文核心素养的全面发展。这样的教学方式不仅有助于学生深入理解课文内容，还能激发他们的学习兴趣，培养其成为具有深厚文化底蕴、良好审美情趣和较强综合能力的时代新人。

二、基于本体性，通过语言活动发展学生的语文核心素养

2022 年版课程标准指出："语文课程是一门学习国家通用语言文字运用的综合性、实践性课程。"其核心教学目标聚焦于培养学生准确理解和熟练运用国家通用语言文字的能力，这一使命根植于语文课程的本质属性之中。在语文教育的广阔天地里，学生的思维能力、审美创造以及文化自信均建立在坚实的语言运用基础之上，并随着个体语言经验的不断积累而得以发展与升华。因此，教师在教学实践中应避免片面追求语文核心素养的某个单一维度，而应秉持以语言运用为核心的原则，兼顾工具性与人文性的和谐统一。这意味着，教学活动需要围绕语言文字的灵活运用展开，同时要促进思维能力、审美创造和文化自信之间的积极互动与相互促进。教师应通过引导学生深入文本，理解语言背后的思想情感与文化内涵，激发他们的想象力与创造力，让他们在语言实践中学会思考，学会审美，学会传承与创新。

有些教师将语言视为一种纯粹的工具或媒介，确实，从实用角度出发，语言作为信息传递、情感交流及人际沟通的桥梁，其功能性不容忽视。然而，若我们的视野仅局限于此，便容易忽略语文课程更深层次的价值——立德树人，即其在塑造学生品格、涵养人文精神方面的独特作用。实际上，语文课程的人文性与工具性犹如车之双轮、鸟之两翼，二者相辅相成，共同构成了培养学生语文核心素养的坚实基石。遗憾的是，部分教师在教学实践中，或过分偏重语言的技能训练，而忽视了人文精神的滋养；或虽有意融入人文知识，却未能有效整合，导致课堂教学变得机械乏味，失去了语文应有的韵味与美感。教师应遵循语文学习的内在规律，将人文性的培养巧妙地融入语言文字训练的全过程；在引导学生感知语言、理解语言、品味语言的各个环节，都注重激发学生的情感体验，培养其审美情趣和人文素养；通过深入挖掘文本背后的文化意蕴，让学生在掌握语言技能的同时，也能感受到语言文字所承载的深厚情感和广阔思想。同样地，教师需要将对文化自信、思维能力和审美创造等的培养，自然而然地融入语文实践活动。教师可以通过组织丰富多彩的语文实践活动，如阅读经典、写作表达、文化研讨等，让学生在实践中学习，在学习中感悟，在感悟中成长，最终实现语言技能与人文精神的双重飞跃。

以小学六年级上册语文教材第七单元中的小古文《伯牙鼓琴》为例，该篇文章传颂了古代音乐家俞伯牙与其知音钟子期之间深厚的情谊。文中特别描绘了伯牙抚琴、子期聆听时和谐动人的画面，其中"巍巍乎若太山"与"汤汤乎若流水"两句，更是成为千古绝唱，展现了极高的艺术境界。教师可针对这两句设计以下教学活动，以深化学生的理解与感悟。一是解疑释惑，精准把握语言精髓。鉴于小古文语言精练且跳跃性强的

特点，教师应先引导学生借助注释，准确理解"巍巍""汤汤"等词汇的含义，同时指导学生识别并理顺文言句式的特殊表达顺序，体会其强调效果，从而从整体上把握文章的语言美。二是激活想象，再现文本意境。教学不应止步于文字的表面解读，而应深入其内在意蕴。教师可引导学生围绕"巍巍""汤汤"等关键词，展开丰富的想象，将文字转化为生动的画面，感受高山之雄伟、流水之浩荡，进而理解语言文字所承载的深厚情感与意境，提升学生的审美鉴赏能力。三是融合古琴文化，深化语言体验。钟子期的评价不仅是对自然景象的描绘，还是对俞伯牙琴技的极高赞誉。教师可借此机会，引入古琴文化的相关知识，引导学生将"巍巍""汤汤"的描绘与古琴的音色、韵律相结合，通过听觉与视觉的联想，深刻体会俞伯牙琴声的高远与深邃，以及他与钟子期之间无须多言的心灵契合，进一步使学生丰富情感体验并加深语言理解。

三、基于实践性，依托实践活动发展学生的语文核心素养

长期以来，部分教师深受传统教学理念的束缚，倾向于采用以训练为主甚至直接灌输的教学方式进行语文教学，这在一定程度上限制了学生的学习积极性和创造力。为了彻底改变这一现状，2022 年版课程标准积极倡导实施真实、生动且具有深刻意义的情境式语文实践活动。在 2022 年版课程标准的框架内，"语文实践活动"这一概念被反复强调，累计出现 21 次，贯穿于课程理念、课程目标、学业质量等多个核心板块，彰显了其在语文教学改革中的关键地位。2022 年版课程标准不仅强调了语文实践活动的必要性，还根据活动内容的不同，将其细化为识字与写字、阅读与鉴赏、表达与交流、梳理与探究等多个维度。这一细化旨在通过多元化的实践活动，为学生提供更加丰富、全面的学习体验。在识字与写字中，注重基础技能的掌握与书写美感的培养；在阅读与鉴赏中，鼓励学生深入理解文本，提高审美情趣；在表达与交流中，锻炼学生的口头与书面表达能力，促进其人际沟通能力的发展；在梳理与探究中，引导学生学会自主学习，培养批判性思维和问题解决能力。通过这一系列精心设计的语文实践活动，语文教学不再仅仅停留于知识的传授层面，而是更加注重学生的主体性参与和经验的积累。学生在实践中理解语言、习得技能、重构认知，最终实现语言文字理解和运用能力的显著提升。这一过程既符合学生的认知发展规律，也为他们的终身学习和全面发展奠定了坚实的基础。

当前，随着核心素养培育成为教学的主导理念，语文课堂正经历着深刻的变革。教师们普遍摒弃了传统的填鸭式教学方式和机械式的提问方式，转而采用学习任务群这一创新模式来构建和展示课程内容。这一转变的核心在于，通过精心设计的一系列实践活动，学生能够围绕具体任务展开学习，主动探索并解决问题。在实际操作中，教学策略的调整尤为关键。教师们正努力将课堂从传统的"教师讲、学生听"模式转变为以学生为中心的"情境化、实践性、综合性"任务活动模式。这意味着，教学不再仅仅是教师单方面地提出要求和设置问题，而是鼓励学生积极参与其中，通过完成具有真实情境、强调动手实践和综合应用的任务，来实现知识的内化与能力的提升。这一过程不仅促进了学生学习方式的转变，即由被动接受转为主动探索，还极大地提升了学生的语文核心素养。学生在完成任务的过程中，不仅掌握了必要的语言知识和技能，还培养了思维能力、审美能力及文化

理解和传承等多方面的素养，为他们的全面发展奠定了坚实的基础。

小学五年级上册语文教材中的略读课文《"精彩极了"和"糟糕透了"》聚焦于"体会作者描写的场景、细节中蕴含的情感"这一语文要素，通过讲述作者童年创作第一首诗后，父母截然不同的评价——"精彩极了"与"糟糕透了"，展现了父母以不同方式表达对作者深沉的爱，对作者成长产生的深远影响。在传统教学模式下，教师可能会采用一连串琐碎的问题来引导学生梳理情节、理解内容，如询问学生作者父母为何给出如此评价，以及他们的言行差异、作者的心理变化等。这种一问一答的教学方式，虽然能帮助学生理解文本表面信息，但往往局限于认知层面，忽视了对学生自主思考、批判性思维和创造性思维的培养。实际上，《"精彩极了"和"糟糕透了"》作为一篇叙事性文本，其情节与主题相对直白易懂，学生自然能够较快把握。因此，教师在教学时应避免琐碎地追问，而应设计更具启发性和开放性的教学活动。例如，教师可以引导学生深入探究文本中的细节描写，如父母评价时的神态、语气，以及这些细节如何反映他们的内心世界和教育理念；鼓励学生结合个人经历，讨论在成长过程中遇到类似评价时的感受与反应，以及这些经历如何塑造了他们的性格和价值观；引导学生思考并讨论何为真正的关爱，以及如何在日常生活中实践这种关爱，从而促进学生情感态度与价值观的全面发展。这样的教学方式，不仅能够加深学生对文本的理解，还能有效提升学生的自主判断能力，培养学生的批判性思维和创造性思维，使语文教学更加贴近学生实际，更加富有成效。

 阅读与拓展

范晓东，杨帆，2023. 语文核心素养中"文化传承与理解"评价指标体系建构的实证研究 [J]. 课程·教材·教法，43（6）：75-82.

课程教材研究所，义务教育语文课程标准修订组，郑国民，李宇明，2022. 义务教育语文课程标准（2022 年版）解读 [M]. 北京：高等教育出版社.

李功连，刘莹，2024. 基于核心素养的语文单元教学：内涵、模型与策略 [J]. 课程·教材·教法，44（2）：112-118.

龙安邦，2020. 核心素养时代的学与教：基于知识发生史的考察 [J]. 课程·教材·教法，40（5）：51-57.

木敏，2023. 语文教学中如何基于儿童视角发展核心素养 [J]. 中国教育学刊（5）：106.

思考与练习　　　　本章小结

第十二章

小学语文教学评价

学习目标

1. 理解小学语文教学评价的含义、类型和理念；
2. 掌握小学语文教学评价的原则、功能；
3. 了解小学语文教师教学评价的内容，掌握小学语文教师教学评价的方式；
4. 理解小学语文学业质量标准及学生评价的功能，掌握小学语文学业评价的方法；
5. 了解小学语文教学评价中存在的问题，了解小学语文教学评价的发展趋势。

重视发挥教学评价对课程实施的导向作用是国际课程改革的重要经验。在新课标中，教学评价是改革的重点，也是改革的亮点。2022 年版课程标准更新了评价理念，增设了学业质量标准，细化评价建议，促进了教、学、评的有机衔接。

第一节　小学语文教学评价的基本理论

我国对教学评价的研究起步较晚，到 20 世纪 80 年代才进入高潮阶段。因此，教学评价在我国是一门比较年轻且正在快速发展的学科。在基础教育由应试教育向素质教育转轨，教学改革不断深入的今天，小学语文教师既要学习有关教学评价的基础理论，掌握评价的内容、标准、手段和方法，对语文教学进行科学评价，又要研究如何针对小学生的心理特点和学习规律，对他们的学习进行客观和准确的评价。教师应通过教学评价及其分析，了解教与学两方面的成绩与不足，不断优化教师的"教"，改进学生的"学"，从而促进教学改革，提高教学质量。

一、小学语文教学评价的含义

众所周知，要提高教学质量，就必须对教学提出一定的质量要求，而对教学是否达到了一定质量要求的判断就是教学评价。换言之，教学评价就是根据教学目的和教学原则，利用所有可行的评价技术对教学过程及其预期的一切效果给予价值上的判断。就小学语文学科来说，教师的教育方式和学生学习的活动方式的组合构成了语文教学的基本形式。所以，小学语文教学评价，就是对学生学习活动方式和教师教育方式及其效果给予价值上的判断。教学过程中，学生是重要因素，因为学生是主体，教学的最终结果是学生素质的提高。教师在教学过程中起主导作用，其作用是帮助学生学习，教会学生学习。以往的语文教学评价一般比较重视对教师"教"的评价，而忽视对学生"学"的评价，这是十分片面的。对小学语文教学进行评价，不但要重视"教"的评价，更要重视"学"的评价，要研究和建立可行的评价机制，有效地实施素质教育。

小学语文教学评价是小学语文教学的一个重要组成部分。在小学语文教学中，教学与评价密不可分，科学的评价既对学生学习起着重要的激励作用，又能指导教师适当调整自己的教学手段和教学方法，进而不断提高自己的教学水平。因此，在小学语文教学中，教师应当重视评价的作用。

二、小学语文教学评价的类型

小学语文教学评价可以根据评价的目的、内容、参照标准、评价者与评价对象的关系等分为不同的类型。各种类型的评价存在一定的联系，每一次具体的评价活动都需要根据实际情况来确定评价类型。

（一）诊断性评价、形成性评价和总结性评价

根据评价的目的，小学语文教学评价可以分为三种，即诊断性评价、形成性评价和总结性评价。在教学情境下，这三种评价主要表现为教师对学生学习状况的评价。

诊断性评价一般在教学之前进行，其目的是判断学生的学习起点，为设计和实施教学提供依据，主要考查学生对于即将学习的内容有哪些经验和能力基础，以及学习的态度倾向等。教师要根据测试或调查结果推断学生对随后学习的准备情况，确定哪些教学环节需要简化，哪些学习内容是难点，需要精心突破。

形成性评价一般在语文教学过程中进行，其目的是对正在进行的教学活动进行监控，看看教学的成效与预期教学目标是否一致，学生是否在逐步接近预期的学习目标。教师依据形成性评价的结果决定是继续执行教学计划，还是做相应的调整。

总结性评价往往在教学结束时进行，其目的是对教学的最终结果做出判定。对于已经结束的教学阶段而言，评价主要发挥鉴定的功能，常常和评优、奖励等活动结合。就小学语文教学而言，只有小学毕业时的语文学业评价结果才是绝对意义上的总结性评价。其他的总结性评价都是相对某个阶段而言的，或是一个单元，或是一个学期，或是一个学年，或是一个学段。它们都可以算是某种意义上的形成性评价，教师可以依据评价结果进行下一阶段的教学安排。

（二）标准参照评价、常模参照评价和自我参照评价

根据评价的参照标准，小学语文教学评价可以分为三种，即标准参照评价、常模参照评价和自我参照评价。

标准参照评价是指以预先确立的教学目标为标杆，考查学生表现在多大程度上与目标要求一致。其评价结果多以等级方式呈现，从低到高可以分为两个等级，即达标和未达标。对于已达标的学生，可以进一步提高要求，促使他们向更高水平发展；对于未达标的学生，需要深入分析其未达标的原因，再根据学生实际适当采取补救性的教学辅导。

常模参照评价属于一种相对评价，一般是把个人的表现与某个群体的整体表现进行

比较，主要反映个人在某个群体里的相对位置，多服务于甄别或选拔性的目的，比如升学考试、评优活动等。

自我参照评价是另外一种形式的相对评价，主要目的是揭示学生的变化，特别是学习方面的进步。其评价依据是学生某方面的能力相对于他自己之前的表现是否有所提升。这类评价可以发挥激励作用，让每个学生都能看到自己通过努力所取得的成就。

（三）自我评价和他人评价

根据评价者与评价对象的关系，小学语文教学评价可以分为自我评价和他人评价。自我评价的评价者和评价对象是同一个人。比如，学生判断自己的字写得是否工整、美观，朗读是否流利、有感情，作文是否连贯，上课是否认真听讲，发言是否积极，等等。当事人的自我评价能够把个人目标与实际表现进行对比，满足其个性化的自主发展需求。学生的自我评价有助于学生深入理解教学目标，锻炼自我认知和自我监控能力。教师对于课堂教学的自我评价属于一种专业性的反思活动，对其专业发展发挥着重要作用。

他人评价是指由外在的评价者对教师的"教"或学生的"学"进行评价，如学校领导或其他教师通过听课、评课对某位教师的教学做出评判，教师对学生学习过程和学习结果做出评定等。如果评价者具备一定的专业资质并能按照规范的程序开展评价工作，那么他们的评价结果会比较客观地反映教学的实际情况，为教学改进提供更为可靠的依据。但是，他人评价有时候会忽略班级或学生个人的某些特殊情况，考虑不到评价对象的主观需求。因此，他人评价最好能吸纳自我评价的结果，以便对教学实况做出更加全面的评判。

传统的教育评价一般采取单一的评价模式，比如教师评价学生，校长评价教师等，这种单一的评价模式往往将评价对象置于被动的地位。小学语文教学评价将自我评价与他人评价结合，让评价对象参与评价过程，从而多角度、多方位全面地开展教学评价，在保持评价客观公正的同时促进评价对象的自我反思。

（四）单项评价和综合评价

从某次评价的具体内容来看，小学语文教学评价可以分为单项评价和综合评价两种。单项评价有时称"单项验收"，即考查学生在某个领域是否达到相应的学习要求，或者是否取得该有的进步，如考查认字、写字、文段背诵情况，专门组织活动评判口语交际能力等。单项评价可以揭示学生在具体领域的学习状况，便于随后进行有针对性的干预，比较适合用于诊断性评价和形成性评价。

综合评价的目的是对学生的语文素养做出整体评判，多用于总结性评价，服务于选拔或评优。综合评价可以采用涵盖语文基础知识、阅读、写作等多个领域的综合性内容来进行测评，也可以按照一定的权重将各单项评价的结果进行整合。

三、小学语文教学评价的理念

课程改革首先是理念上的改革。下面将从评价目标、评价内容、评价取向、评价工具、评价主体五个方面阐述 2022 年版课程标准的课程评价理念。

（一）评价目标：发展性

新课程改革的核心理念是促进每位学生的发展，这是《基础教育课程改革纲要（试行）》的基本精神，也是我国 21 世纪课程改革的灵魂。学生是发展主体，课程评价要以学生的成长为出发点，以发展学生的核心素养为落脚点，通过评价促进学生学习，为学生提供各种表现自我的机会，让学生形成具有自我认识、自我教育、自我进步的能力。教师要更新教育理念，关注每位学生的成长和发展，将学生看作具有独立个性的"完整的人"，明确自己作为"促进者"的角色定位，通过评价引导学生能动地建构知识体系，主动发展，让学生变理想的自我为现实的自我。

（二）评价内容：整体性

在评价内容上，课程评价要体现整体性，具体包括以下四方面内容。

（1）核心素养四个方面的整合。2022 年版课程标准指出，文化自信、语言运用、思维能力、审美创造是一个整体，互相关联，不能简单割裂。课程评价在关注学生语言运用能力的同时，也要关注学生的思维评鉴力、审美创造力和文化自信。

（2）各类语文实践活动的整合。课程评价要综合考查学生在识字与写字、阅读与鉴赏、表达与交流、梳理与探究四类语文实践活动中的表现。

（3）语文与生活领域的整合。在进行课程评价的过程中，要把语文知识和技能与家庭生活、学校生活、个人生活等结合起来，考查学生在日常生活中运用语言文字的能力。

（4）语文与其他学科的整合。发展核心素养离不开各学科的通力合作，课程评价要引导学生在完成特定任务或解决某一问题的过程中，不仅能运用语文学科知识，还能整合其他学科的知识解决问题。

（三）评价取向：过程性

2022 年版课程标准指出，课程评价要"关注学生学习过程和学习进步"，体现过程性评价的理念。评价应贯穿于教学的不同环节，教师应在完成教学任务的过程中引导学生开展自我评价，或对学生完成任务的表现进行评价，提出改进建议。在教学的不同环节，课程评价的内容和作用应该有所不同，格伦隆德等人为此提出了以下区分方法。[1]

首先，在教学开始前，教师通过评价回答以下问题。

（1）就开始教学所必备的技能和能力而言，学生已经掌握了多少？在多大程度上具备了开始教学所需的技能和能力？

（2）就教学所预期的学习成果而言，学生已经掌握了多少？在多大程度上达到了教学计划的预期学习成果？

其次，在教学进行时，教师通过评价回答以下问题。

（1）学生在哪些学习任务上的进展令人满意？在哪些任务上他们需要帮助？

（2）哪些学生有严重的学习困难且需要补课？

最后，在教学结束后，教师通过评价回答以下问题。

---

① 格伦隆德、沃：《学业成就评测（第 9 版）》，杨涛、边玉芳译，教育科学出版社，2011，第 9 页。

（1）哪些学生较好地完成了学习任务，并且应该开始一门新课或下一轮学习？

（2）每个学生应得多少分？

（四）评价工具：情境性

新课程改革以核心素养为纲，因此，重视情境性是课程评价变革的重要趋势之一。2022 年版课程标准中的学业质量按照日常生活、文学体验、跨学科学习三类语言文字运用情境，描述学生核心素养应达到的水平。日常生活情境指向真实具体的社会生活，关注学生在生活场景中的语言实践，凸显语言交际活动的对象、目的和表达方式。文学体验情境侧重于强调学生在文学作品阅读中体验丰富的情感，尝试用不同的方式进行创意表达；强调参与当代文化生活，关注学生对中华优秀传统文化、革命文化、社会主义先进文化的体认。跨学科学习情境侧重于强调学生综合运用多门课程知识和思想方法解决实际问题。课程实施建议在过程性评价中指出"着重考查学生在真实情境中表现出的情感态度和语言能力"，在学业水平考试方面指出"应以情境为载体，依据学生在真实情境下解决问题的过程和结果评定其素养水平"，凸显了情境性在课程评价中的重要地位。

（五）评价主体：多样性

2022 年版课程标准提出"注重评价主体的多元与互动"，并强调"要充分尊重学生的主体地位，关注学生在兴趣、能力和学习基础等方面的个体差异，引导学生开展自我评价和相互评价"。传统的学业评价以教师对学生、学校对学生的评价为主，学生多为评价对象。现代学习理论认为，学习是学习者自主建构的过程。教师固然在课程评价中起主导作用，但学生才是课程评价的主体。除学生之外，家长也是评价主体的有机组成部分。表 12-1 是不同主体开展的主要评价活动。

表 12-1 不同主体开展的主要评价活动

主体	评价活动
教师	（1）在课堂教学过程中，通过提问等手段对学生的学业进行动态评价 （2）在不同环境中观察学生学业态度、行为和质量方面的表现 （3）组织和实施学业测试，包括编制试卷、评分和反馈结果等 （4）组织学生和家长共同参与学业评价等
学生	（1）对课文进行自我提问 （2）与老师对话，就词句理解、文本内容把握、作品的感受等方面向自己发问或向教师提问 （3）使用评价单了解自己的学业表现习惯 （4）反思学习方法、策略等 （5）采用同桌交流、小组交流等形式，通过互评达到互动交流、相互学习的目的
家长	（1）学生读给家长听或课后把内容讲给家长听 （2）学生与家长互相问问题，就学习的内容和形式交流看法 （3）完成学校提出的评价任务等

资料来源：祝新华，2015. 促进学习的阅读评估［M］. 北京：人民教育出版社.

四、小学语文教学评价的基本原则

2022 年版课程标准倡导的语文课程评价理念是："义务教育语文课程评价要有利于促进学生学习，改进教师教学，全面落实语文课程目标。课程评价应准确反映学生的语文学习水平和学习状况，注重考查学生的语言文字运用能力、思维过程、审美情趣和价值立场，关注学生学习过程和学习进步。根据不同年龄学生的学习特点和不同学段的学习目标，选用恰当的评价方式，抓住关键，突出重点，加强语文课程评价的整体性和综合性。注重评价主体的多元与互动，以及多种评价方式的综合运用，充分利用现代信息技术促进评价方式的变革。"要落实 2022 年版课程标准的理念，实现评价主体的多元化与互动化、评价内容的多元化、评价过程的动态化、评价功能的积极化，评价应坚持以下原则。

（一）整体性和综合性相结合

以往的评价多注重近期的显性的效果，衡量的指标是刚性的，偏于理性，评价方法单一。新的小学语文课程评价强调突出评价的整体性和综合性原则。

整体性原则强调评价要关注学生的全面发展，不仅注重学生的单项语文能力（如阅读、听说、写作等），还应关注整体语文素养的培养。具体来说，整体性原则体现在以下几个方面。

（1）全面考查。评价内容应涵盖语文知识、语言运用、思维表达、文化素养等多个方面，以便全面了解学生的语文综合水平。这要求教师在评价过程中，不仅要关注学生的知识掌握情况，还要关注其语言运用能力、思维发展水平及文化素养的积累。

（2）全程评价。评价应贯穿于学生的整个学习过程，包括课前准备、课堂学习、课后复习及日常作业等多个环节。不能只抓期中、期末等阶段性评价，更要重视对平时学习情况的考查。这有助于教师及时发现学生在学习过程中的问题，并给予有针对性的指导和帮助。

（3）全学段评价。将学生在小学六年的学习阶段作为一个整体，关注学生在小学时期语文素养发展的整体趋势。通过建立相对完整的、连续的形成性评价库，为学生语文学习的可持续发展奠定基础。

综合性原则强调评价要关注学生的综合能力发展，不仅注重学生的知识掌握情况，还应注重学生对语文知识的理解与运用能力。具体来说，综合性原则体现在以下几个方面。

（1）知识与能力并重。评价不仅要关注学生的知识掌握情况，还要关注其运用知识解决问题的能力。这要求教师在评价过程中，注重考查学生的语文实践能力，如阅读理解能力、写作表达能力、口语交流能力等。

（2）过程与结果兼顾。评价应关注学生的学习过程和学习结果两个方面。过程评价有助于教师了解学生的学习方法和学习习惯，为改进教学提供依据；结果评价则是对学生学习成效的直接检验。两者相结合，可以更全面地评价学生的语文素养。

（3）多元化评价。评价方式应多样化，包括笔试、口试、作品展示、课堂表现等多种形式。这有助于更全面地评价学生的语文能力，避免单一评价方式可能带来的片面性。同时，多元化评价也有助于激发学生的学习兴趣和积极性。

（二）形成性评价和终结性评价相结合

2022 年版课程标准明确指出，"语文课程评价包括过程性评价和终结性评价。过程性评价贯穿语文学习全过程，终结性评价包括学业水平考试和过程性评价的综合结果"。传统的评价往往只要求学生提供问题的答案，而对于学生是如何获得这些答案的却漠不关心。这样一来，学生获得答案的思考与推理、假设的形成及如何应用证据等，都被摒弃在评价的视野之外。缺少对思维过程的评价，就会导致学生只重结论，忽视过程，就不可能促使学生注重学习探究的过程，养成学习探究的习惯和严谨的科学态度与精神，反而易于形成一些似是而非的认识和习惯，不利于其良好思维品质的形成，还会限制其解决问题的灵活性和创造性。因此，语文课程评价要坚持形成性评价和终结性评价相结合。

（1）要将重终结性评价、轻形成性评价变为关注学习结果，更重视学生语文学习过程，加强对学生语文学习过程的考查，及时揭示问题、及时反馈、及时改进。还要注意收集来自学生及其同学、家长、教师方面能反映学生平时语文学习兴趣、态度、方法和能力等的信息。

（2）形成性评价和终结性评价都是必要的，但应加强形成性评价，注意收集、积累能够反映学生语文学习与发展的资料，可采用成长记录档案袋等方式，记录学生的成长过程。

（3）在日常的小学语文教学中，要坚持正面引导，采用积极评价的方法，细心发现学生每个微小的进步和成功，并发自内心地赞美学生，给予鼓励。教师、家长和同学不要过多地指责学生，应帮助学生建立自信，找出不足，促使其取得进步。

（三）定性评价和定量评价相结合

根据语文学科的特点和课程改革的要求，课程评价要将定性评价和定量评价相结合，并且应更重视定性评价，以便全面掌握学生语文学习的状态及水平。

小学语文课程的定量评价主要采用百分制或等级制的方式，以往这种评价方式多在考试和作业中采用。就小学语文课程的定量评价而言，其测试内容要全面，测试形式要活泼多样，测试内容要具有灵活性、开放性和选择性，能反映学生的能力和水平。小学语文课程的定性评价主要采用评语的形式，教师在评语中客观、全面地描述学生的学习状况，更多地关注学生已经掌握了什么，取得了哪些进步，具备了什么能力，在哪些方面具有潜能，可用代表性的事实客观描述学生语文学习方面的进步，并提出建议，以帮助学生明确自己的不足和努力的方向。以往这种方式主要在教师对学生的行为进行的口头评价和给家长的反馈表中使用。小学语文课程的定性评价，要能客观描述学生的语文学习成绩和不足，应多采用激励性语言，从正面引导学生，鼓励学生的点滴进步。小学语文课程的定性评价涉及以下几个方面：学习的积极性、主动性和创新性；识字的方法和能力，汉字的书写；阅读的态度、习惯等；分析与理解问题、获取信息和口语表达的能力；观察能力和书面表达能力；参与口语交际的意识和能否发表自己的见解；在综合活动中的合作精神和能力；在语文方面所取得的突出成绩；等等。

（四）评价主体的多元与互动相结合

2022 年版课程标准提出，课程评价应注重将教师的评价、学生的自我评价及学生之间的相互评价相结合，加强学生的自我评价和相互评价，促进学生主动学习，自我反思，可根据需要，让家长、社区、专业人员等适当参与评价活动。

传统的教育评价体系一般都是由教师评价学生，校长评价教师，教育行政主管部门评价学校这种单一模式构成。这种评价一方面难以保证评价结果的客观、公正，另一方面评价对象仍然只是被评价、被理解的对象，处于消极、被动状态。新课程改革强调改变单一评价主体的现状，实施多主体的小学语文课程评价，尊重学生的个体差异，关注每个学生的健康发展，加强学生、教师、学校的自评和互评，倾听家长和社会对教师、学校教育教学活动的评价和呼声，打通多方面信息反馈的渠道，使小学语文课程评价真正成为教师、管理者、学生、家长、专家积极参与的交互活动。

五、小学语文教学评价的功能

对小学语文教学进行评价，有助于了解教师教学情况，检查学生语文学习的质量，为教学提供反馈信息，调动教师和学生的积极性、主动性、及时调整和改进教学，从而保证小学语文教学目标的实现，促进小学语文教学改革。具体来说，小学语文教学评价有以下四个功能。

（一）鉴定功能

鉴定功能是小学语文教学评价的重要功能之一，主要是通过判断教师教学是否达到教学目标要求，或者判断其达到的程度，来鉴定教师的教学工作和学生的学习水平。这对于进一步提高语文教学质量，充分提升学生学习能力是至关重要的。

1. 对教师、学生的鉴定

教学评价有助于了解教师教学的质量和水平、优点和缺点、矛盾和问题，为有针对性地对教师进行继续教育提供依据。教学评价还有助于鉴别学生的学习能力和潜力、学业状况和发展水平，为进一步实施教育提供依据，指导师生向更高的水平发展。

2. 对教学研究的鉴定

当前语文教学改革的研究之风越来越盛，人们不断研究教学的新思路、新措施、新方法等，这是一种可喜的现象。语文教学要提高效率，出路在改革。而对于改革是否真正有效，要通过科学的评价，进行定量与定性分析，才能做出最正确的判断。

（二）反馈功能

通过语文教学评价，教师可以及时了解学生的知识水平及对知识的掌握程度，发现与预定教学目标之间的距离和问题，从而分析教学目标是否切实可行，教学内容是否得当，教学方法的运用是否有效，教学过程安排是否合理，进而改进自己的教学，对不同水平的学生因材施教，并对如何提高教学效果、改善今后的教学工作做到心中有数。同时，评价也是家长了解学生学习程度的一个有效途径，有助于提高家校合作的效率，为学生提供和创造优良的语文学习环境。

教学评价的信息反馈功能包含两层意思：一是以指导教学为目的的对教师教学工作的评价，这种评价可以调节教师的教学工作，从而间接地提高学生的学习效果；二是以自我控制为目的的自我评价，即师生通过自我评价加深对自我的了解，以便自我调节前进的步伐。

1. 反馈学生的学习情况

教学评价，尤其是形成性评价，可以及时反馈学生的学习情况，从而有助于教师分析教学目标是否切实可行，教学内容是否得当，教学方法是否有效，教学过程是否合理等。

2. 反馈学生语文学习水平

教学评价往往以测试的方式进行。测试是评价学生学业成绩的依据。它可以反映学生在语文基础知识和基本能力方面的水平，反映其水平与学习目标的距离。测试既能评价学生个体的学习水平或其在某一集体中所处的位置，还能评价一个集体在语文方面的学习质量。对测试成绩的分析，还可以用于评价教学者和管理者的水平。

总之，通过教学评价所提供的反馈信息，师生可以明确教学目标、教学目标的实现程度、教学活动中所采取的形式和方法是否有利于促进教学目标的实现。

（三）激励功能

1. 对教师的激励

教学评价对教师来说至关重要，教学评价可以用于考查教师的素质、教学质量和教学水平。在评价过程中，教师能分析出自己在教学中的成败得失，用教学目标对照自己的教学，使教学目标具有真实感并富有实际意义，从而不断改进教学，使之不断接近教学目标。由于教学评价能够直接显示教学效果，客观上引起社会的反应，因此教学评价能够帮助教师更好地认清自己教学的成绩与不足，激励教师自主研究教学目标，根据教学目标改进自身的教学，努力使自身的教学向教学目标靠近。

2. 对学生的教育和激励

教学评价的结果（主要指语文测试的成绩）往往能成为激励学生学习的动力。测试的成绩反映了学生在走向课程目标时所做的努力及其有效程度。学习成绩优良的学生，能够体验到成功的愉悦，不断总结自己成功的经验，激励自己加倍努力，争取获得更优异的成绩；而学习成绩不理想的学生，也可以看到自己落后的原因，反思自身存在的问题，不断改进学习方法，树立信心，进行更有效的学习。教师应该充分运用评价机制，及时向学生公布成绩，并认真做好质量分析，使各种层次的学生都能受到激励和教育。测试后的分数是激励的一种依据，但激励不应以分数作为唯一的依据。有的学校对低年级的学生取消了以分数评价成绩的方法，而是根据教学目标采用评语式评价，这就能针对低年级学生的心理特点，让评价更好地起到激励学生学习的作用。

（四）调节功能

在教学评价中，评价者按评价指标对评价对象进行逐项检测，以便全面掌握其情况，并进行比较、分析、综合，做出恰当的解释，以便明确今后教学的方向，调整教学环节。如果教学内容不符合教学目标，就做出适当调整；如果教学过程不符合学生特点，就进行优化；如果教学方法效果不好，就及时改善。即应通过教学评价找准教学问题，及时采取行之有效的措施，实现教学目标。

第二节　小学语文教师教学评价

教学评价是教学过程中必不可少的一个环节，它可以保证小学语文教学目标的实现，激发教师和学生的主动性、积极性，提供教学反馈信息，以便于教师及时调整和改进教学，进而促进小学语文教学改革。

一、教师教学评价的内涵

教学是学校的重要职能之一，教师教学评价是学校教育管理中的重要问题，也是一个难题。教师教学评价系统是教学质量控制的重要机制和手段，它主要是基于监督系统提供的信息，以科学的评价指标体系、数据处理方法获得对教学质量诸因素的定量与定性分析结果，并做出价值判断，再将判断结果输送给管理系统作为决策依据。教师教学评价的科学性和公正性会给教学管理、教师教学、学生学习等方面带来非常积极的影响。科学、客观的教师教学评价可以提高教学质量和教师管理水平。

一方面，教师教学评价可以提高教师对教学工作的重视程度，促使教师全力投入教学工作，充分发挥自己的教学能力，从而极大地促进教师的职业发展。另一方面，科学、客观地对教师教学进行评价有利于促进教师和学生之间、教师和管理人员之间的相互了解、相互理解和相互认同，实现管理水平的提高。因此，学校要成立特定的组织形式，如教学工作评价领导小组，以便对教师教学工作进行评价。教师教学评价要采用激励机制和约束机制相结合的方式，通过评价调动教师的积极性，也约束一些影响教学质量提升的行为。

二、教师教学评价的内容

对教师教学工作的评价不能片面，只有多方面、多角度并且能够适应当代教育发展形势的教学评价，才是有效的教学评价。教师教学评价的内容应包括对教师教学态度、教学能力、教学效果，以及教师素质、教学基本功等的综合考查。

（一）教学态度的评价

作为一名教师，应该具有高尚的道德品质、高度的事业心和责任感。评价教师的教学态度，主要是评估其能否认真制订教学计划，并保证教学计划的执行和按时完成；能否认真钻研教材，了解学生；能否课前认真备课，是否精心对每节课进行教学设计，并形成教案；能否准时上课，认真辅导；能否认真、及时批改作业；能否潜心钻研业务，积极参加教研活动，积极探索教学改革；是否具有团结协作精神，与领导、同事和学生家长相互配合；能否热爱关心每一位学生；能否严于律己、身体力行，成为学生的表率；能否做到既教书又育人；等等。

（二）教学能力的评价

教师的教学能力，一般包括钻研教材的能力、实际教学的能力、教学的基本功（如朗读、板书、口头和书面表达）和研究能力等。评价教师的语文教学能力，主要是评价其在日常教学中表现出来的能力，如教学是否符合教学原则，讲求科学性；教学目标是否明确；教学重点是否突出；教学方法是否灵活多样，具有启发性；教学过程能否体现学生的主体性，能否落实语文基本功训练，发展学生的智力；课堂组织、管理能否发挥教学机智，及时调整教学；语言是否清晰、准确、生动，具有感染力和吸引力；板书是否工整、优美，能否利用现代化的教学手段。

（三）教学效果的评价

对教师教学效果的评价，主要是通过对学生的语文学习水平和各方面的发展变化来进行评价，如评估学生的语文学习成绩是否优良，学生的学习兴趣、学习态度是否有明显进步；教学过程是否促进了学生的全面和谐发展；学生是否具有良好的听、说、读、写习惯，是否有较强的自学能力。

（四）教师素质的评价

教师素质是教师做好教学工作的基础和条件。优秀的教师必须具备较高的思想政治素质，树立正确的世界观、人生观、价值观，有强烈的教书育人的责任感、使命感，同时也必须具备扎实的业务知识和较高的文化水平。随着社会的进步和教育的发展，对教师的素质要求也日趋提高。一位优秀的教师，只有具备扎实深厚的专业知识，才能驾驭自如，向学生传授知识精华；也只有具有了广博的文化科学知识，了解并掌握小学语文学科的最新发展动态，才能肩负起造就一代高素质人才的重任。语文教学评价必须把评价教师素质作为主要内容之一。

（五）教学基本功的评价

评价教师的教学，一定不能忽视教师的教学基本功。一般说来，只有具有过硬教学基本功的教师，才能教出语文基本功过硬的学生，教师的教学基本功是完成教学任务的重要保障。一个合格的小学语文教师应有较强的听说读写能力，驾驭教材和组织教学的能力。比如，教师应该练好朗读的基本功、写字的基本功、板书基本功、语言基本功等。对这些基本功的评价，都应作为评价内容。

三、教师教学评价的方式

（一）教考分离

即通过教考分离的评价方式对教师的教学质量进行评价。教考分离是指将教师教学和学生考试分开，任课教师只负责教学，不参加考试命题。考试由教研室统一组织，包括出试卷、制定标准答案及评分标准、评卷等。教考分离对教师的教学水平是一个考验，学生的考试成绩在某种程度上来说就是评价任课教师教学效果的指标之一。

（二）以生为主体

即以生为主体对教师的教学进行评价。目前，由学生作为主体参与教师教学评价已经成为学校普遍采用的评价方法。学生作为教学活动的对象，是教师教学评价的重要主体。一般情况下，参与评价教师教学的学生人数越多，评价的信度与效度就越高。

（三）成立督导组

即通过学校成立的督导组对教师进行教学评价。

此外，还可以采用开展座谈会、开设意见箱和建议栏等方式对教师进行教学评价。

四、教师教学评价的意义

2022 年 11 月 18 日，中央教育工作领导小组秘书组组长、教育部党组书记、部长怀进鹏在深化新时代教育评价改革工作推进会上指出，教育评价改革是一项系统工程，关键是要加强党的领导，打好推进落实的"组合拳"；要增强改革担当，坚持破立并举、以立为本，建立健全上下衔接、分层贯通的教育评价制度体系，充分发挥改革试点的示范带动作用；要加强宣传引导，强化监督问责，努力营造有利于教育评价改革落实落地的良好环境。

教学评价是指根据教学目的和教学原则，利用所有可行的评价技术，对教学过程及其预期的一切效果给予价值的判断，以提供改进信息，为评价对象提供可行的发展空间。因此，小学语文教学评价应达到以下目的：教学活动达到课程标准的目标要求；改进教学现状，激发师生创新意识，充分发挥师生个人潜能，实现素质教育的目标；提高小学语文教学科研水平和教学质量。总的来说，做好小学语文教学评价至少具有以下五方面意义。

（一）改进小学语文教学

通过教学评价，小学语文教师可以从以卜几方面更细致深入地理解和掌握小学语文教学的特性。一是加深对小学语文教学中"语文"概念的理解与掌握。何谓"语文"，口头为"语"，书面为"文"，文本于语，不可偏指，故合言之。教师既要教学生学会自己立言（言语和习作），又要教学生体会别人立言（听说和阅读）；既要教知识，又要教基本技能。这是小学语文教学任务的独特性质。二是加深对语文性质的理解。语文是最重要的交际工具，是人类文化的重要组成部分，是人与人之间交际和交流思想的工具。[①] 学语文，能让学生掌握交际和交流思想的工具，还能让学生从语言文字中接受人类文化的熏陶，这是小学语文教学的独特性质。三是加深对语文学习与情感培养关系的理解。"文以载道""言之有物""言之有理"，这些都说明了语言与人类文化的密切关系。美好的语言承载着美好的情感，学习语文对提升一个人的素质起着不可低估的作用。因此，培养学生对祖国语言文字的热爱之情，以及对国家、对民族的感情，也是小学语文教学的特性。四是处理好语言与思维的关系。斯大林在

---

① 李湘蓉等编著《小学语文教学评价》，语文出版社，2002，第 10 页。

《马克思主义与语言学问题》中说："语言是直接与思维联系的，它把人的思维活动的结果，认识活动的成果，用词及由词组成的句子记载下来，巩固起来，这样就使人类社会中思想交流成为可能的了。"语言和思维之间的辩证统一关系为语文的字、词、句、篇教学拓宽了空间。五是要处理好语言与智能发展，创新精神与实践能力培养的关系。小学语文教学是学生在教师引导下学习语言的实践活动，教师要创造便于学生"生动活泼、主动地得到发展"的教学情境，以培养学生的智慧及才能。评价者要抓住上述小学语文教学的特性，和评价对象一同进行从理论到实践的研究与探讨，这对改进小学语文教学是有利的。

（二）转变教师教育观念

四十多年来，小学语文教学改革虽然非常活跃，但仍然存在很多值得研究、改进的问题。例如，小学语文课堂教学就普遍存在着以下问题：提问多，读书少；简单的问题多，启发思维的问题少；理解课文内容的问题多，培养正确理解祖国语言文字的问题少；学生回答问题多，练笔少；被动读书多，有创意的读书活动少；等等。[①] 要改变这种情况，关键在于教师转变教育观念。联合国教科文组织的报告指出，教师的职责是从讲台上走下来，成为学生学习活动的组织者、顾问与参与者。马克思主义认为，自主自觉的、创造性的实践是人们通常所理解的真正意义上的人的实践，它以自觉和清晰的方式展示出人的本质存在方式，是人的最高的和最发达的文化模式。良好的小学语文教学评价应从这些观点和先进的教学思想出发，敦促小学语文教师从传统的师道尊严中走出来，在课堂教学中摆正师与生、生与生的位置，引导学生进行创造性地学习，从而达到上好小学语文素质教育课的目的。

（三）评估教师自身发展方向

一个好教师的成长是有阶段性的，因此小学语文教师在从事教学工作后，应当树立接受继续教育和终身学习的观念。目前，我国对小学教师进行继续教育的条件还不是很理想，弥补这种不足的最好方式就是做好教学评价。要培养一个好的语文教师，必须采用正确的评价技术，通过正确评价教师的教学状态，使教师知道自己应如何查漏补缺，看到自己教学中的特色及优势，从而确定教学发展方向。

（四）提高教学水平

在评价小学语文教学时，评价者一般是从教师的课堂教学及其提供的资料中获得评价信息的。在评价过程中，评价者既要用先进的教育思想来分析客观状态，又要从学科知识和教学技能的角度来评价教师的整体教学状况，还要关注学生对教学信息的欢迎程度。通过这些评价活动，教师能够清楚自己的教学状况，了解与先进教育思想和教育要求的差距，明确提高的方向。因此，教师每参与一次教学评价活动，都会在理论和实践方面得到提高。

---

① 赵中建选编《全球教育发展的研究热点——90 年代来自联合国教科文组织的报告》（修订版），教育科学出版社，2003，第 4 页。

（五）协调教师工作

许多西方国家都将教学评价中的教师自我评价放在显赫位置，意在强调尊重教师，调动教师教学积极性，建立符合具体校情和学情的教学目标，从而完善学校各项管理目标，使学校管理既有章可循，又具有民主意识。科学地对小学语文教学进行评价，有利于学校领导加强对全体教师业务能力的培训，从而完善每一个教师个体，达到整合学校教学力量，全面提高学校教学质量和声誉的目的。

第三节　小学语文学业评价

对学生学习质量的评价，是检查教师教学质量的重要途径之一。对学生的学习质量做出全面、正确的评价，也是对教师的教学质量做出客观评价的一个重要方面。一般采用测试学生的语文成绩、检查学生的作业等形式来了解教师的教学质量。2022 年版课程标准的亮点之一是根据学生语文核心素养发展水平，结合语文课程内容，从识字与写字、阅读与鉴赏、表达与交流、梳理与探究四个方面构建语文课程学业质量标准。2022年版课程标准以 2011 年版课程标准为基础，实现了学业质量从无到有的飞跃，完善了课程标准的内在结构，使评价更加科学和规范。

一、学业质量标准

语文课程的核心目标是发展学生的核心素养，学业质量标准是衡量学生学习是否达成课程目标的工具。2022 年版课程标准指出："语文课程学业质量标准是以核心素养为主要维度，结合课程内容，对学生语文学业成就具体表现特征的整体刻画。依据义务教育四个学段，按照日常生活、文学体验、跨学科学习三类语言文字运用情境，整合识字与写字、阅读与鉴赏、表达与交流、梳理与探究等语文实践活动，描述学生语文学业成就的关键表现，体现学段结束时学生核心素养应达到的水平。四个学段的语文课程学业质量标准之间相互衔接，体现学生核心素养发展的进阶，为核心素养评价提供基本依据。"

语文学业质量标准的内涵主要包括以下三个方面。

（1）能够充分表现核心素养的学习情境，即日常生活情境、学习体验情境、跨学科学习情境。

（2）对于在上述三类情境中积累起来的关键能力，义务教育语文课程标准修订组从识字与写字、阅读与鉴赏、表达与交流、梳理与探究四类主要的语文实践活动中凝练出15 组关键要素作为观察要点[①]（见表 12-2）。

（3）根据三类情境中的典型场景确定的典型表现，可观察、可测量、可描述，且在小学三个学段有衔接、有发展，呈螺旋上升趋势。

---

① 郑国民、李宇明主编《义务教育语文课程标准（2022 年版）解读》，高等教育出版社，2022，第 228 页。

表 12-2　语文核心素养表现的关键要素

情境	实践活动			
	识字与写字	阅读与鉴赏	表达与交流	梳理与探究
日常生活		阅读感知	陈述与叙述	筛选与提炼
		整合信息	描绘与表现	归整与分类
学习体验		理解阐释	解释与分析	比较与抽象
		推断探究	介绍与说明	搜集与组合
跨学科学习		赏析评价	应对与调整	发现与再造

二、学业评价的功能

学业评价具有多种功能，其主要功能包括：诊断学生的情况、监测学生的发展、评定学生的学业成就。

（一）诊断学生的情况

教师对学生进行评价的重要原因之一是要了解每个学生的优势和不足。通过评价学生当前的状况，教师可以弄清楚以下两个问题：第一，学生目前存在的不足，这是今后教学的重点，需要教师给予有针对性的指导；第二，学生目前已经具备的优势，这是今后不需要再重点施教的地方。

（二）监测学生的发展

学业评价可以帮助教师判断学生是否正朝着预期的教学目标前进。以医生为例，在治疗过程中，医生要密切观察病人的病情发展情况，以便及时调整治疗方案。同样地，教师在教学过程中也需要对学生的学习情况进行监测，以便及时调整教学方案。如果所有学生都达到了预期目标，那么教学是成功的；如果大多数学生达到了预期目标，只有少数学生未达到，那么教师需要针对这些学生采取具体的补救措施；如果大多数学生都没有达到预期目标，那么教师就应该深入反思，就要对教学方案进行大幅度调整和完善。

（三）评定学生的学业成就

学业评价可以通过收集特定的材料，为学生的学业成就划分出合理的等级。在大多数学校系统中，一项重要的工作就是在课程结束时或学年结束时对学生的学习成绩进行等级评定。这种评定的结果不但记录了学生的学业成就，而且可能会对学生的未来发展产生重要影响。因此，教师应该认真对待这件事情。评定学业成就的依据是与学生学业相关的各种材料。一般而言，收集的材料数量越多、可靠性越强、种类越丰富，越容易对学生的学业成就做出更准确的判断。

三、学业评价的内容

2022 年版课程标准将实践活动分为四类：识字与写字、阅读与鉴赏、表达与交流、梳理与探究，语文学业评价要按照这四类实践活动的内在要求进行设计。

（一）识字与写字评价

识字与写字的评价内容主要包括三个方面：汉语拼音能力、识字能力和写字能力。

1. 汉语拼音能力

汉语拼音能力主要是指拼音的认读和拼读能力。在评价汉语拼音能力时，要考查学生能否读准声母、韵母、声调和整体认读音节，能否准确地拼读音节，能否正确地书写声母、韵母和音节，是否认识大写字母，是否熟记《汉语拼音字母表》。在评价汉语拼音能力时，"对汉语拼音的要求不宜过高，这无非就是识字的拐杖"[1]，重点要关注学生能否借助汉语拼音认读汉字，能否运用汉语拼音知识完成任务。

例如，在一年级小学语文试卷中，要求学生给相应的事物示音，让学生将"lún chuán""cǎo méi""xī guā"与对应的图画用线连起来。这样的试题不是简单考查汉语拼音知识，而是引导学生运用汉语拼音知识认识事物，建立语文学习与生活世界的联系。

2. 识字能力

识字能力主要是指掌握 2022 年版课程标准所规定的常用汉字的音、形、义，了解汉字音、形、义之间的关系，以及利用工具书独立识字的能力。在评价学生的识字能力时，一般要考虑数量和质量两个方面。数量方面就是评价学生的识字数量，不同学段采用不同的评价要求。2022 年版课程标准对识字量的规定为：第一学段 1600 个左右，第二学段 2500 个左右，第三学段 3000 个左右。质量方面主要评价以下三方面内容。第一，读准字音，即掌握常用汉字的读音。我国不同地区的语音面貌差别很大，只有读准字音，才能真正推广普通话。第二，认清字形，即掌握常用汉字的形体。汉字是一种特殊的方块图形，由不同的基本笔画（点、横、竖、撇、捺、提、折、钩）按一定的数量和空间配置（左右、上下、内外等）组合而成。汉字具有数量众多、结构复杂等特点，这增加了小学生感知、分析字形的难度。第三，理解字义，即理解常用汉字的意思，并能在具体语境中加以运用。对于低年级学生，只要求其理解汉字基本意义，不要求掌握全部意义。随着年级的升高，就开始要求学生理解汉字基本意义之外的引申义了。

汉字是中华文化的重要组成部分。在考查学生对汉字的音、形、义的掌握程度时，要注意挖掘汉字的文化内涵，凸显语文学习的文化意义。例如，下面这道题在检测学生是否掌握汉字基本结构的同时，也渗透了中华传统文化的意蕴。

【试题】

给"包"加不同的偏旁组成新字，填入下面的括号中。

冰（　）落在梅花上，蜡梅被点缀得更加鲜艳了，突起的花（　）显得特别精神。蜡梅不仅开得美，晒干了还可以用来（　）茶，此茶可以清热解毒，预防感冒。

---

[1] 温儒敏：《"部编本"语文教材的编写理念、特色与使用建议》，《课程·教材·教法》2016 年第 11 期。

3. 写字能力

写字能力主要是指能按照要求使用硬笔规范、端正、整洁地书写楷书，书写力求美观，有一定速度。

在评价学生的写字能力时，一般也要考虑数量和质量两个方面。数量方面就是评价学生会写汉字的数量，2022 年版课程标准对三个学段写字量的规定依次是：第一学段 800 个左右，第二学段 1600 个左右，第三学段 2500 个左右。

质量方面的要求包括以下三个方面。第一，写字姿势。"养成正确的写字姿势"是写字教学的一项重要任务，写字姿势可从坐姿、握笔等方面进行评价。第二，写字技能。写字的基本技能可从基本笔画、基本笔顺、间架结构、书写速度和书面效果等方面进行评价。第三，写字习惯。由于写字习惯的培养是一个长期的过程，教师可以采用学校和家庭相结合的方式，从桌面整洁度、专心程度等方面进行评价。

写字要求学生静坐，相对比较枯燥，因此教师要善于利用评价激发学生写字的兴趣。例如，某教师利用小学生的好胜心，在班内组织小型写字比赛活动，设置"持之以恒奖""飞速进步奖""小能手奖"等多种奖项。写字的乐趣在多样的竞赛机制中得到释放，在此过程中学生既获得了成就感，也增强了写好字的信心。

（二）阅读与鉴赏评价

阅读与鉴赏的评价内容主要包括四个方面：阅读能力、阅读速度、阅读积累、阅读行为与态度。

1. 阅读能力

评价阅读能力的要旨是将阅读认知研究成果转化成具体可测的能力指标，对阅读能力的构成要素进行科学的分解和组合。

祝新华借鉴布卢姆、安德森等人在认知领域的研究成果，依据阅读活动的实际状况，构建了六层次阅读能力系统。他以"这次考试只考了 55 分。爸爸沉着脸说：'小子，你行啊！'我的心情更糟了。"这段话编制了试题，对不同层次的能力进行解释，并列出了六层次阅读能力系统中的常用题型（见表 12-3）。

表 12-3　六层次阅读能力系统

等级	特点	认知能力	题例	题型
复述	认读原文，抄录词句，指出显性的信息	辨认认读	"我"考了几分？	（1）抄录词句，指出显性事实 （2）抄录词句，找出得到某种结论的显性事实（依据）
解释	用自己的话语解释词语、句子的表面意思	转译	本段中的"糟"是什么意思？	（1）解释文中的词语、短语的意义 （2）解释语句的表层意义（命题意义）

续表

等级	特点	认知能力	题例	题型
重整	分析、综述文本内容，辨识（判断）表达技巧	分析综合比较	本段主要讲什么事情？	（1）厘清文本内容关系 （2）根据文本内容分段分层 （3）从文本某处摘取特定信息 （4）从文本多处摘取信息 （5）概括段意或层意 （6）概括全篇内容 （7）辨识表达技巧
伸展	引申含义，拓展内容	推论推测想象	"你行啊！"真正的意思是什么？	（1）推断词句的深层意义（功能意义） （2）推断篇外信息：想象文本未阐述而又有理有据可推得的内容 （3）推断作者、文内某人物言行隐含的情绪、观点、态度等 （4）推出文本隐含的作者心态、中心、主题、主旨或全文写作意图 （5）推出读了文本后的感悟、懂得的道理
评鉴	评说思想内容，鉴赏语言表达	批判性思维	"我"爸爸那样说好吗？为什么？	（1）评说人物 （2）评说思想内容、做法、建议、观点等 （3）鉴赏语言：鉴赏精妙的字词、精彩句子 （4）鉴赏表达技巧：修辞格、表达方式、展现手法、文本结构等
创意	找新方法，提新方法，运用所读信息解决问题	创造性思维求异性思维	如你是爸爸，你会怎么说以取得更好的效果？	（1）为文本提出富有新意的方法、见解 （2）为文本选用新的题材 （3）为文本提出新的表达技巧、改写文句 （4）灵活运用所读信息解决相关的问题

资料来源：祝新华，2015. 促进学习的阅读评估［M］. 北京：人民教育出版社.

2. 阅读速度

阅读速度评价考查的是学生以初步理解为基础的阅读速度。测量阅读速度的方法主要有以下六种。

（1）标记法。应试者快速阅读测验材料，到一定时限（如 2 分钟）后停止阅读，每个人在自己最后读的那个字上画圈或做其他标记。阅读速度即所读的总字数除以时间。标记法的缺点是计算字数的手续太烦琐，而且不一定正确，如果应试者任意圈出最后一个字，则无准确性可言。

（2）计时法。让应试者在读完全部阅读测验材料后将阅读所用时间记录下来。它一般适用于个别测试。

（3）悬牌法。有人对计时法加以改进，提出"悬牌法"，以供多人测试使用。多名应试者同时阅读定量的测验材料，每个人读完后，分别记下当时主试展示的速度牌上的数字（或其他字、符号）。为了防止应试者作弊，速度牌上最好不直接标示时间，而采用代码，如打乱顺序的字母、数字等。

（4）画记法。在测量阅读速度时，主试每隔若干时间按铃一次。应试者每次听到铃声，就在所读的字旁边画一个记号，直到读完为止，然后计算画记次数。这种方法的缺点是多次按铃易扰乱应试者的注意力。

（5）消字法。在阅读测验材料中加入一些多余的字，让应试者在速读过程中随时划去。可根据划去字数计算阅读字数和速度。这种方法的缺点是应试者可能只专注于寻找多余的字，理解程度会大大降低。

（6）机器测速法。让应试者在计算机前阅读测验材料，读完之后在指定按钮上按一下，计算机可立即算出阅读速度。

以上方法都可以较为方便地测试学生的阅读速度，但不能仅凭阅读速度评价学生的速读能力，因为读得快却没读懂的情况普遍存在。有人认为加快阅读速度和增进阅读理解是矛盾的。事实上，速度主要取决于个体的认知方式和阅读策略，而理解主要取决于个体已有的知识经验和思维水平，二者并不是截然对立的。读得快不一定理解得差，读得慢也不一定就理解得好，阅读理解和阅读速度可以协调统一。学生在追求速度的同时也要分析读到的事实和结论，形成积极的理解。美国阅读学专家斯塔夫提出了以下阅读效果计算公式：

$$阅读有效读速（词／分）＝阅读速度（词／分）× 理解系数$$
$$理解系数 ＝ 答对题数 ÷ 总题数$$

研究显示，当理解系数保持在 70%～80% 时，阅读效果最好。过分追求理解或者过分追求速度的做法都是不恰当的。

3. 阅读积累

学生要想养成良好的阅读素养，必须接触大量的语言材料，他们需要在广泛的阅读实践中学会阅读，进而提高能力。2022 年版课程标准对各学段的课外阅读积累分别做出了规定。例如，第三学段要求：背诵优秀诗文 60 篇（段），注意通过语调、韵律、节奏等体味作品的内容和情感；扩展阅读面，课外阅读总量不少于 100 万字。

案例 12-1

河北保定市县学街小学制定了学生课外阅读"阳光阅读"评级评价方案，将阅读评级活动分为 7 个级别，每个级别推荐一定数量的阅读书目，同时规定具体的评价要求。学生完成一个级别要求的必读书目后，需要提交相应的阅读成果（读书卡、读书笔记、手抄报等），通过考核后，即可获得相应级别的"阳光阅读学生"称号。此外，学校在每个级别另设了级别更高的"阳光阅读之星"称号，以激励学生阅读更多的好书。

（资料来源：张春影，2017. 小学课外阅读评价体系研究 [J]. 语文建设（21）：9-10.）

4. 阅读行为与态度

阅读行为包括阅读方式、种类、时间、频率、习惯、元认知监控行为等。阅读态度包括阅读动机、阅读兴趣等。国际阅读测验非常重视对阅读行为与态度的评价。例如，国际学生评价项目在 2009 年提出"积极参与阅读"的概念，其中一项重要的评价内容就是阅读兴趣（人们为获得愉悦感和满足好奇心而阅读文学类和信息类文本）。

评价阅读行为与态度的常用方法包括日常观察、访谈、调查问卷等。例如，薛晓嫘编制了以下阅读态度调查问卷，以"是"与"否"作为态度程度的选项。

（1）你喜欢阅读吗？

（2）你坚持每天阅读吗？

（3）你认为阅读有用吗？

（4）如果你在阅读的时候受到干扰，你会尽可能专心致志地阅读吗？

（5）你在阅读的时候感到愉快吗？

（6）你在阅读到自己喜欢的内容时会大声朗读出来吗？

（7）你在阅读到自己喜欢的内容时会摘录下来吗？

（8）你在阅读的时候会做读书笔记吗？

（9）你在阅读的时候会主动查阅工具书吗？

（10）你在阅读的时候会主动提出一些问题吗？

（11）如果你在阅读中遇到困难，你会主动寻求他人帮助吗？

（12）你会与他人分享阅读的快乐吗？

（13）你在阅读的时候注意力集中吗？

（14）你认为摘录对于理解阅读材料有帮助吗？

（15）你认为良好的阅读习惯重要吗？

（16）你会主动培养自己良好的阅读习惯吗？

（17）你认为朗读对于理解阅读材料有帮助吗？

（18）你认为良好的方法对于理解材料有帮助吗？

（19）对于有用但自己并不喜欢的材料你会阅读吗？

（20）对于自己喜欢的阅读材料你会在上课时阅读吗？[①]

（三）表达与交流评价

表达与交流主要涉及口头语言和书面语言两个方面，在评价时着重考查学生的口语交际能力和习作能力。

1. 口语交际能力

口语交际能力是人们通过口头言语活动实现人际沟通和社会交往所必需的一种心理特征和心智活动，它是一个多层次、多要素的综合能力体系。国内学者对于口语交际能力的结构要素有不同的理解，主要观点如表 12-4 所示。

---

① 薛晓嫘：《新课程语文阅读学业成就评价》，重庆大学出版社，2008，第 117—118 页。

表 12-4　国内学者关于口语交际能力结构要素的主要观点

学者	主要观点
张积家 （2001 年）	（1）讲话者的能力：言语产生能力、言语表达能力、言语监控能力等 （2）听话者的能力：言语理解能力、言语反馈能力、对讲话者交流的内容密切注意的能力 （3）关于交际的知识和策略：关于交流过程的知识、关于交流的社会文化规则的知识
徐冰鸥等 （2006 年）	（1）思维能力 （2）口语能力：发音能力、表达能力、倾听能力等 （3）交际能力：识别语境能力、应对能力、策略运用能力、体态语运用能力等
史力范等 （2009 年）	（1）基础能力：交际心理、思维能力 （2）核心能力：倾听能力、语音能力、语言能力 （3）发展性能力：体态语运用能力、语境适应能力、调控能力
杨钦芬 （2020 年）	（1）听话能力：注意能力、辨音能力、理解能力、记忆能力 （2）说话能力：正确的语音能力、丰富的语汇能力、敏捷的思维能力 （3）听说礼仪

资料来源：姚林群、王苏丫、胡小玲，2022. 小学生口语交际能力：要素、水平层次及评价指标［J］. 教育测量与评价（5）：50-61.

下面重点讨论看图说话、会话、小组讨论、角色扮演、演讲、辩论这六种常见口语交际任务的评价内容。

（1）看图说话。看图说话是指交给应试者一张或一组图片，应试者仔细观察几分钟后，按规定描述、叙述或说明图片的内容。评价时可关注以下内容：①所讲内容与图画内容的相关程度，以及是否具体全面；②用词准确程度和表达顺畅程度；③若试题要求学生对人物、事件等说出看法，则可加入主观评议的指标。表 12-5 归纳了小学生看图说话的评价要点与常见问题。

表 12-5　小学生看图说话的评价要点与常见问题

项目	评价要点	常见问题
客观叙述	叙述清楚，内容丰富	遗漏，无法表达完整的意义
语言表达	用词准确、语句顺畅、有条理	用词不当，说话含糊，句子不完整，句子太长且不通顺，条理混乱，迟疑
主观评议	对某些行为说出自己的看法，并给出适当的论据	对是非、好坏未做必要的评论

资料来源：祝新华，2016. 促进学习的听说评估［M］. 北京：人民教育出版社.

（2）会话。会话是指主试与应试者之间的面对面谈话。会话主要有情境对话、结构性会话与自由会话三种类型。情境对话是指设计者事先设置特定的情境或话题，应试者根据情境开展会话；结构性会话是指设计者事先准备好一系列问题，评价时由主试提问，应试者回答；自由会话是指在没有事先限定问题和程序的情况下，即时确定会话的具体内容，在自然的状态下开展谈话，又称非结构性会话。会话评价的重点是观察应试者能否针对话题进行沟通。

教育部基础教育课程教材发展中心制定了小学生情境对话的评价要求，其中中学段小学生情境对话评价要求如表 12-6 所示。

表 12-6 中学段小学生情境对话评价要求

项目	A	B	C	D
内容	围绕主题，条理清晰，论证全面，有说服力	以主题为主，条理清晰，论证不全面	不能完全围绕主题，内容较简单	不能围绕主题
语言	语句通顺，表达流畅，用词贴切，语气语调恰当	语句通顺，表达欠流畅，语气语调较平淡，偶有口头禅	语句欠通顺，有时用词不当，语气语调平淡，重复啰唆较多，有口头禅	语句不通顺，表达不流畅，不能清楚表达
倾听	能仔细倾听他人发言，恰切地领会别人的意思，有不理解的地方主动追问，不乱插话	较认真地听他人发言，较正确地理解别人的意思，偶有追问和插话	不能认真听他人发言，不能理解他人的意思，乱插话	不听他人发言，也不插话
参与性	积极主动发言，发言次数较多，积极与他人沟通，就不同意见主动与人商讨	发言主动，但次数较少，与他人沟通不多	发言不积极，较被动，很少与他人沟通	不发言，不与他人沟通
情感态度特征	态度自然大方，富有感染力，尊重他人，有礼貌，能很好地与他人合作	态度自然大方，有礼貌，能与他人合作	独自发言，缺乏合作意识或没有礼貌	精神紧张，不能与他人合作

资料来源：教育部基础教育课程教材发展中心，2004. 小学生语文口语交际能力评价教师指导手册［M］. 北京：朝华出版社.

（3）小组讨论。小组讨论就是提供一组话题，让应试者通过抽签选出一个话题或根据自己的兴趣选择话题，然后由 4～6 人组成小组进行讨论。这种任务重在观察讨论过程中应试者的个人表现，而非关注小组中所有应试者能否在讨论中得出一致的结论。小组讨论能同时体现应试者的语言运用能力与人际交往能力，评价时不仅要关注应试者的发言内容，还要将讨论过程中的交际表现（如积极发言、尊重他人）纳入评分标准。

教育部基础教育课程教材发展中心编制的小学生小组讨论评分标准，从内容、语言、倾听、情感态度特征四个方面对学生不同等级的表现做出具体说明，操作性较强，具体见表 12-7。

表 12-7　小学生小组讨论评分标准

项目	具体说明
内容	A. 围绕主题发言，内容集中，条理清晰，论证全面，有自己的见解 B. 围绕主题发言，但内容不够集中，论证不全面，自己的见解很少 C. 不能完全围绕主题发言，内容简单，没有自己的见解 D. 跑题，没有自己的见解
语言	A. 语言清晰、流利、简练，语速、语气、语调适当，表述准确 B. 语言清晰、简练，语速适当，能比较明确地表达自己的意思 C. 语言不够清晰，控制语速能力不强，可以表达自己的意思 D. 语言不清晰，不能表达自己的意思
倾听	A. 能认真听他人发言，准确领会其意思，能找出共同点、差异点，有不理解的地方主动追问，不乱插话 B. 能认真听他人发言，理解其意思，能找出共同点、差异点，偶有追问、插话 C. 不能认真听他人发言，部分理解他人意思，乱插话 D. 不听他人发言，缺乏合作意识
情感态度特征	A. 态度自然大方，尊重他人，积极主动参与发言，能很好地与他人沟通、合作 B. 态度自然大方，尊重他人，主动发言，能与他人合作 C. 发言不主动，尊重他人，与他人合作意识不强 D. 发言没有积极性或不发言，不尊重他人，不与他人沟通

资料来源：教育部基础教育课程教材发展中心，2004. 小学生语文口语交际能力评价教师指导手册［M］. 北京：朝华出版社.

（4）角色扮演。角色扮演是指给应试者提供某种情境，让应试者担任某一角色，与其他角色扮演者进行语言交流，再现情境。它不仅要求应试者正确、流利地说话，还要求应试者说话得体，符合情境中的话题和角色的要求。在评价时应侧重于语言的得体性，而非语音是否清楚、语法是否规范等方面。另外，要关注说话重点、行为举止是否符合角色的特征。表 12-8 是加拿大阿尔伯塔省教育局提供的角色扮演评分标准，我们可以将其作为参考。

表 12-8　角色扮演评分标准

项目	出色	熟练	达标	欠缺
在预备和演出过程中的参与度	非常愿意专注于分组工作和表演	大多数时候愿意专注于分组工作和表演	有时愿意专注于分组工作和表演	很少愿意专注于分组工作和表演
角色表演	能有感染力地传递角色的情感、处境和动机	能较好地传递角色的情感、处境和动机	能传递角色基本的情感、处境和动机	难以传递角色的情感、处境和动机

续表

标准	出色	熟练	达标	欠缺
目的是否达到	能明确目的，且能有效达到	能明确目的，大体能达到	能明确目的，但不能完全达到	目的模糊，且不能完全达到
运用非言语信号（声音、姿态动作、眼神、道具、服装）	能灵活运用许多非语言信号，令人印象深刻	能适当地运用多种非语言信号	能运用几种非语言信号	能运用少量非语言信号，有待改进
创意	有丰富的创意，能有效提升表演效果	有自己的创意，能提升表演效果	有一定的创意，表演效果一般	有少量创意，表演效果不佳

资料来源：祝新华，2016. 促进学习的听说评估［M］. 北京：人民教育出版社.

（5）演讲。演讲是指个体为了宣传自己或所属团体的某种观点、主张而向其他人进行宣传的口语表达活动。演讲评价主要考查应试者在表情达意、体态运用等方面的技能。表12-9能体现演讲的要点，教师可根据实际需要参考引用。

表 12-9　演讲评分规则

项目	A	B	C	D
内容	紧扣主题，富有趣味，以多种形式和听众互动，如现场提问等	能围绕主题进行，有两处偏离了主题，听众容易理解演讲内容	有两处内容偏离了主题，使用了许多生僻的词汇和术语	基本与主题无关，只关注自己，忽视听众和周围的环境
条理	开始即点明了主题，结构清晰，有过渡和总结	听众能归纳出演讲的层次，可以形成演讲大纲	有三处跳跃或重复，听众不能形成演讲大纲	内容颠三倒四，让人摸不着头脑
语调和语速	声音高低起伏，能用顿挫突出重点，传达感情，语速快慢适中，发音清晰，没有口头禅	音量适中，但有两处音量的高低处理不当或未能根据表达的需要而变换语速，有三处发音不清	声音过高或过低，语速过快或过慢，有四五处发音不清，有口头禅，如"啊""你知道"等	声音太低或语速过快，大部分内容听不清
体态语	和听众有充分的目光接触，手势、点头等肢体语言很自然	有三四次目光离开了听众或肢体语言显得不合适	有五六次目光离开了听众，偶尔使用肢体语言	和听众几乎没有目光接触，没有使用肢体语言
语法	有一两处语法错误，句式结构富于变化	有三四处语法错误，句式结构有变化	有五六处语法错误，句式简单或杂糅	有六处以上语法错误，句式杂糅，没有变化

总体评价：

最终等级：

资料来源：申宣成，2015. 表现性评价在语文综合性学习中的应用［M］. 郑州：大象出版社.

（6）辩论。辩论综合了陈述、对话、演讲、讨论、辩驳等多种口语交际形式，可用于评价较高层次的口语能力。辩论属于综合性评价，考查应试者多方面的知识和能力水平。下面是我国某地区一所小学的六年级辩论会的评分标准，该标准重视引导学生学会解决问题的方式，而不是强调辩论技巧。

①内容资料（25%）：论据内容是否充实，引述资料是否恰当；

②表达能力（25%）：辩论员的语言水平、说服力、逻辑性和反驳能力；

③风度、机智、幽默（25%）：辩论员的表情和动作、应变能力及幽默感；

④自由辩论（10%）：个人在自由辩论中的表现；

⑤观众发问（10%）：答辩是否得体，是否与本队的论点前后呼应；

⑥整体合作（5%）：辩论员能否互相配合，全队论点的结构是否完整，辩论员的论点是否一致。

2. 习作能力

学者们主要从完成一篇完整文章所涉及的认知能力（观察力、想象力、思维力等）和作文特殊能力（审题立意、布局谋篇、遣词造句等）两个角度分析习作能力的构成要素，表 12-10 是对学者关于习作能力构成要素的主要观点的梳理。

表 12-10　关于习作能力构成要素的主要观点

学者	刘荣才（1986）	朱绍禹（1988）	张鸿苓（1993）	郑秉成（1996）	梁捷（1999）	苏立康（2003）
认知能力	观察和分析	观察和感受事物	观察力、思考力、联想力、想象力	观察、思维、记忆、想象	观察	观察、联想、想象、思考、记忆
作文特殊能力	审题（揭示体裁）、确定中心、搜集材料和组织材料、语言组织和表达	确定素材、主题、结构、表达方法与文体，遣词造句、规范书写、推敲修改	审题立意、布局谋篇、运用表达方式、运用书面语言、修改	语言、感知、构思、表达、文体形式的感觉、作文行文的自律	运用语言基础知识，审题、立意、选材、组材、润色、修改	审题、立意、选材、结构、语言表达、自评修改

资料来源：祝新华，2016. 促进学习的作文评估 [M]. 北京：人民教育出版社.

综上所述，习作能力构成要素大体包括审题（命题）能力，立意能力，搜集材料的能力，选材和组材（或称谋篇布局）的能力，语言表达（或称遣词造句，包括运用表达方法）的能力，修改作文的能力等。

评定作文分数的方式有很多种。按照成绩的形式可分为等级评定和分数评定；按照评定的方法可分为整体评定和分项评定。下面结合实例分别加以说明。

（1）等级评定和分数评定。等级评定又称"等级法"，进行等级划分时多取奇数，这是因为作文成绩呈正态分布，即中等水平的人数最多，以中线为基准，向两边延伸，这比较符合阅卷心理，也便于操作。常用的等级评定方法有"三分法""五分法""九分法"。"三分法"就是把学生作文分成"上""中""下"三个等级，这是常见的做法。该方法的缺点是每档的幅度太大，不容易反映学生间的个体差异。"五分法"就是把学生作文分成五个等级，如"优""良""中""较差""差"等。"九分法"又称"九堆法"，是在"三分法"的基础上发展起来的，即先划分出"上""中""下"三个等级，然后在每档中再次划分"上""中""下"，形成"上上""上中""上下""中上""中中""中下""下上""下中""下下"九个等级。两次分档能大大提高评分的准确度。但这种方法操作起来比较烦琐，难以适应大规模考试。当然，如果要避免"趋中倾向"，进行等级划分时也可取偶数。

在考试中，作文评分习惯使用分数评定。由于作文评分具有模糊性，一次性给作文打一个总分往往是不精确的。因此，设计者往往对作文总分进行分解，使评分的各项分值降低，以便阅卷者掌握，具体的作文分数分配如表12-11所示。

表 12-11　作文分数分配

项目	思想	中心	内容	条理	语句	错别字	标点符号	书写
分数分配（满分：100分）	10	15	20	15	20	10	5	5

（2）整体评定和分项评定。整体评定又称综合评定，即阅卷者通观全文，根据总体印象评定成绩。整体评分手续简便，时间经济，适用于对作文水平有一定鉴别力的教师评阅大批量作文。但是这种方法往往比较粗略，随意性较大。而提高客观性的方法之一是设计评定标准。

祝新华制定了"儿童作文整体评定量表"，即根据作文总体表现评定小学生的作文水平。该量表包括"作文整体评定等级标准"（见表12-12）和"作文整体评定等级样篇"两部分。前者是描述性评定指引，后者是从402篇作文中选出各等级的典型作文作为不同等级的评定参照样篇，便于阅卷者掌握量表。

表 12-12　作文整体评定等级标准

项目及赋分	说　明
1. 优等：基准分 90 分，浮动 85～100 分	紧扣题意，中心明确，详略得当；思想健康，材料真实、妥当、典型、新颖、具体、充实；结构完整，分段恰当，层次分明；句子连贯，过渡自然；正确运用两种以上修辞方法；语句通顺，用词准确；极少有错别字、病句，字迹清楚
2. 中等：基准分 75 分，浮动 65～84 分	偶有离题，中心尚明确；思想健康，意义积极，材料真实，但不典型、不新颖；结构完整，段落层次清楚；句子基本连贯，过渡较自然；正确运用两种修辞方法，语句基本通顺，有较少的错别字、病句或用错常用标点（各种问题可出现 1～2 次），格式无大错误

续表

项目及赋分	说　明
3. 差等：基准分 55 分，浮动 45～64 分	多处离题，中心不明确；思想尚健康；材料俗套、平淡，内容空泛；结构欠完整，或段落层次不清楚，或尚有层次但不分段，有较多的病句，段落不衔接；正确运用一种修辞手法，语句不通顺，虽然写出一定的文句，但往往词不达意，有较多的错别字（3～8 个）、病句（3～6 句），用错常用标点（3～10 处），字迹不清楚，但尚能辨认，文章格式有错误
4. 劣等：基准分 35 分，浮动 0～44 分	全文离题，无中心（多中心）；思想观点有错误，意义消极；材料不妥当或不真实，内容贫乏；结构不完整，段落层次混乱；句子不连贯，过渡突然、跳跃或生硬；文理不通，不知所云，或者有较多的错别字（9 个以上）、病句（7 句以上），用错常用标点（10 处以上）；字迹模糊，格式有误

资料来源：祝新华，2016. 促进学习的作文评估［M］. 北京：人民教育出版社.

分项评定又称分解评定，即根据作文基本因素逐项评定作文成绩。分项评定的优点是根据测评目的逐项分析学生作文，比整体评定更加细致，有助于控制评分偏差。其不足之处是不易对少数各项因素达到和谐、统一的优秀作文做出整体判断。

祝新华采用分项评定方法编制了第三学段作文能力评估标准，设置五个评分项目，每项分成 A、B、C、D 四个等级，其中"创意"以附加分的形式评定，而错别字、用错标点等项目则采用扣分法评定。表 12-13 为第三学段（小学五、六年级）写作能力示范性测评量表评估标准。

表 12-13　第三学段（小学五、六年级）写作能力示范性测评量表评估标准

项目	A	B	C	D
1. 切题（10 分）	紧扣题意（9～10 分）	偶有离题（8 分）	多处离题（整篇文章不得超过 50 分）	全文基本离题（整篇文章不得超过 10 分）
2. 内容（30 分）	内容完整，具体，详略得当，准确表达自己真实的感受。读者对象好；全文 400 字以上（28～30 分）	内容完整，尚具体，详略基本得当；较准确地表达自己的真实感受，读者对象感较好；全文 400 字以上（25～27 分）	内容基本完整，欠具体，详略不当；部分内容表达欠准确（容易误解），或缺乏真情实感，读者对象感欠佳（21～24 分）	内容空泛，表达欠准确，或无真情实感，读者对象感差（0～20 分）

续表

项目	A	B	C	D
3. 语言（25分）；错别字、错标点每个扣0.5分，扣到15分止	语句通顺，用词准确，书写规范、整洁（23～25分）	语句通顺，用词基本准确，书写较规范、整洁（20～22分）	语句欠通顺，用词不够准确，书写欠规范、整洁（18～19分）	语句不通顺，用词不准确，书写欠规范、整洁（0～17分）
4. 表达方法（15分）	表达方法恰当，合理运用修辞（14～15分）	表达方法较恰当，较合理运用修辞（12～13分）	表达方法欠妥当，不能合理运用修辞（10～11分）	表达方法不当（0～9分）
5. 结构（分段、层次20分）	恰当地分段；行文层次分明；文句连贯，过渡自然（18～20分）	较恰当地分段；层次较分明，个别句子不合层意；文句基本连贯，过渡较自然（16～17分）	有多处不当的分段；行文层次欠分明，少数句子不合层意；文句连接较生硬（14～15分）	不能恰当地分段叙述；层次混乱，多数句子构不成层次；文句不连贯，过渡生硬（0～13分）

资料来源：祝新华，2016. 促进学习的作文评估［M］. 北京：人民教育出版社.

（四）梳理与探究评价

义务教育语文课程标准修订组在研制梳理与探究的学业质量标准时，提炼出五组核心素养能力表现的关键要素：筛选与提炼、归整与分类、比较与抽象、搜集与组合、发现与再造。因此，在评价梳理与探究时应着眼于这五个方面。下面结合实例依次进行说明。

（1）筛选与提炼要求学生按照一定的标准选出合适的语言材料，并在此过程中提取出该类语言材料的特点或运用规律。例如，让学生通过表格梳理二年级下册教材课后练习中需要理解意思的词语，提炼理解词语的方法，完成学习任务单，如表12-14所示。

表 12-14　学习任务单

课文	词语	方法
《雷锋叔叔，你在哪里》	泥泞 年迈 晶莹 寻觅	拆字组词
《"贝"的故事》	财富 财产 购买 贫穷	联系偏旁
"语文园地五"	伙伴 周围 明亮 柔软	寻找近义词
《雷雨》	压下来 垂下来 挂在	联系上下文

资料来源：蒋芙蓉，2022. 用图谱的方式主动梳理与探究：二年级下册梳理与探究单元实践效果与思考［J］. 语文教学通讯（Z3）：87-89.

（2）归整与分类要求学生将混杂的语言现象或文字材料按照一定的目的和要求划分

类别，使之呈现出类别特征或语言运用的基本规律。例如，要求学生分析下面的成语，将其分成两类。在第一类下面标上"＿＿＿"，在第二类下面标上"～～～"，然后把分类的理由说出来。

自作自受　德高望重　风雨同舟　饱经风霜　哭笑不得　津津乐道
溜之大吉　流连忘返　张冠李戴　囫囵吞枣　为所欲为　不解之缘

（3）比较与抽象要求学生对比同类语言现象或语言材料，抽取其共同特征，梳理其不同之处，并用概括性语言界定其异同；要求学生能够按照情境要求梳理和整理自己的生活体验，从感性体验走向理性认识。例如，在五年级下册教材第五单元《人物描写一组》教学中，学生需要阅读《摔跤》《他像一棵挺脱的树》《两茎灯草》三篇文章，并完成对比阅读评价表（见表 12-15）。学生应在比较中发现三篇文章在人物描写方法上的异同，提取出两种重要的写作手法：正面描写和侧面描写。

表 12-15　对比阅读评价表

人物	人物特点	描写方法	典型词句
小嘎子			
祥子			
严监生			

资料来源：郭乐静，2022. 指向教学评一体化的小学语文学业评价的实践探索 [J]. 语文建设（2）：58-61.

（4）搜集与组合要求学生积累语言材料，能够依据相关知识框架或概念体系梳理和整理自己积累的语言材料，并在不同情境中使之成为有序列、有结构、有主题的整体。例如，一位教师安排"迎新义卖活动"，让学生交流自己喜爱阅读的课外书，并选择其中一本进行义卖。为了更好更快地销售课外书，学生需要给自己的书写一个宣传简介。在这个评价任务情境中，学生需要进行阅读积累，根据特定的情境、目的、读者来组织文本材料，进而创作出书目宣传简介。

（5）发现与再造要求学生能够发现语言材料与现实生活的联系，并能用概括的语言呈现这种联系；能够借助这种发现完成新的语言运用与实践活动，并在此基础上建构新体验，形成新思考。例如，在上文提及的五年级下册教材第五单元《人物描写一组》教学中，为了帮助学生进一步掌握人物描写的方法，教师可以让学生观察同班同学，用学过的方法对其进行描述，再让其他同学猜一猜描述的是谁，引导学生在创作中掌握表现人物特点的描写方法。

四、学业评价的方法

按照评价的功能，可以把实施学业评价的方法分为两类：考查和考试。

（一）考查

考查主要用于日常评价，主要形式包括课堂提问、作业评价、阶段性评价、日常观察、成长档案袋等。

1. 课堂提问

课堂提问是应用最为广泛的评价方法之一，主要用于了解学生是否掌握了学习内容。教师通过提问鼓励学生进行思考，并通过追问等方式引导学生深入探讨，拓展学习内容。有效的课堂提问能为学生提供表达自己想法的机会，也能让教师了解学生的理解程度。

通过提出不同能力层次的问题，教师可以判断学生的认知发展水平。奥恩斯坦等人将课堂问题分为低层次和高层次两个级别。低层次问题要求学生记忆和回忆已有的信息，相当于布卢姆目标分类体系中的"识记"。高层次问题要求学生进行复杂和抽象的思维，相当于布卢姆目标分类体系中的"理解、应用、分析、综合、评价"①。教师应该平衡不同认知层次的问题，扩大学生的认知能力范围并促进其认知发展。

下面提供一些能用于考查学生理解、应用、分析、综合、评价等高阶思维能力的提问示例。

（1）为什么……（为回答某问题概括文本内的相关内容）

（2）概括段落、全篇的主要内容。

（3）试推断……的深层意思。

（4）作者这样说的言外之意是什么？

（5）你认为……怎么样，为什么？

（6）运用……表达方法有什么好处？

（7）你认为如何能更好地……（要求学生提出独到的想法、观点）

（8）根据……（信息），你认为可如何解决问题？（要求学生运用篇章信息解决问题）

2. 作业评价

作业评价是指要求学生运用特定技巧及想法完成练习。按照评价目的，可以把作业分为记忆性作业、理解性作业和应用性作业三类。记忆性作业旨在检测学生对于基础知识、文章（或话语）的主要内容或精彩片段的记忆程度、记忆能力；理解性作业旨在检测学生对于基础知识、文章（或话语）的内容和形式的理解程度、理解能力；应用性作业旨在检测学生正确应用所学知识于实践的能力。三类作业对认知能力的要求依次升高。在作业评价的形式上，教师可布置分层、弹性和个性化等多种类型的作业。

案例 12-2

在《美丽的小兴安岭》教学中，教师布置了分层作业。

A 类：抄写词语，摘录描写景色奇异、物产丰富的句子。

B 类：读读课文中作者展开丰富想象和联想的句子，由此你还想到哪些景象及哪些相关的成语？

C 类：根据课文中描写的小兴安岭，进行一次奇异的游历，如果你是作者，在游历

---

① 祝新华：《促进学习的语文评估：基本理念与策略》，人民教育出版社，2014，第 191 页。

后，想说些什么呢？请把你的想法写下来。

（资料来源：方臻，夏雪梅，2014. 作业设计：基于学生心理机制的学习反馈［M］. 北京：教育科学出版社.）

在案例 12-2 中，A 类属于比较简单的记忆性作业；B 类的认知要求较 A 类高一个层次，属于理解性作业；C 类难度最大，属于应用性作业。学生可根据自己的情况选择完成。分层作业能使不同层次、不同水平的学生都体验到成功的乐趣。

3. 阶段性评价

2022 年版课程标准指出，阶段性评价是在教学关键节点开展的过程性评价，旨在考查班级整体学习情况和学生阶段性学习质量。阶段性评价是回顾、反思和改进教学的重要依据。以整本书阅读为例，由于整本书阅读是一个动态的生成过程，教师需要不断通过观察、调查、检测等手段及时了解学生所需，进而对学生的阅读内容、阅读策略等进行相应的调整与改进，确保教学向着目标发展。

案例 12-3

江苏省镇江市小语团队构建了"伴随式"阅读评价，将阶段性评价融于整本书阅读教学的前、中、后三个阶段。

（1）读前诊断：阅读热热身。

教师通过检测、调查等方式，了解学生对所读书籍的原有认知情况，以此确定整本阅读指导的重点和难点。这对于教师把握学生的阅读节奏、培养学生的阅读习惯、扫除学生的阅读障碍，都极有帮助。

（2）读中反馈：创意"阅读小站"。

"阅读小站"是在整本书阅读过程中，集任务驱动、策略指导、即时评价于一体的阶段性评价载体。

阅读小站一："情节链""朋友圈"。该"站点"引导学生梳理故事的情节、人物等要素，形成生动有趣的"情节链"和缤纷多彩的"朋友圈"。

阅读小站二："打开话匣子"。该"站点"促使学生深入阅读，与书交心。

阅读小站三："秘妙"我心知。该"站点"引导学生关注作品表达的形式，体悟作品的创作智慧。以指导阅读《红楼梦》为例，教师设置"红楼文化探究营"，让学生在《关于〈红楼梦〉中汉字谐音的研究报告》和《关于〈红楼梦〉中大观园匾额题名的研究报告》中选择一个主题开展研究。

（3）读后反思："阅读大派对"。

"阅读大派对"由与所读内容密切相关的"读写联动题"构成，主要考查学生能否根据书中的关键要素进行分析、整合及表达，引导学生回望、反思阅读过程。

（资料来源：石群，赵芝萍，2021. "伴随式"评价：儿童整本书阅读评价的新思路［J］. 语文建设（22）：51-55.）

4. 日常观察

日常观察是指在教育教学过程中，教育者通过细心聆听学生言论，留意学生行为，收集有关学生状况的评价信息，了解学生的发展水平。为了确保观察信息的准确性，要注意对学生进行全面而系统的观察，有时还需要客观、详细地记录观察信息。

记录观察信息的方式主要有三种：行为检查单、等级评价量表和逸事记录。行为检查单可用于记录重要的目标行为是否出现及出现的具体次数。等级评价量表可用于对所观察到的学生行为进行量化评价，大多以一系列数值来表示从"较差"到"优秀"，或从"不满意"到"满意"，或从"不曾出现"到"频繁出现"之间的各个等级。逸事记录则用于记录原汁原味的观察资料，详细描述所观察的行为。

案例 12-4

一位教师对近百名一年级学生的书写姿势、握笔姿势和书写质量进行观察并做了详细记录（示例如表 12-16 所示），发现忽视对写字习惯、写字素养的评价不仅会影响学生的身心健康，还会影响学生后期书写质量的提升。

表 12-16　书写姿势、握笔姿势和书写质量观察记录表示例

姓名	性别	书写姿势	握笔姿势	问题描述	书写质量
陈××	男	欠正确	不正确	头歪，右肘没打开，握笔过低、过紧	写的字过小，拘谨
孙××	男	不正确	不正确	弓背严重，手腕内扣	写的字过小，竖画短小
周××	女	欠正确	不正确	胸贴桌子，拇指抱食指	写的字笔画粗重
金××	女	正确	正确	—	写的字工整，结构匀称
潘××	女	欠正确	正确	手肘悬挂，握笔过低	写的字大小不一、不整齐

资料来源：张幼琴，2021. 分项细化指标 丰富评价形式 提升评价效度：基于幼小衔接适应期的写字教学评价建议 [J]. 小学语文教学 (25)：58-61.

5. 成长档案袋

成长档案袋是指对学生作品进行系统收集，它主要用于评价学生进步、努力程度、反思能力及最终发展水平。根据评价目的，可以把成长档案袋分为两类：一类是学习历程档案袋，用于收集学生在学习过程中的作品，以反映学生在知识与技能方面的学习进展；另一类是学习成品档案袋，用于收集学生的最佳作品，包括草稿、修改稿和定稿。以阅读档案袋为例，它可以包括以下项目。

（1）读书活动过程。学生记录自己一个阶段的阅读活动，包括所读图书的名称和目录、摘录的好词佳句、撰写的心得体会等。

（2）档案主题。档案主题可以是达到什么目标，读什么材料，阅读量多少，参加哪些相关活动，明确评价哪些阅读表现等。

（3）阅读日志。记录阅读进展，如某日读什么书或读某本书的哪几页，读书时有何感想，也可记录原先想读但最后放弃的书。

（4）小图书馆。适当买书，学会用书，从"我的书"发展到"我已读过的书"。

（5）交流活动。记录读书交流活动中的收获及自己在活动中所做的贡献。

（6）读书笔记。摘录好词佳句、精彩内容等。

（7）阅读体会。简单地写出读书心得、体会、学到的新道理等。

（8）多角度品评鉴赏。包括平时的和期末的多角度品评鉴赏。①

（二）考试

1. 命题原则

考试命题的基本原则应与 2022 年版课程标准保持一致。具体来说包括两个方面：第一，试题考查的知识内容应该与 2022 年版课程标准保持一致，即每道题检测的知识内容和知识结构都要与 2022 年版课程标准的知识内容和知识结构保持一致；第二，试题考查的认知能力应该与 2022 年版课程标准保持一致，也就是与学业质量标准所规定的学科能力保持一致。

2. 试题设计思路

试题设计思路主要包括五个步骤：明确测试目的和测试类型，编制双向细目表，选择合适的题型，确定评分标准，开展考试结果分析。

（1）明确测试目的和测试类型。在正式编制试题前，教师应该认真考虑测试目的。一般来说，确定测试目的需要考虑以下几个方面：①测试对象，即针对哪个层次的学生；②行为表现，即说明学生在进行相关领域的学习后，应获得什么样的知识和能力，其情感态度和价值观会有什么变化，应用可观测到的术语来说明学生的行为，以减少测试的不确定性；③学习程度，即学生达到课程目标、学业质量标准的最低衡量依据，阐述学习成就的最低标准，可从速度、准确性、质量等方面来确定。

测试目的不同，采用的测试形式也会有所差异。一般而言，测试可分为常模参照和标准参照两种类型。常模参照用于评价某个学生的表现与先前参加过相同测试的其他学生的表现之间存在什么样的差别。例如，某个学生在一个常模参照测试中的得分是 90 百分位，就是指该学生的考试成绩超过常模参照测试中 90% 的学生。标准参照用于评价学生对标准（课程目标）的掌握程度。例如，某个学生在一个标准参照测试中的得分是 90 分，就是指该学生掌握了 90% 的试验内容，即掌握了课程目标所要求的 90% 的知识和技能。

（2）编制双向细目表。双向细目表指明了所测试的知识内容、认知层次，及它们各自在整份试卷中所占的比重（双向细目表示例见表 12-17）。知识内容即语文学习中的听力、基础知识、阅读能力、习作等项目；认知层次即学习过程中所体现的认知能力，如识记、理解、应用、分析、综合、评价。

表 12-17　双向细目表示例

认知层次	识记	理解	应用	分析	综合	评价	合计
听力	3%	2%	0	0	0	0	5%
基础知识	17%	10%	17%	0	2%	0	46%

---

① 祝新华：《促进学习的阅读评估》，人民教育出版社，2015，第 76 页。

续表

认知层次	识记	理解	应用	分析	综合	评价	合计
阅读能力	0	8%	2%	5%	7%	2%	24%
习作	0	0	0	0	25%	0	25%
合计	20%	20%	19%	5%	34%	2%	100%

资料来源：何咏燕，2011. 基于小学语文学业评价标准科学命题的探索［J］. 广东教育（综合版）（3）：64-66.

编制双向细目表的步骤如下。

第一，确定知识内容。根据测试目的，将教学内容划分为相对独立的知识点。各知识点的知识内容应包括主要的教学目标、教学内容，并与课程标准所要求的学习成果一致。知识点有两种组织方式：一是按照教材章节、前后内容依次排列，如第一单元、第二单元等，这种做法的缺点在于概括性和条理性不强；二是从整体上把学科内容划分为相对独立的几个部分，如语音、识字、词语、句子、阅读、作文等，这种方法能使各部分知识点构成比较完善的体系。

第二，确定各项知识内容所占的比重。根据教学内容的重要性、对日后学习的影响、与其他内容的关联性等因素分配权重。

第三，确定认知层次。布卢姆提出的目标分类体系得到了学界的普遍认可，他将认知能力分为六个层级：识记、理解、应用、分析、综合、评价。

第四，确定各认知层次所占的比重。根据语文学科知识内容特点、各认知层次的相对重要性等因素分配权重。

第五，计算并确定权重系数。

$$W = \frac{X \times Y}{Z} \times 100\%$$

式中，W＝权重，X＝教学知识内容的权重，Y＝教学认知层次的权重，Z＝总分。

（3）选择合适的题型。从学生答题方式和评分客观性的角度，可以将试题分为客观性试题和主观性试题。表 12-18 列出了客观性试题和主观性试题的主要区别。试题编制者需要根据测试内容和时间选择合适的题型。

表 12-18　客观性试题和主观性试题的主要区别

项目	客观性试题	主观性试题
题型	判断题、选择题、匹配题等	填空题、简答题、论述题等
答题方式	要求学生从选项中选出正确答案，或者只用一个词或短语回答	要求学生运用自己的知识和经验来组织信息，并用自己的语言来表达
考核能力	能够有效检测事实性知识。经过精心设计的题目可以测量高级的思维技能，如推理、观点的组织、比较和综合等能力	能够有效检测高级的思维技能，如推理、观点的组织、比较和综合等能力。检测事实性知识的效果不佳

续表

项目	客观性试题	主观性试题
计分	答案一般只有对错之分，易于计分，分数比较准确	答案一般没有对错之分，计分工作费时，不同的教师或同一教师在不同时间的计分有差别
对学生的影响	鼓励学生广泛地了解知识和发展能力，但不一定深入理解所学知识和技能	鼓励学生学会有效地组织并表达自己的观点，以及深入理解所学知识和技能

（4）确定评分标准。评分标准主要有两类：百分制和等级制。百分制是以100分为最高成绩，60分为及格线。等级制是根据考生表现出的认知能力的差异，对其回答赋予不同的等级，将其等级转化为分数。

等级制的评分标准制定过程更为复杂，下面将对其进行详细说明。

第一，确定评分准则。评分准则就是评分依据的主要标准原则。例如，作文的评分准则可以包括主题、内容、语言、组织结构等项目。评分准则须保证评分结果具有可解释性，只要能够达到这个目的，评分准则越少越好。

第二，确定每个评分准则的等级数。具体方法如下。①确定各条评分准则下完全可以接受的回答和完全不可接受的回答，前者就是最高评分等级，后者就是最低评分等级。②确定在完全可以接受和完全不可接受的回答之间，还有几种可以部分接受的回答。③按照认知能力水平的高低排列这些可以部分接受的回答，这些回答与完全可以接受及完全不可接受的回答一起，形成该评分准则的评分等级。

第三，描述每个等级的特征。等级特征的描述应该尽可能准确、详细，最好能配以答案示例。阅卷者将根据这些特征赋予考生等级。

第四，确定每个评分准则每个等级对应的分数。在进行一般等级和分数间的转换时，可以赋予等级一个权重，用该权重乘以对应的等级，即可得到对应的分数。

（5）开展考试结果分析。考试结果分析不仅关系到对考试结果的解释和对考生语文素养的推测，还对学校的教育教学有显著的引导作用。常规的考试结果分析主要包括分析考试的平均分和标准差、试题的难度和区分度、试卷的信度和效度等。教师一般会从学科知识的角度分析考试结果，关注各类知识内容的考查难度、试题分布等。对于考查较多、较难的知识内容，教师在下一轮教学中往往会有所侧重。

3. 题型选择

语文试题的类型主要有判断题、选择题、匹配题、填空题、主观题等。

（1）判断题。判断题就是只给两个选项，学生从这两个选项中进行选择。最常见的判断题形式是正误判断题。判断题的优势在于简洁，能容纳大量的评价内容，学生可以在很短的时间内回答很多题目。判断题的缺陷是只有两个选项，即使学生对测试内容一无所知，也有50%的机会得分。但这个缺陷可以通过增加题量加以弥补。

【试题】

判断题，对的画"√"，错的画"×"。

_____1. "到太阳上去，如果步行，日夜不停地走，差不多要走三千五百年；就是坐飞机，也要飞二十几年。"这句话只运用了列数字的说明方法。

_____2. "我仿佛听见几只鸟扑翅的声音，等我去看，却不见一只鸟的影儿。"这句话运用了比喻的修辞手法。

_____3. "幽"字为半包围结构，应先内后外，先写中间一竖，再写两个"幺"字，最后写外面的竖折和竖。书写时注意外框不宜过高，中间的竖位于中线。

（选自江西省赣州市赣县区 2021 年小学毕业升学试题）

（2）选择题。选择题由两部分组成：题干和选项。题干主要是问句或陈述句，对于低年级的学生来说，题干采用问句形式更合适。选项包含正确答案和错误答案，只有一个正确答案的是单项选择题，包含两个或两个以上正确答案的是多项选择题。选择题的优势是学生需要区分几个选项的细微差别，选出最佳答案。选择题的缺陷是学生只需要从若干选项中选取正确答案，而无须自己提供正确答案。

【试题】

一位同学找到一幅端午节的书法作品，但是其中的"端""午"两个字被损坏了，你认为下面哪一幅作品与原作品最为匹配？（　　）

（选自北京市××区 2021 年小学毕业升学试题）

（3）匹配题。匹配题通常包含两列词句，第一列词句是前提，第二列词句是反应，学生需要按照某种特定关系把第一列和第二列中的相关信息对应起来。匹配题的优势是结构紧凑，能在很少的空间内有效地呈现大量信息。匹配题的缺陷是它主要用以检测学生对事实性知识的记忆及低水平的思维能力。

【试题】

选择正确的诗句，把序号填在相应的横线上。

①同到牵牛织女家　　②劝君更尽一杯酒
③春风又绿江南岸　　④望湖楼下水如天
⑤万紫千红总是春　　⑥不知秋思落谁家
⑦应怜屐齿印苍苔　　⑧儿童相见不相识

（1）卷地风来忽吹散，_____。（《六月二十七日望湖楼醉书》·苏轼）

（2）如今直上银河去，_____。（《浪淘沙》·刘禹锡）

（3）_____，笑问客从何处来。（《回乡偶书》·贺知章）

（4）今夜月明人尽望，_____。（《十五夜望月》·王建）

（5）_____，小扣柴扉久不开。（《游园不值》·叶绍翁）

（6）等闲识得东风面，_____。（《春日》·朱熹）

（7）_____，明月何时照我还。（《泊船瓜洲》·王安石）

（8）_____，西出阳关无故人。（《送元二使安西》·王维）

（选自浙江省杭州市 2021 年小学毕业升学试题）

（4）填空题。填空题要求学生为一个问题或一个不完整的陈述，回答或补充一个词语、一个短语或一个句子。填空题是一种特殊形式的小型论述题。填空题的优势是学生需要自己提供准确答案，而不是从若干选项中选出正确答案，减少了学生猜测的可能性。填空题适用于评价相对简单的学习结果，主要用于考查学生对记忆性或事实性知识的掌握情况。但若通过巧妙设计，填空题也能用于考查学生更高水平的思维能力。

【试题】

写人物对话时，可以不用"说"来表达。读例句，仿照画虚线部分写一写（注意不重复）。

例：妈妈俯下身子盯着我的眼睛，一脸焦急："你的眼睛怎么肿了？"

仿写：每天上学，妈妈都在一旁_____："抓紧时间，快迟到了！"临出门前，还_____："作业都带齐了吗？水杯有没有装满水？路上要注意安全啊……"而我却极不耐烦："知道了，知道了！"接着就头也不回地冲出了家门。

（选自广东省佛山市德顺区 2021 年小学毕业升学试题）

（5）主观题。主观题要求学生针对某个话题或问题写一段或几段文字，或要求学生创作一篇作文。主观题的优势在于它既能考查识记、理解或应用水平，也能考查学生的分析、评价和创新能力。主观题的缺陷在于很难对考生的回答进行稳定且准确的评分，容易受到阅卷者个人主观因素的影响。我们知道，教师在对学生的主观题进行评分时，很难每次都给出同样的结果。

【试题】

读红色革命故事，重温革命岁月，可以很好地把历史的声音留在心里。请你以育才学校少先队的名义写一份倡议书，号召大家一起读红色革命故事。

（选自福建省泉州市 2021 年小学毕业升学试题）

4. 质量指标

考试的目的是通过对有限数量样本的观察，得到关于考生或考生所在单位（如班级、学校）的一般或抽象的结论①。那么所获得的结论及对结论做出的解释是否合理，就需要进行有效性检查或论证。用来判断考试质量的指标主要有三个：信度、效度和公平度。

信度是指测试结果的一致性程度。信度回答的问题是：学生是否在不同的测试时间、场合取得相同的分数？不同的教师是否会给同一学生相同的评分？若学生的测试结果不受时间、场合、评分者、题目的取样等因素影响，始终保持一致，则代表该测试具有较高信度。

效度是指依据测试结果所做的推论的可靠程度。效度回答的问题是：测试是否真正测量了所预期的知识和技能？若测试结果能够准确地显示学生所学的知识和技能，预测

---

① 雷新勇：《大规模教育考试命题：理论、方法和实例》，同济大学出版社，2021，第 19 页。

学生对所学知识和技能的实际运用情况，对师生的教学过程起到积极影响，则代表该测试具有较高效度。

公平度是指评价不受学生的性别、民族、家庭背景等因素影响的程度。公平度回答的问题是：信度和效度对于不同的学生群体是否有差别？若学生的测试结果不受性别、民族、家庭背景等因素影响，则代表该测试具有较高公平度。

第四节　小学语文教学评价的问题与趋势

语文教学评价的目的不仅是考查学生达到学习目标的程度，还是检验和改进学生的语文学习和教师的教学，改善课程设计，完善教学过程，从而有效地促进学生的发展。从语文教学评价的现状来看，在小学语文教学评价中，存在着许多不尽如人意之处。但随着教育研究的深入，小学语文教学评价在方法、理念、技术等方面都有了突破性的进展，呈现出新的发展趋势。

本节从当前小学语文教学评价中普遍存在的问题出发，分析小学语文教学评价的发展趋势。

一、小学语文教学评价中存在的问题

在小学语文教学评价中，存在着教学评价理念滞后、评价标准单一、评价功能失调、评价过程重师轻生、评价方式重结果轻过程、评价内容片面等问题，严重制约着小学语文教学改革的开展。

（一）评价理念滞后

受长期形成的评价理念及对应试教育目标追求的影响，部分教师对课程改革的认识与其教学实践行动存在着明显的反差。以教师为中心的知识传授仍居主导地位，以学生学习为中心的教学实践滞后。课堂教学决策思想存在偏差，以学论教停留在认识上，没有转化为行动。

（二）评价标准单一

小学语文教学确实存在评价标准比较单一的问题。这一现状往往导致教师过于关注学生的考试成绩，而忽视了对学生平时学习的全面考核。在实际教学中，教师可能会将大部分精力和注意力集中在学生的考试成绩上，以此来衡量学生的学习成果和教学质量。这种单一的评价标准可能会导致教师忽视学生在学习过程中的表现和努力，比如他们的课堂参与度、作业完成情况、阅读习惯及语文实践能力等。而这些方面对于学生的全面发展和语文素养的提升同样至关重要。如果仅仅以考试成绩作为评价标准，那么学生可能会陷入死记硬背、应试教育的怪圈，而忽略了对语文知识的深入理解和应用。

（三）评价功能失调

小学语文教学评价过分强调评价的甄别与选拔功能，忽视评价的改进、激励、发展

功能。这种评价功能的失调不仅影响学生的全面发展，还对教学产生了消极影响。在学生层面，过度关注分数和排名会导致他们忽视自身学习的进步和存在的问题，无法正确认识分数的意义。这使得评价的改进、激励、发展功能无法得到充分发挥，限制了学生的自我提升和成长。在教学层面，评价方式单一、以考代评的现象普遍存在，这不但增加了学生的学习负担，而且偏离了教学的初衷。练习题和模拟题的大量使用，往往只是为了让学生考出高分，而不是真正提高他们的语文素养。这种功利性的教学方式不仅浪费了学生的宝贵时间，无益于他们语文实践能力的提高，还可能扼杀学生的学习兴趣和创造精神。

（四）评价过程重师轻生

评价过程只重视教师评价，忽视了学生主体性。只重视教师评价，学生没有发言权，是小学语文教学中普遍存在的问题。传统意义上的语文学习评价，教师是评价的唯一主体，这难免会使评价偏离客观与公正。片面、主观的评价结果既难以获得学生的认同，也会导致师生之间产生对立情绪，使学生的持续发展失去了原动力。

（五）评价方式重结果轻过程

现行的小学语文教学评价属于总结性评价，而且是一种定量而非定性的总结性评价，大多是在课程或单元学习告一段落或完成之后进行，教师往往十分重视学习的效果，而较少考虑如何帮助学生在学习活动过程中获得成功的体验，忽视了学生在学习过程中的努力和成长。学生可能在学习过程中付出了很多努力，但由于各种原因（如考试时紧张、题目较难等）未能取得理想的成绩，这样的评价方式就可能挫伤他们学习的积极性。此外，定量评价虽然能够提供一定的客观数据，但往往难以全面反映学生的学习状况。学生的学习能力、兴趣、态度等方面的变化，往往也难以通过简单的分数来衡量。而定性评价则有助于教师更深入地了解学生的内心世界和学习过程，从而为他们提供更加个性化的指导和帮助。

（六）评价内容片面

小学语文教学评价过多测试书本知识，忽视了对学生综合素质的考查。首先，小学语文教学评价很少注意对人文性目标的考查。语文课程具有丰富的人文内涵，它对学生的情感态度和价值观能起到熏陶感染、潜移默化的作用。[①] 因此，在评价中应包含对人文性目标的考查，以引导学生提高其文化品位、审美情趣和审美能力。但在当前小学语文教学评价中，人文性目标的考查并没有得到应有的重视。其原因主要有两个：一是教学和评价的重心明显偏向语文的工具性，语文的基本知识和听说读写能力几乎成为语文教学和评价的全部内容；二是当前小学语文教学评价方式单一，主要用测验与考试来评价学生的学业成绩，评价过于追求客观、量化，这种评价方式对于人文性目标的考查通常难以奏效。这种评价方式的不足也成为制约教师对人文性目标进行考查的重要原因。其次，小学语文教学评价的内容囿于书本知识，脱离学生的生活实际。诸如学生的实际生活、家庭生活、社会生活，语文的工具性就体现在这些具体的生活情境之中，而以往

---

① 耿红卫：《新课程：语文教育问题与对策研究》，新华出版社，2016，第8页。

的测验和考试很少考查学生在这些真实情境或模拟真实情境中灵活运用语文知识的能力，这反映出了评价在考查学生实践能力和创新能力方面的效度问题，需要通过评价内容开放化等相应措施加以克服与改进。评价内容过分强调课本知识，给教学带来了很多消极影响。例如，教师仅凭课本和教学参考书实施教学，学生除了阅读课本，没有时间或不愿意阅读课外书籍。又如，测试内容脱离生活实际，使得学生不注重参与实践活动，而是把大量的时间消耗在机械练习、死记硬背上，而部分教师在教学中以练代教，不注意引导学生从生活中学习语文，在生活中运用语文。最后，小学语文教学评价的内容偏重对读、写能力的考查，忽视对听、说能力的考查。长期以来，小学语文教学一直以培养学生的听、说、读、写能力为重要内容，但由于"听"和"说"一般未列入测试范围，因此对听、说能力的培养无法落到实处。听、说、读、写四项能力是学生整体语文能力的重要体现，忽视对听、说能力的考查必然使学生的整体语文能力大打折扣。综上所述，现行小学语文教学评价的内容过于偏狭，既遗漏了一些重要内容，又过分夸大了某些内容的价值。小学语文教学评价过于看重书本知识，特别是课本知识，而忽视了对学生实践能力、创新精神、心理素质及情绪、态度和习惯等综合素质的考查，严重影响了学生的全面发展。

二、小学语文教学评价的发展趋势

教学评价的合理与否直接决定着教学的质量，过于单一的评价方式不利于衡量教师教学水平和学生发展水平。过去各个学科的教学评价大体都存在此问题，语文学科也是如此，即不太注重评价理念的变革，不关注学生的学习能力、学习态度、学习兴趣，往往以学习成绩的好坏作为评价的重点，把考试与评价混为一谈。评价的主体也很单薄，教师主导着整个课堂的发展，学生却被模糊为"背景板"，只能作为评价对象出现。新课程改革实施以来，小学语文教学评价在评价目的、评价指标、评价方式、评价主体等方面都有了新的发展趋势。

(一) 质性评价为主，量化评价为辅

20 世纪 60 年代以后，建构主义理论兴起，这种理论强调知识的自我建构、学习者的经验、学习者解决问题的能力等。同时，建构主义理论还开发出新的教学方法，如支架式教学、抛锚式教学、随机进入教学等。以测量为主的传统教学评价不能满足建构主义理论的要求。20 世纪 80 年代，美国哈佛大学心理学家加德纳提出多元智能理论，从新的角度分析了个体存在多元智力，这对传统的学生评价（考试分数为主的评价）提出了挑战。现如今，素质教育成为教育的重要主题，它强调人的全面发展、人的个性发展、潜能的开发、创新能力和实践能力的培养等，这给传统的教学评价带来了冲击。受上述理论的影响，再加上人们对教育规律的不断探索，教学评价的新趋向——质性评价，成为教育工作者更加青睐的评价方法。

质性评价的基本取向在于对评价信息的收集、整理与评价结果的呈现方面都充分发挥教育主体自身的投入作用，以非数字的形式呈现评价的内容与结果。观察、访谈、自我反思等都是重要的质性评价方法。而量化评价是根据教育目标，通过编制试题、量表等对学生进行测试，并按照一定的标准对测试结果加以量化分析的一种评价方法。测试

就是一种量化评价方法。小学语文教学不能简单地采用传统课堂教学的量化评价方法，不能以学生"懂不懂""会不会"来评价教学成功与否，而应该采用"能不能""做不做得了"等更具实践能力判断的标准来进行评价。质性评价尊重评价对象的独特性和主体性，真实再现教学的复杂性和丰富性，着眼于师生的共同成长。将质性评价应用到教学评价中，不断改进和完善质性评价方法，已成为教学评价者的共识。

（二）发展性评价成为主流

教育部在 2001 年印发的《基础教育课程改革纲要（试行）》中明确指出，建立促进学生全面发展的评价体系。评价不仅要关注学生的学业成绩，还要发现和发展学生多方面的潜能，了解学生发展中的需求，帮助学生认识自我、建立自信；要发挥评价的教育功能，促进学生在原有水平上的发展。发展性评价成为基础教育课程改革的基本理念，其最终目标和价值追求是促进学生的发展。

2003 年教育部制定的《普通高中课程方案（实验）》明确提出建立发展性评价制度，实行学生学业成绩与成长记录相结合的综合评价方式。学校应根据目标多元、方式多样、注重过程的评价原则，综合运用观察、交流、测验、实际操作、作品展示、自评与互评等多种方式，为学生建立综合、动态的成长记录手册，全面反映学生的成长历程。

由此可见，发展性评价的理念已成为中小学教学评价的指导思想。在发展性评价理念的指导下，教学评价立足于教学真实的发展状况，注重过程的生成性。

（三）评价结果成为关键依据

过去，评价的奖惩性功能非常明显。教学评价结果往往作为学校教育经费的分配，教师奖金和工资的发放，学生奖学金的发放和向高一级学校、用人单位推荐的依据。如今，教学评价在教育事业发展中的作用日益凸显，教学评价结果成为教学改革的关键依据。

教学评价的基本功能包括诊断功能、强化功能、调节功能、教学功能。教学评价有助于发现教学中的问题，判断教学的质量和水平，了解教师和学生的发展状况，为教学改革提供依据。

（四）追求评价主体多元化

评价人员的合理选择和组织是评价顺利进行和保证评价质量的关键。教学评价要求评价主体多元化是当前十分流行的提法。评价主体多元化要求改变专家作为单一评价主体的现象，呼吁倾听教师的心声，重视学生的自评和互评，且不忽视家长和社会的建议。评价主体的多元化意味着要使评价成为管理者、教师、学生、家长、专家共同积极参与的交互过程。

1. 学生参与评价

语文教学的实施是在教师的"教"与学生的"学"之间展开的，传统的考试只能考查学生对常识性知识的掌握情况，而对学生学习的过程和采用的方法却无从知晓。教学评价对学生来说最重要的不是结果，而是在参与评价的过程中对自己做出更加客观的判断，全方面地了解自己，进而进步成长。因此，学生参与评价突出了其既是评价对象又是评价主体的理念。在参与内容上，学生可以参与制定评价的标准和要求，可以参与评价课堂内外的学习情况，还可以参与自我学习目标的检测及对其他同学的学习表现的检测等。在参与形式上，主要是自评和互评相结合。让学生积极参与评价有以下作用：更有利于学生清楚评价标准，缩小学习发展现状与学习目标之间的差距；更有利于加强学生的自主学习，让学生学会对自己的学习负责；更有利于提升学生的沟通、协作、交流等能力的发展；更有利于提高教学质量和促进学生的精神成长。

2. 家长参与评价

家长是最关注学生成长的群体，也是与学生接触最多的群体，但是在以往的评价中，家长只是旁观者，他们对学生成绩单以外的东西所知甚少。因此，有必要将家长吸纳到评价队伍中来，使其为教学评价提供有效的支持。我们知道，语文课程的多样性使得学生的学习面临的内容杂而广，语文知识的获得更多地要借助于课外学习，所以学生的语文学习需要家长的参与，需要家长给学生的语文学习提供一定的物质条件和精神支持。比如，家长可以帮助借阅和购买课外读物，使学生养成课外阅读的习惯。学生在家里的阅读情况，以及对于社会现象的关注和评价等信息，只有家长才掌握第一手材料。[1] 因此，家长有责任和义务参与到对孩子的评价中来，成为一个不可或缺的评价主体。但值得注意的是，家长要经过必要的培训，其评价才能更好地与教师的评价互为补充。

（五）计算机技术日益凸显

自 20 世纪 80 年代以来，计算机技术在教学评价中也得到了应用，如教学评价的数据可以用计算机进行分析，可以用计算机记录教学评价的过程和结果，以及向社会发布教学评价结果等。同时，教育工作者也可以利用计算机对教学评价模型做进一步的开发。

（六）发挥元评价的作用

元评价这一概念最早出现在美国。20 世纪 60—70 年代，美国进行了大量的教学评价活动，教学评价的质量引起了学术界的广泛关注，评价委员会对教学项目的执行情况进行了评价。到 20 世纪 70 年代，出现了独立的元评价文化。经过几十年的努力，"元评价"概念得到进一步发展。简单地说，元评价就是对教学评价质量的评价。在我国，教学评价的质量也是备受关注的，但相比国外，元评价在我国还需要进一步的发展。

元评价的出现，使得教学评价体系进一步完善。元评价有助于改善教学评价工作，使其朝着专业化的方向发展。

阅读与拓展

高秀玲，2009. 小学语文教师教学评价导向性研究 ［D］. 济南：山东师范大学.

---

[1] 祝新华：《促进学习的语文评估：基本理念与策略》，人民教育出版社，2014，第143页。

何芙蓉，刘星，2015. 小学语文课程与教学 ［M］. 成都：西南交通大学出版社.

李广，2005. 小学语文教学论 ［M］. 长春：东北师范大学出版社.

马金海，任真伟，程元洪，2020. 小学语文课程与教学 ［M］. 成都：电子科技大学出版社.

思考与练习　　　　本章小结

参考文献

阿普尔，2001. 意识形态与课程［M］. 黄忠敬，译. 上海：华东师范大学出版社.

班杜拉，2003. 自我效能：控制的实施：上册［M］. 缪小春，等译. 上海：华东师范大学出版社.

辞海编辑委员会，1980. 辞海：1979 年版：缩印本［M］. 上海：上海辞书出版社.

董蓓菲，2015. 语文学习心理学［M］. 北京：北京大学出版社.

谷生华，林健，2002. 小学语文学习心理学［M］. 北京：语文出版社.

耿红卫，2016. 新课程：语文教育问题与对策研究［M］. 北京：新华出版社.

胡庆芳，2014. 优化课堂教学：方法与实践［M］. 北京：中国人民大学出版社.

江平，朱松生，2001. 小学语文教学论［M］. 上海：生活·读书·新知三联书店.

课程教材研究所，义务教育语文课程标准修订组，郑国民，李宇明，2022. 义务教育语文课程标准（2022 年版）解读［M］. 北京：高等教育出版社.

蒯秀丽，2015. 小学语文课程与教学实践研究［M］. 北京：新华出版社.

李波，2021. 小学语文课程标准与教材研究［M］. 北京：新华出版社.

李吉林，2006. 我们去寻找美［M］. 北京：人民教育出版社.

李湘蓉，2002. 小学语文教学评价［M］. 北京：语文出版社.

刘良华，2003. 校本教学研究［M］. 成都：四川教育出版社.

陆云，2004. 新课程小学语文学习论［M］. 南宁：广西教育出版社.

陆云，王崧舟，2019. 小学语文课程与教学［M］. 重庆：西南师范大学出版社.

蒙培元，1993. 中国传统哲学思维方式［M］. 杭州：浙江人民出版社.

倪文锦，2003. 小学语文新课程教学法［M］. 北京：高等教育出版社.

彭聃龄，2019. 普通心理学［M］. 5 版. 北京：北京师范大学出版社.

全国人大教科文卫委员会教育室，教育部语言文字应用管理司，2001. 中华人民共和国国家通用语言文字法学习读本［M］. 北京：语文出版社.

任光霞，2020. 小学语文课程与教学研究［M］. 长春：吉林人民出版社.

索振羽，2014. 语用学教程［M］. 2 版. 北京：北京大学出版社.

孙汝建，2007. 口语交际理论与技巧［M］. 北京：中国轻工业出版社.

施良方，1996. 课程理论：课程的基础、原理与问题［M］. 北京：教育科学出版社.

孙凤岐，2016. 小学语文课程与教学论［M］. 北京：北京师范大学出版社.

汪潮，2020. 小学语文课程与教学论［M］. 3 版. 上海：华东师范大学出版社.

汪潮，2013. 语文学理：语文学习的心理学原理［M］. 杭州：浙江大学出版社.

王荣生，2014. 写作教学教什么［M］. 上海：华东师范大学出版社.

王铁军，2002. 中小学教育科学研究与应用［M］. 南京：南京师范大学出版社.

王希华，2003. 现代学习理论评析［M］. 北京：开明出版社.

王宗海，2014. 小学语文课程与教学论［M］. 长春：东北师范大学出版社.

吴忠豪，丁炜，2023. 小学语文课程与教学［M］. 4 版. 北京：中国人民大学出版社.

习近平，2018. 在北京大学师生座谈会上的讲话［M］. 北京：人民出版社.

薛晓嫘，2008. 新课程语文阅读学业成就评价［M］. 重庆：重庆大学出版社.

叶澜，2006. "新基础教育"论：关于当代中国学校变革的探究与认识［M］. 北京：教育科学出版社.

阎金铎，潘仲茗，1992. 现代教学方法百科全书［M］. 石家庄：河北教育出版社.

袁晓芳，金丽萍，黄继斌，2022. 小学语文课程与教学［M］. 武汉：华中科技大学出版社.

张田若，陈良璜，李卫民，1998. 中国当代汉字认读与书写［M］. 成都：四川教育出版社.

赵中建，2003. 全球教育发展的研究热点：90 年代来自联合国教科文组织的报告［M］. 修订版. 北京：教育科学出版社.

朱智贤，林崇德，1986. 思维发展心理学［M］. 北京：北京师范大学出版社.

祝新华，2015. 促进学习的阅读评估［M］. 北京：人民教育出版社.

中华人民共和国教育部，2012. 义务教育语文课程标准：2011 年版［M］. 北京：北京师范大学出版社.

中华人民共和国教育部，2022. 义务教育语文课程标准：2022 年版［M］. 北京：北京师范大学出版社.

钟祖荣，2001. 学习指导的理论与实践［M］. 北京：教育科学出版社.